Matlab/Simulink의
공학활용

이병룡 지음

UUP

Matlab/Simulink의 공학활용

- 2013년 9월 2일 **초판 인쇄**
- 2013년 9월 9일 **초판 발행**
- **지은이** 이병룡
- **펴낸이** 이철
- **펴낸곳** **UUP.**(울산대학교출판부) 680-749 울산광역시 남구 대학로 93(무거동) 울산대학교 출판부
- **전화** (052)259-2488 **팩스** (052)277-3011 ▪ **홈페이지** http://uup.ulsan.ac.kr
- **출판등록** 제370-1996-000001호(1996.3.13)
- **₩** 18,000

ISBN 978.89.7868.313.5 (93560)

머리말

MATLAB은 MathWorks 사에서 개발한 수치 해석 및 프로그래밍 환경을 제공하는 공학용 소프트웨어이다. 수치 연산, 공학해석, 제어 및 데이터의 시각화 등이 아주 편리한 언어로써 기계공학, 전기전자공학을 비롯한 대부분의 공학 전공에서 계산 및 시뮬레이션 목적으로 사용되고 있다.

Matlab의 가장 큰 특징은 기존의 C++ 언어와는 달리 행렬을 기본 데이터로 사용하고 있다는 점이다, 따라서 기존의 C++ 을 사용하는 유저들이 처음에는 약간 혼란을 겼을 수도 있지만, 일단 익숙되면 복잡한 프로그램도 아주 효율적으로 작성할 수 있게 된다.

Matlab의 또 다른 강점은 전문가들을 위한 도구상자 (toolbox) 등을 많이 제공하고 있다는 점이다. Matlab의 기본적인 프로그래밍 구조를 이해하고 난 다음에는 주어지는 툴박스를 이용하여 각 전공분야의 수준 높은 프로그래밍을 쉽게 구사할 수 있다는 것은 매우 인상적인 일이다.

Matlab에 관한 서적은 이미 많이 출판되어 있어서, Matlab을 공부하고자 하는 학생 및 기술자 들에게 많은 량의 정보를 제공하고 있는 것이 사실이지만, 필요한 명령어나 필요한 기법을 마치 사전을 찾듯이 쉽게 찾고 몇 개의 예 들을 프로그래밍하면서 문제해결에 도움을 쉽게 줄 수 있는 마치 사전처럼 찾고 바로 이해할 수 있는 Matlab 관련 서적을 구하기는 쉽지 않았다. 이러한 문제점들은 실제로 우리들이 일상적으로 겪고 있는 문제이기도 하다.

프로그래밍을 자주 할 때에는 필요한 명령어나 사용 구조를 잘 기억하고 있지만, 한 동안 손을 놓게 되면 처음부터 막막한 경우가 많았다는 것을 많이 경험했을 것이다. 따지고 보면

이 책을 저술한 저자도 이런 일 들을 많이 겪었었고, 그래서, 사전처럼 책상에 두고서 필요한 명령어나 필요한 구조를 쉽게 찾아서 목적에 맞는 프로그램을 쉽게 구현하고자 하는 것이 간절히 필요로 했었다. 바로 이 점이 이 책을 저술하게 한 목적이기도 하다.

그러므로, 이 책을 읽는 독자들도 궁금하거나 의문이 있는 분야의 chapter를 보게 되면 주제별로 다양한 경우의 예 들을 접할 수 있어서 문제 해결 능력을 쉽게 키울 수 있을 거라고 확신한다. 그리고, 유사한 변형 문제에 대해서도 고민 없이 해석능력을 확장할 수 있을 거라고 믿는다.

독자들이 Matlab에 익숙하게 되면 많은 경우 Simulink를 이용한 graphical programming을 구현하고자 하는 욕구를 갖게 될 것이다. 주지하고 있다시피 Simulink는 동역학, 진동학, 제어공학 및 신호처리 (signal processing) 등을 공부하는 학생들이나 기술자들에게 해석 및 시뮬레이션을 수행하는데 있어서 강력한 도구라는 것을 알고 있을 것이다.

이 책은 Simulink에 대한 설계 및 해석부분에도 충분한 사용설명 및 예제들을 다루었다. 주어진 문제에 대해서 필요한 경우 matlab 및 Simulink로 풀이한 경우를 모두 열거함으로써 독자들의 matlab 및 Simulink의 유용성을 빨리 습득하도록 하는데 노력을 기울였다.

아무쪼록 이 책이 Matlab과 Simulink를 공부하는 학생이나 기술자들에게 실제적인 도움이 되기를 간절히 바라는 마음이다. 이 책의 원고 편집을 위해 애써주신 울산대학교 출판부 관계자 여러분에게 감사드린다. 끝으로 내 삶의 길잡이이자 내 영혼의 안식처인 나의 어머니 안무주 여사에게 이 조그만 결실을 바친다.

2013년 7월 2일 울산대학교에서
저자 이병룡

목 차

제1장 기본연산

제2장 함수(function)의 사용

제3장 Matlab 프로그래밍

제4장 그래프 그리기

제5장 미분방정식의 수치해석

제6장 편미분방정식

제7장 심볼릭 계산

제8장 Matlab의 GUI 활용

제9장 MATLAB을 이용한 Animation

제10장 Simulink의 사용법

제11장 Matlab/Simulink의 공학활용

1 Chapter

기본연산

이 장에서는 Matlab의 기본적인 처리방식인 배열(벡터) 및 행렬에 대한 연산방법 및 특징에 대하여 배우게 된다. Fortran이나 C 언어 등에서는 배열이나 행렬을 사용하려면 별도의 서브루틴을 이용해야 되지만 Matlab에서는 기본적으로 배열이나 행렬단위로 계산을 한다는 점이 차이점이다. 따라서 Matlab은 배열이나 행렬을 많이 다루는 공학문제를 해석하는데 있어서 매우 편리하며, 실제로 Matlab은 기계공학, 전기전자공학, 물리학 등의 이 공학 분야 외에도 심지어 경영정보 분야 등에도 활발하게 이용되고 있다. 이 장에서는 본격적으로 배열이나 행렬의 연산을 다루기 전에 우리가 익숙해 있는 스칼라 연산부터 Matlab의 사용법을 배우기로 한다.

1.1 스칼라연산

벡터나 행렬이 아닌 일반적인 단수를 스칼라라고 한다. 따라서 우리가 일상생활에서 취급하는 수의 연산은 대부분이 스칼라연산이다. 우리가 물건을 구매하는 경우에 수의 덧셈이나 뺄셈, 곱셈이나 나눗셈을 수행하기도 한다. 우리는 이러한 작업에 계산기(calculator)를 많이 사용하고 있으며 자연히 연산기호에 많이 익숙해져있다. Matlab에서 스칼라연산을 위해 사용되는 연산기호는 아래 표와 같이 구성된다.

[표1.1] 연산기호

연산기호	기능
+	덧셈
−	뺄셈
*	곱셈
/	나눗셈
^	승수

각 연산에 대한 간단한 예를 들어 보면 다음과 같다.

먼저, 3+4를 계산하기 위해 Matlab 창에 다음과 같이 두 경우를 입력해 보자.

```
>>3+4
ans=7

>> x=3+4
x=7
```

첫 번째 경우는 변수를 지정해 주지 않았기 때문에 연산결과 7을 임시변수인 ans에 저장을 하게 된다. 두 번째 경우는 덧셈결과를 변수 x에 저장하라는 의미가 된다.

이번에는 입력 값 끝에 세미콜론(;)을 붙인 다음 연산을 수행해 보자.

```
>> c=3+4;
```

위와 같이 명령문의 끝에 ; 을 붙이면, Matlab 화면 창은 결과 값을 다음 줄에서 보여주지 않는다. 하지만, 변수 c에 결과값 7을 저장하고 있다. Matlab이 저장하고 있는 변수 c를 명령 창에서 입력하면 c=7 이라는 값을 나타내어 준다.

```
>> c
c =7
```

이번에는 변수에 기억되어 있는 두 값을 더해 보도록 하자. 같은 결과를 얻을 것이다.

```
>>a=3;
```

```
>>b=4;
```

위 명령을 수행하고 나면 3과 4는 각각 변수 a, b에 저장되어 있다. 새로운 변수 d를 정의한 다음 a+b를 수행하면 다음과 같은 결과를 얻을 것이다.

```
>>d=a+b
d=7
```

위 명령을 수행하고 나면 Matlab은 변수 a, b, d를 기억하고 있는 것이다.

같은 방법으로 뺄셈, 곱셈, 나눗셈 및 승수 계산을 수행해 보면 다음과 같은 결과를 볼 수 있다.

```
>>y=a-b
y=-1

>>z=a*b
z=12

>>e=a/b
e=0.75

>>f=2^3
f=8
```

복소수의 연산

복소수는 실수부와 허수부로 구성되어 있으며 허수부에는 허수기호인 i를 붙인다. 일반적으로 복소수는 다음과 같은 형태를 가진다.

x=a+bi

위 식에서 허수기호 i는 $i=\sqrt{-1}$을 의미한다. 복소수도 일반 단수와 같은 방법으로 덧셈, 뺄셈 및 곱셈이 가능하다. 아래의 예를 살펴보기 바란다.

```
>> a=3+4i;
>> b=4-7i;
>> c=a+b

c =

   7.0000 - 3.0000i

>> d=a-b

d =

  -1.0000 +11.0000i

>> f=a*b

f =

  40.0000 - 5.0000i
```

작업관리용 명령어

Matlab 창에서 여러 가지 작업을 수행하다 보면 사용되었던 변수도 많아지게 되고 Matlab 명령창도 복잡해지게 된다. 이러한 경우 명령창을 지우고 새로 작업을 한다 던지, 혹은 사용중인 변수를 제거하는 등의 작업이 필요하게 된다. 이런 목적으로 유용하게 사용할 수 있는 명령어는 아래 표1.2와 같다.

[표1.2] 작업관리용 명령어

명령어	기능
clc	메모리에 저장된 변수들은 사라지지 않고 명령창만 깨끗하게 한다.
clear	메모리에 저장된 모든 변수를 제거한다.
exist('name')	'name' 의 이름을 가진 파일 혹은 변수가 있는지 확인한다.
help name	name 이라는 명령어에 대한 구조 및 사용방법을 보여준다.
quit	Matlab을 중지한다.
who	현재 메모리에 저장되어 있는 변수를 보여준다.
whos	현재 메모리에 저장되어 있는 변수의 크기 및 허수 여부를 보여준다.

global	전역(global) 변수 선언
help	명령어에 대한 도움말 검색

위의 명령어들을 하나씩 수행해 보도록 하자. 먼저, 변수 a, b에 값을 할당한 다음 명령어 clear를 실행해보자.

```
>> a=3
a = 3
>> b=4
b = 4
>> c=a+b
c = 7
>> clear  %% 메모리에 저장된 모든 변수를 제거
>> a
??? Undefined function or variable 'a'.
```

위에서 알 수 있듯이 clear 명령어를 수행하고 나면 메모리에 저장되어 있던 변수 a, b, c 가 삭제되므로 그 이후 변수 a를 입력하더라도 Matlab은 정의되지 않은 변수로 간주하여 인식을 못하게 되며 위와 같은 에러 메시지를 보여준다.

이번에는 whos 명령어의 사용 예를 알아보자.

```
>> a=3;
>> b=4;
>> c=5+7i;
>> whos %%메모리에 저장되어 있는 변수의 크기 및 허수 여부를 보여줌
Name      Size                    Bytes  Class
a         1x1                         8  double array
b         1x1                         8  double array
c         1x1                        16  double array (complex)
Grand total is 3 elements using 32 bytes
```

위와 같이 현재 메모리에 저장되어 있는 변수의 사이즈, 복소수(complex) 여부 등을 알려준다. 예를 들어 변수 a는 사이즈가 1x1 (스칼라)이며 메모리 내의 저장공간 8 바이트를 차지하고 있다는 것을 나타낸다.

1.2 벡터 및 행렬

물리적인 입장에서 보면 벡터는 크기와 방향을 나타내는 물성이라고 배웠다. 2차원 평면(x-y좌표계)에서 임의의 위치 p는 다음과 같이 표현할 수 있을 것이다.

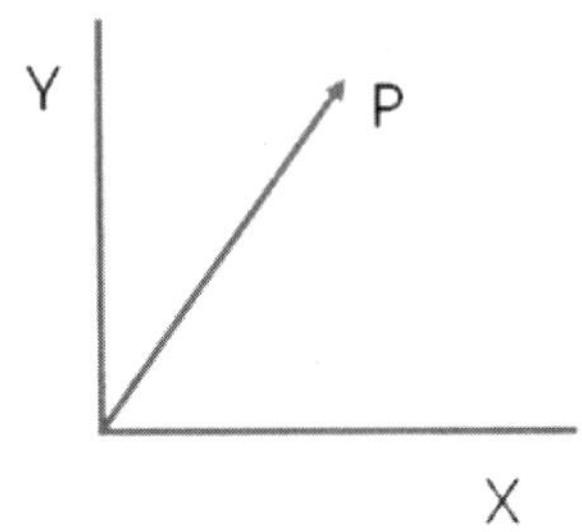

[그림1.1] 원점에서 점 P를 크기와 방향을 나타내는 벡터

x방향의 단위벡터를 i, y방향의 단위벡터를 j 라 놓으면, 점 P=(3,4)는 2차원 평면에서 다음의 벡터 형태로 표시될 것이다.

P=3i+4j

이러한 벡터 성분은 Matalb에서는 1차원 배열형태의 행벡터 (row vector)나 열벡터(column vector)로 표현이 가능하다. 행벡터는 아래와 같이 가로 배열로 표시된다.

P=[3 4]=[3,4]

열벡터는 다음과 같이 세로 배열로 표시된다.

P=[3;4]=[3
4]

실제 Matlab에서 벡터 P=3i+4j를 다음과 같이 행벡터로 생성해 보았다.

```
>> P=[3 4]    %% 행벡터 표현
P =
      3     4
>> P=[3,4]  %%행벡터의 다른 표현
P =
      3     4
>> Q=[3 4]'  %%열벡터 표현 ( ' 은 행을 열로 바꾸라는 의미임)
Q =
      3
      4
>> Q=[3;4] %%열벡터의 다른 표현 ( ;은 다음 줄을 의미함)
Q =
      3
      4
```

혹은 아래와 같이 밑에 줄에 값을 입력하여 열벡터를 나타낼 수도 있다.

```
>> Q=[3
4]
Q =
      3
      4
```

행렬

수학에서 행렬(matrix)은 2차원 배열을 의미하는데, 이는 2개 이상의 행벡터와 열벡터를 가진다는 것을 의미한다. 다음은 3개의 행과 2개의 열로 구성된 3x2 사이즈의 행렬 예이다.

$$\begin{bmatrix} 2 & 3 \\ 3 & 5 \\ -2 & 7 \end{bmatrix}$$

행렬은 다음과 같이 나타낼 수도 있다.

$$\begin{bmatrix} 2 & 3 \\ 3 & 5 \\ -2 & 7 \end{bmatrix} = [2\ 3;\ 3\ 5;\ -2\ 7] = [2,\ 3;\ 3,\ 5;\ -2,\ 7]$$

Matlab 명령창에 다음과 같이 3가지 방법으로 행렬을 생성해 보자. 모두 같은 결과를 보여줄 것이다.

```
>> [2 3
3 5
-2 7]

ans =

     2     3
     3     5
    -2     7

>> [2 3; 3 5; -2 7]

ans =

     2     3
     3     5
    -2     7

>> [2,3;3,5;-2,7]

ans =

     2     3
     3     5
    -2     7
```

벡터 및 행렬의 전치 (transpose)

벡터 (또는 배열)나 행렬에 있어서 행의 위치를 열의 위치로 변환하는 것을 전치(transpose)라고 한다. 즉, 행벡터를 트랜스포즈 하면 열벡터 되고, 행렬을 트랜스포즈 하면 행의 위치가 열의 위치로 가게 된다. 예를 들어

P=[1 2 3]

인 행벡터를 트랜스포즈하면 아래와 같이 열벡터로 바꾸게 된다.

$$P^T = \begin{bmatrix} 1 \\ 2 \\ 3 \end{bmatrix}$$

Matlab에서 트랜스포즈의 기호는 ' 를 사용한다. 위의 예를 Matlab에서 수행하면 아래와 같다.

```
> P=[1 2 3] %%%행벡터 P
P =
     1     2     3

>> P' %%% 행벡터 P를 Transpose함
ans =
     1
     2
     3
```

같은 방법으로 행렬에 대해 트랜스포즈를 수행해 보자.

```
>> a=[1 2 3;4 5 6;7 8 9]
a =
     1     2     3
     4     5     6
     7     8     9
>> a'  %%% 행령 a의 트랜스포즈
```

```
ans =

     1     4     7
     2     5     8
     3     6     9
```

대칭행렬 (symmetric matrix)

위의 예에서 보는 바와 같이 어느 한 행렬을 트랜스포즈 시키면 행과 열이 바뀌면서 결과도 바뀌게 된다. 하지만 트랜스포즈를 시켜도 행렬이 변하지 않는 경우가 있는데, 그러한 행렬을 대칭행렬이라고 한다. 예를 들어서 다음 행렬을 살펴보자.

```
A=[ 1 2 3
    2 1 4
    3 4 1]
```

위의 행렬의 특징은 A(1,2)=A(2,1)=2 , A(1,3)=A(3,1)=3 , A(2,3)=A(3,2)=4 으로 행렬의 대각선을 사이에 두고 위의 요소들이 대칭을 이룬다는 것을 알 수 있다. 이러한 행렬을 대칭행렬이라 한다. 대칭행렬에서는 다음의 연산이 성립한다.

$$A = A^T$$

즉, 대칭행렬은 트랜스포즈를 시켜도 각 자리의 요소값이 변하지 않는다.
다음의 예를 보기 바란다.

```
>> A=[ 1 2 3
    2 1 4
    3 4 1]

A =

     1     2     3
     2     1     4
     3     4     1

>> A'
```

```
ans =

     1     2     3
     2     1     4
     3     4     1
```

행렬의 형태와 크기 표시

행렬이나 배열의 형태 및 크기를 나타내는 함수로는 length, ndims, numel, size 등이 있는데, 각각의 기능은 다음과 같다.

함수명	기능
length	행과 열의 개수 중에서 큰 값을 알려줌
ndims	차원의 값을 알려줌 (배열 및 2차원 행렬인 경우 값은 2임)
numel	행렬 내의 요소의 개수
size	행과 열의 사이즈를 알려줌

다음과 같이 임의의 3x5 행렬 A를 만들어 보자.

```
A = rand(5) * 10; %% 임의의 5x5 행렬형태의 난수 발생 후 10을 곱함
A(4:5, :) = [] %% 4행과 5행의 모든 요소는 삭제함
```

결과적으로 다음과 같이 3x5 행렬 A가 만들어 졌다.

```
A =

    7.0274    7.9482    9.7975    1.3652    6.6144
    5.4657    9.5684    2.7145    0.1176    2.8441
    4.4488    5.2259    2.5233    8.9390    4.6922

>> size(A) %% 행렬 A의 행과 열의 개수 표시

ans =

     3     5
```

```
>>ndims(A) %% 행과 열 즉 2차원이므로 값은 2임
ans=2
```

그렇다면, 일반 상수는 ndims의 값이 어떻게 될까? 다음 예를 살펴 보자.

```
>> b=3  %% 일반 상수 값

b =

     3

>> size(b)  %% 상수도 1행 1열의 행렬과 같은 성질임
ans =

     1     1

>> ndims(b) %% 그러므로 차원은 2가 됨

ans =

     2

>> length(A) %% 행과 열의 사이즈 중 큰 값을 알려줌

ans =

     5

>> numel(A) %% 행렬 A의 요소 개수

ans =

    15

>> sum(A(:)) %% 행렬 A의 모든 요소의 합 계산

ans =

   79.2922
```

이 번에는 numel 명령어를 이용하여 행렬 A의 모든 요소값의 평균을 구해보자.

```
sum(A(:))/numel(A)   %% sum은 A의 모든요소의 합.
                      %% numel(A)는 요소의 개수 15를 나타냄

    ans =

        5.2861
```

벡터 및 행렬의 요소 표시

벡터 (또는 배열)나 행렬에서 임의의 위치에 있는 요소들을 끄집어내서 처리를 하거나 연산을 하는 경우가 많이 이용된다. 예를 들어 다음과 같은 배열과 행렬을 고려해 보자.

```
P=[ 1 -3 -2 4 6 5]
A=[1 2 3
4 5 6
7 8 9]
```

위에서 배열 P의 첫번째 요소는 1 이고 두 번째 요소는 -3 이다. Matalb에서 이 요소를 표현하기 위해서 다음과 같은 명령어를 사용한다.

```
>> P(1)
ans=
1
>> P(2)
ans=
3
```

여기서 주의 할 점이 있는데, C 언어에 익숙한 사람들은 배열의 첫 번째 요소를 표현할 때 P(0) 으로 하는데 익숙해져 있으므로 조심해야 한다. C 언어에서는 첫 번째 요소는 0을 사용하고 Matlab 에서는 첫 번째 요소는 1로 시작한다는 점을 기억해야 한다.

배열내부의 연속적인 2개 이상의 요소를 지정할 때는 다음과 같이 : 을 사용한다.

```
>> P(1:3)
ans =
      1    -3    -2
```

위와 같이 배열 P의 첫 번째부터 3번째 요소까지 선택하려면 P(1:3)과 같이 입력한다. 유사한 방법으로 행렬에서도 임의의 위치에 있는 데이터를 이끌어 낼 수 있다. 예를 들면 위 행렬 A의 첫번째 행과 두번째 열에 있는 데이터를 지정하려면 A(1,2)를 입력하면 된다.

```
>> A(1,2)
ans =
      2
```

행렬 A의 세번째 열에 있는 모든 요소를 나타내려면 A(:,3) 으로 입력한다. 첫 번째 인자 : 는 전체 행을 의하고 뒤의 인자 3은 3번째 열을 의미한다. 즉, 모든 행의 3번째 열에 있는 데이터를 의미하는 것이다.

```
>>A(:,3)
ans =
      3
      6
      9
```

같은 방법으로 A의 3번째 행에 있는 모든 열을 표시하려면 A(3,:)을 입력한다.

```
>> A(3,:)
ans =
      7     8     9
```

1.3 벡터 및 행렬의 연산

행렬의 덧셈

두 행렬 A=[1 2; 3 4], B=[5 6; 7 8]를 고려해 보자. 두 행렬 A, B의 사이즈는 둘 다 2x2 크기이다. 행렬의 덧셈을 수행하기 위해서는 두 행렬의 사이즈가 같아야 한다. Matlab에서 덧셈을 수행하면 다음과 같다.

```
>> A=[ 1 2; 3 4], B=[5 6; 7 8]

A =

     1     2
     3     4

B =

     5     6
     7     8

>> A+B
ans =
     6     8
    10    12
```

잘 알고 있겠지만 행렬의 덧셈은 같은 위치에 있는 요소끼리 더하는 것이다.

행렬의 뺄셈

덧셈과 마찬가지로 행렬의 뺄셈도 같은 위치에 있는 요소를 빼는 것이다. 예를 들면 다음과 같은 행렬에 대한 뺄셈을 수행해 보자.

```
A =

     1     2
     3     4
```

```
B =

     5     6
     7     8

>> A-B
ans =

    -4    -4
    -4    -4
```

행렬의 곱셈

행렬의 곱셈은 행렬의 덧셈이나 뺄셈과는 많이 다르다. 단순히 두 행렬에서 같은 자리의 요소만을 곱해서는 안 되는 것이다. 다음의 두 행렬을 고려해 보자. 2x2 행렬의 경우 각 요소들은 아래와 같이 나타낼 수 있다.

$$A = \begin{bmatrix} a11 & a12 \\ a21 & a22 \end{bmatrix},\ B = \begin{bmatrix} b11 & b12 \\ b21 & b22 \end{bmatrix}$$

위에서 a12는 A행렬의 첫 번째 행과 두 번째 열의 교차점에 위치하는 요소를 의미한다. 마찬가지로 b21요소는 B행렬의 두 번째 행과 첫 번째 열의 교차점에 위치하는 요소를 의미한다. 두행렬의 곱셈은 다음과 같이 연산된다.

$$A \times B = \begin{bmatrix} a11*b11 + a12*b21 & a11*b12 + a12*b22 \\ a21*b11 + a22*b21 & a21*b12 + a22*b22 \end{bmatrix}$$

두 행렬의 곱셈이 성립하기 위해서는 주의해야 할 점이 있다. 위 예에서 보는 바와 같이 두 행렬 A, B의 사이즈는 모두 2x2이다. 이 경우 곱셈이 가능하다. 그렇다면 다음의 경우는 두 행렬의 곱셈이 가능한지를 알아보자.

$$A = \begin{bmatrix} a11 & a12 \\ a21 & a22 \end{bmatrix},\ B = \begin{bmatrix} b12 & b12 \\ b21 & b22 \\ b31 & b32 \end{bmatrix}$$

두 행렬의 사이즈는 다음과 같다.

size(A)=2x2, size(B)=3x2

위와 같이 앞의 행렬 A의 열의 값은 2이고, 뒤 행렬 B의 행의 값은 3이다. 두 값이 다르면 곱셈을 할 수 없다.

아래의 경우는 행렬 A의 열의 값은 2이고, 뒤 행렬 B의 행의 값도 2이므로 곱셈이 가능해 진다.

$$A = \begin{bmatrix} a11 & a12 \\ a21 & a22 \end{bmatrix},\ B = \begin{bmatrix} b11 & b12 & b13 \\ b21 & b22 & b23 \end{bmatrix}$$

실제 Matlab에서 다음의 두 행렬에 대한 곱셈을 수행해 보자.

$$A = \begin{bmatrix} 1 & 2 \\ 3 & 4 \end{bmatrix}, B = \begin{bmatrix} 5 & 6 & 7 \\ 8 & 9 & 10 \end{bmatrix}$$

```
>>A =[ 1      2
       3      4]

>>B = [ 5      6      7
    8      9      10]

>> A*B

ans =

    21     24     27
    47     54     61
```

위 결과를 분석해 보면 두 행렬의 사이즈는 각각 size(A)=2x2, size(B)=2x3 이다. 이 때 결과로 발생된 행렬의 사이즈는 밖의 두 숫자 2와 3에 의해 결정된다. 즉 사이즈는 2x3가 되는 셈이다. 실제로 위 결과의 사이즈는 2x3이다.

이번에는 행렬과 벡터의 곱셈을 수행해보자. 아래와 같이 행렬과 벡터를 고려해보자.

$A = \begin{bmatrix} 1 & 2 \\ 3 & 4 \end{bmatrix}$, P=[2;3], Q=[2 3]

위 경우에 A*P는 다음과 같이 곱셈 연산이 된다.

```
>> a=[1 2;3 4]
a =
     1     2
     3     4
>> p=[2;3]
p =
     2
     3
>> a*p
ans =
     8
    18
```

A와 P의 사이즈는 각각 size(A)=2x2, size(P)=2x1 이다. 이 경우 안 쪽의 두 숫자가 같으므로 행렬 연산이 가능하며, 결과 사이즈는 밖의 두 값 즉, 2x1 형태의 벡터가 만들어 지게 되는 것이다. 반면에 A*Q의 곱셈은 실행이 되지 않는다. size(A)=2x2, size(Q)=1x2 이며, 따라서 안 쪽의 두 숫자가 다르기 때문이다.

이번에는 다음의 두 행렬에 대한 곱셈을 수행해보자.

$$A = \begin{bmatrix} 1 & 2 \\ 3 & 4 \end{bmatrix}, B = \begin{bmatrix} 5 & 6 \\ 7 & 8 \\ 9 & 10 \end{bmatrix}$$

```
>>A = [ 1     2
        3     4]
>>B =[ 5     6
       7     8
       9    10]
```

```
>> A*B
??? Error using ==> mtimes
Inner matrix dimensions must agree.
```

위와 같이 A의 열값은 2, B의 행값은 3이므로 사이즈가 맞지 않아서 에러가 발생한다.

역행렬 (Inverse matrix)

행렬에서는 나눗셈이 존재하지 않는다. 그 대신에 역행렬을 이용해서 나눗셈의 역할을 수행할 수 있다. 역행렬을 알아보기 전에 먼저 행렬의 디터미넌트(det, determinant) 개념을 알아야 한다. 아래와 같이 주어진 행렬

```
A=[ a11 a12
    a21 a22]
```

에 대해 det는 수학적으로 다음과 같은 기호를 사용해서 정의한다.

det(A)=a11a22-a12a21

혹은

|A|= a11a22-a12a21

와 같이 표기하기도 한다. Matlab에서는 다음과 같이 det를 이용한다. 다음과 같은 행렬에 대하여

```
>> A=[ 1 2 3
  2 1 4
  3 4 1]

A =

     1     2     3
     2     1     4
     3     4     1
```

행렬 A에 대한 디터미넌트는 다음과 같이 구해진다.

```
>> det(A)
ans =
20
```

주어진 행렬 A의 역행렬은 다음과 같이 정의된다.

$$A^{-1} = \frac{Adj(A)}{|A|}$$

2x2 행렬에서 역행렬은 다음과 같이 정의된다.

$$A^{-1} = \frac{\begin{bmatrix} a22 & -a12 \\ -a21 & a11 \end{bmatrix}}{a11a22 - a12a21}$$

3x3 이상의 사이즈에 대한 Adj(A)및 |A| 를 구하는 방법은 따로 선형대수 책을 살펴보기 바란다. Matlab에서 A의 역행렬을 구하기 위해 inv(A) 명령어를 사용하면 된다. 다음의 예를 살펴보자.

```
>> A=[1 2;3 4]

A =
     1     2
     3     4

>> inv(A)

ans =
   -2.0000    1.0000
    1.5000   -0.5000
```

이번에는 3x3 행렬 A에 대한 역행렬을 구해보자.

```
>>A =[
      1     2     3
      2     1     4
      3     4     1];
>> inv(A)
ans =
   -0.7500    0.5000    0.2500
    0.5000   -0.4000    0.1000
    0.2500    0.1000   -0.1500
```

[예제1.1] 역행렬을 이용해서 다음 방정식의 해를 구하라.

$$\begin{Bmatrix} 2x + 9y = -1 \\ 4x + \ \ y = 15 \end{Bmatrix}$$

▶풀이

위 연립방정식을 행렬형태로 표기하면.

$$\begin{pmatrix} 2 & 9 \\ 4 & 1 \end{pmatrix}\begin{pmatrix} x \\ y \end{pmatrix} = \begin{pmatrix} -1 \\ 15 \end{pmatrix}$$

앞의 행렬을 A로 표기하고 나머지 두 벡터를 z 및 b로 표기하면 위 식은 다음과 같이 나타낼 수 있다.

Az=b

z를 구하는 것이 목적이므로 양변의 앞부분에 A^{-1}를 곱하면

$$A^{-1}Az = A^{-1}b$$

위 식에서 $A^{-1}A = I$ (여기서 I는 단위행렬)이므로, Iz=z가 된다. 따라서 구하고자하는 값 $z = [x\ y]'$는 다음과 같다.

$z = A^{-1}b$

Matlab에서 위의 식을 입력해 보자.

```
>> A=[2 9;4 1];
>> b=[-1;15];
>> z=inv(A)*b

z =

     4
    -1
```

그러므로, 연립방정식의 두 근은 x=4, y=-1 임을 알 수 있다.

참고로 역행렬을 사용할 때는 주의할 점이 있는데, 아래의 공식에서 보는 바와 같이

$$A^{-1} = \frac{Adj(A)}{|A|}$$

공식의 분모가 0이거나 0에 가까우면 역행렬이 구해지지 않거나 잘못된 계산을 유발할 수 있다는 점을 알아야 한다. 예를 들어 아래의 연립방정식을 살펴보자.

$$\begin{aligned} x + 2y + 3z &= 5 \\ 4x + 5y + 6z &= -2 \\ 7x + 8y + 9z &= 10 \end{aligned}$$

위의 방정식을 행렬식으로 표시하면

Ax=b

Matalb에서 계산을 해보자.

```
>> A=[1 2 3
     4 5 6
     7 8 9];
```

```
>> b=[5
-2
10];
>> x=inv(A)*b

Warning: Matrix is close to singular or badly scaled.
         Results may be inaccurate. RCOND = 2.203039e-018.

x =
   1.0e+017  *

     0.5989
    -1.1978
     0.5989
```

위와 같이 경고 메시지를 보이면서 해의 결과도 엄청나게 큰 값으로 된다. 그 이유는 A의 역행렬을 구하는 과정에 det(A) 값이 0에 가깝다는 것을 의미한다. 확인을 해보면 과연 det(A) 값이 0이다.

```
>> det(A)
ans =
     0
```

따라서, 역행렬을 이용해서 어떤 식을 계산하는 경우 det(A) 값이 0에 가까워지는 현상이 발견되면 계산을 중지하고 다른 방법을 찾아야 할 것이다.

행렬의 요소별 곱셈

행렬의 곱셈의 변형된 형태로서 요소별 곱셈이 있다. 이 경우는 마치 행렬의 덧셈처럼 두 행렬의 같은 위치에 있는 요소끼리만 곱셈을 하는 경우이다. 한 예를 들면 다음과 같다.

$$\begin{bmatrix} 1 & 2 \\ 3 & 4 \end{bmatrix} \begin{bmatrix} 3 & -1 \\ 2 & 6 \end{bmatrix} = \begin{bmatrix} 3 & -2 \\ 6 & 24 \end{bmatrix}$$

위와 같이 특수한 행렬의 곱셈을 할 수 있도록 Matlab에서 제공하는 명령어는 .* 이다. 따라서 위와 같은 결과를 얻기 위해 Matlab 창에서 다음과 같이 요소별 곱셈을 수행해 보자.

```
>> a=[1 2;3 4]
a =
     1     2
     3     4
>> b=[3 -1;2 6]
b =
     3    -1
     2     6
>> c=a.*b
c =
     3    -2
     6    24
```

이 명령어를 이용해서 다음과 같이 벡터의 요소별 곱셈도 할 수 있다.

```
>> v=[1 2 3], w=[4 5 6]
v =
1 2 3
w =
4 5 6
>> v.*w
ans =
  4 10 18
```

행렬의 요소별 나눗셈

요소별 곱셈과 유사한 형태로 요소별 나눗셈을 수행할 수 있다. Matlab의 ./ 명령어를 사용하면 된다.

$$\begin{bmatrix}1&2\\3&4\end{bmatrix}/\begin{bmatrix}3&-1\\2&6\end{bmatrix}=\begin{bmatrix}1/3&-2\\3/2&2/3\end{bmatrix}$$

위와 같이 특수한 형태의 요소별 나눗셈의 결과를 얻기 위해서는 Matlab에서 다음과 같이 입력을 해 보자.

```
>> a=[1 2;3 4]
a =
     1     2
     3     4
>> b=[3 -1;2 6]
b =
     3    -1
     2     6

>> a./b

ans =
    0.3333   -2.0000
    1.5000    0.6667
```

요소별 나눗셈 명령어 ./ 는 임의의 상수를 벡터나 행렬로 나누는 데에도 유용하게 사용할 수 있다.

```
>> a=[1 2;3 4]
a =
     1     2
     3     4

>> 1./a
ans =
    1.0000    0.5000
```

```
    0.3333    0.2500
```

행렬의 요소별 승수

행렬에서 요소별 승수를 구하는 경우에는 .^ 명령어를 사용한다. 다음 예를 살펴보기 바란다.

```
>> a=[1 2;3 4]
a =
     1     2
     3     4
>> a.^2
ans =
     1     4
     9    16
```

만약 실수를 해서 a^2를 입력했다면 의미가 달라지게 된다. a^2=a*a를 의미하게 된다. 위의 결과와 아래의 결과를 잘 비교해보기 바란다.

```
>> a^2

ans =
     7    10
    15    22
```

1.4 행렬 연산의 중요 특징

행렬의 연산법칙

일반적으로 스칼라 연산에서는 덧셈이나 곱셈의 경우 앞 뒤의 순서가 바뀌어도 결과는 같다. 즉, 교환법칙이나 결합법칙이 성립된다. 하지만, 행렬에서는 교환법칙이나 결합법칙을 다룰 때 조심해야 할 것 들이 있다.

행렬에서 덧셈의 경우는 다음과 같이 교환법칙이 성립한다.

$$A + B = B + A$$

하지만, 곱셈의 경우 일반적으로 교환법칙이 성립하지 않는다.

$$AB \neq BA$$

따라서, 행렬의 곱셈을 수행하는 경우 순서에 유의해야 한다. 다음의 예를 참고하기 바란다.

```
>> a=[1 2 3;4 5 6;7 8 9]
>> b=[2 1 3; 1 4 2; -1 4 6]

>> a*b
ans =

     1    21    25
     7    48    58
    13    75    91

>> b*a
ans =
    27    33    39
    31    38    45
    57    66    75
```

위 행렬의 곱셈결과에서 알 수 있듯이 행렬에서 곱셈의 교환법칙은 성립하지 않는다.
행렬에서 아래와 같이 결합법칙과 분배법칙은 성립한다.

A(B+C)=AB+AC
(AB)C=A(BC)

Null 행렬

Null 행렬이란 행렬의 모든 요소가 0인 행렬을 의미한다. 예를 들어 사이즈가 2x2인 널 행렬은 다음과 같다.

O=[0 0
0 0]

널 행렬은 다음의 덧셈연산과 곱셈연산을 만족한다.

A+O=A

AO=O

널 행렬을 다룰 때 스칼라와 다른 특이한 경우가 발생할 수 있다. 스칼라에서는

ab=0

위 식이 만족하기 위해서는 a, b 둘 중에 하나가 0이던지 아니면 두 수 모두 0이어야 위 식이 성립한다. 즉, 두 수 a,b가 모두 0이 아닌 상수이면 두 수의 곱이 0이 될 수 없다. 하지만 행렬에서는 두 행렬이 모두 null 행렬이 아니더라도 곱셈의 결과가 O (널 행렬)이 될 수 있다는 점을 알아야 한다. 다음의 예를 살펴보기 바란다.

```
>> A=[1 -1
-1 1]

A =
     1    -1
    -1     1
>> B=[3 4
3 4]
B =
     3     4
     3     4

>> A*B
ans =
     0     0
```

0 0

단위 행렬

행렬의 대각선 요소만 1이고 다른 요소는 0인 행렬을 말한다. 다음과 같은 예가 단위행렬을 나타낸다.

```
I=[1 0
   0 1]

I=[1 0 0
   0 1 0
   0 0 1]
```

일반적으로 단위행렬은 어떤 행렬에 그의 역행렬을 곱하면 만들어 진다. 다음 예를 보면 쉽게 이해가 갈 것이다.

```
>> A=[1 2 3; 4 -2 1; 2 6 3];
>> AI=inv(A)

AI =

   -0.2308    0.2308    0.1538
   -0.1923   -0.0577    0.2115
    0.5385   -0.0385   -0.1923
>> A*AI
ans =
    1.0000   -0.0000    0.0000
   -0.0000    1.0000    0.0000
    0.0000   -0.0000    1.0000
```

단위행렬에 다른 벡터나 행렬을 곱하더라도 값에 영향을 주지는 않는다. 단위행렬을 I라고 정의하고 벡터를 p, 다른 행렬을 A라고 정의했을 때 다음과 같다.

```
I*p =p
I*A=A
```

Matlab에서 확인을 해보자.

```
>> I=[1 0; 0 1]

I =

     1     0
     0     1

>> p=[3;4]

p =

     3
     4

>> A=[1 2;3 4]
A =

     1     2
     3     4

>> I*p
ans =

     3
     4

>> I*A
ans =

     1     2
     3     4

>> A*I
```

```
ans =

     1     2
     3     4
```

1.5 선형방정식

먼저, 우리는 선형식과 비선형식의 차이점을 이해할 필요가 있다. 선형방정식이란 방정식 내부의 변수가 제곱이상이 되지 않아야 하고, 2개의 변수가 서로 곱해져 있거나 분수형태로 나누어져 있지 않아야 한다. 이 조건을 만족하면 선형시스템이고, 이 조건을 만족하지 않으면 비선형방정식이 된다. 또한 변수가 지수, 로그 및 삼각함수의 형태를 취하고 있으면 그 방정식은 비선형식이 된다. 이러한 기준은 선형미분방정식과 비선형미분방정식을 구분하는데도 적용할 수 있다.

[예] 선형시스템의 예

$$u + 2v = 5$$
$$4u - v = 2$$

[예] 비선형시스템의 예

↳ (경우1) 변수 u, v가 서로 곱해져 있는 경우

$$3uv + 2v = 1$$
$$4u - v = 2$$

↳ (경우2) 변수 u, v가 서로 나누어져 있는 경우

$$3\left(\frac{u}{v}\right) + 5v = -4$$
$$u + v = 1$$

↳ (경우3) 변수 u가 제곱형태로 되어있는 경우

$$3u^2 + 2v = 1$$
$$4u - v = 1$$

↳ (경우4) 변수 u가 삼각함수 안에 있거나, 변수 v가 지수형태로 있는 경우

$$3\sin(u) + v = 1$$
$$4u + e^{v} = 2$$

주어진 방정식이 선형인 경우에는 방정식의 해를 체계적인 방법으로 쉽게 구할 수 있다. 하지만 비선형방정식의 경우에는 체계적인 방법이 없으므로 해를 구하기 어렵고, 수치적으로 접근하여 근사해를 구할 수 있다.

우리는 선형방정식을 푸는 방법을 많이 공부해 왔고, 손으로 해를 구하는데 어려움을 느끼지 않을 것이다. 다음의 선형방정식의 해를 구하려면

$$u + 2v = 5$$
$$4u - v = 2$$

첫 번째 식에서 $u = -2v + 5$ 값을 두 번째 식에 대입을 하면 된다. 두 번째 식을 정리하면 $-8v + 20 - v = 2$ 이므로 $v = 2$ 를 구하게 된다. v값을 방정식에 대입하여 u=1을 구한다. 위와 같이 간단한 문제는 손으로 계산하는 것이 편하겠지만 복잡한 연립방정식을 손으로 계산하는 것은 번거롭고 또 계산을 실수할 확률도 높을 것이다. Matlab을 이용하여 방정식의 해를 구하면 이러한 문제점을 해결할 수 있을 것이다. Matlab을 이용하여 방정식의 해를 구하는 방법을 공부하기 전에 주어진 식이 해를 갖는지 해를 구할 수 없는 지를 개념적으로 이해하는 것이 중요하다.

$$u + 2v = 5$$
$$4u - v = 2$$

위 2개의 방정식을 각각 함수 그래프로 표현하기 위해 아래 코드를 작성하였다.

```
u=0:0.1:10   %% 0에서 10까지 0.1간격
v=(-u+5)/2;
plot(u,v)  %% u,v 관계를 그래프로 기림
hold            %% 그래프를 지우지 않고 hold함
v=4*u-2;
plot(u,v)
```

2개의 함수를 그려본 결과 2개의 함수는 한 점 (u=1, v=2)에서 만나게 되고, 이 만나는 점이 방정식의 해가 된다는 것이다. 이러한 개념을 우리는 익히 알고 있지만 공학적으로 응용하는 부분에서는 이 개념을 무시하거나 잊어버리는 경우가 많다.

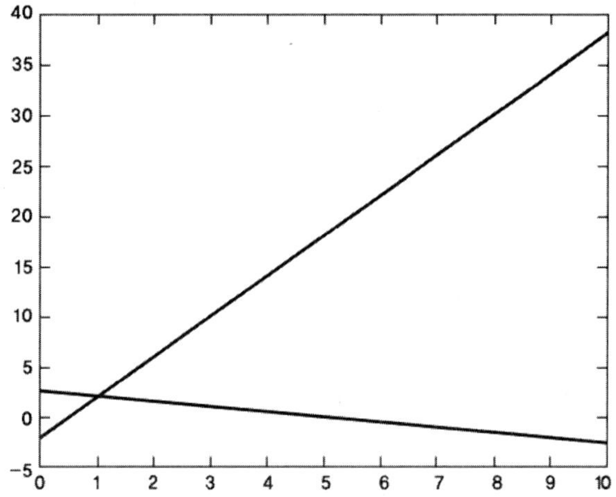

이번에는 다음과 같은 방정식을 고려해보자.

$$u + 2v = 5$$
$$4u + 8v = 10$$

마찬가지로, 위 2개의 방정식을 각각 함수 그래프로 표현하기 위해 아래 코드를 작성하였다.

```
u=0:0.1:10
v=(-u+5)/2;
plot(u,v)
hold
v=(-4*u+10)/8;
plot(u,v)
```

2개의 함수를 그려본 결과 2개의 함수는 평행하며 만나는 점이 생기지 않는다. 이 때는 해가 존재하지 않는다는 것을 의미한다.

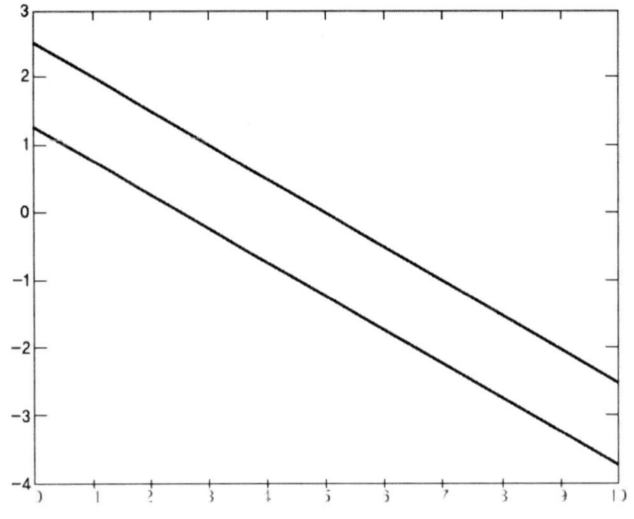

마지막으로 다음과 같은 방정식을 고려해 보자.

$$u + 2v = 5$$
$$4u + 8v = 20$$

마찬가지로, 위 2개의 방정식을 각각 함수 그래프로 표현하기 위해 아래 코드를 작성하였다.

```
u=0:0.1:10
v=(-u+5)/2;
plot(u,v)
hold
v=(-4*u+20)/8;
plot(u,v)
```

이 경우는 2개의 직선이 정확하게 겹쳐지는 것을 알 수 있다. 즉, 첫 번째 식과 2번째 식은 같은 식이라는 것을 알 수 있다. 2번째 식은 첫 번째 식에 계수 4를 곱한 식에 불과하다. 따라서, 식은 한 개이고 미지수는 2개이므로 무수히 많은 해가 존재한다는 것을 말한다.

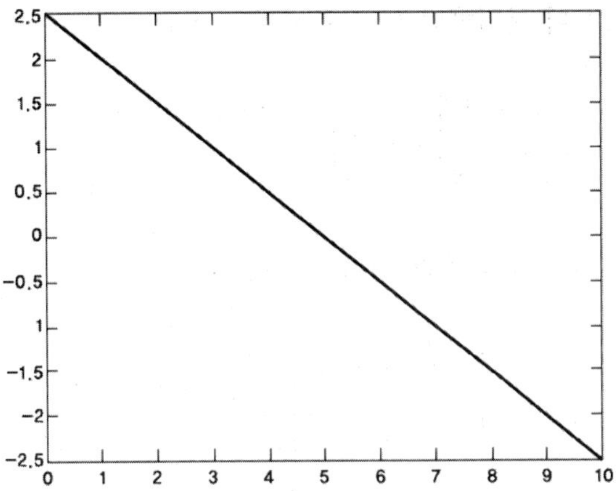

이와 같이 해가 무한하게 많이 존재하는 경우나 해가 전혀 존재하지 않는 경우를 특이문제(singular problem)라고 한다. 그리고 특이문제에 매우 가까운 현상을 보이는 방정식을 ill-conditioned 방정식이라고 한다. 예를 들어, 다음 식은 ill-conditioned 방정식이라고 할 수 있다.

$$\begin{aligned} &\mathrm{u} + 2\mathrm{v} = 5 \\ &4\mathrm{u} + 8.002\mathrm{v} = 10 \end{aligned}$$

1.6 선형방정식의 계산

Matlab을 이용하여 선형방정식의 해를 구하기 위해서는 방정식을 행렬과 벡터의 형태로 바꾸어야 한다. 다음 연립방정식을 고려해보자.

$$\begin{aligned} &2x_1 + 4x_2 - 3x_3 = 8 \\ &-2x_1 + 3x_2 + 2x_3 = -6 \\ &-2x_1 + 4x_2 + x_3 = -4 \end{aligned}$$

위 식을 벡터식으로 표현하면

$$\begin{bmatrix} 2x_1 + 4x_2 - 3x_3 \\ -2x_1 + 3x_2 + 2x_3 \\ -2x_1 + 4x_2 + x_3 \end{bmatrix} = \begin{bmatrix} 8 \\ -6 \\ -4 \end{bmatrix}$$

벡터의 원리를 이용하여 분리하면 다음과 같이 표현된다.

$$x_1\begin{bmatrix}2\\-2\\-2\end{bmatrix}+x_2\begin{bmatrix}4\\3\\4\end{bmatrix}+x_3\begin{bmatrix}-3\\2\\1\end{bmatrix}=\begin{bmatrix}8\\-6\\-4\end{bmatrix}$$

위 식을 행렬-벡터식으로 표현하면 아래와 같다.

$$\begin{bmatrix}2&4&-3\\-2&3&2\\-2&4&1\end{bmatrix}\begin{bmatrix}x_1\\x_2\\x_3\end{bmatrix}=\begin{bmatrix}8\\-6\\-4\end{bmatrix}$$

위 식에서 $A=\begin{bmatrix}2&4&-3\\-2&3&2\\-2&4&1\end{bmatrix}$ $b=\begin{bmatrix}8\\-6\\-4\end{bmatrix}$라고 놓으면,

$$Ax=b$$

형태의 행렬식으로 표현된다. 연립방정식의 해인 x를 구하기 위해 양 변의 좌측에 A^{-1}를 곱하면

$$A^{-1}Ax=A^{-1}b$$

행렬의 성질에서 $A^{-1}A=I$ 이므로 위 식은 다음과 같이 간략해진다.

$$x=A^{-1}b$$

Matlab에서 다음과 같이 입력하면 해를 구할 수 있다.

```
A=[2 4 -3;-2 3 2;-2 4 1];
b=[8;-6;-4];
x=inv(A)*b
```

결과 해는 다음과 같다. 즉 $x_1=1, x_2=0, x_3=-2$ 이다.

```
x =
```

```
  1.0000
       0
 -2.0000
```

1.7 다항식의 계산

다항식은 문자 그대로 여러 개의 항을 가지고 있는 식을 의미하며 일반적으로 다음과 같이 표현할 수 있다.

$$f(x) = a_1 x^n + a_2 x^{n-1} + a_3 x^{n-2} + \dots + a_n x + a_{n+1}$$

위 다항식 f는 x의 함수로 구성되며, 다항식의 최고 차수는 n이 된다. 위 식에서 $a_i (i = 1, 2, \dots\dots, n+1)$ 는 다항식의 계수이다. 이제 Matlab에서 다항식을 어떻게 표현하고 어떻게 연산하는지를 알아보자.

다항식의 연산

Matlab에서는 특정한 다항식을 표현할 때는 그 다항식의 계수만을 나열하며 높은 차수의 계수부터 낮은 차수 계수 순으로 나타낸다. 예를 들어 다음과 같은 3차 다항식을 고려해 보자.

$$f(x) = x^3 - 2x^2 + 5x + 10$$

위 다항식을 Matlab으로 표현하면 다음과 같다.

```
f=[ 1 -2 5 10]
```

만약에 다음과 같이 중간 차수의 계수가 존재하지 않는 경우 (즉, 계수가 0인 경우)에

$$g(x) = x^3 - 8$$

위 다항식을 Matlab으로 표현하면 다음과 같다. 즉, 2차와 1차식의 계수가 없으므로 0 값을 입력해서 다음과 같이 표현한다.

```
g=[1 0 0 -8]
```

다항식의 덧셈과 뺄셈

두 다항식 f와 g를 더하여 새로운 다항식 h를 생성하는 경우 다음과 같은 명령을 수행하면 된다.

```
f=[ 1 -2 5 10];
g=[1 0 0 -8];
h=f+g
```

새로운 다항식 h는 다음과 같은 계수값을 갖는다.

```
h =

     2    -2     5     2
```

즉, 수식형태로 표현하면 다음과 같이 될 것이다.

$$h(x) = 2x^3 - 2x^2 + 5x + 2$$

마찬가지로 다음과 같이 뺄셈을 수행해 보자.

```
f=[ 1 -2 5 10];
g=[1 0 0 -8];
h=f-g

h =

     0    -2     5    18
```

이번에는 차 수가 다른 두 다항식을 더해보자.

```
f=[ 1 -2 5 10];
g1=[1 4 -8];
h=f+g1
??? Error using ==> plus
Matrix dimensions must agree.
```

위와 같이 에러가 발생한다. 이와 같이 Matlab으로 덧셈 및 뺄셈 연산을 할 때는 두 요소의 차수가 같아야 에러가 발생하지 않는다는 점을 명심해야 한다. 따라서, 위에서 g=[0 1 4 -8] 로 고쳐서 g의 차수를 f 의 차수와 같게 해야 한다.

```
f=[ 1 -2 5 10];
g1=[0 1 4 -8];
h=f+g1

h =

     1    -1     9     2
```

다항식의 곱셈과 나눗셈

다항식끼리의 곱셈이나 나눗셈을 수행하기 위해 사용하는 Matlab 명령어는 각각 conv 와 deconv 이다. 앞의 f와 g를 conv와 deconv를 이용하여 곱셈과 나눗셈을 수행해보자. 두 다항식 f(x)와 g(x)의 곱셈은 다음과 같다.

$$h(x) = f(x)g(x) = (x^3 - 2x^2 + 5x + 10)(x^2 + 4x - 8)$$

Matlab에서 다음과 같이 코드를 작성하면 된다. conv, deconv 명령어는 두 다항식의 차수를 같게할 필요가 없으므로 덧셈의 경우처럼 g1 앞자리에 0을 붙일 필요는 없다.

```
f=[ 1 -2 5 10];
g1=[1 4 -8];
h=conv(f,g1)
```

두 다항식의 곱셈결과는 아래와 같다..

```
h =

     1     2   -11    46     0   -80
```

즉, 계산결과는 $h(x) = f(x)g(x) = x^5 + 2x^4 - 11x^3 + 46x^2 - 80$ 라는 것을 의미한다.

이번에는 다항식의 나눗셈 $h1(x) = f(x)/g(x) = (x^3 - 2x^2 + 5x + 10)/(x^2 + 4x - 8)$ 을 수행해 보자.

```
f=[ 1 -2 5 10];
g1=[1 4 -8];
[quot,rem]=deconv(f,g1)

quot =
      1     -6

rem =
      0      0     37    -38
```

계산 결과 몫(quot)은 $x-6$이고 나머지(rem)는 $37x-38$임을 알 수 있다.

polyval(a,x) 를 이용한 다항식의 값 계산

polyval 함수는 주어진 다항식의 독립변수 x에 특정한 값을 대입할 때 다항식의 값을 계산하는 기능을 갖는다. 주어진 다항식

$$h(x) = 2x^3 - 2x^2 + 5x + 2$$

에 대하여 x=2 인 경우 h(2)의 값을 계산하기 위해 다음과 같이 입력해 보자.

```
a=[ 2 -2 5 2];
x=2;
h=polyval(a,x)
h =
    20
```

이번에는 x=[0: 5] 일 때 각 경우에 대한 h 값을 구해보자.

```
a=[ 2 -2 5 2];
x=[0:5]
h=polyval(a,x)
```

결과는 다음과 같다.

```
x =

     0     1     2     3     4     5


h =

     2     7    20    53   118   227
```

plot(x,h) 명령어를 이용하여 (x,h)의 관계를 그래프로 그려보았다.

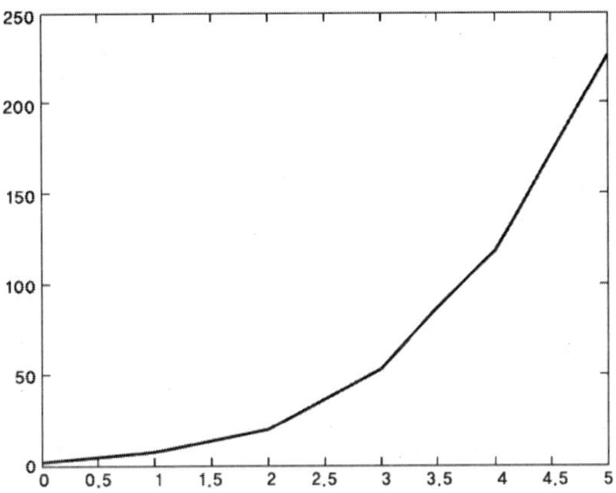

roots(a)를 이용한 다항식의 근 계산

주어진 다항식의 근을 계산하기 위한 수식의 형태는 다음과 같다.

f(x)=0

잘 알고 있다시피 다항식의 차수가 n이면 n개의 근을 갖게 된다. 일반적으로 근은 실수나 복소수의 형태를 갖는다. 2차방정식 $f(x) = ax^2 + bx + c = 0$의 경우 우리는 근의 공식

$$x = \frac{-b \pm \sqrt{b^2 - 4ac}}{2a}$$

을 이용하여 근을 쉽게 구할 수 있다. 하지만, 차수가 높아질수록 손으로 방정식의 근을 구하는 것은 매우 어렵다. Matlab에서는 roots(a) 함수를 사용하여 방정식의 근을 쉽게 구할 수 있다. 다음과 같은 방정식을 고려해보자.

$$f(x) = (x-2)(x+2)(x+3)(x-5) = x^4 - 2x^3 - 19x^2 + 8x + 60 = 0$$

roots 명령어를 이용하여 위 방정식의 근을 구해보자.

```
f=[1    -2    -19    8    60];
roots(f)
```

계산 결과 다음과 같이 4개의 근을 구할 수 있고, 위의 인수분해된 식과 비교해 보면 일치함을 알 수 있다.

```
ans =
    5.0000
    2.0000
   -3.0000
   -2.0000
```

2 Chapter

함수(function)의 사용

수학적으로 함수는 y=f(x) 의 형태로 정의된다. 즉, 함수란 어떤 형태의 수학적 식(function 혹은 equation)에 입력값 x를 대입하면 대응하는 출력값 y를 구한다는 의미이다. MATLAB에는 많은 함수들이 내장함수(built-in function)로 이미 프로그램 되어 있으므로 사용자는 단지 함수의 이름만 알면 바로 사용할 수 있다. 예를 들면, sin(x), cos(x), sqrt(x), exp(x), log(x), …등의 내장함수에 입력값 x를 넣으면 대응하는 출력값을 구할 수 있다. 그 외에 사용자가 직접 원하는 함수를 작성할 수 있는데 이러한 함수를 사용자정의(user-defined) 함수라고 한다. 이 장에서는 Matlab에서 사용되는 다양한 함수들을 배우고 적용하는 방법을 배우게 될 것이다. C 프로그램과 마찬가지로 Matlab 프로그램도 함수에서 시작하여 함수로 끝난다 해도 지나친 과장은 아닐 것이다. 그 만큼 함수를 잘 이용하는 것은 모든 프로그래밍에서의 기본이라고 하겠다.

2.1 MATLAB에서 제공하는 내장함수

MATLAB은 사용자들이 함수의 이름과 변수값만 입력하면 쉽게 결과를 계산해 주도록 sin, cos, exp 등과 같은 많은 함수들을 제공하고 있다. 예를 들어 삼각함수인 sin(30°)함수의 값을 계산하기 위해서는 MATLAB 창에서 다음과 같은 명령을 작성하면 된다.

```
>> sin(pi/6)
ans =
0.5000
```

그리고, help 명령어를 이용하면 이 함수에 대한 구성정보를 자세히 알 수 있다.

```
>> help sin
    SIN     Sine of argument in radians.
    SIN(X) is the sine of the elements of X.
     See also asin, sind.
   Overloaded functions or methods (ones with the same name in other directories)
       help sym/sin.m
Reference page in Help browser
       doc sin
```

위 내용을 읽어보면 sin 함수의 입력변수 X는 라디안(rad) 값으로 입력되는 값임을 알 수 있다.

그리고 doc sin을 클릭해 보면 다음과 같이 sin함수에 대한 참고정보를 얻을 수도 있다.

```
MATLAB Function Reference    sin
Sine of an argument in radians
Syntax
Y = sin(X)
Description
The sin function operates element-wise on arrays. The function's domains and
ranges include complex values. All angles are in radians.
Y = sin(X) returns the circular sine of the elements of X.

Examples
Graph the sine function over the domain .
x = -pi:0.01:pi;
```

```
plot(x,sin(x)), grid on

x = -pi:0.01:pi;
plot(x,sin(x)), grid on
```

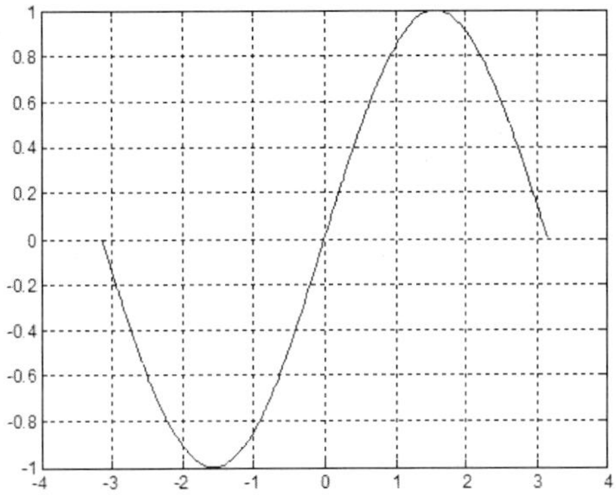

이와 같이 Matlab 프로그램을 하는 경우 많은 함수들을 경험하게 되므로, 그 함수에 대한 기초적인 정보를 help 를 이용하여 얻을 수 있다.

2.2 사용자 정의 함수

기본적인 사용자 정의함수

일반적으로 함수는 반복적인 일련의 계산과정이 필요한 식을 계산할 때, 또는 계산과정에서 만들어지거나 잠시 필요한 중간 변수들에 관심이 없거나 감추고 싶을 때 주로 사용 되어진다. 즉 주어진 입력에 대해 결과인 출력만을 얻고 싶을 때 함수 파일을 작성한다. MATLAB에서 제공되는 내장함수 외에 특정한 함수를 사용자가 만들려면 m 파일을 사용하여 작성해야 한다. 사용자가 작성한 m파일은 MATLAB의 work 디렉토리에 저장된다. m파일에 의해 만들어 지는 함수는 다음과 같은 형태를 갖는다.

```
function [assignment_variable(s)] = function_name(arguments)
```

여기서, function은 이 파일이 함수로 사용된다는 것을 의미하고, assignment_variable(s)은 옵션을 위해 제공되는 변수이다. function_name은 함수의 이름이고, arguments는 함수에 전달되는 입력변수이다. 물론 입력변수는 함수내부의 식 중에 반드시 포함되어 있어야 한다. 예를 들어 sin 함수의 제곱값을 구하는 함수인 sqr_sin 함수를 작성해 보자. 다음과 같이 m파일 sqr_sin.m 을 작성하여 저장하자.

```
%%% file name: sqr_sin.m
function y=sqr_sin(x)
y=sin(x).^2;
end
```

MATLAB>File>New>M-File을 선택하여 편집창을 띄우고 위 문장을 입력한 후 저장하기 위해 File>Save As를 클릭하면 다음 창과 같이 sqr_sin 이름을 디폴트로 보여준다.

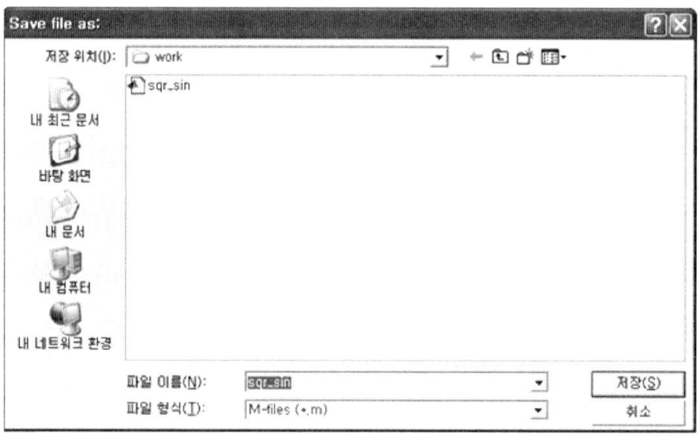

[그림2.1] 작성한 sqr_sin 함수를 Matlab의 work 디렉토리에 저장

저장버튼을 누르면 sqr_sin.m 파일이 C>ProgramFiles>MATLAB>Work 디렉토리에 저장된다. 이제 사용자가 정의하여 작성한 sqr_sin 함수가 MATLAB에 등록이 된 셈이므로 MATLAB 창에서 편하게 사용할 수 있다. 다음과 같이 sin의 절대값이 제대로 계산되는 것을 알 수 있다.

```
>> sqr_sin(pi/6)

ans =

    0.2500
```

```
>> abs_sin(-pi/6)

ans =

     0.2500
```

이 번에는 sqr_sin 함수의 입력값을 x=[-pi/6 pi/6]과 같이 배열형태로 다음과 같이 입력해 보자. 즉, 2개의 입력값인 x=-pi/6과 x=pi/6을 사용해보자.

```
x=[ -pi/6 pi/6];
sqr_sin(x)
```

그러면 대응되는 출력값은 다음과 같이 계산된다.

```
ans =

     0.2500     0.2500
```

이번에는 입력값을 -pi에서 pi 각도까지의 구간을 0.01 간격으로 변화하는 값을 표시하기 위해 다음과 같이 명령어를 작성하고, 결과값을 그래프로 나타내어보자.

```
x = -pi:0.01:pi;   %%구간 [-pi   pi]에서 0.01 간격으로 입력값 생성
plot(x,sqr_sin(x)), grid on %%그래프를 그리고 눈금을 grid로 나타낼 것
```

위 명령문의 실행결과는 다음과 같다. 즉, x 구간에서의 sqr_sin(x)의 값을 그래프로 나타내었다.

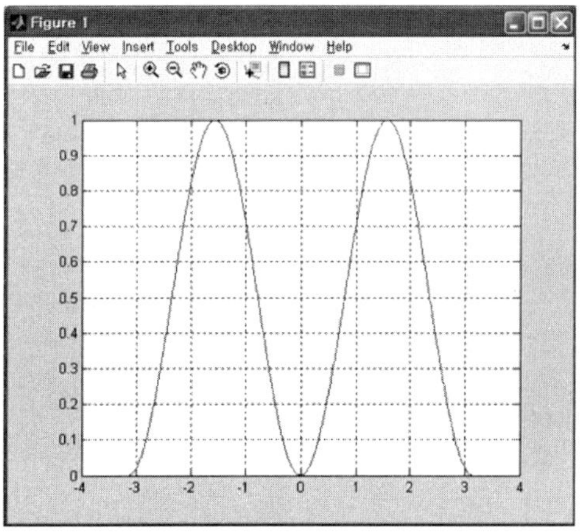

[그림2.2] y=sin(x).^2의 그래프

다수의 입출력변수를 가지는 사용자 정의 함수

이번에는 다수의 입력과 출력변수를 가지는 사용자 정의 함수를 작성하는 경우에 있어서 다양한 활용방법을 예제를 통해서 알아보기로 하자.

[예제2.1] 2개의 입력변수와 한 개의 출력변수를 갖는 식인 r=sin(s)cos(t)를 계산하는 함수를 작성해보자.

▶풀이

파일의 이름은 sincos.m으로 정의하고 다음과 같이 작성한다.

```
%%% file name: sincos.m
function r = sincos(s,t) % 2개의 입력변수와 한 개의 출력변수를 가짐
r = sin(s).*cos(t); %% .*는 요소별 곱셈을 의미함
```

2개의 입력변수인 s=pi/6, t=pi/3의 값을 다음과 같이 입력하면

```
sincos(pi/6,pi/3)
```

대응하는 출력값은 다음과 같다.

```
ans =
0.2500
```

이번에는 s=[3,5,-2], t=[1,2,4]와 같이 입력변수를 벡터형태로 입력하면 다음과 같이 계산된다.

```
>>sincos([3,5,-2],[1,2,4])
ans =
0.762 991 0.5944
```

[예제2.2] 1개의 입력변수(theta)와 2개의 출력변수(x와 y)를 갖는 식을 계산하는 함수를 작성해보자.

x = sin(theta)

y = cos(theta)

▶풀이

sin값과 cos값을 각각 구하는 함수인 cal_sin_cos.m 파일을 다음과 같이 작성해보자.

```
    %%% file name: cal_sin_cos.m
function [x,y] = cal_sin_cos(theta) % 1개의 입력변수와 2개의 출력변수를 갖는 함수의 예
    x = sin(theta); y = cos(theta);
```

MATLAB 창에서 다음과 같이 명령어를 작성하면

```
[x1,y1]=cal_sin_cos(pi/3)
```

아래와 같은 결과를 확인할 수 있다.

```
>> [x1,y1]=cal_sin_cos(pi/3)
x1 =
     0.8660
y1 =
     0.5000
```

[예제2.3] 가장 일반적인 경우는 다수의 입력변수와 다수의 출력변수를 갖는 형태이다. 다음 식을 계산하는 함수를 작성해 보자.

x = r cos(theta)

y = r sin(theta)

▶풀이

위 식에서 입력변수는 r과 theta이며, 출력변수는 x와 y이다.

함수의 이름을 cal2_sin_cos라고 정의했으며, 해당하는 m파일은 다음과 같다.

```
function [x,y] =cal2_sin_cos(r,theta);
% Conversion from polar to Cartesian coordinates
x = r.*cos(theta);
y = r.*sin(theta);
```

위 함수를 MATLAB 창에서 다음과 같이 실행해 보았다.

```
[x3, y3] = cal2_sin_cos(10.,3*pi/5)
```

계산결과는 다음과 같다.

```
>> [x3, y3] = cal2_sin_cos(10.,3*pi/5)
x3 =
   -3.0902
y3 =
    9.5106
```

이번에는 입력변수 r과 theta를 벡터형태로 다음과 같이 입력해 보자

```
>> r = [5.0, 3.0, 2.0]; theta = pi*[1/2, 1/3, 1/6];
>> [x,y] = cal2_sin_cos(r,theta)
```

계산 결과는 다음과 같음을 확인할 수 있다.

```
x =
0.0000 1.5000 1.7321
y =
5.0000 2.5981 1.0000
```

[예제2.4] 입출력변수를 벡터형태로 표현하는 경우의 예를 살펴보자. 2개의 성분을 갖는 입력변수 s에 대한 제곱근 및 atan 값을 구하는 함수를 작성해 보자.

▶풀이

함수의 이름은 sqrt_atan로 정했으며 m파일은 다음과 같다.

```
function [r] = sqrt_atan(s)
% r and s are column vectors with 2 components
r1 = sqrt(s(1)^2+s(2)^2);
```

```
r2 = atan(s(2)/s(1));
r=[r1; r2];
```

입력벡터 s의 값을 다음과 같이 입력한 후

```
>> s=[1 2]

s =
    1    2
```

함수의 계산결과를 확인하면 다음과 같다.

```
>> r=sqrt_atan(s)

r =
   2.2361
   1.1071
```

[예제2.5] 입력은 2개의 성분을 갖는 열벡터, 출력은 행렬(matrix)형태를 갖는 다음과 같은 식을 계산하는 함수를 작성해 보자.

$$J = \begin{bmatrix} s_1^2 + s_2^2 & s_1/s_2 \\ |s_1| + |s_2| & \sqrt{s_1} + \sqrt[3]{s_2} \end{bmatrix}$$

▶풀이

함수의 이름은 vec_mat 이며, m파일은 다음과 같이 작성한다.

```
function [J] = vec_mat(s)
J(1,1) = s(1)^2+ s(2)^2;
J(1,2) = s(1)/s(2);
J(2,1) = abs(s(1))+ abs(s(2));
J(2,2) = sqrt(s(1))+ s(2)^(1/3);
```

MATLAB창에서 s1=1, s2=2 인 경우 행렬 J값은 다음과 같이 2가지 방법으로 계산을 수행할 수 있다. 아래 경우는 입력변수를 성분으로 입력한 경우이다.

```
>> vec_mat ([1,2])
ans =
5.0000   0.5000
3.0000   2.2599
```

다음 경우는 입력변수를 열벡터로 입력한 경우이다.

```
>> vec_mat ([1;2])
ans =
5.0000   0.5000
3.0000   2.2599
```

위 두 경우 모두 같은 결과를 가짐을 알 수 있다.

[예제2.6] 수식 내에 입력변수 외 임의의 계수(상수)를 포함하는 식을 계산하는 경우를 살펴보자.

$$z = f(x, y) = ax + by$$

위 식에서 입력변수는 x, y이며 2개의 상수 a, b를 포함하고 있다. 출력값 z를 구하는 함수를 작성해 보자.

▶풀이

```
function [z] = xy_const(x,y)
% Function that requires constants
global a; global b;
z = a*x + b*y;
```

MATLAB창에서 다음과 같이 실행해보자.

```
>> a = 2; b = 3; xy_const(2.3,1.2)
ans =
[ ]
```

출력값이 제대로 계산되어 있지 않음을 알 수 있다. 여기서 주의할 점은 함수 안에 변수 a, b 를 global변수로 설정을 해야하며, 동시에 MATLAB의 명령창에서도 다음과 같이 global 변수선언을 해 주어야 한다.

```
>> global a; global b;
```

그런 후 다음과 같이 명령을 실행해 보자.

```
>>a = 2; b = 3; xy_const(2.3,1.2)
```

다음과 같이 올바른 계산결과를 보여주게 될 것이다.

```
ans =
     8.2000
```

부함수 (subfunction)

함수는 또 다른 함수를 불러들일 수 있다. 해당되는 두 함수가 따로 분리되어 있는 m 파일로 존재할 수도 있고, 한 개의 m 파일 내부에 두 개의 함수가 동시에 들어가 있을 수도 있다. 아래의 예를 살펴보자. 아래의 경우 1개의 m 파일에 두 개의 함수가 같이 존재하는 경우이다.

```
function v = freefallsubfunc(t, m, cd)
v = vel(t, m, cd);
end
function v = vel(t, m, cd)
g = 9.81;
v = sqrt(g * m / cd)*tanh(sqrt(g * cd / m) * t);
end
```

위 함수를 freefallsubfunc.m 파일로 저장을 하도록 한다. 이 경우 첫 번째 함수는 주함수(main function)기 되고 그 밑에 있는 함수는 부함수(sub function)로 규정된다. 입력변수를 t=12, m=68.1, cd=0.25를 입력해보자.

```
>> freefallsubfunc(12,68.1,0.25)
```

```
ans =
    50.6175
```

반약 Matlab 창에서 부함수 vel()을 바로 작동시키면 다음과 같은 에러 메시지가 나타난다.

```
??? Undefined function or method 'vel' for input arguments
of type 'double'.
```

스크립트 파일 (script file)

일반적으로 함수는 입력인자와 출력인자로 구성된다는 것을 알았다. 반면에 스크립트 파일(script file)은 입력변수와 출력변수가 필요하지 않으며 단지 일련의 명령어를 묶어서 마치 하나의 함수처럼 m파일로 만든 것이다. C++ 프로그램에서의 void 함수와 같은 성격을 지닌다고 할 수 있다. 다음과 같은 프로그램을 고려해 보자. 이 프로그램은 자유낙하 하는 물체의 속도를 특정한 시간에서 구하는 프로그램이다.

```
g = 9.81; m = 68.1; t = 12; cd = 0.25;
v = sqrt(g * m / cd) * tanh(sqrt(g * cd / m) * t)
```

위와 같이 코드를 작성한 다음 script1.m 파일로 저장을 하자. 그런 다음 Matlab의 명령창에서

```
>> script1
```

그러면 다음과 같이 시간 t=12초 인 경우에 대한 속도 V를 구하게 된다.

```
v =
50.6175
```

이번에는 script1.m 파일 내부에 있는 변수 g의 값을 읽어보자.

```
>> g
g =
     9.8100
```

위와 같이 script1.m 파일에 있는 변수까지 Matlab 명령창에서 바로 읽을 수 있는 것이 일반 함수(function) 파일과 다른 점이다. 일반 함수인 경우에는 함수 내부의 변수를 matlab 명령창에서 읽으려면 global을 사용하여 전역변수로 처리하여야 한다는 점이다.

2.3 수학함수

우리는 앞의 2.1절에서 Matlab에서 기본적으로 제공하는 함수를 내장함수라고 정의하였다. Matlab은 다양한 툴을 제공하고 있고, 각각의 툴에서 다양한 내장함수를 제공하고 있다. 하지만 본 절에서는 수학이나 역학문제를 풀면서 자주 접하게 되는 수학함수의 종류 및 사용법에 대하여 알아보도록 하자.

기본적인 수학함수

먼저, 수학적인 식을 다루면서 자주 접하게 되는 기본적인 수학함수들을 살펴보면 다음과 같다.

1) 수치를 나타내는 함수

ceil - floating-point 수 (소수점 이하의 수)를 올림처리함 (round-up)

floor - floating-point 수를 내림처리함 (round-down)

fix - floating-point 수를 0으로 처리함

rem - 나눗셈 후의 나머지 값 계산

rat - floating-point 수를 분수로 근사함

round - 가장 가까운 자연수로 근사함

sign - 부호 (+ 혹은 -)를 찾는 함수

2) 복소수를 표현하는 함수

abs - 실수의 절대치를 나타내거나 복소수의 크기를 나타냄

angle - 복소수의 각도를 구하는 함수

conj - 공액복소수를 구하는 함수

imag - 복소수의 허수부를 구하는 함수

real - 복소수의 실수부를 구하는 함수

3) 지수관련 함수

sqrt - 제곱근의 계산

exp - 지수를 계산하는 함수

4) 로그 관련 함수

log - 자연대수 ln(x)를 계산하는 함수

log10 - 일반대수 (밑이 10인) 를 계산하는 함수

이제 위의 함수들을 각각 어떻게 사용하는 지를 자세히 알아보도록 하자.

• **함수 round의 사용:**

함수 round의 사용법을 보여주기 위해 3x3 행렬을 그것의 역행렬과 곱해보려고 한다. 먼저, 임의의 행렬 A를 다음과 같이 놓아보자.

```
>> A = [1,3,2;-1,2,1;4,2,1]
A =
1 3 2
-1 2 1
4 2 1
```

다음에 행렬 A와 A^{-1}의 곱을 행렬 B라고 놓으면 B는 당연히 단위행렬(identity matrix; 대각선에 위치한 값만 1이고 나머지 위치에는 0임)이어야 한다.

```
>> B = A*inv(A)
B =
1.0000   -.0000   -.0000
0   1.0000   0
0 -0.0000   1.0000
```

위의 계산결과는 잘 되었다. 하지만, 역행렬의 계산에서 수치적인 오차에 의해 대각선 외에

요소가 0이 아닌 아주 적은 값이 나타날 수도 있다. 이럴 때 round 함수를 이용하면 문제를 해결하고 깨끗한 단위행렬을 만들 수 있다. 예를 들어, 결과값에 약간의 오차를 방지하려면

```
>> B = A*inv(A)
B =
1.0000 -0.0000 -0.0000
0 1.0001 0
0 -0.0000 1.0000
```

>> round(B) 를 실행하면 다음과 같이 깨끗한 단위행렬이 생성된다.

```
ans =

    1    0    0
    0    1    0
    0    0    1
```

- **함수 ceil, floor, fix 의 사용:**

```
>>ceil(-1.2) //rounds up
ans = - 1

>>ceil(1.2) //rounds up
ans = 2
>>floor(-1.2) //rounds down
ans = - 2

>>floor(1.2) //rounds down
ans = 1

>>round([1.25 1.50 1.75]) //rounds up or down
ans =
```

```
1 2 2

>>fix([1.25 1.50 1.75]) //rounds down
ans =
1 1 1
```

만약, 어떤 실수의 소수점 부분만 알고 싶다면 그 수에서 정수부분만 빼면 될 것이다. 예를 들어

```
>> x = 12.4345
x = 12.4345

>> fix(x)
ans = 12

>> x-fix(x)
ans = 0.4345
```

함수 ceil, floor, round 및 fix 는 복소수 (complex number)에도 적용될 수 있다. 이 경우는 복소수의 실수부와 허수부에 따로 따로 적용이 된다. 다음 예를 살펴보자.

```
>> z = 2.3 - 5.2*i %  임의의 복소수
z = 2.3000 - 5.2000i

>> ceil(z)
ans = 3.0000 - 5.0000i

>> floor(z)
ans = 2.0000 - 6.0000i

>> round(z)
ans = 2.0000 - 5.0000i

>> fix(z)
```

```
ans = 2.0000 - 5.0000i
```

MATLAB은 복소수의 실수부와 허수부를 구하기 위해 real 및 imag 함수를 사용한다. 아래는 주어진 복소수의 실수부와 허수부를 구하는 경우이다.

```
>> z = 2.4 + 3.5*i % 임의의 복소수
z = 2.4000 + 3.5000i

>> x = real(z) % z의 실수부
x = 2.4000
>> y = imag(z) % z의 허수부
y = 3.5000
```

• **함수 abs 의 사용:**

함수 abs 는 어떤 실수의 절대값을 구하는 함수인데, 절대치를 구하는 과정은 수학적으로 다음과 같이 정의될 것이다.

$$|x| = \begin{cases} x, & \text{if } x \geq 0 \\ -x, & \text{if } x < 0 \end{cases}$$

만약 abs 함수가 복소수 z=x+iy에 적용된다면 abs함수는 다음과 같이 복소수의 크기 값을 구하게 된다.

$$|z| = \sqrt{x^2 + y^2}$$

다음 예를 살펴보도록 하자.

```
>> abs([-3.4 0.0 3.4]) // 실수의 경우 절대값을 구함
ans = 3.4000 0 3.4000

>> abs(-3+4*i) % 복소수의 경우 크기를 구함
ans = 5
```

함수 sign 의 사용:

함수 sign 은 주어진 실수 값이 양수, 음수 혹은 0 인 경우에 각각 1.0, -1.0 그리고 0.0 이라는 값을 구해준다.

```
>> sign([-2.4 0.0 5.4])
ans = -1 0 1
```

반면에 sign 함수가 복소수 z 에 적용되는 경우에는 z/|z|의 값을 돌려준다. 예를 들어,

```
>> sign(3-48i)
ans = 0.0624 - 0.9981i
```

함수 rat의 사용:

함수 rat는 소수점을 가지고 있는 실수 (floating-point number)를 근사적인 분수로 바꾸어 준다. 일반적으로 함수 rat를 사용하는 형식은 다음과 같다.

```
[n,d] = rat(x)
```

위 식에서 x 소수점을 가지고 있는 실수이고, n 과 d 는 각각 분자와 분모를 나타낸다. 예를 들면,

```
>> [n,d] = rat(0.353535)
n = 10086
d = 28529
```

위 계산결과를 확인해 보려면 다음과 같이 n/d를 해보면 된다.

```
>> n/d
ans = 0.3535
```

또 다른 예 0.333··· = 1/3 을 수행해 보자.

```
>> [n,d]=rat(0.3333333333333)
```

```
n = 1
d = 3
```

rat 함수를 사용할 때 주의해야 할 점은 소수점 이하 숫자를 충분히 많게 입력해야 보다 정확한 분수를 구할 수 있다. 만약에 아래와 같이 소수점 이하 4자리만 나타낸다면 결과는 의도하지 않은 값을 구해주게 된다.

```
>> [n,d] = rat(0.3333)

n = 3333
d = 10000
```

함수 rat 는 ( ) 안의 두번째 인자를 공차로 지정할 수 있다. 이 경우 포맷은 다음과 같다.

[n,d] = rat(x,ε)

여기서 ε 은 공차를 의미하며, n, d, x 는 앞에서 정의한 것과 같다. 이 포맷에 의해 구해지는 값은 수학적으로 나타내면 다음 식과 같다.

$$\left|\frac{n}{d}-x\right| \leq \in |x|$$

공차개념을 사용하는 경우 예를 들어 보면,

```
>> [n,d] = rat(0.3333,1e-6)
n = 3333
d = 10000
```

이 경우 공차 ε = 0.000001 = 10^{-6} 의 경우 근사값을 0.3333 ≈ 3333/1000 으로 표현하였다. 반면에, 공차 ε = 0.001 = 10^{-3}으로 한 경우 결과는 0.3333 ≈ 1/3로 나타났다.

```
>> [n,d] = rat(0.3333,1e-3)
n = 1
d = 3
```

별도로 공차값을 지정하지 않는 경우 공차값은 ε = 1e-5으로 할당된다. 다시 말하면 함수

rat(x) 는 rat(x,1e-5)를 의미한다고 볼 수 있다.

함수 sqrt의 사용:

함수 sqrt 는 실수나 복소수의 제곱근을 돌려주는 함수이다. 양의 실수값에 대한 제곱근은 역시 실수이다. 예를 들어

```
>> sqrt(2345.676)
ans = 48.4322
```

반면에 음의 실수 $(x < 0)$ 에 대한 제곱근은 수학적으로 다음과 같이 구해진다.

$$\sqrt{x} = i\sqrt{-x}$$

여기서 i는 허수 부분을 나타내는 기호이다.

예를 들면,

```
>> sqrt(-2345.676)
ans = 0 +48.4322i
```

복소수에 대한 제곱근을 이해하기 위해서는 복소수의 극좌표 개념을 사용한다.

$$z = r \cdot e^{i\theta}$$

여기서,

$$r = (x2+y2)^{1/2}$$

은 복소수의 크기를 나타낸다. 그리고

$$\theta = \tan^{-1}(y/x)$$

는 복소수의 방위각을 나타낸다.

Euler's 의 공식으로부터

$$e^{i\theta} = \cos\theta + i \cdot \sin\theta$$

따라서, 임의의 복소수 z는 다음과 같이 표현될 수 있다.

$$z = re^{i\theta} = r\ \cos\theta + i\ r\ \sin\theta = x+iy$$

위 식에서 알 수 있듯이 $x = r \cdot \cos\theta$, $y = r \cdot \sin\theta$.이다. 이와 같이 복소수를 직교좌표에서 나타낼 때는 $z = x+iy$ 표현을 쓰고, 극좌표계를 사용할 경우 $z = r \cdot e^{i\theta}$ 으로 표현한다. 극좌표계를 사용해서 복소수의 제곱근을 구하는 경우에 다음과 같이 계산되어진다.

$$\sqrt{z} = (re^{i\theta})^{\frac{1}{2}} = \sqrt{r}\,e^{i(\frac{\theta}{2})} = \sqrt{r}\,cos\left(\frac{\theta}{2}\right) + i\,\sqrt{r}\,sin\left(\frac{\theta}{2}\right)$$

예를 들어보자.

```
>> sqrt(3-5*i)

ans = 2.1013 - 1.1897i
```

지수함수 (exp) 와 로그함수 (log)의 사용:

지수함수 exp 는 실수 x에 대한 지수값 e^x를 구해준다. 여기서, e는 자연로그를 나타낸다. 즉 e=2.7182818…. 의 값이다. 따라서,

```
>> exp(1)
ans = 2.7183
```

지수함수의 몇몇 사용 예를 알아보자

```
>> exp(-2.3)
ans = 0.1003

>> exp([-1 0 1 2 3])
ans = 0.3679 1.0000 2.7183 7.3891 20.0855
```

지수함수를 사용하는 경우에 대한 그래프를 한 번 그려보자.

```
>>x = [-2:0.1:5];plot(x,exp(x));
>>xlabel('x');ylabel('y');
```

v
결과그래프

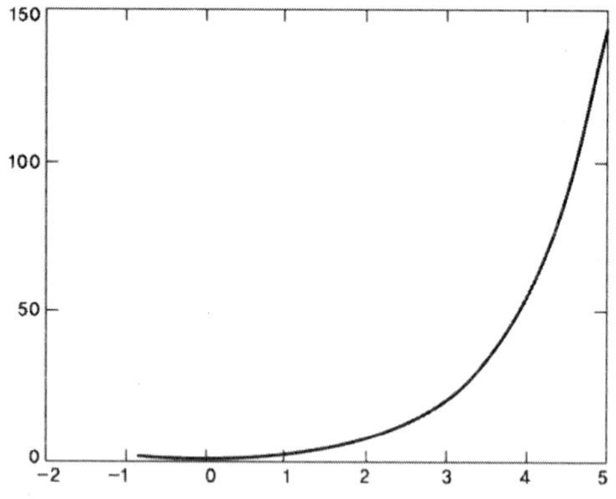

[그림2.3] exp(x)의 그래프

복소수에 대한 지수값은 다음과 같이 계산될 수 있다.

exp(z) = ex+iy = exeiy= ex(cos y + i sin y) = excos y + iexsin y .

예를 들어

```
>> exp(3+4*i)
ans = -13.1288 -15.2008i
```

지수함수의 역함수(inverse function)은 자연 로그함수 (natural logarithm) ln(x)이다. 만약 y =
ln(x)라고 하면 x = exp(y) = e^y이다. 따라서, ln(exp(x)) = x 그리고 exp(ln(x)) = x 이 성립한다. MATLAB에서 자연로그에 대한 함수는 log()이다.

예를 들면,

```
>> log(2.35)
```

```
ans = 0.8544

>> log([1 2 3])
ans = 0 0.6931 1.0986
```

그러면, 자연로그에 대한 그래프를 x의 범위 $0<x<10$ 에서 그려보도록 하자. (자연로그 함수는 $x \leq 0$ 구간의 실수에 대해서는 정의되지 않는다는 점을 기억하자)

```
>> x = [0.1:0.1:10];plot(x,log(x));
>> title('natural logarithm');xlabel('x');ylabel('y');
```

실행결과

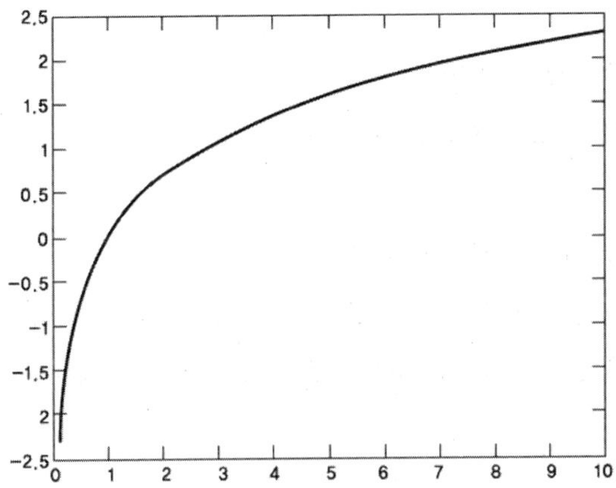

[그림2.4] log(x)의 그래프

한편, 임의 복소수 $z = r\ e^{i\theta}$ 에 대한 자연로그 ln(z) 는 다음과 같이 정의된다.

$$\ln(z) = \ln(r \cdot e^{i\theta}) = \ln(r) + \ln(e^{i\theta}) = \ln(r) + i\theta\ .$$

Matlab에서 자연로그는 log() 기호를 사용하므로 임의의 복소수에 대한 자연로그를 구하는 표현은 다음과 같다.

```
>> log(2+3*i)
ans = 1.2825 + 0.9828i
```

```
>> log([1+i, 2+3*i, 1-i])
ans = 0.3466 + 0.7854i 1.2825 + 0.9828i 0.3466 - 0.7854i
```

그렇다면, 베이스가 10이나 2인 로그는 어떻게 표현해야 하는가? Matlab은 이 를 위해 log10() 과 log2() 함수를 제공하고 있다. 이 두 함수도 자연로그와 유사한 방법으로 정의되는데, 다음의 관계가 성립함을 기억하자.

- 로그의 베이스가 10인 경우: $x = 10^y \dashrightarrow y = log10(x)$
- 로그의 베이스가 2인 경우: $x = 2^y \dashrightarrow y = log2(x)$

예를 들면,

```
>> log10([100 200 1000 1500])
ans = 2.0000 2.3010 3.0000 3.1761

>> log2([8 23 256 1000])
ans = 3.0000 4.5236 8.0000 9.9658
```

삼각함수(trigonometric function)의 사용

삼각함수를 계산하는데 사용되는 함수로는 sine (sin), cosine (cos), tangent (tan), cotangent (cot), secant (sec), 그리고 cosecant (csc)로 모두 6개의 함수가 있다. 아래 그림과 같이 직각삼각형을 고려하면

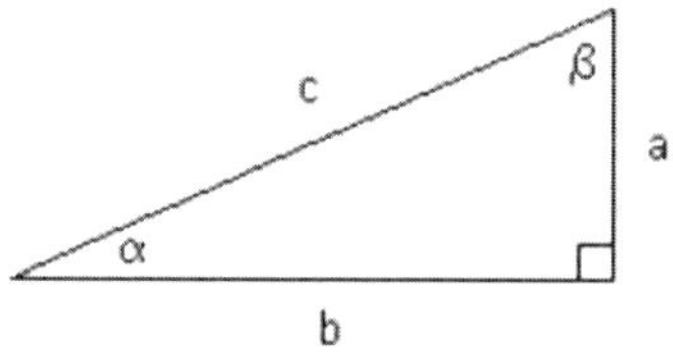

[그림2.5] 일반적인 직각삼각형

각각의 삼각함수는 다음과 같이 정의된다.

$$\sin(\alpha) = \frac{a}{c}, \cos(\alpha) = \frac{b}{c}$$
$$\tan(\alpha) = \frac{a}{b}, \cot(\alpha) = \frac{c}{a}$$
$$\sec(\alpha) = \frac{c}{b}, \cos(\alpha) = \frac{c}{a}$$

위의 정의를 활용하면 다음의 관계가 성립한다.

sin( ) = 1/csc( ), cos( ) = 1/sec( ),

tan( ) = 1/cot( ), cot( ) = 1/tan( ),

sec( ) = 1/cos ( ), csc( ) = 1/sin( ),

tan( ) = sin( )/cos( ), cot( ) = cos( )/sin( )

그리고 다음의 피타고라스 정리(Pythagorean theorem)에서

$a^2 + b^2 = c^2$

양변을 c^2 으로 나누면

$(a/c)^2 + (b/c)^2 = 1$

이 되고, 위 식을 정리하면 다음의 관계가 성립된다.

$\sin^2(\alpha) + \cos^2(\alpha) = 1$

위 식을 변형하면 다음과 같은 관계식도 구해진다.

$\tan^2(\alpha) + 1 = \sec^2(\alpha)$

$1 + \cot^2(\alpha) = \csc^2(\alpha)$

예를 들어, y=tan(x)를 알아보기 위해 다음 코드를 작성하였다.

```
%%Tangent function
x=[-pi/2+0.01:0.01:pi/2-0.01];
plot(x,tan(x));xlabel('x');ylabel('y');
```

실행결과

아래 그래프에서 보듯이 -90도와 +90도 근처에서는 tan의 값은 무한대로 접근함을 알 수 있다.

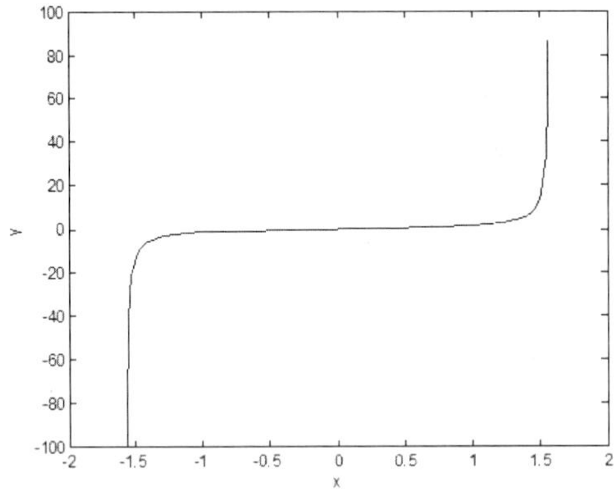

[그림2.6] tan(x)의 그래프

역삼각함수(inverse trigonometric function)의 사용:

역삼각함수는 asin(), acos() 및 atan() 등이 있다. 역 삼각함수는 다음과 같이 정의되는 함수이다.

삼각함수: y=sin(x) ⟶ 역삼각함수: $x=\sin^{-1}(y)$=asin(y)

같은 방법으로 acos(y), atan(y)도 정의 된다. 따라서, 역삼각함수는 삼각함수의 값이 주어지면 해당하는 각도를 구하는 셈이 되는 것이다.

역삼각함수를 이용하여 그래프를 그릴 때에는 원래 삼각함수의 값의 범위를 잘 따져봐야 한다. 예를 들어 y=sin(x)과 y=cos(x)의 경우 모든 x의 범위에 대해 y 값은 [-1, 1]의 범위 안에 존재한다. 따라서 asin(y)와 acos(y) 경우는 입력값 y가 [-1, 1] 사이의 값 이어야 함을 알아야 한다. 반면에, y=tan(x)의 경우는 y의 값이 $[-\infty, \infty]$ 범위이므로, atan(y)의 입력값 y는 어떤 실수 값이어도 상관없다.

예를 들어, 다음의 코드를 이용하여 arctangent의 그래프를 그려보자. y=tan(x)의 경우 $x=\tan^{-1}(y)$이며, $\tan^{-1}$를 아크탄젠트라고 정의한다.

```
x = [-10:0.01:10];plot(x,atan(x)); % Arctangent function
xlabel('x');ylabel('y');
```

실행결과

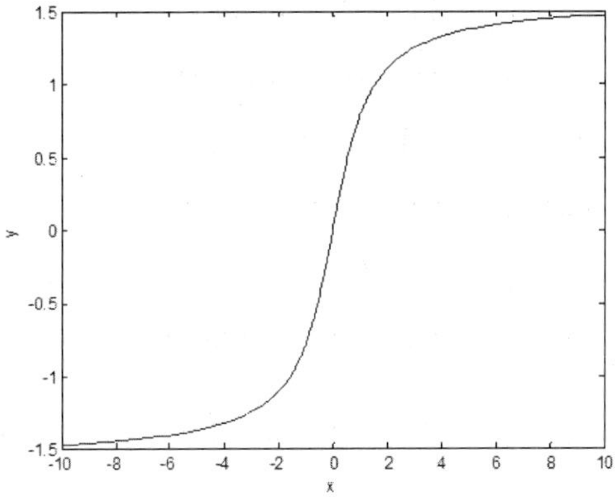

[그림2.7] atan(x)의 그래프

Hyperbolic 함수의 사용:

Hyperbolic 함수는 지수함수를 결합하여 만들 수 있다. Hyperbolic 함수에는 hyperbolic sine (), hyperbolic cosine (cosh), 그리고 hyperbolic tangent (tanh) 함수 등이 있다. 다음 식은 각각의 Hyperbolic 함수에 대한 정의 식이다.

$$\sinh(x) = \frac{e^{x} - e^{-x}}{2}$$

$$\cosh(x) = \frac{e^{x} - e^{-x}}{2}$$

$$\tanh(x) = \frac{\sinh(x)}{\cosh(x)} = \frac{e^{x} + e^{-x}}{e^{x} + e^{-x}}$$

그 외의 Hyperbolic 함수로는 hyperbolic cotangent (coth), hyperbolic secant (sech), and hyperbolic cosecant (csch) 등이 있는데 각각 다음과 같이 정의된다.

coth(x) = 1/tanh(x)

sech(x) = 1/cosh(x)

csch(x) = 1/sinh(x).

그리고 역 Hyperbolic 함수 (inverse hyperbolic function) 들이 있는데 다음과 같이 정의된다.

If sinh(y) = x, then y = $\sinh^{-1}(x)$ = asinh(x)
If cosh(y) = x, then y = $\cosh^{-1}(x)$ = acosh(x)
If tanh(y) = x, then y = $\tanh^{-1}(x)$ = atanh(x)
If coth(y) = x, then y = $\coth^{-1}(x)$ = acoth(x)
If sech(y) = x, then y = $\mathrm{sech}^{-1}(x)$ = asech(x)
If csch(y) = x, then y = $\mathrm{csch}^{-1}(x)$ = acsch(x)

몇 개의 Hyperbolic 함수의 그래프를 그려보도록 하자. 먼저, sinh(x)의 그래프를 그려보기 위해 다음과 같이 Matlab를 작성하면

```
% hyperbolic sine
x = [-2:0.1:2]; plot(x,sinh(x));
title('hyperbolic sine');xlabel('x');ylabel('y');
```

다음과 같이 sinh(x)의 그래프를 그릴 수 있다.

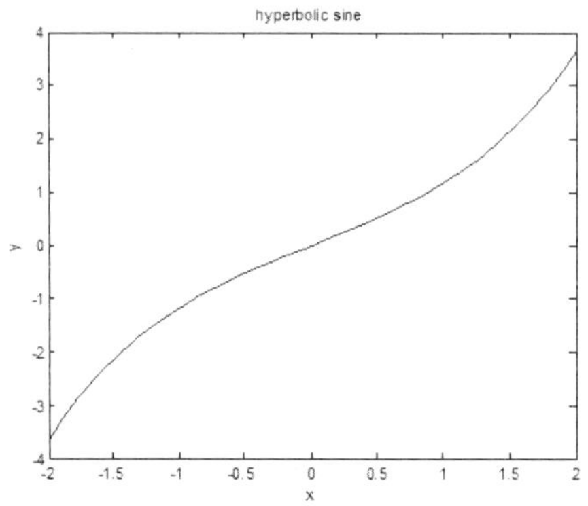

[그림2.8] sinh(x)의 그래프

이번에는, tanh(x)의 그래프를 그려보기 위해 다음과 같이 Matlab를 작성해보자.

```
% hyperbolic tangent
x=[-2:0.1:2];plot(x,tanh(x));
title('hyperbolic tangent');xlabel('x');ylabel('y');
```

tanh(x)의 그래프는 아래와 같다.

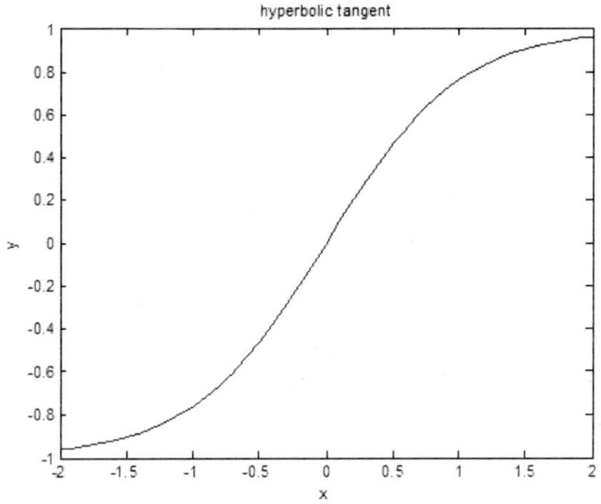

[그림2.9] tanh(x)의 그래프

sinh(x)와 tanh(x)의 그래프는 x=0 지점에서 변곡점을 가지고 완만하게 변하는 곡선 형태를 취한다.

이번에는 cosh(x)의 그래프를 그려보기 위해 다음과 같이 Matlab를 작성하면

```
% hyperbolic cosine
x = [-2:0.1:2]; plot(x,cosh(x));
title('hyperbolic cosine');xlabel('x');ylabel('y');
```

다음과 같이 cosh(x)의 그래프를 그릴 수 있다. cosh(x)는 x=0 위치에서 최소값을 갖는다는 것을 알 수 있다.

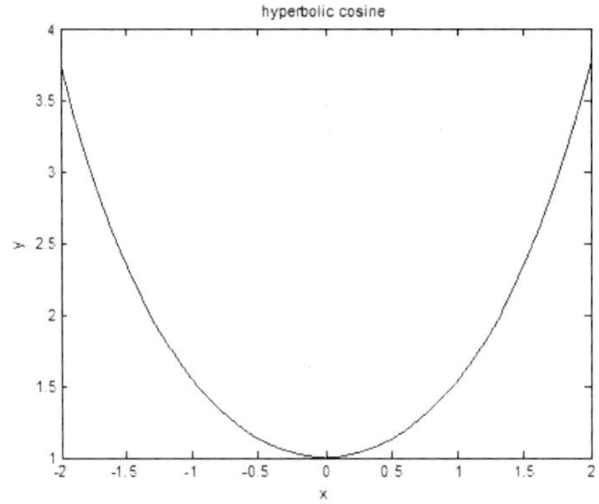

[그림2.10] cosh(x)의 그래프

앞에서 정의된 바와 같이 Hyperbolic 함수들은 지수함수의 조합으로 만들어진다고 하였다. 일반 삼각함수들도 지수함수를 이용해서 표현하는 것이 가능한데, 다음의 Euler 공식을 고려해보자.

$$e^{ix} = \cos(x) + i\ \sin(x)$$
$$e^{-ix} = \cos(x) - i\ \sin(x)$$

위의 두 식을 빼거나 더해보면 다음의 두 식을 얻을 수 있다.

$$\sin(x) = -i\frac{e^{ix} - e^{-ix}}{2}$$
$$\cos(x) = \frac{e^{ix} + e^{-ix}}{2}$$

그리고 위 두 식으로부터 다음과 같이 tan(x)를 구할 수 있다.

$$\tan(x) = \frac{\sin(x)}{\cos(x)} = -i\frac{e^{ix} - e^{-ix}}{e^{ix} + e^{-ix}}$$

이번에는 지수함수와 삼각함수를 결합한 형태를 살펴보자. 예를 들어 y=exp(sin(x))를 구간 -2<x<2에서 그려보도록 하자.

```
x=-2*pi:0.01:2*pi;
```

```
y = exp(sin(x));
plot(x,y)
xlabel('x');
ylabel('y');
```

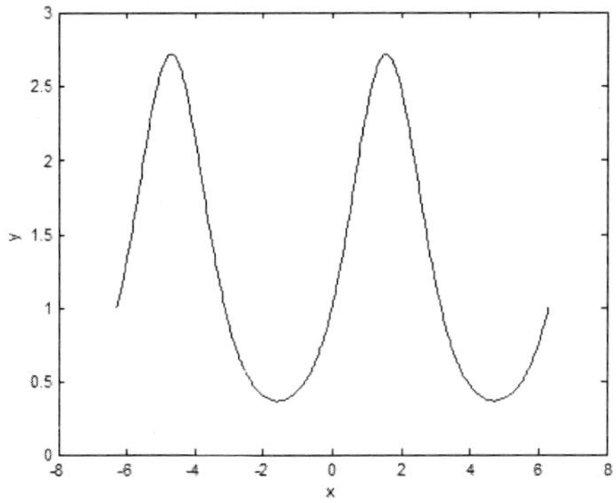

[그림2.11] exp(sin(x)의 그래프

2.4 inline 함수

inline 함수는 기존의 일반함수나 스크립트 파일 (함수와는 달리 입력값이나 출력값이 없는 m 파일)과는 달리 별도로 m 파일을 만들지 않는다. inline 함수는 Matlab의 명령창이나 스크립트 파일, 그리고 일반 함수 파일 내부에서도 사용될 수 있다. 주로 프로그램 내부에서 간단한 수학함수를 정의하는데 많이 사용된다. 사용형식은 다음과 같다.

```
name=inline('Math_equation')
```

다음 예 들은 inline 함수의 기본 사용방법을 잘 나타내고 있다.

```
>>f1=inline('x.^2-16')
f1 =
     Inline function:
     f1(x) = x.^2-16
```

```
>> f1(3)
ans =
     -7
>>  f1([1  4  5])
ans =
   -15      0      9
```

inline함수를 정의할 때 변수가 여러 개 인 경우는 다음과 같은 형식을 사용한다.

name=inline('Math_equation', 'var1','var2',…,'var n')

[예제2.7] 수학함수 $f(x,y) = 3x^2 + 5xy - y^2$에 대하여 x=3, y=2 인 경우 inline 함수를 사용하여 f(x,y)의 값을 계산하시오.

▶풀이

```
>> f2=inline('3*x^2+5*x*y-y^2','x','y')
f2 =
      Inline  function:
      f2(x,y)  =  3*x^2+5*x*y-y^2
>> f2(3,2)  %%  입력변수  x=3,  y=2임
ans =
     53
```

이번에는 inline 함수 내에서 변수의 순서를 y, x 의 순서로 입력을 해보자.

```
>> f2=inline('3*x^2+5*x*y-y^2','y','x')
f2 =
      Inline  function:
      f2(y,x)  =  3*x^2+5*x*y-y^2

>>f2(3,2)
f2 =
```

```
ans =

     33
```

이 경우는 입력변수 y=3, x=2로 입력이 됨을 알아야 한다.

만약, 다음과 같이 inline 함수에서 변수를 지정하지 않는 경우를 실행해보자.

```
>> f2=inline('3*x^2+5*x*y-y^2')

f2 =

     Inline function:
     f2(x,y) = 3*x^2+5*x*y-y^2
```

이 경우 f2(2,3)을 실행하면 변수의 알파벳순으로 x=2, y=3 으로 할당이 된다는 것을 알아야 한다.

[예제 2.8] inline 함수를 사용하여 x이 구간 x=[0:0.1:4*pi]에서 $f(x) = 2x\sin(x^2 - \frac{\pi}{3})$의 그래프를 그려라.

▶풀이

다음과 같이 코드를 작성한다.

```
f=inline('2*x.*sin(x.^2-pi/3)');
 x=[0:0.1:4*pi];
 y=f(x);
 plot(x, y)
xlabel('x')
ylabel('f(x)')
```

결과 그래프는 다음과 같다.

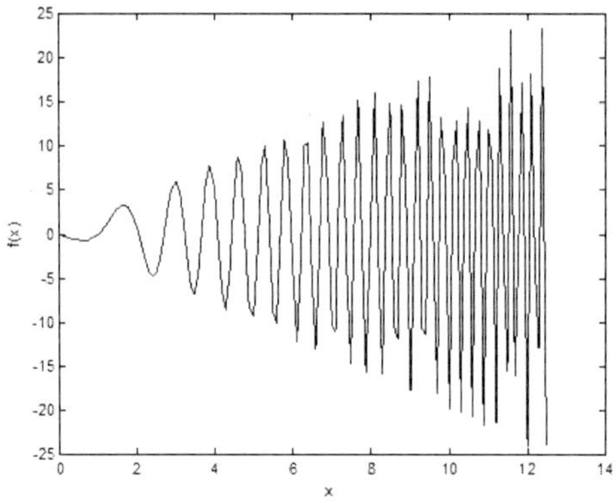

[그림2.12] f(x)=2*x.*sin(x.^2-pi/3)의 그래프

2.5 익명함수(Anonymous function)

익명함수도 inline 함수처럼 별도의 m 파일을 만들지 않으며, 한 줄로 구성된 간단한 사용자정의 함수라고 할 수 있다. 익명함수는 Matlab의 명령창이나 스크립트 파일, 그리고 일반 함수 파일 내부에서도 사용될 수 있다. 익명함수는 Matlab 7 버전 이후에 추가되었으며, 기존의 inline 함수를 대체할 목적으로 도입되었다. 따라서, inline 함수와 익명함수를 같은 목적으로 사용할 수 있으나, 여러가지 장점 때문에 익명함수를 사용하는 편이 더 낫다고 볼 수 있다. 익명함수의 형식은 다음과 같다.

```
name=@(variable) equation
```

즉, 우 변을 보게 되면 ( ) 안에 변수가 들어가고, 그 뒤에 수식 equation이 위치하게 된다. equation은 수학식으로 내장함수나 사용자정의함수 모두 적용할 수 있다. 그리고 생성된 익명함수의 핸들을 변수 name에 할당된다. 함수 핸들이란 한 함수를 다른 함수에 전달하는 수단으로 사용되는 개념이다. 익명함수의 간단한 사용 예를 들면 다음과 같다.

```
square=@(x) x^2
```

이 형식의 수학적 의미는 square(x)=x^2이다. 따라서, square(2)=4 라는 값을 계산해준다.

만약 변수가 한 개 이상이면 ( ) 안의 변수는 콤마로 분리한다. 다음 예 들을 살펴보자.

```
>> eq1=@(x,y) (4*x^2+16*y^2-25)
eq1 =
    @(x,y) (4*x^2+16*y^2-25)

>> eq1(2,2)
ans =
    55

>> a=1; b=1;c=5;
>> f = @ (x,y) (a*x^2+b*y^2+c);
>> f(1,1)

ans =
     7
```

2.6 함수의 함수 (function function)

임의의 함수 A가 다른 함수 B를 입력으로 받아들이는 경우, 함수 A를 함수의 함수라고 정의한다. 함수 B를 받아들이는 경우 함수 함수A는 입력인자에 받아들일 함수의 이름 (함수 B의 이름)을 기입해야 하며, 이 함수의 이름은 함수 함수의 프로그램(코드)에서 연산에 사용된다. 함수 함수를 호출할 때, 받아들일 특정함수의 이름을 표기하는 방법은 다음과 같다.

- 함수 핸들을 이용하는 방법
- 함수 이름을 문자열 표현으로 표기하는 방법.

일반적으로, 함수핸들을 이용하는 것이 더 쉽고 효율적이다.

함수 핸들은 함수와 관련된 MATLAB 값으로 MATLAB 데이터 형이며, 다른 함수에 입력 인자로 전달될 수 있다. 내장 함수와 사용자정의 함수의 경우, 그 함수 이름 앞에 기호 @를

붙이면 함수 핸들이 생성되며, 변수에 할당할 수 있다. 예를 들면

sinHandle = @sin

은 내장함수 sin의 함수 핸들을 변수 sinHandle에 할당하는 것을 의미한다. 익명함수의 경우는 익명함수의 이름 자체가 함수 핸들로 정의된다.

[예제2.9] 임의의 함수 f(x)를 입력으로 받아 구간 x=[a b] 에서 그래프를 그리고, x의 경계점과 중앙점의 함수값을 출력하는 사용자정의 함수 함수 파일을 작성하라. 그리고 구간 x=[0:0.1:4*pi]에서 $f(x) = 2x\sin(x^2 - \frac{\pi}{3})$ 를 사용자 정의함수 func_plot에 전달하여 결과를 구하라.

▶풀이

먼저 사용자 정의함수 func_plot의 코드를 다음과 같이 작성한다.

```
function xyout=func_plot(Func, a, b)
% func_plot은 입력함수 Func의 그래프를 구간 [a, b]에 그린다.
% 입력인자:
%     Func = 그래프를 그릴 함수의 핸들
%     a = 구간의 시각위치
%     b = 구간의 끝위치
%     xyout = 3x2 행렬로 세점 x=a, (a+b)/2, b 의 x 및 y값

x=linspace(a,b,100);
y=Func(x);
plot(x, y)
xlabel('x'), ylabel('y')
% xyout 행렬
xyout(1,1)=a;
xyout(2,1)=(a+b)/2;
xyout(3,1)=b;
```

```
xyout(1,2)=y(1);
xyout(2,2)=Func((a+b)/2);
xyout(3,2)=y(100);
```

두 번째로 적용할 사용자 정의 수식함수를 다음과 같이 작성한다.

```
function y=func_exam(x)
y=2*x.*sin(x.^2-pi/3);
```

이제 수식함수 func_exam 을 입력받아 구간 [0 4*pi] 구간에서 함수함수 func_plot을 다음과 같이 실행해보자.

```
y_out=func_plot(@func_exam,0,4*pi)
```

실행결과 출력값은 다음과 같고

```
y_out =

         0         0
    6.2832    8.3999
   12.5664   -5.3168
```

전체구간에서의 그래프는 다음과 같이 그려졌다.

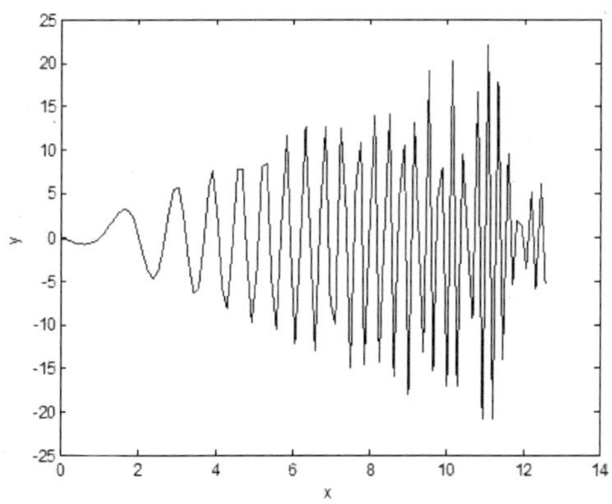

[그림2.13] y=2*x.*sin(x.^2-pi/3)의 그래프

3 Chapter

Matlab 프로그래밍

이 장에서는 Matlab을 이용한 프로그래밍 전반에 대해 배우게 된다. 먼저, 데이터의 형태나 크기, 그리고 변수의 설정에 대해 알아보고, 그 다음에 제어문을 작성하는 방법을 공부하게 된다. 제어문은 조건문, 반복문, switch-case문 등이 있는데 공학프로그램을 작성하는데 있어서 필수적으로 접하게 되는 부분이다. Matlab에서 간단한 계산문제는 Matlab의 명령창에서 바로 해결할 수 있으나, 해결해야 할 문제가 복잡한 경우는 대개 script파일 (보통 m파일이라고 부름)을 작성하여 사용하며, Matlab의 work 디렉토리에 저장하기도 한다.

3.1 데이터의 형태

Matlab에서 사용되는 데이터의 형태는 수치형 (numeric type), 논리형(logical type), 글자형(character and string type), 구조형(structure type), 셀형(cell type), 함수핸들형(function handle type) 등이 있다.

수치형 데이터

수치형 데이터는 부호 있는 정수형 (signed integer), 부호 없는 정수형(unsigned integer), 싱글 소수점 형(single floating-point number), 더블 소수점 형(double floating-point number)

등으로 구분된다.

[표3.1] 수치형 데이터의 종류

데이터 Type	값의 범위	함수명
Signed 8-bit integer	$-2^{7}\sim(2^{7}-1)$	int8
Signed 16-bit integer	$-2^{15}\sim(2^{15}-1)$	int16
Signed 32-bit integer	$-2^{31}\sim(2^{31}-1)$	int32
Signed 64-bit integer	$-2^{63}\sim(2^{63}-1)$	int64
Unsigned 8-bit integer	$0\sim2^{8}-1$	uint8
Unsigned 16-bit integer	$0\sim2^{16}-1$	uint16
Unsigned 32-bit integer	$0\sim2^{32}-1$	uint32
Unsigned 64-bit integer	$0\sim2^{64}-1$	uint64

함수명 (int, uint) 뒤에 붙는 숫자는 이진수의 비트의 크기를 의미한다. 따라서 비트 수가 크면 클수록 더 큰 데이터를 저장할 수 있다. 예를 들면

```
x=int16(255);
```

라는 명령어는 255라는 수를 16비트 형태로 된 부호 있는 정수로 변수 x로 할당된다는 것을 말한다.

이번에는 다음 예를 실행해 보자.

```
x=255.435;
int16(x)
```

결과는 다음과 같을 것이다.

```
ans=
255
```

그 이유는 int16 함수는 주어진 어떤 값에 대하여 결과를 정수로 변환하기 때문이다.

때때로 int 함수는 수치형 데이터가 아닌 문자나 글자열 등을 수치 데이터로 변환하는 것이 가능하다. 예를 들면 아래의 실행문에 대해

```
>> str='ABC123';
>> int8(str)
```

실행결과는 다음과 같다.

```
ans =
    65    66    67    49    50    51
```

이러한 이유는 글자나 글자열은 컴퓨터의 내부에 ASCII 코드 형태로 저장되며 글자 A의 ASCII 값은 41H(16진수로 41) 이므로 십진수로 65가 되며, 글자 1 의 ASCII 값은 31H (16진수로 31) 이므로 십진수로는 49가 된다.

소수점형 데이터 (Floating-point number)

소수점형 데이터는 싱글 소수점 형(single-precision floating-point number)과 더블 소수점형(double precision floating-point number)이 있다. Matlab의 기본 데이터 형(default data)은 더블 형이다. 더블소수점 형은 64비트로 구성되는데 각 비트의 역할은 다음과 같다.

[표3.2] 더블 소수점형의 비트 구성

비트(Bit) 위치	사용 용도
63	부호 (0=양수, 1=음수)
62~52	정수부분 표시
51~0	소수점 이하 표시

반면에 싱글 소수점 형은 32비트로 구성되어 있다.

[표3.3] 싱글 소수점형의 비트 구성

비트(Bit) 위치	사용 용도
31	부호 (0=양수, 1=음수)
30~23	정수부분 표시
22~0	소수점 이하 표시

[예제 3.1] 음의 정수 -589324077574를 더블 소수점 형 숫자로 변환하시오.

▶풀이

```
x = int64(-589324077574);          % 64-bit 정수 데이터 생성
y = double(x)                      % 더블 소수점형으로 변환

y=
 -5.8932e+011
```

복소수형 데이터

복소수는 공학에서 벡터처럼 크기와 방향을 계산하는데 유용하게 사용된다. 복소수는 실수부와 허수부로 나누어지는데, Matlab에서는 허수를 표기하기 위해 i 혹은 j 기호를 사용한다.

예를 들면

x= 3+4i　혹은 x=3+4j

형태로 복소수를 정의 할 수 있다. 위 복소수의 경우 실수부는 3이고 허수부는 4이다. Matlab에서 복소수를 만들기 위한 다른 방법은 complex() 함수를 사용하는 것이다. 예를 들어 보자.

```
a=3;
b=4;
x=complex(a,b)
```

실행결과

```
x =
    3.0000 + 4.0000i
```

그리고 주어진 복소수의 실수와 허수부를 분리하려면 real() 및 imag() 함수를 사용한다. 다음 예를 살펴보자.

```
x= rand(3) * 4;   %%3x3 행렬 x 생성
y = rand(3) * -5;   %%3x3 행렬 y 생성
z = complex(x, y) %% 복소수 z 생성
zr = real(z) %% 복소수 z의 실수부
zi = imag(z) %%복소수 z의 허수부
```

실행결과

```
z =

   3.8005 - 2.2235i   1.9439 - 4.6091i   1.8259 - 2.0285i
   0.9246 - 3.0772i   3.5652 - 3.6910i   0.0740 - 4.6773i
   2.4274 - 3.9597i   3.0484 - 0.8813i   3.2856 - 4.5845i

zr =

    3.8005    1.9439    1.8259
    0.9246    3.5652    0.0740
    2.4274    3.0484    3.2856

zi =

   -2.2235   -4.6091   -2.0285
   -3.0772   -3.6910   -4.6773
   -3.9597   -0.8813   -4.5845
```

수치 데이터의 화면표시 방법

Matlab은 별도의 지정이 없으면 5자리수 fixed-point 형태로 수치값을 화면에 보여준다. 화면에 보여지는 수치값은 그 외에 5자리수 floating-point, 15자리 fixed-point, 15자리 floating-point, Hexadecimal (16진수) 형태로 표기할 수 있다. 각 포맷의 특징은 다음과 같다.

FORMAT SHORT : 5자리 fixed-point .
FORMAT LONG : 15자리 fixed-point (데이터가 double인 경우)
7자리 fixed-point (데이터가 single인 경우)

FORMAT SHORT E　: 5자리 floating-point

FORMAT LONG E　: 15자리 floating-point (데이터가 double인 경우)
7사리 floating-point (데이터가 single인 경우)

화면에 보여지는 수치 데이터의 형식설정은 format() 함수에 의해서 설정되거나, Matlab File>Preferences 메뉴에서 설정할 수 있다. 여기서 알아야 할 것은 format() 함수는 화면에 나타나는 수치데이터의 형태를 설정할 뿐이다. 연산을 수행하거나 컴퓨터에 저장되는 형태를 변경시키는 것은 아니라는 것을 알아야 한다.

이제 여러가지 format에 대해 수치데이터가 어떻게 나타나는지 예를 통해서 알아보도록 하자. Matlab에서 현재의 포맷 세팅이 어떻게 되어 있는지 알아보려면 아래와 같이 입력한다.

```
get(0, 'format')
ans =
   short
```

즉, 현재 short 형태로 설정되어 있다는 것이다.

이제 임의 배열 x를 입력하고 포맷이 short (5 자리 fixed-point)인 경우에 화면에 어떻게 보이는지 알아보자.

```
>>x = [4/3 1.2345e-6]
x =
     1.3333      0.0000
```

위와 같이 포맷 short에서는 5자리를 사용하므로 1.2345e-6 (즉, 0.0000012345)는 0.0000으로 나타난다. 이번에는 데이터 형식을 format short e 로 해서 5자리 floating-point로 고친 다음 x를 보도록 하자.

```
>>format short e
>>x
x =
```

```
1.3333e+000   1.2345e-006
```

즉, floating-point에서는 5개의 유효숫자와 10의 승수 태로 표현함을 알 수 있다. 이번에는 다음과 같이 포맷 long을 적용해보자. 15자리수로 나타난다.

```
>>format long
>>x
x =
   1.33333333333333     0.00000123450000
```

이번에는 format long e 형식을 적용해보자. 15자리의 유효숫자와 10의 승수형태로 표현된다.

```
>> format lon e
>> x
x =
    1.333333333333333e+000       1.234500000000000e-006
```

이번에는 임의의 정수값을 16진수로 나타내어 보자.

```
>>format hex
x = uint32(876543210)

x =
   343efcea
```

문자(character)와 문자열(string) 데이터

Matlab에서 문자열(string)은 문자의 배열을 의미한다. 다른 소프트웨어와 마찬가지로 Matlab에서도 각각의 문자를 내부적으로는 숫자값으로 저장하고 있다. 하지만 그 숫자값을 굳이 모르더라도 화면에 문자나 문자열을 나타내는데 아무런 문제가 없다. 일반적으로 문자열은 ‘ (single quotation) 안에 문자를 놓음으로써 표현이 된다.

```
>> name = 'Byung-Ryong Lee'

name =
```

```
Byung-Ryong Lee
```

위 예의 경우 문자열 Byung-Ryong Lee가 변수 name에 저장되는 것을 알 수 있다.

Matlab에서는 2차원 문자열도 생성이 가능하다. 이 때 주의해야 할 사항은 각 행에 들어가는 문자열의 길이를 같게 해야 한다는 점이다. 예를 들어 아래와 2차원 문자열을 입력해보자.

```
>> name=['John Lee'; 'Kevin Lee']
??? Error using ==> vertcat
All rows in the bracketed expression must have the same
number of columns.
```

위와 같이 에러가 발생한다. 그 이유는 앞의 이름은 8글자이고 뒤의 이름은 9글자이므로 문자열의 길이가 같지 않기 때문이다. 앞의 이름의 길이를 9글자로 만들기 위해 이름 끝부분에 공백을 하나 더 추가해서 다음과 같이 실행하면 2개의 이름이 name 이라는 변수에 저장이 됨을 알 수 있다.

```
>> name=['John Lee '; 'Kevin Lee']

name =
John Lee
Kevin Lee
```

더욱더 간편하게 2차원 문자열을 처리하는 방법은 char() 함수를 이용하는 방법이다. char() 함수는 자동적으로 임의의 열의 문자열 길이를 가장 긴 문자열을 가진 행의 글자 길이로 늘려주는 역할을 한다. 다음 예를 보기 바란다.

```
>> name = char('John Lee','Kevin Lee')

name =
John Lee
Kevin Lee
```

글자열의 수치값 변환

문자 혹은 문자열을 대응하는 수치로 변환할 수 있고, 거꾸로 수치값을 대응하는 문자열로 변환하는 것이 가능하다. 이러한 변환을 위해 Matlab은 많은 종류의 변환함수를 갖추고 있지만 몇 개를 소개하면 다음 표와 같다.

[표3.4] 문자 혹은 문자열의 수치변환

함수명	특징	예시
char	양의 정수값을 대응하는 글자로 변환	[65 66] → 'AB'
int2str	양수 혹은 음수 정수를 같은 모양의글자형태로 변환	[72 105] → '72 105'
dec2hex	양의 정수값을 대응하는 16진수의 글자로 변환	[72 105] → '48 69'
dec2bin	양의 정수값을 대응하는 2진수의 글자로 변환	[72 105] → '1001000 1101001'
uint8	문자를 대응하는 정수코드값 (ASCII값) 으로 변환	'AB' → [65 66]
str2num	문자를 같은 모양의 숫자로 변환	'72 105' → [72 105]
hex2dec	16진수형 문자를 십진수 정수로 변환	'F' → 15
bin2dec	2진수형 문자를 십진수 정수로 변환	'1010' → 10

Matlab에서 다음과 같이 실행시켜 보았다.

```
>> char([65  66])
ans =
AB

>> int2str([72  105])

ans =
72   105


>> hex2dec('31F')
ans =
    799
```

```
>> uint8('ABC')

ans =

    65    66    67
```

3.2 변수

Matlab에서 변수(variable)는 어떠한 값을 할당받아 메모리에 저장하는 역할을 하는 일종의 태그(tag)라고 할 수 있다. 따라서, 어떠한 값이 변수라는 태그 (이름)로 한 번 지정이 되면 메모리에서 그 값을 불러올 수 있고, 다른 데이터와 연산을 수행할 수 있으며, 그 변수에 새로운 값으로 재저장을 할 수도 있다. 주로 사용하는 변수의 종류에는 지역변수 (local variable)와 전역변수 (global variable) 가 있다.

지역변수 (local variable)

함수 파일의 모든 변수는 workspace가 아닌 별도의 메모리 공간을 사용하므로 함수 파일 안에서만 인식되는 "지역"변수이다. 따라서 명령 창에서는 함수 파일의 입력변수나 출력변수의 이름을 인식하지 못한다.

다음 함수는 직교좌표에서 위치값 (x,y)가 주어질 때 원점에서 그 위치까지의 거리 및 각도를 구하는 함수 cal_radial(x,y)이다.

```
function [ro, theta]=cal_radial(x,y)
%% cal_radial(x,y)는 원점에서 위치 (x,y)까지의 거리 및 각도를 구하는 함수
%% 출력 ro는 거리, 출력 theta는 각도를 나타냄
ro=sqrt(x.^2+y.^2);
theta=atan(y./x);
end
```

위 함수를 cal_radial.m 파일로 저장한 후에 Matlab의 명령창에서 다음과 같이 입력해보자.

```
>> x1=[3 5 6 9];
>>y1=[4 12 8 12];
>>[d, angle]=cal_radial(x1,y1)
```

각 x1, y1의 쌍에 대하여 원점에서부터의 거리(d) 및 각도(angle)가 다음과 같이 계산되어진다.

```
d =

     5    13    10    15

angle =

    0.9273    1.1760    0.9273    0.9273
```

그렇다면 cal_radial 함수 내에 있는 변수인 theta를 Matlab 명령창에서 입력하면 어떻게 될까.

```
>> theta
??? Undefined function or variable 'theta'.
```

위와 같이 theta는 Matlab 명령창에서 인식되지 않는 변수이다. 즉, theta는 cal_radial(x,y) 함수 내부에서만 인식되는 변수인 것이다.

전역변수 (global variable)

함수 내부의 특정한 변수를 다른 함수내에서 사용하거나 Matlab의 명령창에서 사용하기를 원한다면 해당 변수를 global 명령을 사용하여 전역변수로 선언해야 한다. global 명령어를 사용하여 여러 개의 변수를 전역변수로 선언할 때에는 각 변수들을 공백으로 구분하여 나열하여야 한다. 변수들을 콤마(,)로 사용해서 구분하면 안된다. 반드시 다음과 같은 형식으로 공백으로 구분해야 한다.

global *variable1* *variable2* *variable3* …;

그리고, 특정 변수들을 전역변수로 사용하기 위해서는 사용할 함수 내부와 Matlab 명령창

등에서 동일하게 global 명령어로 선언해 주어야 한다. 선언된 곳에서만 인식이 된다. 일단, 전역변수로 선언된 후에는, 어디서든 변수의 값은 변경이 가능하다. 명령 창에서 전역변수로 선언하게 되면 workspace의 변수로 인식된다. 위에서 정의된 cal_radial(x,y) 함수를 다음과 같이 global 변수를 선언하여 변경하도록 하자. 그리고 변경된 함수 이름을 cal_radial2.m 파일로 Matlab의 work 디렉토리에 저장을 하자.

```
function [ro, theta]=cal_radial2(x,y)
%% cal_radial(x,y)는 원점에서 위치 (x,y)까지의 거리 및 각도를 구하는 함수
%% 출력 ro는 거리, 출력 theta는 각도를 나타냄

global ro theta

ro=sqrt(x.^2+y.^2);
theta=atan(y./x);
end
```

이제 Matlab의 명령창에서 (x,y)=(3,4) 인 경우에 거리와 각도를 구하면,

```
>> [d,angle]=cal_radial2(3,4)
d =
     5
angle =
    0.9273
```

그러면, cal_radial2 함수 내에 정의되어 있는 전역변수 ro, theta를 읽어보자.

```
>> ro, theta
??? Undefined function or variable 'ro'.
```

여전히 ro와 theta가 인식이 되지 않는다. 이 문제를 해결하기 위해서는 Matlab 명령창에서도 아래와 같이 전역변수로 지정을 해주어야한다.

```
>> global ro theta
>> ro, theta
```

```
ro =

      5
theta =

      0.9273
```

[예제 3.2] 변수 a, b를 전역변수로 놓고 다음 미분방정식을 푸는 프로그램을 작성해보자

$$\dot{y}_1 = y_1 - a y_1 y_2$$
$$\dot{y}_2 = -y_2 + b y_1 y_2$$

▶풀이

먼저 위 미분방정식에 대한 함수를 생성한다. Matalb>File>New>M-File을 클릭한 다음 편집창에서 다음과 같이 m 파일로 작성하고, diff_eqn.m 이름으로 저장한다.

```
function yp = diff_eqn(t,y)
global ALPHA BETA  %% 전역변수의 선언
yp = [y(1) - ALPHA*y(1)*y(2); -y(2) + BETA*y(1)*y(2)];
```

이제 Matlab의 명령창에 다음과 같은 코드를 입력하여(혹은 File>New>M-File을 클릭하여 편집창에서 코드를 입력 후, 전체를 copy하여 Matlab명령창에서 실행할 수도 있음) 미분방정식의 해를 구하고 시간에 대한 y1과 y2값의 변화를 그래프로 그려보자.

```
global ALPHA BETA %%전역변수의 선언
ALPHA = 0.01;
BETA = 0.02;
%% ode23은 미분방정식의 수치해석 함수임. 5장에서 자세히 다룸
%% 시간 구간=[0 10]초, 초기값 y1=y2=1
[t,y] = ode23('diff_eqn',[0,10],[1; 1]);
plot(t,y(:,1),'o',t,y(:,2),'x')
grid
xlabel('time')
```

ylabel('y')

결과그래프는 다음과 같다.

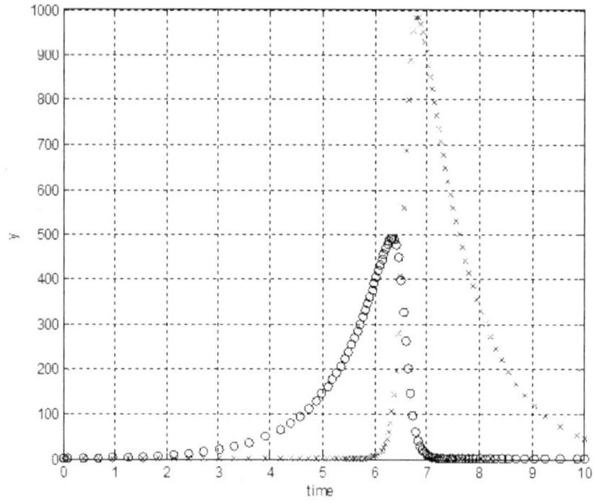

[그림3.1] 시간에 대한 y1, y2의 변화 그래프

3.3 관계 연산자

수학에서 관계연산자는 크기의 대소비교를 위해 사용된다. Matlab에서는 6개의 관계연산자에 대한 기호를 아래 표와 같이 사용하고 있다.

[표3.5] Matlab의 관계연산자

관계연산자 기호	의미
<	(왼쪽의 값이 오른쪽의 값보다) 적다
<=	같거나 적다
>	크다
>=	같거나 크다
==	같다
~=	같지 않다

위에서 유심히 관찰해야 할 사항은 같거나 적다(혹은 크다)의 기호를 사용하는 경우 = 기호가 항상 오른 쪽에 배치된다는 점이다. 그리고 == 는 같다는 것을 의미하는데, 일반적으로

사용하는 = 의 의미와는 다르다. Matlab에서 = 기호는 같다 라는 개념이 아니라 오른 쪽의 값을 왼쪽의 변수에 대입한다는 의미이다. 이 점을 잘 구분해야 할 것이다. 관계연산자는 수학식 안에서 산술 연산자처럼 사용될 수 있으며, 결과는 배열의 주소 지정에 사용되거나 MATLAB의 다른 명령어들과 함께 사용되어 프로그램의 흐름을 제어할 수 있다.

관계연산자를 이용하여 크기가 같은 두 배열을 비교하면, 원소 대 원소 별로 비교되므로 각 원소의 비교 결과에 따라 0 또는 1 의 값을 계산하며, 배열과 같은 크기의 논리배열(logical arry)을 출력한다. 스칼라를 배열과 비교하면, 스칼라는 배열의 모든 요소와 비교되어 비교 결과에 따라 0과 1을 갖는 논리배열을 출력한다. 관계연산자를 이용하여 논리값을 처리하는 몇몇 예를 아래와 같이 나타내었다.

```
>> bool = 4 < 5              % 4는 5보다 작으므로 1을 bool에 할당한다.
bool = 1

>> (3 > 2) + (8 < 5) + (12/3==2*2)    % 1+0+1=2
ans = 2

>> x=randperm(5),  y=randperm(5)
x =  1     2     3     4     5
y =  1     4     5     3     2
>> z = x >= y              %  z = (x >= y) 이면 결과는 참이다.
z =  1     0     0     1     1
>> a = x == y              %  a=(x= =y), 원소별로 x 와 y의 값이 같으면 참이다.
a =  1     0     0     0     0

>> b = x ~= y              %  원소별로 x 와 y의 값이 같지 않으면 참이다.
a =  0     1     1     1     1
```

행렬인 경우도 같은 방법으로 논리값을 출력할 수 있다.

```
>> X = [7  1  6; 3  5  8; 4  9  2];
>> B = X >= 5    %  X의 원소가 5보다 같거나 크면 참이다.
```

```
B =
      1   0   1
      0   1   1
      0   1   0
```

관계연산의 결과로 얻어진 논리값 배열을 다른 배열 v의 주소 지정에 사용할 수 있다. 이 경우, 논리값 배열의 원소가 1인 위치에 해당하는 배열 v의 원소만 추출해 준다. 다음 예를 살펴보면 분명하게 이해가 갈 것이다.

```
>> v = [5  10  7  2  12  20  6];
>> bool = v <= 7     % 배열 v의 원소들이 7이하인지 비교한다.
bool =
      1    0    1    1    0    0    1
>> w = v(bool)       % 논리값 배열 (bool)를 이용, 참인 경우의 v의 원소 추출
w =
    5    7    2    6
```

혹은 아래와 같은 방법으로도 위와 같은 결과를 만들어 낼 수 있다.

```
>> w = v( v <=7 )
w =
      5    7    2    6
```

산술연산자(+, -, *, /, \ )와 관계연산자가 같이 있는 경우 산술연산자가 먼저 처리된다. 예를 들어 다음과 같이 산술연산자와 관계연산자가 같이 존재하는 경우

```
z= 8 > 2 + 7
```

의미적으로는 아래와 같이 계산된다.

```
z = 8 > (2 + 7)
```

아래 예의 경우를 살펴보자.

```
>> 3+4<16/2
ans =
          1
```

위의 경우, 더하기와 나누기가 먼저 실행되므로 "7 < 8" 이 되므로 결과적으로 논리값은 참(1)이 된다.

관계연산자는 분모가 0이 되어 계산을 못 하게 되는 에러를 막기 위한 기법으로 유용하게 적용될 수 있다. 다음 예를 살펴보자.

[예제 3.3] 다음 함수에 대한 그래프를 x의 구간 [−10, 10]에서 그려보도록 하자.

$$y = \frac{\sin(x)}{x}$$

▶풀이

먼저, Matlab 코드를 다음과 같이 작성해서 실행해보자.

```
>> x = -10 : 0.01: 10 ;     % 배열 x에 0이 포함됨
>> y = sin(x) ./x ; grid on
```

위 경우 x=0 일때 함수 y의 분모에 0이 들어가므로 다음과 같이 계산 에러가 발생한다.

```
Warning: Divide by zero
```

위와 같은 문제점을 해결하기 위해 관계연산자를 추가하여 다음과 같이 코드를 작성하였다. Matlab에서 eps= 2.2204e-016 의 매우 작은 값으로 정의된다.

```
x = -10 :0.01: 10;
x = x + (x==0)*eps ; %% x=0인 경우 x=eps 로 치환함
y = sin(x) ./x
plot(x, y);  grid on
xlabel('x')
ylabel('y')
```

결과그래프는 다음과 같다.

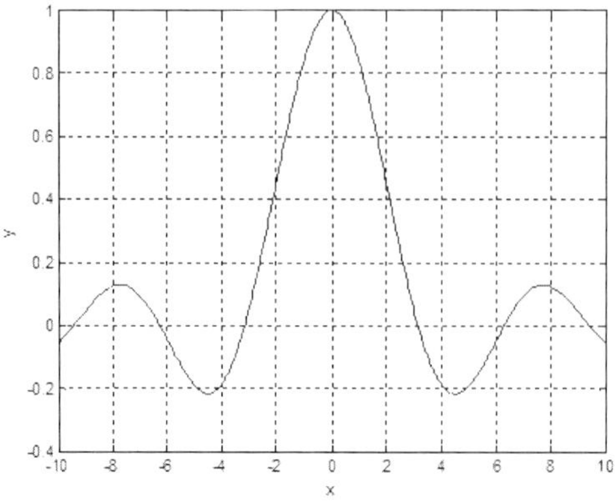

[그림3.2] y=sin(x)/x 그래프

3.4 논리연산자

논리연산자는 부울 (Boolean) 연산자라고도 하는데 주로 집합의 개념을 다룰 때 사용하는데 디지털 회로나 프로그래밍에서도 이 개념을 많이 사용하고 있다. Matlab에서는 6개의 논리연산자를 사용하고 있다.

[표3.6] Matlab의 논리연산자

기호	수학적 개념	의미
~	NOT	논리의 부정 (참이면 거짓으로, 거짓이면 참으로 결과가 바뀜)
&	AND	논리곱 (두 조건이 모두 참이면 결과는 참)
|	OR	논리합 (두 조건 중 하나면 참이면 결과는 참)
xor(A,B)	Exclusive OR	두 조건 중 하나만 참이면 결과는 참
&&	AND의 단축형	둘 다 1일 때만 결과가 1임. 따라서 A가 0 이면 B와 상관없이 결과는 0임
||	OR의 단축형	둘 중 하나라도 1이면, 결과가 1임. 따라서 A가 1이면 B와 상관없이 결과는 1임

논리연산자는 수식 안에서 산술연산자처럼 사용될 수 있으며, 결과는 다른 수식이나 배열

의 주소 지정에 사용될 수 있다. 또한, MATLAB의 다른 명령어(주로 if 문과 함께 사용됨)와 함께 사용되어 프로그램의 흐름을 제어할 수 있다. 논리연산자는 스칼라와 배열에 사용될 수 있으며 서로 섞어 쓸 수 있다. 논리연산자는 산술연산자(+, -, *, /, ₩)와 관계연산자보다 우선순위가 늦다. 단, NOT(~) 연산자는 괄호와 거듭제곱(^) 다음으로 우선순위가 높다. 참고로 연산자의 우선순위를 아래와 같이 나타내었다.

1순위 : 괄호(괄호가 중첩되어 있는 경우, 가장 안쪽 괄호가 최우선 순위)
2순위 : 거듭제곱(^)
3순위 : Logical NOT(~)
4순위 : 곱하기, 나누기
5순위 : 더하기, 빼기
6순위 : 관계연산자(>, <, >=, <=, ==, ~=)
7순위 : 논리연산자 AND(&)
8순위 : 논리연산자 OR(|)

[예제3.4] 간단한 논리연산을 수행해보자.

▶풀이

```
>> x=true  %% true는 1의 값을 가짐
x =
     1
>> y=false  %% false는 0의 값을 가짐
y =
     0

>> a=-5;
>> a & true  %% 논리에서 0이 아닌 값은 논리값이 1이며, 0은 논리값 0임
ans =
     1
```

위 의 경우 a는 0이 아니므로 논리값이 1이며, 동시에 true=1 이다. 따라서, 두 경우 모두

참이므로 결과값 ans=1 이다.

```
>> b = -5; c=2;
>> y = (b > 0) | (c>0)
y =
      1
```

위 경우는 (b>0)의 논리는 0, (c>0)의 논리는 1이다. 그러므로 결과값 y=1이다. 논리합에서는 둘 중 한 개만 참(1)이면 결과도 참이기 때문이다.

[예제3.5] 다음과 같이 행렬의 요소크기를 비교해보자.

▶풀이

```
>> x = [-1 1 1]; y = [1 2 -3];
>> x>0 & y>0
ans =
0 1 0


>> x>0 | y>0
ans =
1 1 1

>> x = [1 10; -2 3];
>>y = [4 5; 6 7];
>>x < y

ans =
      1      0
      1      1
```

아래의 경우는 행렬의 사이즈가 일치하지 않으므로 연산이 수행되지 않는다.

```
>> x = [1 10; -2 3];
>>y = [4 5; 6 7; 2 0];
>>x < y
??? Error using ==> lt
Matrix dimensions must agree.
```

Matlab에서는 논리처리를 위해 유용한 논리함수 들을 제공하고 있다. 표 3.7에 중요한 논리함수들을 나타내었다.

[표3.7] 논리함수의 종류

논리함수	의미
any(x)	벡터 x의 요소 중 한 개 이상이 true(nonzero)이면 1의 값을 리턴함
any(A)	행렬 A의 열벡터의 요소 중 한 개 이상이 true(nonzero)이면 그 열벡터는 1의 값을 리턴함
all(x)	벡터 x의 요소 모두가 true(nonzero)이면 1의 값을 리턴함
all(A)	행렬 A의 열벡터의 요소 모두가 true(nonzero)이면 그 열벡터는 1의 값을 리턴함
find(A)	배열의 요소중 주어진 조건을 만족하는 요소를 찾아줌

[예제3.6] 다음과 같이 any, all 함수의 사용 예를 살펴보자.

▶풀이

```
>> x=[1 0 -3 5];
>> any(x)
ans =
     1

>> y=[0 0 0 0];
>> any(y)
ans =
```

```
0

>> A = [0 1 2;
0 -3 8;
0 5 0];
>>any(A)
ans =
     0     1     1

>> all(A)
ans =
     0     1     0
```

[예제3.7] 다음과 같이 find 함수의 사용 예를 살펴보자.

▶풀이

```
>> A = magic(4)   %% magic은 4x4 행렬을 생성함
A =
    16     2     3    13
     5    11    10     8
     9     7     6    12
     4    14    15     1
>> i = find(A > 8) %% 요소값이 8보다 큰 위치를 찾음
   %% 위치값이 순서 형태로 나타남 1→13, 3→9, 6→11, …. 형태임.
i =
     1
     3
     6
     8
    10
```

```
     12
     13
     15
>>A(i) = 100 %% i 위치에 100을 할당함
A =
   100     2     3   100
     5   100   100     8
   100     7     6   100
     4   100   100     1
```

3.5 조건문

조건문은 주어진 조건에 일치하면 거기에 해당하는 명령을 수행하게 하고, 일치하지 않으면 다른 명령을 수행하게 해 준다. Matlab에서 조건문을 작성하기 위해 if, else, elseif 등의 명령어를 사용한다. 조건문의 끝에는 end 를 붙여준다. 조건문의 가장 간단한 형태는 다음과 같다.

```
if 조건식
처리문
end
```

위 if-end 문에 대한 논리흐름도 (flowchart)를 그려보면 아래 그림과 같다.

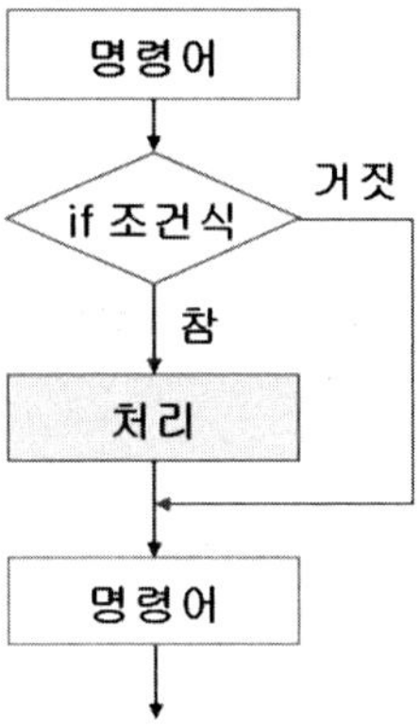

[그림3.3] if-end문의 flowchart

if 문의 조건식은 대부분 관계연산자나 논리연산자를 동반하게 되는데 대표적인 사용 예를 보면 다음과 같다.

```
if    x < 10^-5
if    n == 10
if    x ~= 0
if  (n > 10) & ( x > 100)
```

[예제3.8] x=16의 제곱근 값을 구해보자.

▶풀이

```
x=16;
if x>0
    y=sqrt(x)
end
```

실행결과

```
y =
     4
```

위 예에서 x=16은 조건문의 조건 x>0 을 만족하므로 제곱근을 계산하는 단계로 넘어가서 정상적인 계산을 하게 된다. 하지만 다음과 같은 경우를 살펴보자.

```
x=-16;
if x>0
    y=sqrt(x)
end
```

위 경우는 x=-16은 조건문의 조건을 만족하지 않으므로 아무런 계산 없이 if-end문을 바로 벗어나게 된다.

[예제3.9] x ≥ 0, y ≥ 0일 때 $z = \sqrt{x} + \sqrt{y}$ 와 w=log x - log y를 계산하라.

▶풀이

```
x=100; y=16;
if  x >=0 & y >= 0
z = sqrt(x) + y
w= log(x) - log(y)
end
```

실행결과

```
z =
    26
w =
    1.8326
```

[예제 3.10] 키보드에서 입력한 숫자가 4의 배수인지 아닌지를 판단하는 프로그램을 작성하라.

▶ 풀이

```
n = input('키보드에서 숫자를 입력하시오: ');
if  rem(n, 4) == 0
    fprintf( '%d는(은) 4의 배수입니다.\n', n);
end
if  rem(n, 4) ~= 0
    fprintf( '%d는 4의 배수가 아닙니다. \n', n);
end
```

실행결과

```
키보드에서 숫자를 입력하시오: 12
12는(은) 4의 배수입니다.
```

만약 주어진 조건이 2개인 경우에는 다음과 같이 if-else-end 형식을 사용한다.

```
if 조건식
처리문1 (조건식이 만족하는 경우)
else
처리문2 (조건식이 만족하지 않는 경우)
end
```

위의 if-else-end 문의 제어 흐름을 flowchart로 그려보면 다음과 같다.

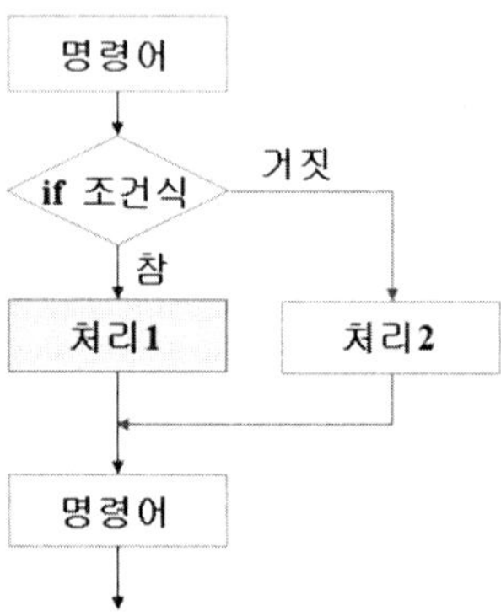

[그림3.4] if-else-end 문의 flowchart

[예제3.11] if-else문을 사용하여 키보드에서 입력한 숫자가 4의 배수인지 아닌지를 판단하는 프로그램을 작성하라.

▶풀이

```
n = input('키보드에서 숫자를 입력하시오: ');
if  rem(n, 4) == 0
    fprintf( '%d는(은) 4의 배수입니다.\n', n);
else
    fprintf( '%d는 4의 배수가 아닙니다. \n', n);
end
```

실행결과

```
키보드에서 숫자를 입력하시오: 13
13는 4의 배수가 아닙니다.
```

[예제3.12] if-else-end 조건문을 이용하여 입력값의 절대값을 구하는 코드를 작성해보자.

▶풀이

```
x=-16;
if x>0
    y=x
else
    y=-x
end

(실행결과)
y =
    16
```

만약 주어진 조건이 3개 이상인 경우에는 다음과 같이 if-elseif-else-end 형식을 사용한다.

```
if 조건식1
처리문1(조건식1이 만족하는 경우)
elseif 조건식2

처리문2 (조건식2가 만족하는 경우)
elseif …
...
else
처리문n (앞의 모든 조건식에도 만족하지 않는 경우)
end
```

위의 if-elseif-else-end 문의 제어 흐름을 flowchart로 그려보면 다음 그림과 같다.

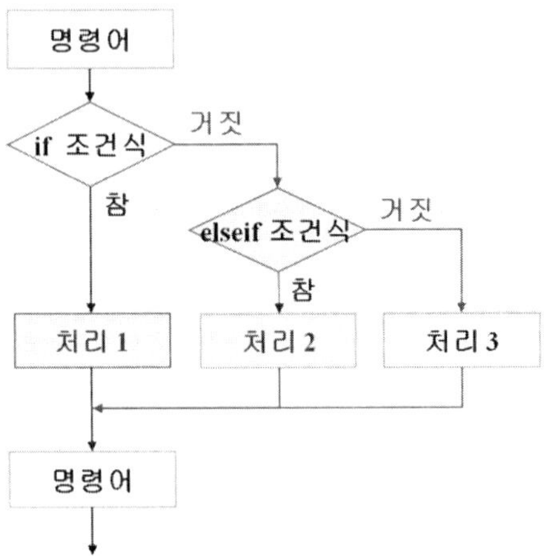

[그림3.5] if-elseif-else-end 문의 flowchart

[예제 3.13] if-elseif-else-end 조건문을 이용하여 80점 이상은 합격, 79~60은 재시험 대상, 59점 이하는 불합격을 처리하는 코드를 작성해보자.

▶풀이

```
x= 70;
if x>=80
```

```
    disp('합격');
elseif  79>x & x>=60
    disp('재시험');
else disp('불합격');
end
```

실행결과

재시험

[예제3.14] 다음과 같은 조건식을 만족하도록 코드를 작성하시오

$$D(P) = \begin{cases} 0, & \text{if} \le 2 \\ 1-0.5P, & \text{if} < p \le 3 \\ 2P^{-2}, & otherwise \end{cases}$$

▶풀이

다음과 같이 코드를 작성해 보자.

```
P=input('Enter a price : '); % 명령창에 message 표시하고 입력을 기다림
if P<=2;
D=0; % statement 1
elseif (P>2)&(P<=3);
D=1-0.5*P; % statement 2
else; % otherwise
D=2*P^(-2); % statement 3
end;
disp(D);
```

결과

```
Enter a price : 1
    0
```

3.6 반복문

반복문은 반복문 내부의 명령어 그룹을 어떤 횟수만큼 반복 수행하며, 매번 반복 시 적어도 1개 이상의 변수가 루프 내에서 새로운 값으로 갱신된다. 반복문에는 반복횟수가 지정된 for-end 형식의 반복문과 주어진 조건이 만족될 때까지 반복되는 while-end 형식의 반복문이 있다.

for-end 문

for 문의 형식은 다음과 같다. for와 end 사이의 처리문이 array (start: step: end 로 구성됨)에 있는 값 동안 반복된다.

```
for k = start: step: finish
  처리문
end
```

위 for-end 문의 루프 변수 k는 어떠한 이름을 사용해도 관계없지만, 일반적을 많이 사용하는 변수는 i, j, k, m, n 등이다. 하지만, MATLAB에서는 i, j가 복소수 표현에 주로 사용되므로 복소수를 사용할 때는 사용하지 않는 것이 좋다. for-end 문이 처음 시작할 때 변수 k=start 이다. 그러면, 두 번째 실행(반복)을 할 때는 k=start+step 이 된다. k가 최종값 finish를 초과하게 되면 처리문을 실행하지 않고 end 다음의 명령어로 넘어가게 된다. 예를 들어

```
for k=1:2:10
```

일 때 루프는 k=1, 3, 5, 7, 9 까지 처리문을 5번 수행한다는 뜻이다.

만약, 증감값인 step이 1이면 step 항은 생략해도 무방하다. 즉, 다음의 두 표현은 같은 의미이다.

```
for m=1:4   혹은    for m=1:1:4
```

그리고, 증감값 step은 음수가 될 수 있다. 이 경우는 start > finish 인 경우에 적용할 수 있다. 예를 들면,

```
for k=7:-2:1
```

의 경우 k=7, 5, 3, 1 으로 처리문을 네 번 반복하게 된다.

for-end 문에서 루프를 벗어나는 경우, 루프의 인덱스 변수인 k의 값은 마지막으로 할당받은 값이며, k의 값이 finish 값이 아니라는 점을 명심해야 한다. 아래 예에서 for-end 문을 수행한 후에 sum 과 i값을 쓰게 하였다.

```
sum=0;
for i=1:2:10
    sum=sum+i;
end
sum
i
```

실행결과

```
sum =
    25

i =
     9
```

실행결과를 보면 i는 10이 아닌 최종 비교값인 9로 할당되어 있음을 알 수 있다.

[예제 3.15] for 문을 사용하여 sin(0), sin(pi/10),sin(pi*2/10),….., sin(pi)의 값을 계산하는 코드를 작성하시오.

▶풀이

다음과 같이 코드를 작성한다.

```
for n=0:10
```

```
x(n) = sin(pi*n/10);
end
x
```

결과

```
x =
Columns 1 through 7
0 0.3090 0.5878 0.8090 0.9511 1.0000 0.9511
Columns 8 through 11
0.8090 0.5878 0.3090 0.0000
```

위 코드에서 조심할 것은 Matlab에서는 배열의 첫번째 값은 1부터 시작한다. 즉, 벡터 x의 첫번째 요소는 x(1)이다. x(0)이 되지 않도록 해야한다. 만약 실수로

```
for n=0:10
x(n) = sin(pi*n/10);
end
x
```

와 같이 코드를 작성했다면 다음과 같은 에러메세지가 나온다.

```
??? Subscript indices must either be real positive integers or logicals.
```

반복문이나 조건문은 또 다른 반복문이나 조건문 속의 내부에 배치될 수 있으며, 이때, 배치될 수 있는 루프와 조건문의 수에는 제한이 없다. 그러나 if, case, for, while문을 혼합하여 사용하는 경우 각각의 반복문이나 조건문의 끝에 end를 삽입해야 한다는 것을 명심하자. 다음 예는 이중 for-end 문이다.

```
for k=1:3
      for h=1:3
            처리문;
      end
  end
```

위 이중 for-end문은 k=1로 시작하여 중첩 루프를 h=1, 2, 3에 대해 3번 실행한다. 다음, k=2에서 중첩 루프는 다시 h=1, 2, 3으로 3번 실행한다. 따라서 모두 12번 (3x3번)의 처리문을 실행하게 된다.

[예제 3.16] 다음과 같이 이중 for-end 문을 사용하여 5x5 행렬을 작성해 보시오.

▶풀이

```
for i=1:5;
        for j=1:5;
                A(i,j)=1/(i+j-1);
        end;
end;
disp(A)
```

결과

```
A =

    1.0000    0.5000    0.3333    0.2500    0.2000
    0.5000    0.3333    0.2500    0.2000    0.1667
    0.3333    0.2500    0.2000    0.1667    0.1429
    0.2500    0.2000    0.1667    0.1429    0.1250
    0.2000    0.1667    0.1429    0.1250    0.1111
```

[예제3.17] for 문을 사용하여 1부터 100까지의 합을 구하는 코드를 작성해보자.

▶풀이

```
s=0;
for i=1:100
```

```
        s=s+i;
    end
    i
    s
```

(실행결과)

```
    i =

       100

    s =

            5050
```

[예제3.18] 다음 조건의 원소들을 갖는 5×5 행렬을 생성하는 Matlab 코드를 작성하시오. 첫째 행의 원소는 해당 원소가 속한 열의 번호와 같다. 첫째 열의 원소들은 해당 원소의 행의 번호와 같다. 나머지 원소들은 자기 바로 위의 원소와 자기 왼쪽 원소를 더한 값과 같다.

▶풀이

```
    n = 5;  m = 5;
    A=[ ];
    for  k=1:n
             for  h=1:m
                      if    k= =1
                                A(k,  h) = h;
                      elseif   h= =1
                                A(k,  h) = k;
                      else
                                A(k,  h) = A(k,  h-1)  +  A(k-1,  h);
                      end
             end
    end
    A
```

실행결과

```
A =

     1     2     3     4     5
     2     4     7    11    16
     3     7    14    25    41
     4    11    25    50    91
     5    16    41    91   182
```

while-end 문

while문도 for 문과 마찬가지로 특정부분(반복처리문)을 반복하며, 조건이 참인 동안 반복 수행한다. while문의 사용형식은 다음과 같다.

```
while 조건식
처리문
end
```

while의 조건식이 참이면 (조건이 만족되면), while과 end 사이의 처리문을 수행시킨 후 다시 조건식으로 돌아가서 조건식의 만족여부를 체크한다. 만약, 조건식이 만족되지 않으면 (거짓), end로 건너뛰어 루프를 종료하게 된다.

[예제3.19] 1부터 100까지의 합을 구하는 코드를 작성해보자.

▶풀이

```
i=0;
s=0;
while i<100
    i=i+1;
    s=s+i;
end
```

```
i
s
```

결과

```
i =
    100
s =
        5050
```

[예제3.20] while문을 사용하여 다음과 같은 식을 무한 계산하는 코드를 작성하시오

$$D(P) = \begin{cases} 0, & \text{if} \le 2 \\ 1-0.5P, & \text{if} 2 < p \le 3 \\ 2P^{-2} & otherwise \end{cases}$$

▶풀이

아래와 같이 while(1)을 사용하면, while 내부의 조건식이 1이다. 1은 항상 참(true)을 의미하므로 무한루프를 이루게 된다. 무한 루프를 벗어나려면 ctrl+break를 누르면 된다.

```
while(1)
P=input('Enter a price : '); % 명령창에 message 표시하고 입력을 기다림
if P<=2;
D=0; % statement 1
elseif (P>2)&(P<=3);
D=1-0.5*P; % statement 2
else; % otherwise
D=2*P^(-2); % statement 3
end;
disp(D);
end
```

(결과)

```
Enter a price : 2
      0
Enter a price : 3
    -0.5000
Enter a price : 4
     0.1250
Enter a price : %%%% crtl+break를 누르면 무한루프를 벗어남
>>
```

break 명령어

for와 while 루프 안에 break 명령어가 있으면, 루프의 실행을 즉시 중지하고 루프 밖의 다음 명령어로 넘어간다. 즉, break는 어떤 조건이 만족될 때 루프를 강제로 빠져나갈 때 유용하게 사용할 수 있다. 예를 들어, 루프의 횟수가 정해진 값을 초과할 때 강제로 루프를 벗어나게 하거나, 반복적인 수치계산을 하면서 오차가 원하는 값보다 적은 상태가 되어 강제로 루프를 종료하는데 적용할 수 있을 것이다.

만약, break 명령어가 중첩된 다중 루프 내에 있으면, break가 포함된 루프만 중지된다. break 명령어가 스크립트 파일이나 함수 파일에서 for 루프나 while 루프 밖에 있다면, 해당 위치에서 스크립트 파일이나 함수 파일의 실행을 종료한다.

continue 명령어

for와 while의 루프 안에서 continue 명령어가 사용되면, 현재 수행중인 반복과정을 중지하고 루프의 다음 반복과정으로 넘어가게 된다. MATLAB이 continue 명령어를 만나게 되면, 루프의 나머지 명령들을 실행하지 않고 루프의 end 명령어로 건너뛴 후, 다시 루프를 계속 반복한다. 다음 예는 무한 루프 내에서 break명령어를 사용하여 강제 종료하는 예를 보여준다.

[예제3.21] 사용자가 어떤 수를 입력하면, 1부터 그 수까지 합산한 후 다시 어떤 수를 묻는 프로그램을 작성하라. 단, 0이나 음수를 입력하면 프로그램은 종료된다.

▶풀이

```
while  1    %% 무한루프
     sum=0;
     k = input('합산할 값을 입력하시오 ( < 100) : ');
     if  k <= 0
          fprintf('\n'),   break;
     end

     for  i =1 : k
           sum=sum+i;
     end
     fprintf('1부터 %d 까지의 합산값=%d \n', k, sum)
end
```

실행결과

```
합산할 값을 입력하시오 ( < 100) : 5
1부터 5 까지의 합산값=15
합산할 값을 입력하시오 ( < 100) : 3
1부터 3 까지의 합산값=6
합산할 값을 입력하시오 ( < 100) : 50
1부터 50 까지의 합산값=1275 합산할 값을 입력하시오 ( < 100) : 0
```

3.7 switch-case 문

switch-case문은 if, elseif, else 문과 같은 목적으로 사용되는데, 훨씬 간단한 형태로 사용할 수 있다. switch-case의 기본 형식은 다음과 같다.

```
switch 조건식(scalar or string)
case value1  %% 조건식의 값이 value1이면 처리문1을 수행
처리문1
case value2  %% 조건식의 값이 value2이면 처리문2을 수행
처리문2
...
otherwise  %% 조건식의 값이 위 모든  조건과 틀리면 처리문n을 수행
처리문n
end
```

[예제3.22] 성적이 95이상 A+, 85-94=A, 75-84=B, 65-74=C,55-64=D, 54이하는 F인 코드를 작성하시오.

▶풀이

```
while(1)
P=input('Enter a price : '); %% 성적값을 입력
PP=round(P/10);  %% 반올림을 수행
switch PP
    case 10     %%95점 이상은 A+
        disp('A+')
    case 9      %%85-94점 이상은 A
        disp('A')
    case 8  %%75-84점 이상은 B
        disp('B')
    case 7 %%65-74점 이상은 C
        disp('C')
    case 6 %%55-64점 이상은 D
```

```
            disp('D')
        otherwise %%54점 이하는 F
            disp('F')
    end
    end
```

결과

```
Enter a price : 90
A
Enter a price : 84
B
Enter a price : 76
B
Enter a price : 69
C
Enter a price : 45
F
Enter a price :
>>
```

3.8 입출력 명령어

Matlab에서 프로그램을 실행하다 보면 데이터의 입력 및 출력작업이 매우 유용하게 사용된다. 입력작업이란 키보드로부터 어떤 값을 받아 특정한 변수에 저장하는 작업을 말한다. 반면에 출력작업은 어떤 계산값을 화면에 보여주거나 파일형태로 저장하는 작업을 말한다. Matlab에서 사용되고 있는 입출력 명령어는 표3.8과 같다.

[표3.8] 입출력 함수의 종류

입출력 함수	기능
save	현재 사용중인 변수를 파일로 저장한다
load	저장된 파일을 새로 불러 들인다.
disp (A)	배열 A의 내용을 보여준다.
disp(‘text’)	화면에 text 문자를 보여준다
format	화면의 출력형식을 지정한다
fprintf	화면 또는 파일에 데이터 쓰기를 수행한다
x=input(‘text’)	인용기호 안에 있는 text 내용을 보여준 다음 키보드입력이 있으면 그 값을 x에 할당한다.
x=input(‘text’,’s’)	인용기호 안에 있는 text 내용을 보여준 다음 키보드에서 문자열 입력을 받아 x에 할당한다.

save/load 함수의 사용

save 명령어를 사용하여 현재 Matlab 명령창에 활성화되어 있는 변수 A, b를 다음과 같이 DataAb.mat 파일로 저장해보자. 파일의 확장자는 mat를 사용해야한다.

```
clear <enter>
A = [1. 2. 3.; -3. 4. 5.; 2. 4. 5.; 1. 3. 2.]; b = 1:10; <enter>
A <enter>
b <enter>
save 'DataAb.mat' <enter>
```

위 코드를 수행하면 DataAb.mat 파일이 생성되어 Matlab의 work 디렉토리에 저장된다. 이 번에는 load 명령어를 사용하여 DataAb.mat 파일을 불러서 Matlab 명령창으로 변수 A, b를 활성화 해보자.

```
clear <enter>
who <enter>
```

위와 같이 clear시키면 활성화되어 있는 모든 변수가 소멸되므로 who명령을 해보면 아무 변수도 등록이 되어 있지 않은 상태이다. 이제 아래와 같이 DataAb.mat 파일을 불러오면 변수 A 및 b가 활성화하게 된다. 다음과 같이 실행하면

```
load 'DataAb.mat' <enter>
A <enter>
b <enter>
```

창에서 변수 A,b가 다음과 같이 생성된다.

```
A =

     1     2     3
    -3     4     5
     2     4     5
     1     3     2


b =
     1     2     3     4     5     6     7     8     9    10
```

disp 함수의 사용

disp 함수는 변수나 문자열을 포맷형태 없이 화면에 출력하게 한다. 이 함수의 일반적인 형식은 disp(변수혹은 문자열) 이다. 문자열을 출력하고자 할 때에는 문자열의 좌우에 인용기호 ' 를 붙여야 한다. 다음과 같이 예를 수행해보자.

```
x = 5; y = sin(pi*x/10); r = 1:2:25; A = rand(5,3); <enter>
disp('x = '), disp(x) <enter>
disp('y : '), disp(y) <enter>
disp('vector r is'), disp(r)
disp('matrix A is'), disp(A)
```

실행결과는 아래와 같다.

```
x =
     5
y :
     1
```

```
vector r is
        1     3     5     7     9    11    13    15    17    19    21
23    25
matrix A is
    0.4057    0.0579    0.2028
    0.9355    0.3529    0.1987
    0.9169    0.8132    0.6038
    0.4103    0.0099    0.2722
    0.8936    0.1389    0.1988
```

input 함수의 사용

input 함수는 키보드로부터 변수나 문자열을 읽어 들일 때 사용한다. 일반적인 형식은 다음과 같다.

```
A = input(prompt_string)
```

다음과 같이 간단한 예를 수행해보자.

```
x = input('Enter the value of x:') <return>
```

Matlab은 화면에 다음과 같이 문자열을 보여줄 것이다.

```
Enter the value of x:
```

그리고, 작업자가 어떤 값을 키보드에서 입력할 때까지 기다리며, 입력을 하게 되면 그 값은 변수 x에 저장된다. 예를 들어 다음과 같이 25라는 값을 키보드에서 입력을 하면 다음과 같이 변수 x는 25의 값을 저장한다.

```
Enter the value of x:25
x =
    25
```

또한 input 함수는 키보드에서 문자열을 입력 받을 수 있다. 그렇게 하기 위해서는 두 번째 인자에 ‘s’를 첨가하면 된다. 다음 예를 수행해보자.

```
name = input('Enter filename:','s') <return>
```

그리고 명령창에서 Byung-Ryong LEE를 입력하면

```
Enter filename:Byung-Ryong LEE

name =

Byung-Ryong LEE

>> disp(name)
Byung-Ryong LEE
```

위의 경우 이름을 name이라는 변수에 등록하였다. disp명령으로 확인해 보면 이름을 저장되어 있음을 알 수 있다.

fprintf 함수의 사용

fprintf함수는 Matalb의 명령창에 변수나 문자열을 출력할 수도 있고, 명령창 대신에 지정한 파일로 변수나 문자열을 저장할 수도 있다. fprintf의 사용형식은 다음과 같다.

```
fprintf(format)
fprintf(format,variables)
fprintf(fid,format,variables)
```

위에서 format은 출력할 문자열을 작성하는 부분이고, variables은 format의 한 부분에 들어가는 변수를 말한다. fid는 데이터를 특정한 파일로 보낼 때 사용 되어지는 파일색인용 변수이다.

먼저, fprintf명령을 이용하여 화면에 문자열이나 변수를 출력하는 예를 살펴보도록 하자.

```
>> fprintf('The Test of fprintf: ')
The Test of fprintf:

>> k = 2^7; s = 'big red barn';
>>fprintf('%d\n',k)
```

```
128

>> fprintf('%s\n',s)
big red barn
```

위의 예에서 보는 바와 같이 fprintf는 변수나 문자열을 명령창에 출력할 수 있다. 그런데, %d, %f, \n 과 같은 기호를 볼 수 있는데, 이 것은 변수, 문자열 및 출력의 형식을 정해주는 명령어이다 아래 표에 사용법을 나타내었다.

[표3.9] 데이터의 출력형식 지정

명령어	용도
%s	문자열 출력
%d	정수부분만 출력
%f	실수값으로 출력
₩n	한 줄 띄우기
₩t	출력 문자열에 탭 추가

파일로부터 데이터 입출력하기

작업자는 특정한 파일로부터 데이터를 일어내거나 파일에 데이터를 저장할 수 있다. 이 때 사용하는 함수는 fprintf와 fscanf 이다. 이 함수는 C++ 언어에서 사용되는 것과 매우 유사하다. 특정한 파일에 엑세스하려면 먼저 파일을 열어야 하고, 데이터를 읽거나 쓰기를 완료한 다음에는 파일을 닫는 작업을 해야 한다.

1. 파일에 데이터를 쓰기

특정한 파일을 생성하고, 그 파일에 데이터를 쓰기 위하여 다음과 같은 절차를 따라야 한다.

1) fopen 함수를 이용하여 파일을 open한다.

fopen 함수의 사용형식은 다음과 같다.

    file_id=fopen(filename, ‘w’)

위에서 file_id는 파일을 참조하기 위해 사용하는 변수이며, filename은 open하고자 하는 파일명이다. ‘w’는 open된 파일에 데이터를 쓴다는 것을 의미한다. 예를 들어 작업자가 새로운 파일 c:\results1.txt 을 생성하고, 그 파일에 데이터를 써 넣기를 원한다면 다음과 같이 명령문을 사용한다. file_id는 myFile로 설정하였다.

```
myFile = fopen('c:\results1.txt','w') <return>
```

그러면, Matlab은 다음 예와 같이 특정한 값을 myFile에 할당한다.

```
myFile =
3
```

즉, 변수인 myFile 에 3이라는 값이 할당되어 있다.

2) fprintf

함수를 이용하여 파일에 데이터를 저장한다.

```
fprintf(myFile,'hello world! \n') <return>
x = 3.2; fprintf(myFile, 'The value of x is %f \n',x) <return>
```

3) fclose 함수를 이용하여 파일을 닫는다.

```
fclose(myFile);
```

위 단계를 끝내고 나면 C:\result1.txt 파일이 자동적으로 생성이 되어 있고 파일을 내부를 살펴보면 아래와 같이 데이터가 저장되어 있다.

```
hello world!
The value of x is 3.200000
```

[예제3.23] 구간 x = 0:1:10 에서 y = sin(x*pi/8) 와 z = exp(x) 값을 계산하고 결과를 Result1.txt 파일로 C 디렉토리에 저장하시오.

▶풀이

다음과 같이 Matlab 코드를 작성한다.

```
x = 0:1:10; y = sin(x*pi/8); z = exp(x);
myFile = fopen('C:\results1.txt','w');
n = length(x);
for j = 1:n
fprintf(myFile,'%5d   %10.6f   %10.6f   \n', x(j),y(j),z(j));
end;
fclose(myFile);
```

결과

C 디렉토리를 확인해 보면 텍스트파일 results1이 생성되어 있고, 다음과 같은 값이 저장되어 있음을 확인할 수 있다.

```
0     0.000000      1.000000
1     0.382683      2.718282
2     0.707107      7.389056
3     0.923880     20.085537
4     1.000000     54.598150
5     0.923880    148.413159
6     0.707107    403.428793
7     0.382683   1096.633158
8     0.000000   2980.957987
9    -0.382683   8103.083928
10   -0.707107  22026.465795
```

2. 파일로부터 데이터 읽기

이미 생성되어 있는 파일로부터 데이터를 일기 위하여 다음과 같은 절차를 따라야 한다.

1) fopen 함수를 이용하여 파일을 open한다.

fopen 함수의 사용형식은 다음과 같다.

file_id=fopen(filename, ‘r’)

예를 들어 작업자가 이미 생성된 파일 c:\results1.txt 로부터 데이터를 읽기 원한다면 다음과 같이 명령문을 사용한다. file_id는 myFile로 설정하였다.

```
myFile = fopen('c:\results1.txt','r') <return>
```

2) fscanf 함수를 이용하여 파일로부터 데이터를 읽어서 변수 R에 저장한다.

```
R=fscanf(myFile,'%d   %f   %f \n') <return>
```

3) fclose 함수를 이용하여 파일을 닫는다.

```
fclose(myFile);
```

[예제3.24] 앞에서 생성된 results1.txt 파일의 데이터를 읽어서 변수 R에 저장하시오.

▶풀이

다음과 같이 Matlab 코드를 작성한다

```
myFile = fopen('c:\results1.txt','r')
R=fscanf(myFile,'%d   %f   %f',[3 11])
fclose(myFile);
```

결과

```
R =

  1.0e+004 *
  Columns 1 through 8

         0    0.0001    0.0002    0.0003    0.0004    0.0005    0.0006
  0.0007
         0    0.0000    0.0001    0.0001    0.0001    0.0001    0.0001
  0.0000
    0.0001    0.0003    0.0007    0.0020    0.0055    0.0148    0.0403
```

```
0.1097

  Columns 9 through 11

  0.0008    0.0009    0.0010
       0   -0.0000   -0.0001
  0.2981    0.8103    2.2026
```

4 Chapter

그래프 그리기

공학을 전공하는 학생들은 주어진 문제를 풀거나 해석한 결과를 그래프로 보여주는 것이 가장 확실하고 명료하게 결과를 전달하는 것이며, 동시에 평가를 하는 교수로 부터 좋은 평가를 받을 수 있을 것이다. 실제로 공학논문을 보게되면 분석이나 해석결과를 어김없이 그래프로 보여준다는 것만 보더라도 그래프의 메세지 전달력은 강하다고 볼 수 있다.

MATLAB에서 제공하는 함수들을 이용하면 2차원, 3차원 그래프나 곡면(surface) 등을 아주 쉽게 그릴 수 있다. 2차원 즉 xy평면에서 그래프를 그리기 위해서는 plot 이라는 함수를 사용하며, 3차원인 xyz 공간에서 그래프를 그리기 위해서는 plot3 라는 함수를 사용한다. 그리고 3차원 곡면을 그릴 때에는 mesh나 meshgrid 등의 함수를 사용한다. 이 장을 통하여 각각의 함수를 이용하여 그래프를 그리고 그래프에 다양한 변화를 주는 방법에 대해 공부하기로 하자.

4.1 2차원 평면에서 그래프 그리기

2차원 평면에서 그래프 그리기 위해서 MATLAB은 Plot 이라는 함수를 제공하고 있는데, Plot 함수의 전형적인 사용 포맷은 다음과 같다.

a) **plot(Y)**

: 만일, Y가 실수이면, x축은 Y의 index이고, y축은 Y의 열 벡터들로 이루어진다.

그러나, Y가 복소수이면, x축은 real(Y), y축은 imag(Y)로 이루어진다.

b) **plot(X,Y)**

: X1의 열 벡터와 Y1의 열 벡터가 각각의 line을 구성한다.

c) **plot(X,Y,LineSpec)**

: LineSpec은 color, linestyle, maker로 구성되어 선의 style을 결정한다.

그리고, 그려진 그래프의 제목이나 x, y 축에 라벨(설명문)을 넣기 위해서 title, xlabel, ylabel 등의 명령어를 사용한다. 형식은

```
title('text')
xlabel ('text')
ylabel('text')
```

등으로 표시한다. 가장 기본적인 사용방법을 예를 들어 알아보자.

[예제 4.1] x값이 [0 50] 범위에서 y=sin(x)의 그래프를 그리는 코드를 작생해보자.

▶풀이

```
x=[ 0:0.1:50];  %%% x 범위는 0에서 50, 샘플링간격은 0.1
y=sin(x);
plot(x,y)
xlabel('x axis')
ylabel('y axis')
title('y=sin(x) 그래프' )
```

위와 같은 일련의 명령어를 실행하면 MATLAB 창 위에 다음과 같은 그래프 창이 팝업된다.

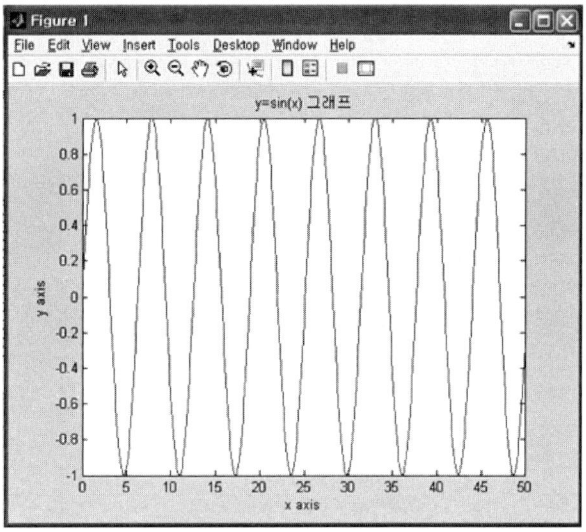

[그림4.1] y=sin(x)의 그래프

위 그래프를 아래한글이나 워드문서에 넣으려면 Edit>Copy Figure 를 클릭하면 위 그림이 저장되고, 해당문서에 들어가서 마우스 오른쪽을 누른 후 붙여넣기를 클릭하면 해당문서에 복사된다. 그러면 아래와 같은 그래프가 삽입되어진다.

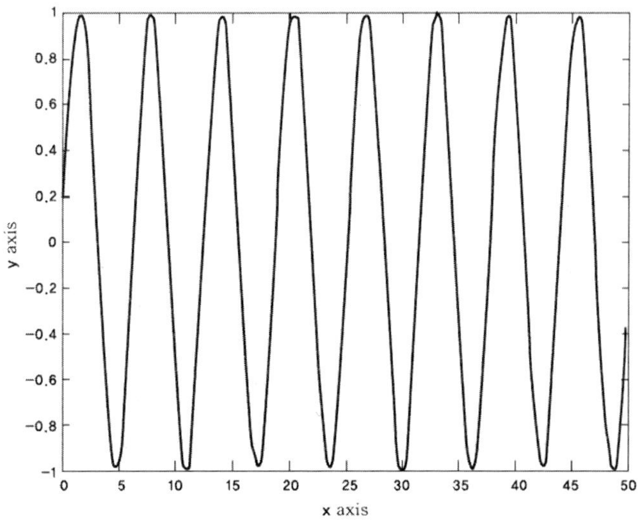

[그림4.2] 워드문서에 복사된 그림

위 그림에서 알 수 있듯이 선(line)들의 색이나 type을 정해주지 않으면, 자동으로 default값에 의해 결정된다. 즉, 선은 푸른색의 실선으로 그려진다. 선의 색이나 type을 변경하려면 plot(X,Y,LineSpec) 명령어를 사용할 수 있다. LineSpec은 다음과 지정할 수 있다.

[표4.1] plot 함수의 linespec을 결정해주는 인자

Color		Marker Style		Line Style	
b	blue	.	point	−	solid
g	green	o	circle	:	dotted
r	red	x	x-mark	−.	dashdot
c	cyan	+	plus	−−	dashed
m	magenta	*	star		
y	yellow	s	square		
		d	diamond		
k	black	v	triangle		
		^	triangle (up)		
		〈	triangle (left)		
		〉	triangle (right)		
		P	pentagram		
		h	hexagram		

아래의 예제들은 위 표의 성질을 이용하여 그래프의 선의 형태나 색상에 다양한 변화를 준 경우이다.

[예제 4.2] x값이 [0 50] 범위에서 y=sin(x)의 그래프를 그리는데, 선의 형태는 점선이고 선의 색깔은 적색이 되게 하자.

▶풀이

```
x=[ 0:0.1:50];
y=sin(x);
plot(x,y, 'r:')     %% r: 은 그래프의 선을 적색의 점선으로 그림
```

결과 그래프는 아래와 같다. 즉, 그래프는 점선으로 그려졌으며, 선의 색깔은 적색이다.

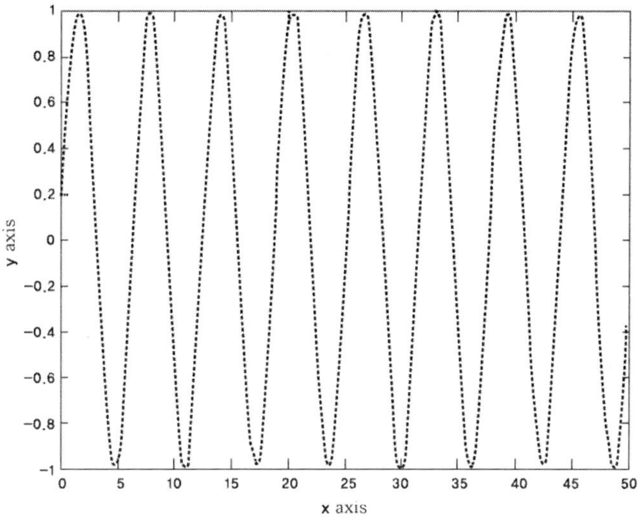

[그림4.3] 적색의 점선으로 그린 y=sin(x)

[예제 4.3] x값이 [0 50] 범위에서 y=sin(x)의 그래프를 그리는데, 선의 형태는 사각형의 마크를 포함한 점선이며 색깔은 적색이 되게 하자.

▶풀이

```
x=[ 0:0.1:50];
y=sin(x);
plot(x,y, ‘rs:’)
xlabel('x axis')
ylabel('y axis')
title(‘y=sin(x) 그래프’)
```

결과는 아래 그래프와 같다.

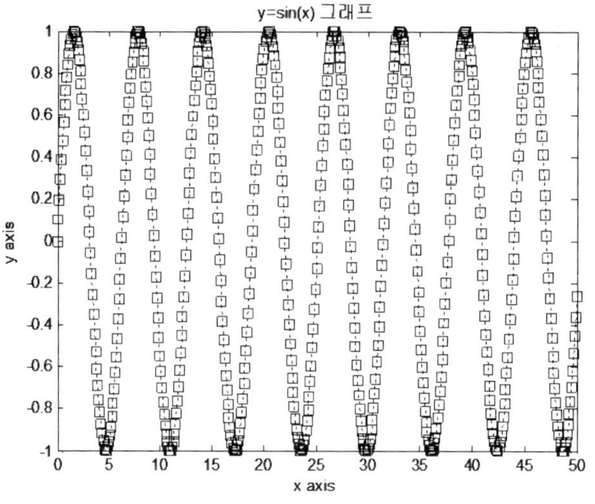

[그림4.4] 적색의 사각형-점선으로 그린 y=sin(x)

grid 및 axis 명령어

grid 명령어는 그래프에 일정한 간격의 격자선을 생성하게 해 주어 마치 모눈종이 위에 그래프가 그려지는 효과를 준다. 따라서, 그래프 상의 임의의 위치의 크기값을 쉽게 알 수 있게 해 준다. Grid 기능을 사용하는 경우 Matlab의 명령창에서 grid 혹은 grid on 명령어를 추가하면 된다. 반대로 이미 그려진 그리드를 해제하려면 grid off 명령어를 주면 된다.

axis 명령어는 그래프의 x축과 y축의 범위를 마음대로 조정할 수 해 준다. 형식은 다음과 같다.

```
axis([xmin xmax ymin ymax])
```

주의해야 할 점은 위 명령어의 인자들 사이에 콤마(,)를 사용해서는 안된다는 점이다.

[예제 4.4] x값이 [0 50] 범위이고 y값의 범위는 [-2 2]인 xy평면에서 y=sin(x)의 그래프를 그리고 grid를 생성하는 코드를 만들어 보자.

▶풀이

```
x=[ 0:0.1:50];
y=sin(x);
```

```
plot(x,y)
xlabel('x axis')
ylabel('y axis')
title('y=sin(x) 그래프' )
grid on
axis([0 50 -2 2])
```

결과 그래프는 아래와 같다. 예제4.1의 그래프와 비교하면 조금 다른 분위기를 느낄 수 있을 것이다.

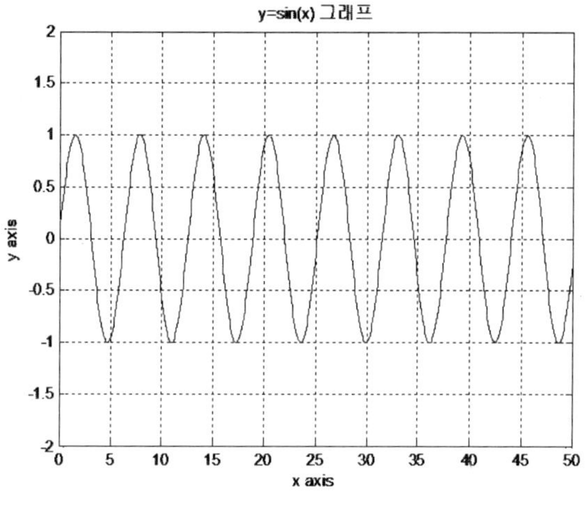

[그림4.5] grid와 axis 기능을 이용하여 그린 y=sin(x) 그래프

4.2 한 개의 그래프 창에 여러 개의 데이터 곡선 그리기

한 개의 xy 그래프 창에 여러 개의 데이터 곡선을 그리기 위해서는 다음과 같이 plot 함수의 인자를 확장할 수 있다.

```
plot(X1,Y1,LineSpec1, X2,Y2, LineSpec2,… )
```

다음 예를 수행해 보자.

[예제4.5] x값이 [0 50] 범위이고 y값의 범위는 [-2 2]인 xy평면에서 y1=sin(x), y2=cos(x)의 그래프를 그려보자.

▶풀이

```
x=[ 0:0.1:50];
y1=sin(x);
y2=cos(x);
%%% y1은 흑색실선 표시, y2는 흑색점선 표시
plot(x,y1,'k-',x,y2,'k:')
xlabel('x')
ylabel(' sin(x)/cos(x) ')
title('sin(x)와 cos(x) 그래프' )
legend('sin(x)','cos(x)') %% 범례를 만들기 위한 명령어
grid on
axis([0 50 -2 2])
```

결과 그래프는 아래와 같다.

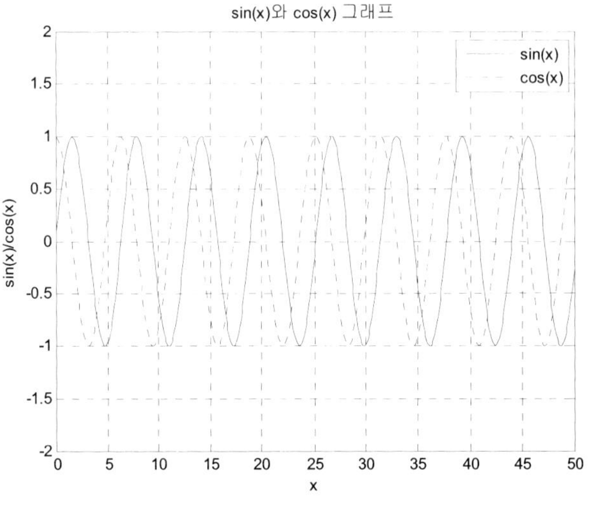

[그림4.6] legend 기능을 이용한 범례 추가하기

legend 명령어를 이용한 범례(라벨) 표시

위의 코드에서 legend 명령어는 범례를 만들기 위해 사용되었다. Legend 명령어의 기본 포맷은 다음과 같다.

Legend('string1', 'string2')

위 명령어에서 string1 과 string2는 범례 안에 삽입되는 문구를 뜻한다. legend 명령어는 plot 명령어 뒤에 위치해야 한다. 그리고 범례 box의 위치를 원하는 위치로 옮길 수 있는데, 범례 box 위에 마우스 왼쪽버튼을 누른 채 위치를 변경할 수 있다.

gtext 명령어를 이용한 범례(라벨) 표시

2개 이상의 곡선을 구별하는 다른 방법은 각각의 곡선 부근에 범례 (라벨)을 표시하는 것이다. 이 경우 gtext 명령을 사용하면 매우 편리하다. gtext의 기본적인 포맷은 다음과 같다.

gtext('string')

여기서 string은 삽입될 내용을 나타낸다.

[예제 4.6] 예제4.5의 코드에서 legend 명령을 삭제하고 그래프의 x구간을 [0 10]으로 약간 조정하여 gtext 명령어를 적용해보자.

▶풀이

```
x=[ 0:0.1:10];
y1=sin(x);
y2=cos(x);
%%% y1은 흑색실선 표시, y2는 흑색점선 표시
plot(x,y1,'k-',x,y2,'k:')
xlabel('x')
ylabel(' sin(x)/cos(x) ')
title('sin(x)와  cos(x)의 그래프' )
grid on
```

```
axis([0 10 -2 2])
```

결과 그래프는 아래와 같다.

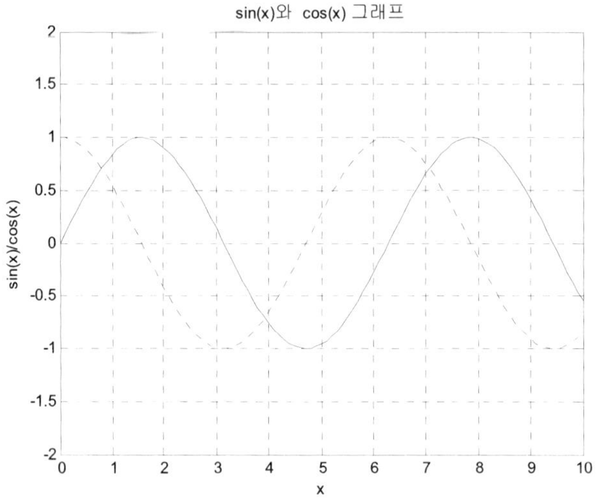

[그림4.7] sin(x)와 cos(x)의 그래프

위 그래프의 원하는 위치에 각 곡선에 대한 범례를 표시하기 위해 MATLAB 명령창에 다음 명령어를 입력한다.

```
gtext('sin(x)')
```

그런 후 그래프를 나타내는 Figure 창에서 마우스를 움직이면 십자선이 나타난다. 원하는 위치에서 마우스 왼쪽을 클릭하면 sin(x) 글자가 그려지게 된다. 마찬가지 방법으로

```
gtext('cos(x)')
```

명령어를 입력한 다음 원하는 위치에서 마우스를 클릭하면 아래와 같은 그래프를 작성할 수 있다.

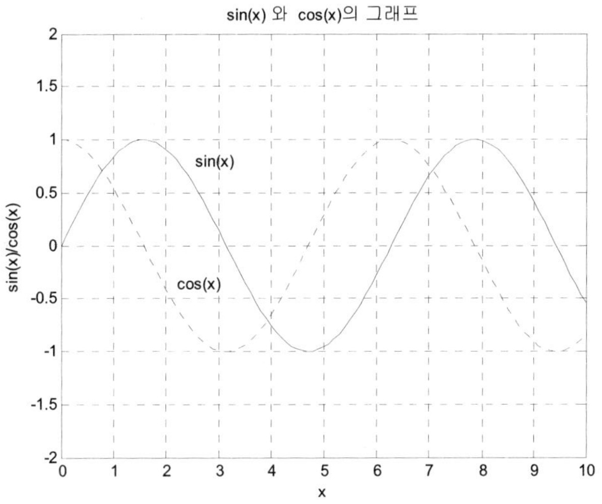

[그림4.8] gtext 기능을 이용한 범례 추가하기

text 명령어를 이용한 범례(라벨) 표시

그래프 상에서 원하는 위치에 범례를 표시하기 위한 다른 방법은 text 명령어를 사용하는 것인데, 기본 포맷은 다음과 같다.

text(x, y, 'string')

위 경우는 x, y 좌표에 글자 string을 입력해 주는 방법이다. 하지만 이 방법은 그래프 상에서 적당한 좌표값을 알아야 되고, 경우에 따라서는 시행착오를 겪을 수도 있다.

4.3 hold 명령을 이용하여 동시에 그래프 그리기

같은 figure안에 다른 그래프를 첨가하려면, 한 개의 그래프를 생성한 뒤에 "hold"하면 된다. 그러면, 처음 figure가 사라질 때까지 뒤에 나오는 모든 그래프는 앞의 figure에 합쳐져서 나타난다.

[예제4.7] x의 구간이 [−1 1] 일 때 $y = (2 + e^{-x}\sin 5x)$ 와 $0 \leq n \leq 10$ 일 때 를 하나의 그래프 창에 나타내어라.

▶풀이

```
x=[-1:0.01:1];
y=(3+exp(-x).*sin(6*x));
plot((0.1+0.9i).^[0:0.01:10])  %% z 그래프를 먼저 그림
hold    %%% z 그래프를 유지함
plot(x,y) %% y 그래프를 그림
gtext('y=(3+exp(-x)sin(6*x)')
gtext('z=(0.1+0.9i)^n')
```

결과 그래프는 다음과 같다.

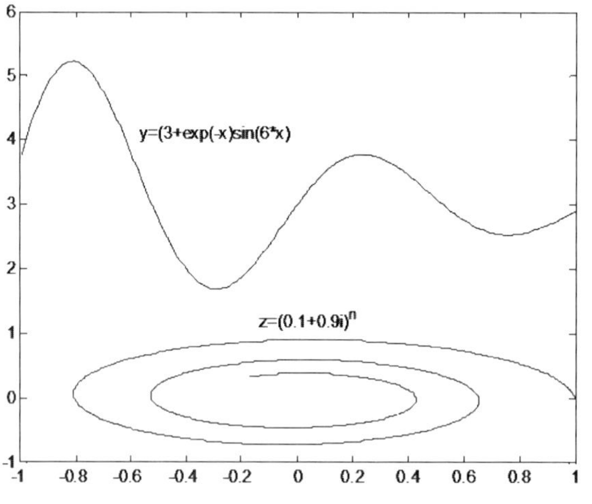

[그림4.9] hold 기능을 이용하여 2개의 그래프를 그리기

4.4 subplot을 이용하여 여러 그래프 창 만들기

MATLAB에서 subplot 이라는 명령어를 사용하여 그래프 창을 여러 개 생성할 수 있다.

즉, 동시에 여러 개의 그래프를 그릴 수 있다. 이러한 기능은 주어진 x축 영역에서 속성이 다른 여러 경우에 대한 y값을 비교하는데 도움을 줄 것이다. subplot 명령어의 기본 포맷은 다음과 같다.

```
subplot(m, n, p)
```

위 명령어의 변수 m과 n은 생성되는 그래프 창의 행과 열의 개수가 된다. 예를 들어 m=n=2인 경우는 가로 2개, 세로 2개의 창, 즉 4개의 그래프 창이 생성된다는 것을 의미한다. 변수 p는 그래프 창의 순번을 나타낸다. 예를 들어 다음 명령어를 살펴보자.

```
subplot(2, 2, 3)
```

위 명령어는 해당되는 그래프를 총 4개의 창 중에서 3번째 창에 그리라는 의미를 가진다.

[예제4.8] subplot을 이용하여 2개의 창을 생성하고 왼쪽에는 sin(x), 오른쪽 창에는 cos(x)를 그려라.

▶풀이

```
x=[ 0:0.1:10];
y1=sin(x);
y2=cos(x);
%% 1행2열 즉, 가로로 2개의 그래프 창을 생성, 그 중 첫 번째 그래프
subplot(1,2,1)
plot(x,y1)
xlabel('x')
ylabel(' sin(x)')
title('sin(x) 그래프' )
axis([0 10 -2 2])

%% 1행2열 즉, 가로로 2개의 그래프 창을 생성, 그 중 두 번째 그래프
subplot(1,2,2)
```

```
plot(x,y2)
xlabel('x')
ylabel(' cos(x) ')
title('cos(x) 그래프' )
axis([0 10 -2 2])
```

결과 그래프는 다음과 같다. 즉, 가로로 2개의 그래프 창이 생성되었다.

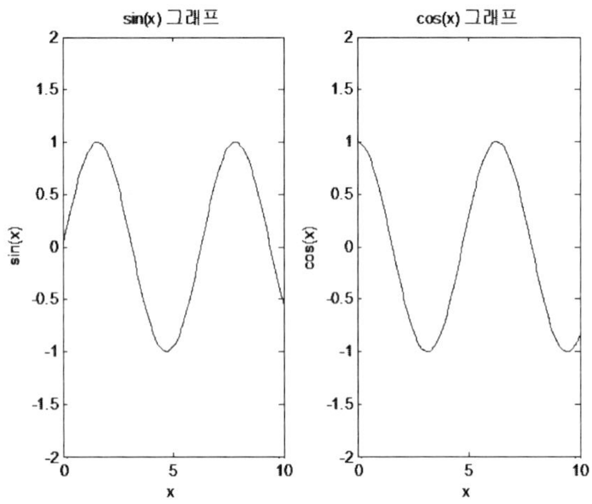

[그림4.10] subplot 기능을 이용하여 2개의 그래프 창에 그리기

[예제 4.9] subplot을 이용하여 4개의 창을 생성하고 순서대로 sin(t), sin(2t), exp(−t), −sin(t)를 그려라.

▶풀이

다음과 같이 코드를 구성하면 된다.

```
t=0:1/100:20;
y=sin(t);
subplot(2,2,1)
plot(t,y)
title('sin(t)')
```

```
z=cos(2*t);
subplot(2,2,2)
plot(t,z)
title('sin(2t)')

x=exp(-t);
subplot(2,2,3)
plot(t,x)
title('exp(-t)')

w=exp(-sin(t));
subplot(2,2,4)
plot(t,w)
title('-sin(t)')
```

결과 그래프는 다음과 같다.

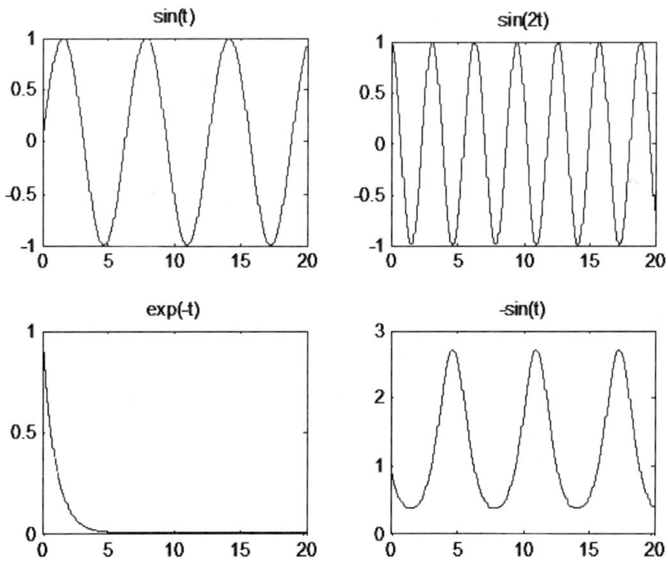

[그림4.11] subplot 기능을 이용하여 4개의 그래프 창에 그리기

4.5 3차원 그래프 그리기

MATLAB은 데이터를 3차원에서 그래프로 구현할 수 있도록 아래 표와 같이 다양한 명령어를 제공하고 있다.

[표4.2] 3D 그래프 명령어

3D 그래프의 형태	MATLAB 명령어
3D line	Plot3
3D mesh	Mesh, meshc, meshz, Waterfall
3D surface	surf, shading, surfc, surfl, surfnorm
3D contour	contour, contour3, contourf, shading, clabel
3D volume	Slice, isosurface, smooth3, isocaps, isonormals
3D specialized plot	ribbon, quiver, quiver3, fill3, stem3, sphere, cylinder

3D Line 그래프 그리기

3차원으로 선 형태의 그래프를 그리기 위해서 plot3 명령어를 사용한다. 이 명령어의 포맷은 다음과 같다.

```
plot3(x, y, z)
```

위 명령어의 3 변수 x, y, z는 같은 사이즈를 가지는 벡터 값이며, 각각의 값이 3차원 좌표 (x, y, z) 에서 임의의 점을 형성하게 된다.

[예제 4.10] t 값 구간이 구간에서 x축은 sin(t), y축은 cos(t), z축은 t값을 나타내는 3차원 그래프를 작성해보자.

▶풀이

다음과 같이 코드를 작성해보자.

```
t=linspace(0, 10*pi);
```

```
plot3(sin(t), cos(t),t)
xlabel('sin(t)'), ylabel('cos(t)'), zlabel('t')
text(0,0,0, 'Origin')
grid on
title('A Helix Graph')
```

실행시키면 아래 그림과 같이 나선형태의 그래프가 생성된다.

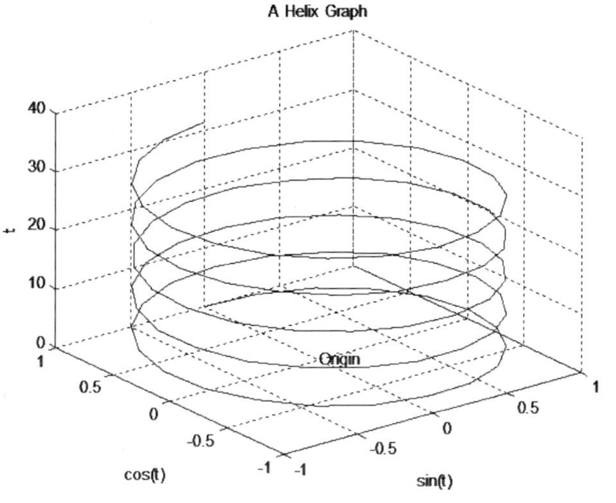

[그림4.12] plot3를 이용하여 그린 3차원 그래프: x축은 sin(t), y축은 cos(t)

3D Mesh 그래프 그리기

임의의 함수 z=f(x,y) 의 표면을 격자(mesh) 형태로 구성하려면 먼저 meshgrid 명령어를 사용하여 xy 평면의 구간 및 각 격자의 크기 등을 정해 주어야 한다. meshgrid의 포맷은 다음과 같다.

```
[X, Y]=meshgrid(x,y)
```

xy평면의 구간 및 그리드의 간격은 다음과 같이 지정할 수 있다.

```
x=[x_min: x_grid_space: x_max]
y=[y_min: y_grid_space: y_max]
```

만약, x의 구간과 y의 구간이 같고 그리드 간격도 같게 한다면 meshgrid 명령은 다음과 같이 간단하게 표현할 수 있다.

```
[X, Y]=meshgrid(min: grid_space: max)
```

위와 같이 해서 그리드 설정이 끝난 후에 mesh 명령어를 사용하여 그래프를 완성할 수 있다. 다음 예를 살펴보자.

[예제 4.11] Z = X^2 – 2*(X*Y) + 3*Y + 2의 그래프를 X구간 [–2 2], Y구간 [–4 4]에서 그리드 간격을 0.1로 해서 그려라.

▶풀이

다음과 같이 코드를 작성한다.

```
x_width=[-2:0.1:2];
y_width=[-4:0.1:4];
[X,Y]=meshgrid(x_width, y_width);
Z = X.^2 - 2*(X.*Y) + 3*Y + 2;
mesh(X,Y,Z)
xlabel('X'), ylabel('Y'), zlabel('Z')
grid on
title('Z = X.^2 - 2*(X.*Y) + 3*Y + 2 Graph')
```

결과 그래프는 다음과 같다. X축의 구간과 Y축의 구간이 지정된 폭과 간격으로 그려진 것을 알 수 있다.

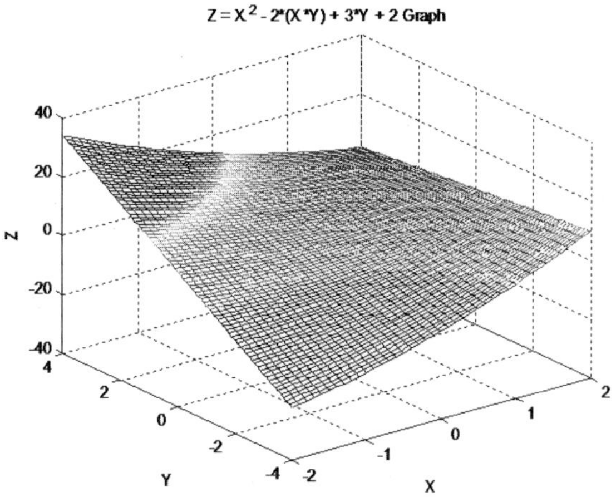

[그림4.13] mesh 명령어를 이용하여 그린 3차원 그래프: Z = X^2 − 2*(X*Y) + 3*Y + 2

[예제4.12] z=x^2+y^2 그래프를 x,y 의 구간을 [−2 2]로 같게 하고 그리드 간격을 0.1로 해서 그려라.

▶풀이

다음과 같이 코드를 작성한다.

```
[x,y]=meshgrid(-2:0.1:2);
z=x.^2+y.^2;
mesh(x, y, x.^2+y.^2)
xlabel('x'), ylabel('y'), zlabel('x^2+y^2')
grid on
title('x^2+y^2 Graph')
```

아래 그림은 mesh 명령의 결과로 그려진 z=x^2+y^2 함수의 곡면이다.

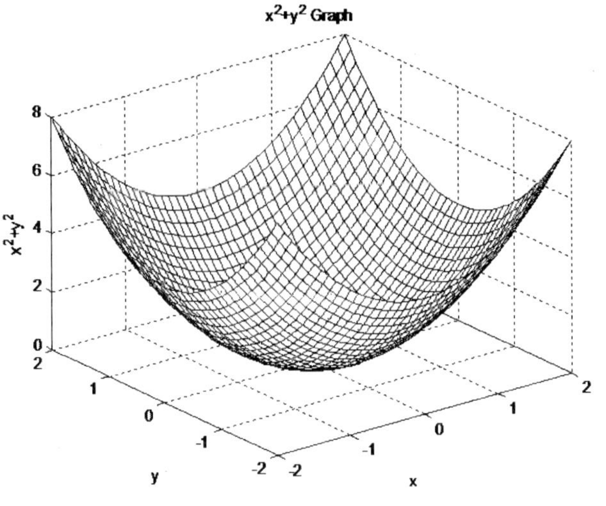

[그림4.14] mesh 명령어를 이용하여 그린 3차원 그래프: z=x.^2+y.^2

X축의 구간과 Y축의 구간이 같게 그려진 것을 알 수 있다.

3D surf 그래프 그리기

임의의 함수 z=f(x,y) 의 표면을 격자(mesh) 형태로 구성하고 곡면을 따라 solid한 색상을 주기 위해서는 surf 명령어를 사용한다. meshgrid 명령어를 사용하여 xy 평면의 구간 및 각 격자의 크기 등을 정하는 방법은 mesh 명령과 동일하다.

[예제4.13] Z = X^2 - 2*(X*Y) + 3*Y + 2의 그래프를 X구간 [-1 1], Y구간 [-2 2]에서 그리드 간격을 0.1로 해서 surf로 그려라.

▶풀이

```
x=[-1:0.1:1];
y=[-2:0.1:2];
[X,Y]=meshgrid(x, y);
Z = X.^2 - 2*(X.*Y) + 3*Y + 2;
surf(X,Y,Z)
xlabel('X'), ylabel('Y'), zlabel('Z')
```

```
grid on
title('Z = X.^2 - 2*(X.*Y) + 3*Y + 2 Graph')
```

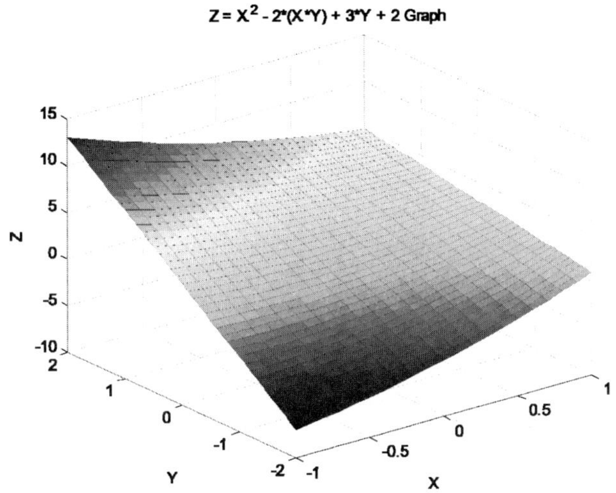

[그림4.15] surf 명령어를 이용하여 그린 3차원 그래프: Z = X.^2 - 2*(X.*Y) + 3*Y + 2

5 Chapter

미분방정식의 수치해석

공학을 전공하는 학생들은 미분방정식의 중요성을 익히 알고 있다. 미분방정식은 물체나 기계 혹은 전기회로의 움직임을 정의해 주는 운동방정식이므로 학생들은 미분방정식의 풀이에 익숙해 있을 것이다. 일반적으로 운동방정식이 선형인 경우에는 특성방정식이나 Laplace 변환과 역변환 등을 이용하여 해를 구할 수 있지만, 운동방정식이 비선형인 경우는 위와 같이 해석적인 방법으로 해를 구하는 것이 매우 어렵다. 우리가 학부과정에서는 주로 선형미분방정식을 다루고 있으나, 연구 목적으로 실제의 시스템을 모델링하는 경우에 있어서는 대부분의 시스템이 비선형이고 수치 해석적으로 미분방정식을 풀고 있다는 것을 상기해야 할 것이다. 이 장에서는 수치해석의 원리 및 수치해석의 다양한 방법을 배우게 된다. 그리고 Matlab을 이용하여 이를 구현하는 방법을 공부할 것이다.

5.1 Euler 방법에 의한 수치해석

Euler 방법은 미분방정식의 수치해석 방법 중에서도 알고리즘이 가장 단순하다. 반면에, 해를 정확하게 구하는 성능 면에서는 다른 방법에 비해 정확도가 떨어지는 편이다. 그렇지만 이 방법은 미분방정식을 수치해석적으로 접근하는데 있어서 기본적인 이해를 돕는데 매우 유용하다고 할 수 있다. 다음과 같은 식을 고려해보자.

$$\frac{dy}{dt} = r(t) \cdot y \tag{5.1}$$

위 식에서 y는 임의의 알고 있는 식이다. 미분의 정의에 의해서 1차 미분값은 다음과 같다.

$$\frac{dy}{dt} = \lim_{\Delta t \to 0} \frac{y(t+\Delta t) - y(t)}{\Delta t} \tag{5.2}$$

$$\cong \frac{y(t+\Delta t) - y(t)}{\Delta t} = r(t)y$$

위 식의 우변에서 변수들이 짧은 시간 구간인 Δt 에서 변하지 않는다고 가정한다면 위식은 다음과 같이 표현된다.

$$y(t+\Delta t) = y(t) + r(t) \cdot y(t)\Delta t \tag{5.3}$$

위 식에서 Δt 는 시간의 증분값 혹은 시간스텝값이라 불린다. 편의상 위 식을 다음과 같이 나타낼 수 있다.

$$\begin{aligned} &y(t_{k+1}) = y(t_k) + r(t_k)y(t_k)\Delta t \\ &t_{k-1} = t_k + \Delta t \end{aligned} \tag{5.4}$$

일반적으로 1차 미분식 $y = \dot{f}(t,y)$에 대한 Euler 다음 식과 같이 나타낼 수 있다.

$$y(t_{k+1}) = y(t_k) + \Delta t \cdot f[t_k, y(t_k)] \tag{5.5}$$

[예제5.1] $\dot{y} = ry, r = -10, y(0) = 2$, 시간구간 $0 \le t \le 0.5$ 에 대한 궤적 y를 Euler 방법으 Euler 방법으로 그래프를 그려라. 시간스텝값은 $\Delta t = 0.02$ 이다.

▶풀이

먼저 수학적으로 위 미분식의 해를 다음과 같이 구해보자.

$$\begin{aligned} &\frac{dy}{dt} = -10y \\ &\frac{dy}{y} = -10dt \Rightarrow \ln^y = -10t + c \\ &\Rightarrow y = e^{-10t} Cl \end{aligned}$$

$\because Y(0)=2 \Rightarrow C=2$

그러므로 구하는 해는 다음과 같다.

$$y(t)=2e^{-10t}$$

이제 Euler 방법으로 수치 해석적으로 구한 y 값과 위에서 구한 해석해를 비교하여 그래프로 나타내어 보자. MATLAB 코드는 다음과 같다. Matlab에서 File>New>M-File 을 선택한 후 편집화면에서 다음과 같이 코드를 작성한다. 작성한 코드를 m 파일로 저장한 후 파일이름을 Matlab의 명령창에 입력해서 실행할 수도 있지만, 굳이 저장할 필요 없이 실행만 해 보기를 원한다면 코드를 copy한 다음 Matlab의 명령창에서 paste하면 실행이 된다.

```
clear;
        r = -10; delta = 0.02; y(1) = 2;
        k = 0;
for time = [delta: delta:0.5]
        k = k + 1;
        y(k+1) =  y(k)+r*y(k)*delta;
end
t = [0:delta:0.5];
y_true = 2*exp(-10*t);
plot(t,y,’o’,t,y_true,’x’),xlabel('t(sec)'),ylabel('y(trajectory)')
```

만약 여러분이 위 코드를 copy해서 Matalb 명령창에 paste하여 실행을 하려고 하면 plot 명령어 부분에 있는 인용기호 ‘ ‘ 에 error가 발생할 수 있는데, 이는 폰트가 호환되지 않는 문제이다. 따라서 그런 경우가 발생하면 위 코드를 m 파일 편집창에 넣어서 인용기호 부분을 수정해 주면 문제가 해결된다.

위 프로그램에서 y_true는 수학적으로 구한 해석해이고 y는 Euler 방법으로 구한 수치해석해이다. 그림5.1에서 ‘o’ 표시의 궤적은 Euler 방법의 수치해이고, ‘x’ 표시의 궤적은 수학적으로 구한 해석해이다. 그림에서 보는 바와 같이 제법 큰 오차를 관찰할 수 있다. 그렇지만 수치해석에서 오차를 줄이기 위해서 컴퓨터의 성능이 허용하는 한 시간스텝값 Δt을 가능한 적게 하면 오차를 줄일 수 있다.

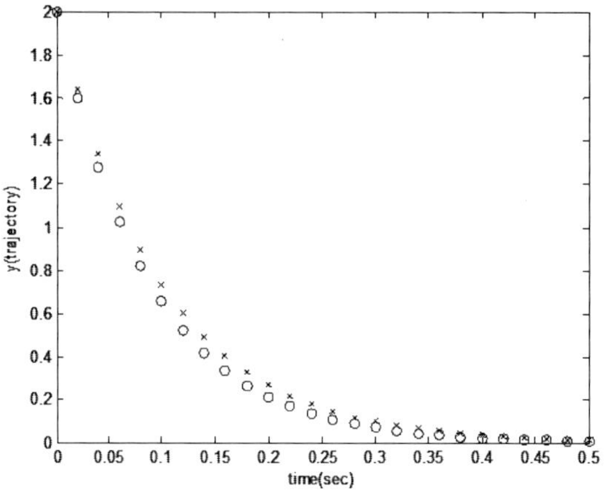

[그림5.1] Euler 방법의 수치 해와 해석 해와의 오차 비교

[예제5.2] Euler방법을 사용하여 아래의 미분식의 수치해석 해를 구하고, 수학적 해석해와 비교해보시오.

$$\dot{y} = \sin t$$
$$\text{for } y(0) = 0 \text{ and } 0 \le t \le 4\pi$$

▶풀이

먼저 해석해를 구해보자

$$\frac{dy}{dt} = \sin t$$
$$dy = \sin t dt$$
$$y = -\cos t + c$$
$$\because y(0) = 0 \Rightarrow c = 1$$

그러므로, 수학적으로 푼 해석해는 다음과 같다.

$$y(t) = 1 - \cos t$$

이번에는 MATLAB을 이용하여 코드를 작성해보자. 시간 스텝값은 $\Delta t = 2^* \pi/13$ 를 사용하였다.

```
clear;
delta=2*pi/13;  y(1)=0;
k=0;
for  time=[delta:delta:4*pi]
            k=k+1;
            y(k+1)=y(k)+sin(time-delta)*delta;
end
t_true=[0:delta/10:4*pi];
y_true=1-cos(t_true);
t=[0:delta:4*pi];
plot(t,y,'o',t_true,y_true,'x'),xlabel('t(sec)'),ylabel('y(trajectory)')
end
```

아래 그래프에서 해석적으로 구한 해와 Euler 방법으로 구한 수치해를 비교하였다.

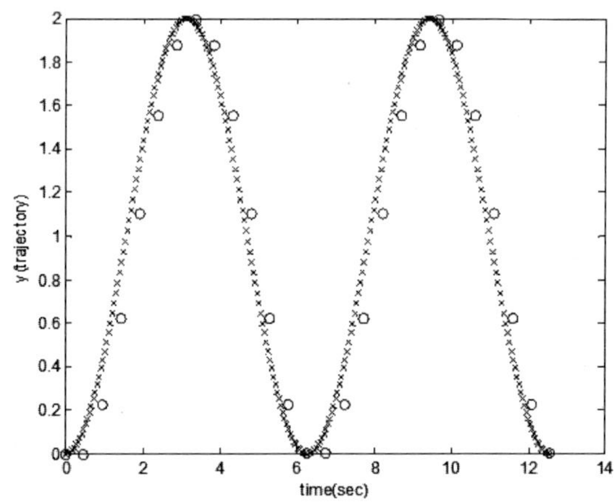

[그림5.2] Euler 방법을 이용한 $\dot{y} = \sin t$의 수치해와 해석해와의 오차 비교

위 그림에서 보는 바와 같이 기울기의 변화가 심한 부분 (주로 계곡 및 봉우리)에서 해석해(x)와 수치해(o)의 오차가 큰 것을 알 수 있다.

5.2 수정 Euler 방법에 의한 수치해석

앞의 예제에서도 알 수 있듯이 Euler 방법은 변수값이 급하게 변하는 구간에서 오차가 많이 발생하는 것을 알 수 있다. 그 이유는 Euler 방법에서는 주어진 시간스텝 구간 Δt 내에서는 변수의 물성이 일정하다고 가정을 했기 때문이다. 이 문제를 해결하기 위한 방법으로 수정된 Euler 방법 혹은 예측자수정방법 (predictor-error method)이 있다. 다음 미분식을 고려해보자.

$$\frac{dy}{dt} = f(t,y) \tag{5.6}$$

위 식의 Euler 방법의 근사해 (수치해)는 다음과 같이 표현된다.

$$y(t_{k+1}) = y(t_k) + \Delta t \cdot f[t_k, y(t_k)] \tag{5.7}$$

위 식 대신에 식의 우변값을 구간(t_k , t_{k+1})에서의 평균값으로 대체하면 다음과 같은 식을 얻게 된다.

$$y(t_{k+1}) = y(t_k) + \frac{\Delta t}{2} \cdot (f_k + f_{k+1}) \tag{5.8}$$

여기서,

$$f_k = f(t_k, y(t_k))$$
$$f_{k+1} = f(t_{k+1}, y(t_{k+1}))$$

[예제5.3] $\dot{y} = ry, r = -10, y(0) = 2$ 식에 대해 구간 $0 \le t \le 0.5$ 에서 궤적 y를 그려라. 시간스텝은 $\Delta t = 0.02$ 이다. 즉, 예제 5.1과 같은 문제를 수정된 Euler 방법으로 풀어보자.

▶풀이

MATLAB 코드를 다음과 같이 작성하였다.

```
clear;
        r = -10; delta = 0.02; y(1) = 2;
        k = 0;
```

```
for time = [delta: delta:0.5]
          k = k + 1;
          x(k+1)=y(k)+r*y(k)*delta;
          y(k+1)= y(k)+(delta/2)*(r*y(k)+r*x(k+1));
end
t = [0:delta:0.5];
y_true = 2*exp(-10*t);
plot(t,y,'o',t,y_true,'x'),xlabel('t(sec)'),ylabel('y(trajectory)')
```

시물레이션의 결과그래프는 아래와 같다.

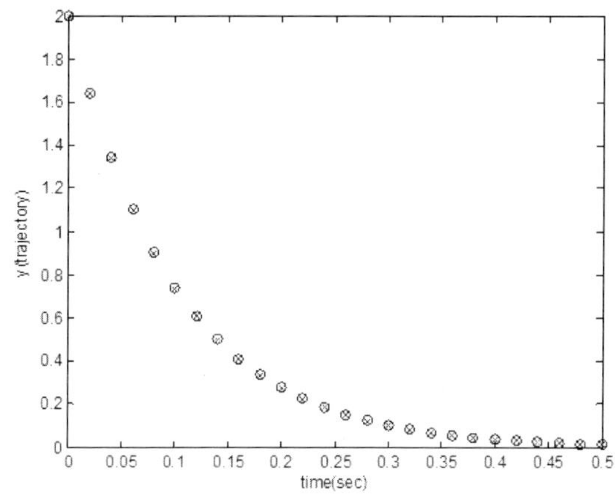

[그림5.3] 수정된 Euler 방법의 수치해와 해석해와의 오차 비교

[예제5.4] 수정된 Euler 방법을 사용하여 아래의 미분식의 수치해석해를 구하고, 수학적 해석해와 비교해 보시오.

$$\dot{y} = \sin t$$

for y(0) = 0 and $0 \le t \le 4\pi$

▶풀이

즉, 예제5.2의 문제를 수정된 Euler 방법을 사용하여 구성해 보도록 하자.

```
clear;
delta=2*pi/13; y(1)=0;
```

```
k=0;
for time=[delta:delta:4*pi]
        k=k+1;
        y(k+1)=y(k)+(delta/2)*(sin(time-delta)+sin(time));
end
t_true=[0:delta/10:4*pi];
y_true=1-cos(t_true);
t=[0:delta:4*pi];
plot(t,y,'o',t_true,y_true,'x'),xlabel('t(sec)'),ylabel('y(trajectory)')
end
```

시뮬레이션의 결과 그래프는 아래와 같다.

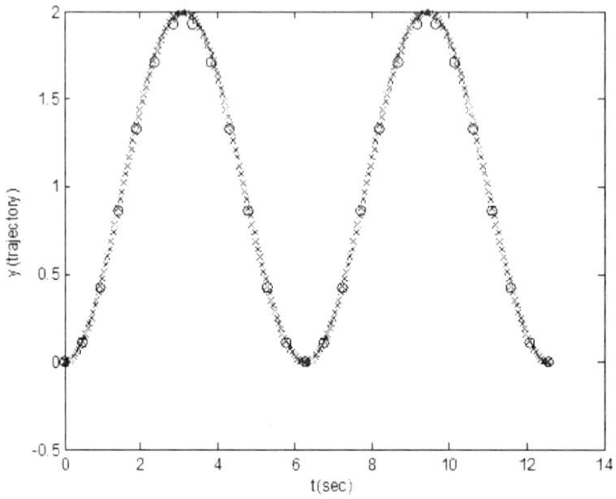

[그림5.4] 해석해와 수정된 Euler 방법을 이용한 수치해의 비교

결과적으로 수정된 Euler 방법은 Euler 방법보다는 좋은 성능을 보이지만 여전히 기울기가 급격하게 변하는 계곡이나 봉우리 부분에는 오차가 눈에 띄게 발생함을 알 수 있다.

5.3 Runge-Kutta 방법

Runge-Kutta 방법은 Taylor급수를 이용하여 미분방정식을 수치적으로 푸는 방법이다. 미분방정식의 수치해석에 많이 사용하는 방법이다. 다음과 같이 1차미분식을 고려해보자.

$$y'(x) = f(x, y(x)),\ \ y(a) = \alpha \tag{5.9}$$

위 식에 대한 Euler 방법은 다음 식과 같다.

$$y_{i+1} = y_i + h \cdot f(x_i, y_i),\ \ y_0 = \alpha \tag{5.10}$$

앞에서도 지적했듯이 수치해의 정밀도를 높이기 위해서는 시간스텝값 $h = \Delta t$ 을 가능한 작게 유지하는 것이 중요하지만, 컴퓨터의 성능에 맞추다 보면 한계가 있다.

Euler 방법의 성능을 개선하기 위해 식(5.10)을 다음과 같은 형태로 변형시킨다.

$$\frac{y_{i+t} - y_i}{h} = \beta_0 f(x_i, y_i) + \beta_1 f(x_i + \gamma h, y_i + \delta h), \tag{5.11}$$

위 식에서 β_0, β_1, γ와 δ 는 구해져야 할 파라메터이다. Taylor 급수를 이용하면

$$\begin{aligned} & f(x_i + \gamma h, y_i + \delta h) \\ & = f(x_i, y_i) + h\gamma f(x_i, y_i) + h\delta f_y(x_i, y_i) + \frac{1}{2}h^2\gamma^2 f_{xx}(x_i + y_i) \\ & \quad + h^2\gamma\delta f_{xy}(x_i, y_i) + \frac{1}{2}h^2\delta^2 f_{yy}(x_i, y_i) + o(h^3) \end{aligned} \tag{5.12}$$

그러므로, 식(5.11)은 다음과 같이 재구성될 수 있다.

$$\begin{aligned} y_{i+1} = y_i & + h\left[(\beta_0 + \beta_1) f(x_i, y_i)\right] \\ & + \frac{h^2}{2}\left[2\beta_1\gamma f_x(x_i, y_i) + 2\beta_1\delta f_y(x_i, y_i)\right] \\ & + \frac{h^3}{6}\left[3\beta_1\gamma^2 f_{xx}(x_i, y_i) + 6\beta_1\gamma\delta f_{xy}(x_i, y_i)\right] \\ & + O(h^4) \end{aligned} \tag{5.13}$$

그리고 식 (5.9)의 정확해는 Taylor급수를 이용하여 다음과 같이 전개할 수 있다.

$$y(x_{i+1}) = y(x_i) + hy'(x_i) + \frac{h^2}{2}y''(x_i) + \frac{h^3}{6}y'''(x_i) + \cdots, \tag{5.14}$$

위 식에서

$$
\begin{aligned}
y'(x_i) &= f(x_i, y_i), \\
y''(x_i) &= f'(x_i, y_i) = f_x(x_i, y_i) + f_y(x_i, y_i) y'(x_i) \\
&= f_x(x_i, y_i) + f_y(x_i, y_i) f(x_i, y_i) \\
y'''(x_i) &= f(x_i, y_i) \\
&= f_{xx}(x_i, y_i) + 2 f_{xy}(x_i, y_i) f(x_i, y_i) \\
&\quad + f_{yy}(x_i, y_i) \cdot [f(x_i, y_i)]^2 + f_y(x_i, y_i) \cdot f_x(x_i, y_i) \\
&\quad + [f_y(x_i, y_i)]^2 \cdot (x_i, y_i)
\end{aligned}
$$

식(5.13)과 식(5.14)의 3번째 항까지를 비교하면

$$\beta_0 + \beta_1 = 1,\ 2\beta_1 \gamma = 1,\ 2\beta_1 \delta = f(x_i, y_i) \tag{5.15}$$

위 식에서는 파라메터에 대한 해가 무수히 많이 존재하게 된다. 한 예를 들면

$$\beta_0 = \beta_1 = \frac{1}{2},\ \gamma = 1,\ \delta = f(x_i, y_i) \tag{5.16}$$

위 파라메터를 식(5.11)에 대입하면 2차 Runge-Kutta 공식이 다음과 같이 구해진다.

$$y_{i+1} = y_i + \frac{h}{2} f(x_i, y_i) + \frac{h}{2} f(x_i + h, y_i + h \cdot f(x_i, y_i)) \tag{5.17}$$

위 식은 Taylor 급수인 식(5.14)의 h^2 항까지 전개를 한 셈이다.
프로그래밍의 편의성을 위해 위 식을 변형시키면 다음 식과 같이 표현된다.

$$
\begin{cases}
y_{i+1} = y_i + \dfrac{1}{2}(k_0 + k_1) \\
k_0 = h \cdot f(x_i + y_i) \\
k_i = h \cdot f(x_i + h, y_i + k_0
\end{cases}
\tag{5.18}
$$

4차 Runge-Kutta 공식은 다음과 같이 표현된다.

$$
\begin{cases}
y_{i+1} = y_i + \frac{1}{6}(k_0 + 2k_1 + 2k_2 + k_3) \\
k_0 = h \cdot f(x_i + y_i) \\
k_1 = h \cdot f\left(x_i + \frac{h}{2}, y_i + \frac{k_0}{2}\right) \\
k_2 = h \cdot f\left(x_i + \frac{h}{2}, y_i + \frac{k_1}{2}\right) \\
k_3 = h \cdot f(x_i, y_i, k_2)
\end{cases}
\tag{5.19}
$$

[예제5.5] $\dot{y} = ry$, $r = -10$, $y(0) = 2$, 시간구간 $0 \le t \le 0.5$에 대한 궤적 y를 4차 Runge-Kutta 방법으로 그래프로 그려라. 시간스텝값은 $\Delta t = 0.02$ 이다.

▶풀이

4차 Runge-Kutta 공식은 다음과 같이 표현되므로

$$
\begin{cases}
y_{i+1} = y_i + \frac{1}{6}(k_0 + 2k_1 + 2k_2 + k_3) \\
k_0 = h \cdot f(x_i + y_i) \\
k_1 = h \cdot f\left(x_i + \frac{h}{2}, y_i + \frac{k_0}{2}\right) \\
k_2 = h \cdot f\left(x_i + \frac{h}{2}, y_i + \frac{k_1}{2}\right) \\
k_3 = h \cdot f(x_i, y_i, k_2)
\end{cases}
$$

다음과 같이 MATLAB 코드를 작성하면 된다.

```
clear;
        r = -10; delta = 0.02; y(1) = 2;
        k = 0;
    for time = [delta: delta:0.5]
```

```
        k = k + 1;
         k1=-delta*10*y(k);
         k2=-delta*10*(y(k)+k1/2);
         k3=-delta*10*(y(k)+k2/2);
         k4=-delta*10*(y(k)+k3);
        y (k+1)=  y(k)+(k1+2*k2+2*k3+k4)/6;
    end
t = [0:delta:0.5];
y_true = 2*exp(-10*t);
plot(t,y,'o',t,y_true);
xlabel('t(sec)'),ylabel('y(trajectory)');
```

시뮬레이션의 결과는 아래 그래프와 같다.

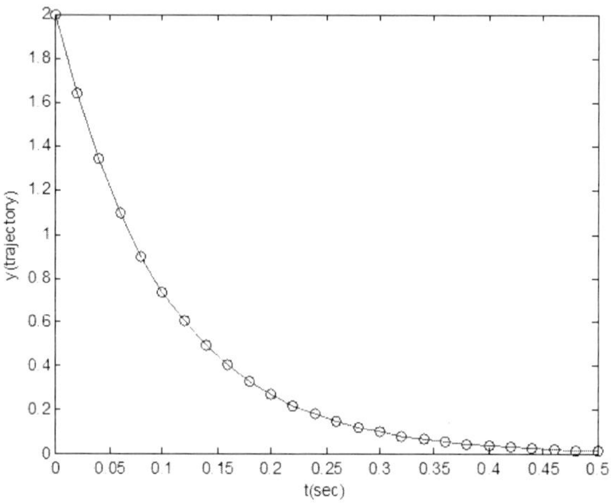

[그림5.5] 해석해와 4차 Runge-Kutta 방법을 이용한 수치해의 비교

위 결과를 예제5.1의 Euler 방법과 성능을 비교하면 Runge-Kutta 방법을 이용한 경우가 훨씬 우수함을 알 수 있다.

[예제5.6] 4차 Runge-Kutta방법을 사용하여 아래의 미분식의 수치해석해를 구하고, 수학적 해석해와 비교해보시오.

$$\dot{y} = \sin t$$
$$\text{for } y(0) = 0 \text{ and } 0 \le t \le 4\pi$$

▶풀이

예제5.2에서 구한 바와 같이 위 미분식의 수학적으로 푼 해석해는 다음과 같다.

$y = (t) = 1 - \cos t$

마찬가지로 시간스텝값은 $\Delta t = 2^* \pi / 13$ 를 사용하였다.

다음과 같이 MATLAB 코드를 구성해 보자.

```
clear;
delta=2*pi/13;  y(1)=0;
k=0;
for  time=[delta:delta:4*pi]
          k=k+1;
          deltah=delta/2;
     time_t=time-delta;
     k1=  delta*sin(time_t);
     k2=  delta*sin(time_t+deltah);
     k3=  delta*sin(time_t+deltah);
     k4=  delta*sin(time_t+delta);
          y  (k+1)=   y(k)+(k1+2*k2+2*k3+k4)/6;

end
t_true=[0:delta/10:4*pi];
y_true=1-cos(t_true);
t=[0:delta:4*pi];
plot(t,y,'o',t_true,y_true);
xlabel('t(sec)'),ylabel('y(trajectory)');
```

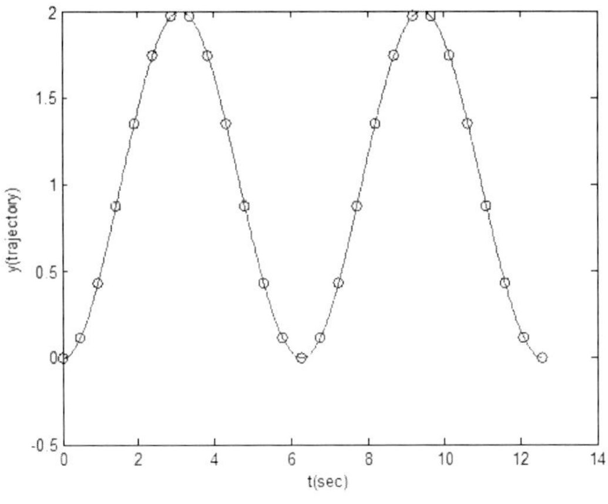

[그림5.6] 해석해와 4차 Runge-Kutta 방법을 이용한 수치해의 비교

위 결과를 예제5.2의 Euler 방법과 성능을 비교하면 Runge-Kutta 방법을 이용한 경우가 훨씬 우수함을 알 수 있다. 특히 그래프의 피크점이나 계곡점 부근에서도 해석해(정확해)와 매우 일치함을 알 수 있다.

5.4 2차미분방정식에 대한 Runge-Kutta 방법

앞 절에서는 1차 미분방정식의 수치해를 Runge-Kutta 방법을 이용하여 구하는 방법을 알아보았다. 이번에는 2차 미분방정식의 수치해를 Runge-Kutta 방법을 이용하여 구하는 방법에 대해 알아보자. 2차 미분방정식은 다음과 같이 나타낼 수 있다.

$$y''(x) = f(x, y(x), y'(x)), \qquad y(a) = \alpha,\ y'(a) = \alpha' \tag{5.20}$$

위 식에서 $v(x) = y'(x)$이라고 한다면, 식(5.20)은 다음과 같은 식으로 나타낼 수 있다.

$$\begin{cases} y'(x) = v(x) \\ v'(x) = f(x, y(x), v(x))' \end{cases} \qquad y(a) = \alpha,\ y'(a) = \alpha' \tag{5.21}$$

그리고 식(5.21)은 아래 식(5.22)과 같이 일반화 될 수 있다.

$$\begin{cases} y'(x) = g(x, y(x), v(x)) \\ v'(x) = f(x, y(x), v(x))' \end{cases} \qquad y(a) = \alpha, \; y'(a) = \alpha' \tag{5.22}$$

따라서 2차 미분방정식에 대한 4차 Runge-Kutta 방법은 다음과 같이 표현된다.

$$\begin{cases} y_{i+1} = y_i + \frac{1}{6}(k_0 + 2k_1 + 2k_2 + k_3) & v_{i+1} = v_i + \frac{1}{6}(m_0 + 2m_1 + 2m_2 + m_3) \\ k_0 = h \cdot g(x_i, y_i, v_i) & m_0 = h \cdot f(x_i, y_i, v_i) \\ k_1 = h \cdot g\left(x_i + \frac{h}{2}, y_i + \frac{k_0}{2}, v_i + \frac{m_0}{2}\right) & m_1 = h \cdot f\left(x_i + \frac{h}{2}, y_i + \frac{k_0}{2}, v_i + \frac{m_0}{2}\right) \\ k_2 = h \cdot g\left(x_i + \frac{h}{2}, y_i + \frac{k_1}{2}, v_i + \frac{m_1}{2}\right) & m_2 = h \cdot f(x \end{cases} \tag{5.23}$$

[예제5.7] 다음 2차 미분방정식을 Runge-Kutta 방법을 이용하여 그래프를 그려라.

$$y'' + 2y' + 5y = u, \; y(0) = 1, \; y'(0) = 0, \; u = 0$$

▶풀이

위 식을 2개의 1차식 (상태방정식)으로 나타내면 다음과 같다.

$$\dot{x}_1 = x_2$$

$$\dot{x}_2 = -2x_2 - 5x_1$$

위의 2개의 1차식에 4차 Runge-Kutta 방법을 적용하여 다음과 같이 MATLAB 코드를 작성한다.

```
clear;
tspan=10; %10초간 작동
h=0.001;    %%% 시간스텝은 0.001초
x(1,1)=1;x(1,2)=0;u=0; %%%초기조건
k=0;
for time=[h:h:tspan]
    k=k+1;
```

```
%% 두개의 일차함수에 대한 Runge-Kutta식
        k1=h*x(k,2);
        j1=h*(-5*x(k,1)-2*x(k,2)+u);
        k2=h*(x(k,2)+j1/2);
        j2=h*(-5*(x(k,1)+k1/2)-2*(x(k,2)+j1/2)+u);
        k3=h*(x(k,2)+j2/2);
        j3=h*(-5*(x(k,1)+k2/2)-2*(x(k,2)+j2/1)+u);
        k4=h*(x(k,2)+j3);
        j4=h*(-5*(x(k,1)+k3)-2*(x(k,2)+j3)+u);

        x(k+1,1)=x(k,1)+(k1+2*k2+2*k3+k4)/6;
        x(k+1,2)=x(k,2)+(j1+2*j2+2*j3+j4)/6;
    end
    %================================
    t=[0:h:tspan];
    plot(t,x(:,1));
```

결과 그래프는 다음과 같다.

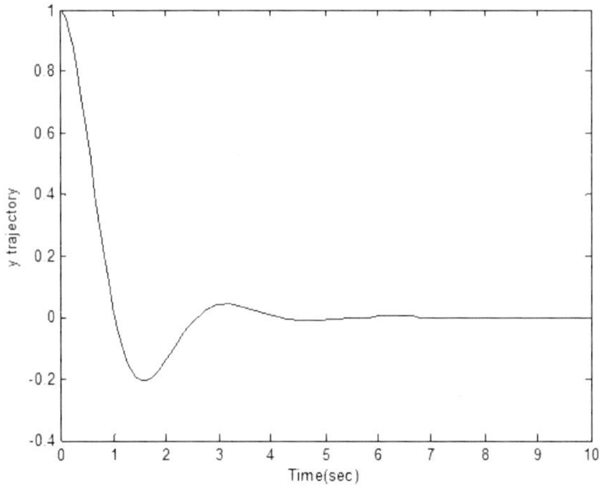

[그림5.7] Runge-Kutta 방법을 이용한 2차 미분방정식의 수치해석 결과

5.5 MATLAB ODE 함수를 이용한 방법

MATLAB에는 미분방정식을 풀기 위한 함수로 ode23 과 ode45의 두 함수가 제공된다. ode23 함수는 2차와 3차 Runge-Kutta 방법을 결합한 형태이며, ode45 함수는 4차와 5차 Runge-Kutta 방법을 결합한 형태이다. 두 함수 모두 가변스텝 사이즈 (variable step size)를 사용한다. 가변스텝사이즈란 구하는 해의 값이 천천히 변화하는 경우에 스텝사이즈 (샘플링 타임)를 자동적으로 좀 더 크게 잡게 된다. 두 함수를 비교해 보면 ode23함수의 경우가 계산시간이 빠르지만 스텝사이즈를 크게 잡기 때문에 그래프가 ode45 경우보다 부드럽지 않다.

다음과 같은 미분식을 고려해보자.

$$\dot{y} = f(t, y)$$

ode23 함수의 구조는 다음과 같다.

[t,y]=ode23('ydot', tspan, y0)

위 식에서 ydot은 함수파일의 이름이다. 즉, 입력이 t와 y이고 출력은 dy/dt 인 함수 f(t,y)를 나타내는 이름이다. Tspan은 [t0,tf]로 나타내는데 t0는 시작시간이고, tf는 종료시간을 나타낸다. 그리고 y0는 y(t)의 초기값을 나타낸다.

[예제5.8] $\dot{y} = ry$, $r = -10$, $r(0) = 2$ 시간구간 $0 \le t \le 0.5$에 대한 궤적 y를 ode 함수를 이용하여 그래프로 그려라. 시간스텝값은 $\Delta t = 0.02$이다.

▶풀이

주어진 미분식의 명칭을 example1 이라고 놓고 다음과 m 파일을 작성하고 파일 이름을 example1.m으로 저장한다.

```
%%%% Matlab file: example1.m
function ydot=example1(t,y)
        ydot=-10*y;
```

이제 테스트용 프로그램을 작성해 보자 m파일 이름을 test.m 이라 놓고 다음과 같이 코드를 만들어보자.

```
%%%%% Matlab file: test.m
clear;
%%%%% ode23을 이용하여 그리기
[t,y]=ode23('example1',[0,0.4],2); %% y는 ode23으로 구한 수치해
y_true=2*exp(-10*t); %% 미분방정식의 정확해
plot(t,y,'o',t,y_true)
xlabel('Time(sec)'),ylabel('y trajectory');

%%%%% ode45를 이용하여 그리기
[t,y]=ode45('example1',[0,0.4],2);
y_true=2*exp(-10*t);
plot(t,y,'o',t,y_true)
xlabel('Time(sec)'),ylabel('y trajectory');
```

위 코드에서 t_true를 그리기 위해 별도로 시간 t의 배열을 만들 필요는 없다. 이 배열은 ode23 및 ode45함수에서 자동적으로 생성되기 때문이다.

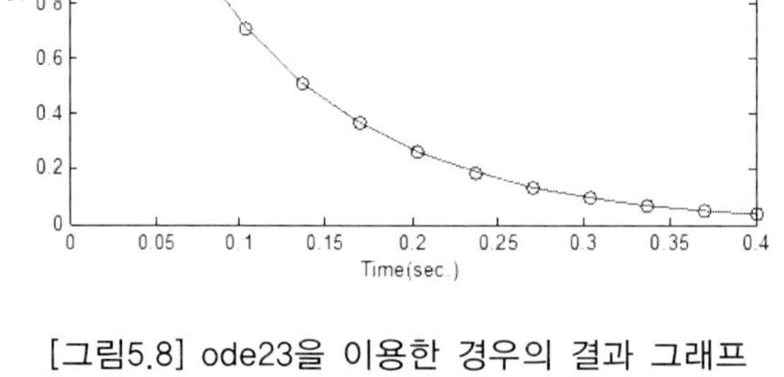

[그림5.8] ode23을 이용한 경우의 결과 그래프

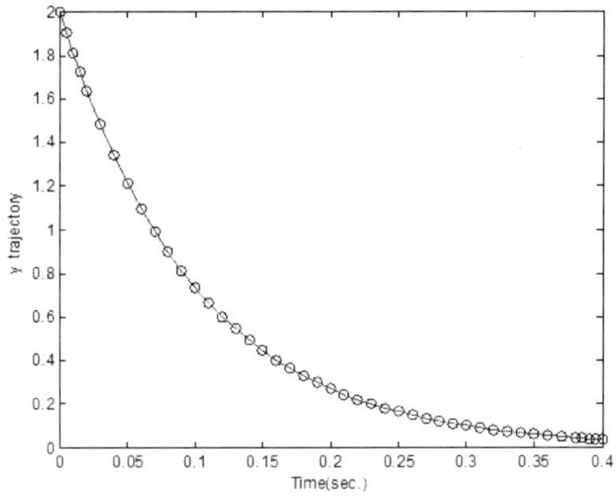

[그림5.9] ode45를 이용한 경우의 결과 그래프

위 예제에서 알 수 있듯이 두 함수를 비교해 보면 ode23함수의 경우가 계산시간이 빠르지만 스텝사이즈를 크게 잡기 때문에 그래프가 ode45 경우보다 부드럽지 않다는 것을 확인할 수 있다.

[예제5.9] ode23과 ode45를 이용하여 다음과 같은 1차미분방정식을 계산하시오.

$$y' = \frac{-ty}{\sqrt{2-y^2}}, y(0) = 1, t \in [0,5]$$

▶풀이

먼저 다음과 같이 함수를 만들고 fun1.m 파일로 저장한다.

```
function f=fun1(t,y)
f=-t*y/sqrt(2-y^2);
```

이제 ode23 과ode45 를 적용하여 미분방정식을 풀고 결과를 그래프로 나타내려고 한다. Matlab 명령창에서 다음과 같이 입력한다.

```
[tv1 f1]=ode23('fun1',[0 5],1);
[tv2 f2]=ode45('fun1',[0 5],1);
plot(tv1,f1,'-.',tv2,f2,'--')
title('y''=-ty/sqrt(2-y^2), y(0)=1, t in [0, 5]')
```

```
grid
axis([0 5 0 1])
```

결과적으로 ode23과 ode45를 사용한 경우의 계산결과는 아래 그래프에서 보는 바와 같이 거의 같다.

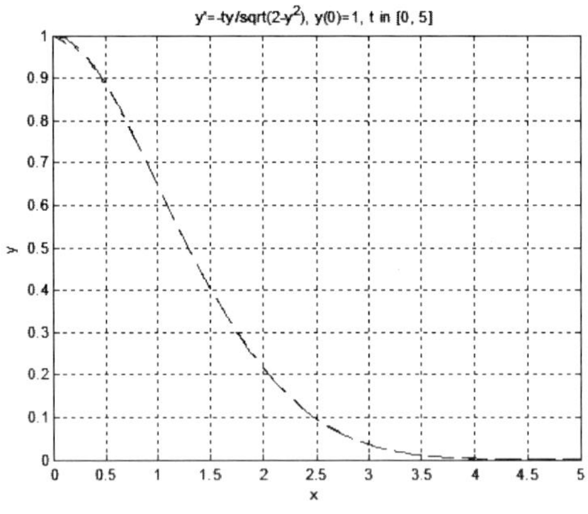

[그림5.10] ode23과 ode45를 사용한 경우의 계산결과 비교

[예제5.10] ode23을 이용하여 다음 연립미분방정식을 계산하시오.

$$y_1'=2y_1+y_2+5y_3+e^{-2t}$$
$$y_2'=-3y_1-2y_2-8y_3+2e^{-2t}-\cos(3t)$$
$$y_3'=3y_1+3y_2+2y_3+\cos(3t)$$
$$y_1(0)=1,\ y_2(0)=-1,\ y_3(0)=0$$
$$t=[0,\ pi/2].$$

▶풀이

다음과 같이 M-파일을 작성하고 funsys.m 파일로 저장한다.

```
function Fv=funsys(t,y);
Fv(1,1)=2*Y(1)+Y(2)+5*Y(3)+exp(-2*t);
Fv(2,1)=-3*Y(1)-2*Y(2)-8*Y(3)+2*exp(-2*t)-cos(3*t);
Fv(3,1)=3*Y(1)+3*Y(2)+2*Y(3)+COS(3*t);
```

그리고, Matlab 명령창에서 다음과 같이 코드를 입력한다.

```
>> [tv,Yv]=ode23('funsys',[0  pi/2],[1;-1;0]);
>> plot(tv,Yv(:,1),'+',tv,Yv(:,2),'x',tv,Yv(:,3),'o')
>> hold
>> grid
>> title('Example  2')
>> text(0.3,14,'-+-  y_1')
>> text(0.3,10,'-x-  y_2')
>> text(0.3,-12,'-o-  y_3')
>> xlabel('time')
>> hold  off
```

결과 그래프는 다음과 같다.

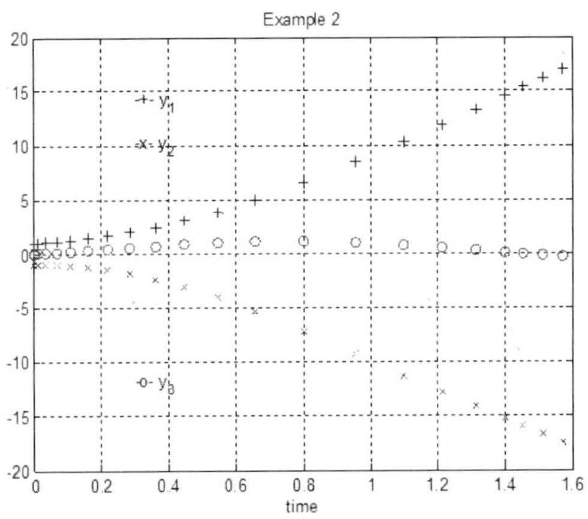

[그림5.11] ode23을 이용하여 구한 연립미분방정식의 수치해석 결과 그래프

[예제5.11] 다음과 같은 2차미분식을 ode 함수를 이용하여 수치해를 구하고 그래프를 그려라.

$$5\ddot{y}+7\dot{y}+4y=f(t)$$
$$f(t)=\sin t, y(0)=3, \dot{y}(0)=9$$

▶풀이

먼저, 2차 미분식으로 2개의 상태변수가 필요하다. 상태변수를 다음과 같이 각각 x_1과 x_2 라고 놓으면

$$x_1 = y$$
$$x_2 = \dot{y}$$

아래와 같이 상태변수형 1차미분식으로 변형할 수 있다.

$$\dot{x}_1 = x_2$$
$$\dot{x}_2 = \frac{1}{5}f(t) - \frac{4}{5}x_1 - \frac{7}{5}x_2$$

상태변수형을 벡터형태로 표시하면 다음과 같이 표현할 수도 있다.

$$\dot{X} = \begin{bmatrix} \dot{x} \\ \dot{x}_2 \end{bmatrix} = \begin{bmatrix} 0 & 1 \\ -\frac{4}{5} & -\frac{7}{5} \end{bmatrix} \begin{bmatrix} x_1 \\ x_2 \end{bmatrix} + \begin{bmatrix} 0 \\ \frac{1}{5} \end{bmatrix} f(t) = AX + Bf$$

다음과 같이 MATLAB 코드를 작성해보자. 미분식의 코드이름을 example8.m 으로 두면 코드는 다음과 같이 작성할 수 있다.

```
%%% example8.m
function xdot=example8(t,x)
xdot(1)=x(2);
xdot(2)=(1/5)*(sin(t)-4*x(1)-7*x(2));
xdot=[xdot(1);xdot(2)];
```

또는 다음과 같이 벡터형태나 행렬형태로 표시해도 좋다.

```
%%% example8.m
function xdot=example8(t,x)
xdot=[x(2); (1/5)*(sin(t)-4*x(1)-7*x(2))];
```

```
%%% example8.m
function xdot=example8(t,x)
A=[0 1;-(4/5) -(7/5)];
b=[0;(1/5)];
```

```
xdot=A*x+b*sin(t);
```

이제 ode45함수를 이용하여 수치해를 구하고 변위 그래프를 그려보도록 하자. 코드 이름을 test8.m 이라고 하였다.

```
%%% test8.m
[t,x]=ode45('example8', [0,6],[3,9]); %% 파라메터 [3,9]는 초기변위 및 초기속도값임
plot(t,x(:,1));   %%% 시간에 대한 변위를 그림
xlabel('Time(sec)'),ylabel('y  trajectory');
```

아래 그래프에서 보는 바와 같이 초기변위 y(0)=3 임을 확인할 수 있다.

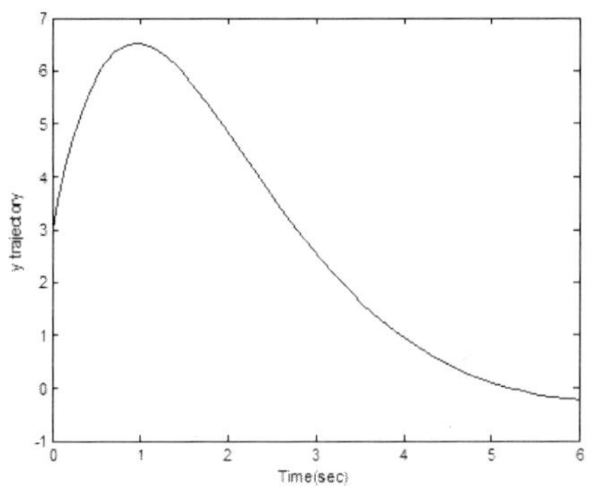

[그림5.12] ode45함수를 이용하여 수치해석 그래프: 변위값(y) 그래프

이번에는 ode45함수를 이용하여 시간에 대한 속도값의 수치해를 구하고 그래프를 그려보도록 하자. 코드이름을 test8-2.m 이라고 하였다.

```
%%% test8-2.m
[t,x]=ode45('example8', [0,6],[3,9]);
plot(t,x(:,2)); %% 시간에 대한 속도를 그림
xlabel('Time(sec)'),ylabel('dy/dt  trajectory');
```

아래 그래프에서 보는 바와 같이 초기속도 즉 dy/dt(0)=9 임을 확인할 수 있다.

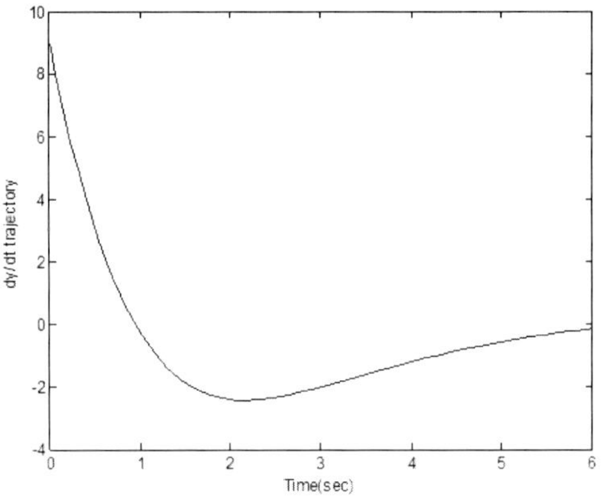

[그림5.13] ode45함수를 이용하여 수치해석 그래프 : 속도값(dy/dt) 그래프

[예제5.12] ode45를 이용하여 다음 2차 미분방정식을 계산하시오.

$$\ddot{y} - e^t \dot{y} + ty = 3\sin(2t)$$
$$y(t0) = 2, \dot{y}(t0) = 8$$

그리고 시간 구간 [0 10] 동안의 y 값을 그래프로 그리시오.

▶풀이

먼저 2차미분식을 2개의 1차미분식인 즉 상태변수형으로 나타내어야 한다. 상태변수를 다음과 같이 정의하면,

$$x_1 = y, \quad x_2 = \dot{y}$$

이므로 미분방정식의 상태변수형은

$$\dot{x}_1 = x_2$$
$$\dot{x}_2 = -tx_1 + e^t x_2 + 3\sin 2t$$

그리고 초기조건은 $x_1(0) = 2, \ x_2(0) = 8$ 이다.

이제 Matlab 프로그램을 작성해 보자. 위 방정식을 다음과 같이 코딩한 후 F.m 파일로 Matlab의 work 디렉토리에 저장한다.

```
function xp=F(t,x)
xp=zeros(2,1); % 출력은 열벡터 (column vector) 이므로
xp(1)=x(2);
xp(2)=-t*x(1)+exp(t)*x(2)+3*sin(2*t);
```

그리고 ode45를 이용하여 방정식을 풀어 그래프로 $x_1 = y$를 나타내려면, Matlab의 명령창에서 다음과 같이 입력한다.

```
[t,x]=ode45('F',[0,10],[2,8]);
plot(t,x(:,1))
grid
```

결과 그래프는 다음과 같다.

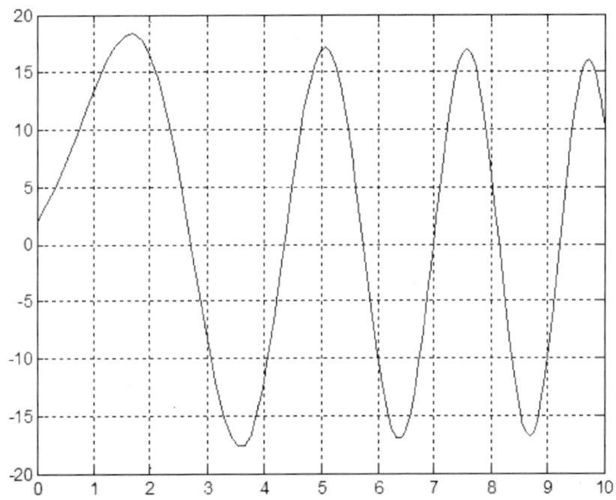

[그림5.14] ode45함수를 이용하여 수치해석 그래프: 변위값 y 그래프

6 Chapter

편미분방정식

편미분방정식이란 둘 이상의 독립변수를 갖는 다변수함수의 편미분을 포함하는 방정식을 말한다. 여기서 독립변수는 보통 시간 t와 한 개 이상의 공간변수 (예를 들어 x, y, z)로 구성된다. 편미분방정식은 기계공학, 전기전자공학 및 물리학 등의 공학전반에 있어서 시스템의 해석에 중요하게 사용된다. 이 장에서는 편미분방정식에 대한 수치해석적인 접근방법을 배우고, Matlab의 편미분방정식의 수치해석 툴박스인 pdetool을 사용하여 다양한 편미분방정식을 푸는 방법을 익히게 된다.

6.1 편미분방정식의 기본 개념

기타 줄이나 바이올린 줄 같은 탄성현을 진동시켰을 때 발생하는 1차원 파동방정식은 다음과 같이 편미분방정식 형태를 갖는다.

$$\frac{\partial^2 u}{\partial t^2} = c^2 \frac{\partial^2 u}{\partial x^2} \tag{6.1}$$

위 식에서 u(x,t)는 탄성현의 변위를 나타낸다. 현의 양 끝점 x=0, x=L 이 고정되어 있으므로 두 개의 경계조건 (boundary condition)은 다음과 같다.

$$u(0,t) = 0, \quad u(L,t) = 0 \text{ (모든 t에 대하여)} \tag{6.2}$$

그리고, 현의 운동특성은 초기에 주어지는 변위와 속도에 영향을 받으므로 두 개의 초기조건 (initial condition)이 존재한다. 초기변위를 f(x), 초기속도를 g(x)라 하면 두 개의 초기조건은 다음 식과 같다.

$$u(x,o) = f(x) \tag{6.3}$$

$$\frac{\partial u}{\partial t}|_{t=0} = g(x) \tag{6.4}$$

위의 경계조건과 초기조건식 (6.2)-(6.4)를 만족하는 편미분방정식 (6.1)의 해를 구하기 위해서 다음의 단계가 필요하다.

(단계1) 변수분리법 혹은 곱의 방법을 이용하여 두 개의 상미분방정식을 구한다.
(단계2) 경계조건 (6.2)를 만족하는 두 방정식의 해를 구한다.
(단계3) 푸리에급수를 이용하여 주어진 초기조건 (6.3), (6.4)를 만족하는 파동방정식(6.1)의 해를 구하기 위해 앞에서 구한 해들을 결합한다.

결과적으로 구한 해를 정리하면 다음과 같다.

$$u(x,t) = \Sigma_{n=1}^{\infty}(B_n \cos y_n t + B_n{}^* \sin \gamma_n t)\sin\frac{n\pi}{L}x \tag{6.5}$$

위 식에서 $\gamma_n = \dfrac{cn\pi}{L}$, $B_n{}^* = \dfrac{2}{cn\pi}\displaystyle\int_0^L g(x)\sin\frac{n\pi x}{L}dx\,(n=1,2,\cdots)$ 을 의미한다.

위와 같이 편미분방정식을 구하는 과정은 매우 복잡하다. 자세한 풀이과정은 이 책의 범위를 벗어나므로 생략하였다. 상세풀이과정은 공업수학 책을 참고하기 바란다. 공학에서 많이 사용되는 대표적인 편미분방정식의 형태는 다음과 같다.

$$\frac{\partial^2 u}{\partial t^2} = c^2\frac{\partial^2 u}{\partial x^2} \qquad \text{(1차원 파동방정식)}$$

$$\frac{\partial u}{\partial t} = c^2\frac{\partial^2 u}{\partial x^2} \qquad \text{(1차원 열전도방정식)}$$

$$\frac{\partial^2 u}{\partial x^2}+\frac{\partial^2 u}{\partial y^2}=0 \qquad \text{(2차원 라플라스 방정식)}$$

$$\frac{\partial^2 u}{\partial x^2}+\frac{\partial^2 u}{\partial y^2}=f(x,y) \qquad \text{(2차원 Poisson 방정식)}$$

6.2 편미분방정식의 수치해석

u를 미지의 함수 (unknown function)이라고 할 때, 두 개의 독립변수 x,y에 대한 2계 편미분방정식은 다음과 같이 표현된다.

$$a\frac{\partial^2 u}{\partial x^2}+2b\frac{\partial^2 u}{\partial y\partial x}+c\frac{\partial^2 u}{\partial y^2}=F(x,y,u,\frac{\partial u}{\partial x},\frac{\partial u}{\partial y}) \tag{6.6}$$

위 식에서 계수의 조건에 따라 다음과 같은 방정식으로 구분된다.

타원형: $ac-b^2>0$ (예: 라플라스 방정식)
포물선형: $ac-b^2=0$ (예: 열전도 방정식)
쌍곡선형: $ac-b^2<0$ (예: 파동 방정식)

계수 a, b, c는 x, y의 함수이고, 열전도방정식과 파동방정식에서는 변수 y가 시간변수 t를 의미한다고 할 수 있다. 그리고, 위에서 분류된 편미분방정식에 따라 적용되는 경계조건과 초기조건이 다르게 된다. 편미분방정식은 주어진 대상물의 영역 R에 대한 경계조건 (boundary condition) 에 따라 세 가지의 경계값 문제로 분류된다. 먼저, 영역 R의 경계면에 경계값 u가 직접 주어지는 Dirichlet 문제, 경계면에서 u의 법선방향 도함수 $u_n=\partial u/\partial n$ 값이 주어지는 Neumann 문제, 그리고 위의 두가지 경계조건이 혼합된 형태의 문제로 구분된다.

지금부터 편미분방정식에 대한 수치적방법을 유도하는 방법을 배워보자. 이를 위해 다음과 같은 라플라스 방정식을 고려해보자.

$$\nabla^2 u=u_{xx}+u_{yy}=0 \tag{6.7}$$

위 방정식을 풀기 위해서는 각각의 편미분 항을 대응하는 차분식(difference equation)으로 대체해야 한다. 먼저, 변수 u에 대하여 테일러 공식을 적용하면 다음과 같다.

$$u(x+h,y)=u(x,y)+hu_x(x,y)+\frac{1}{2}h^2u_{xx}(x,y)+\frac{1}{6}h^3u_{xx}(x,y)+\cdots \quad (6.8a)$$

$$u(x-h,y)=u(x,y)-hu_x(x,y)+\frac{1}{2}h^2u_{xx}(x,y)-\frac{1}{6}h^3u_{xx}(x,y)+\cdots \quad (6.8b)$$

위 식 (6.8a)에서 식(6.8b)를 빼고, h^3이하 항을 무시하여 u_x에 대하여 정리하면

$$u_x(x,y)\approx\frac{1}{2h}[u(x+h,y)-u(x-h,y)] \quad (6.9a)$$

같은 방법을 y에 대해 적용하면,

$$u_y(x,y)\approx\frac{1}{2k}[u(x,y+k)-u(x,y-k)] \quad (6.9b)$$

를 구할 수 있다.

이번에는 2계도함수의 차분방정식을 구해보자. 식(6.8a)와 (6.8b)를 더하고 h^4 이하의 항을 무시하면

$$u(x+h,y)+u(x-h,y)\approx 2u(x,y)+h^2u_{xx}(x,y)$$

가 된다. 위 식을 정리하면

$$u_{xx}(x,y)\approx\frac{1}{h^2}[u(x+h,y)-2u(x,y)+u(x-h,y)] \quad (6.10a)$$

같은 방법으로 $u_{yy}(x,y)$를 구하면

$$u_{yy}(x,y)\approx\frac{1}{k^2}[u(x,y+k)-2u(x,y)+u(x,y-k)] \quad (6.10b)$$

를 얻을 수 있다.

그리고 유사한 방법으로 $u_{xy}(x,y)$를 구하면

$$u_{xy}(x,y) \approx \frac{1}{4hk}[u(x+h,y+k)-u(x-h,y+k)-u(x+h,y-k)+u(x-h,y-k)] \tag{6.10c}$$

와 같다.

식(6.9)와 식(6.10)의 점, 즉 (x+h,y), (x-h,y),⋯들을 그림으로 나타낸 것이 [그림6.1]이다.

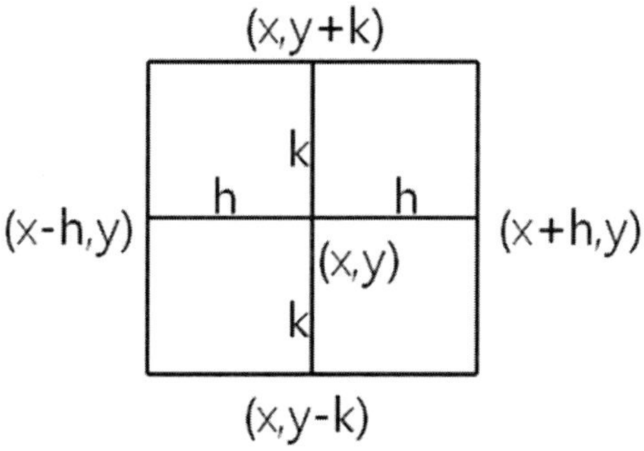

[그림6.1] 식(6.9)와 식(6.10)의 점들의 위치

식 (6.10a)와 식(6.10b)에서 k=h의 조건을 식(6.7)의 라플라스 방정식에 대입하면 다음과 같이 라플라스 방정식에 대한 차분방정식을 구하게 된다.

$$u(x+h,y)+u(x,y+h)+u(x-h,y)+u(x,y-h)-4u(x,y)=0 \tag{6.11}$$

위 식에서 h는 격자의 크기 (mesh size)를 나타낸다. 식 (6.11)을 다음과 같이 나타낼 수도 있다.

$$u_{i+1,j}+u_{i,j+1}+u_{i-1,y}+u_{i,y-1}-4u_{ij}=0 \tag{6.12}$$

식(6.11)의 점들을 그림으로 나타낸 것이 [그림6.2]이다.

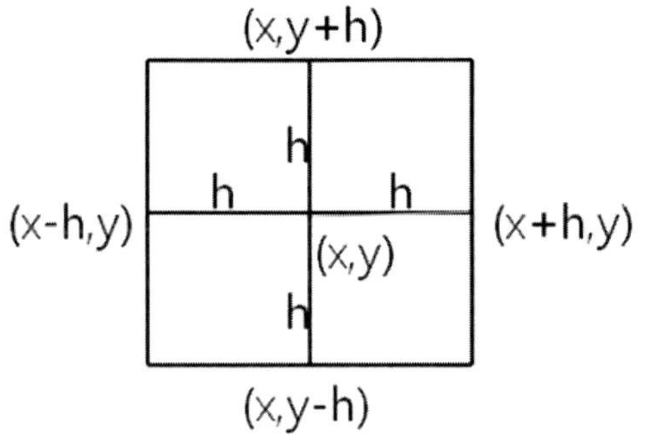

[그림6.2] 식(6.11)의 점들의 위치

위 그림에서 보듯이 식(6.11)은 임의의 점 (x,y)와 인접하는 4개의 위치에 있는 u의 값과 상관관계를 가진다는 것을 알 수 있다. 즉, 식(6.11)이 의미하는 바는 임의의 점 (x,y)에서 u값은 인접하는 4개의 점에서의 u값들의 평균인 것을 알 수 있다. 따라서, 주어진 2차원 영역에서 편미분방정식을 수치해석적으로 푸는 방법은 2차원 영역을 격자 형태로 분할하고 각 격자점의 물성값을 인접한 4개의 물성값을 이용하여 푸는 문제로 귀결된다는 것이다.

[예제6.1] 한 변의 길이가 15cm이고 균질의 정사각형 평판의 네 변이 아래 그림과 같이 0°C와 100°C를 유지하고 있다. 5cm의 격자로 나누었을 때, 각 격자점의 평형온도를 구하라.

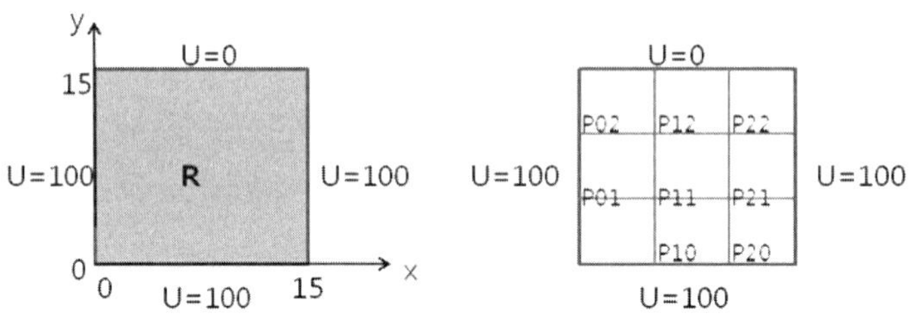

a)주어진 영역　　　　　　b) 영역의 격자점

[그림6.3] 각 격자점의 온도를 구하는 문제

▶풀이

2차원 열전도방정식은 다음과 같이 주어진다.

$$u_t = c^2(u_{xx} + u_{yy})$$

위 방정식에서 시간에 따른 온도의 변화가 없다고 가정하면 위 문제는 라플라스방정식이 된다. 즉, 라플라스 방정식에 대한 Dirichlet 경계조건의 문제를 푸는 것이다. 위 그림의 각 격자점 P_{11}, P_{21}, P_{12}, P_{22}에 대하여 식(6.12)를 적용하고 경계값을 우변으로 이항하면 다음과 같은 연립방정식을 얻게 된다.

$$\begin{aligned} -4u_{11}+u_{21}+u_{12} &= -200 \\ u_{11}-4u_{21}+u_{22} &= -200 \\ u_{11}-4u_{12}+u_{22} &= -100 \\ u_{21}-u_{12}+4u_{22} &= -100 \end{aligned}$$

위 연립방정식을 풀게 되면 각 격자점의 온도를 구할 수 있다.

$$u_{11}=u_{21}=87.5$$

$$u_{12}=u_{22}=62.5$$

6.3 PDE 툴박스를 이용한 편미분방정식의 해석

MATLAB은 2차원에서 편미분방정식(PDE)의 해를 구하는 툴박스인 pdetool을 제공하고 있다. 이 툴박스는 2차원과 시간 변수를 갖는 편미분방정식의 해석에 사용될 수 있는 강력한 해석도구이다. 이 툴박스는 편미분방정식을 유한요소 (finite element method)로 이산화 (discretized) 시켜서 사용한다. 이 툴박스는 다음과 같은 기능을 갖고 있다.

1) PDE의 문제를 풀기 위한 대상물의 2차원 공간에서의 형태, 경계조건 및 PDE 계수 등을 설정한다.
2) PDE 문제에 대한 전산해를 구해 준다. 즉, 대상물의 격자(mesh)를 생성하고, 식을 discretize하여 문제의 근사해 (approximate solution)를 구해 준다.
3) 계산결과를 대상물에 시각적으로 visualize 시켜준다.

PDE 툴박스의 기본식은 타원형 편미분방정식(elliptic PDE)이며 다음과 같이 정의된다.

$$-\nabla \cdot (c\nabla u)+au=f$$

PDE 툴박스는 또한 포물선형 편미분방정식(parabolic PDE), 쌍곡선형 편미분방정식(hyperbolic PDE)의 해석에도 적용할 수 있다. 포물선형과 쌍곡선형의 편미분방정식은 다음과 같이 정의된다.

포물선형 편미분방성식: $d\dfrac{\partial u}{\partial t} - \nabla \bullet (c\nabla u) + au = f$

쌍곡선형 편미분방정식: $d\dfrac{\partial^2 u}{\partial t^2} - \nabla \bullet (c\nabla u) + au = f$

PDE 툴박스의 GUI 창을 열기위해 Matlab의 명령창에서 다음과 같이 pdetool을 입력한다.

```
>>pdetool
```

그러면 아래와 같이 새로운 GUI 창을 보여준다.

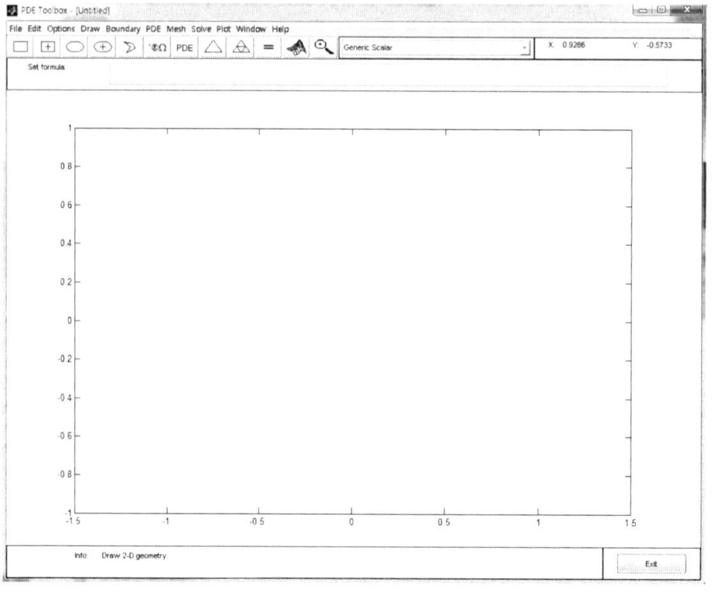

[그림6.4] PDETOOL의 초기 GUI 화면

이제 다음과 같은 Poisson's equation을 고려해보자.

$$-\nabla^2 u = x^2, \quad (x,y) \in (0,2) \times (0,1)$$

u = 0 on the boundary of $(0,2)\times(0,1)$

위의 PDE의 해를 구하기 위해 다음과 같은 단계를 거쳐야 한다.

[단계1] 문제의 유형을 선택한다.

Options>Application 메뉴에서 문제의 유형을 선택한다. 이 번 예에서는 디폴트 항목인 Generic Scalar를 선택한다.

[단계2] 좌표축을 설정하고 목표물의 영역을 그린다.

먼저, 좌표축이 그리고자 하는 영역을 포함하는지를 살펴보아야 한다. 이를 위해 Options>Axes Limits 메뉴에서 X-축의 범위와 Y-축의 범위를 설정할 수 있다. 이 번 예에서는 X축과 Y축의 범위를 각각 [-1.5 1.5], [-1 1]로 설정한다. 이 제 Draw 메뉴를 사용하여 사각형, 타원 혹은 다각형 등을 그릴 수 있다. 예를 들어 Rectangle/Square 메뉴에서 마우스를 이용하여 사각형을 그릴 수 있다.

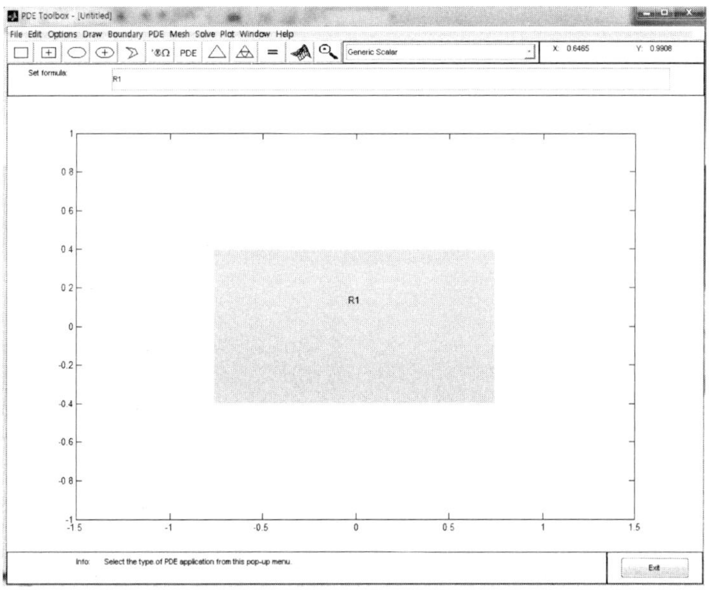

[그림6.5] 직사각형 도형을 그림 (R1영역)

그려진 그림영역을 더블클릭하여 영역의 치수값을 조정할 수도 있다. 또한 아래와 같이 각각 그려진 도형을 Set formula를 이용하여 좀 더 복잡한 도형으로 조합할 수도 있다. 아래 도형은 직사각형과 원을 조합한 그림이다. Set formula에서 R1+E1은 두 도형의 합집합을 의미한다. R1-E1은 두 도형의 차집합을, R1*E1은 두 도형의 교집합을 의미한다.

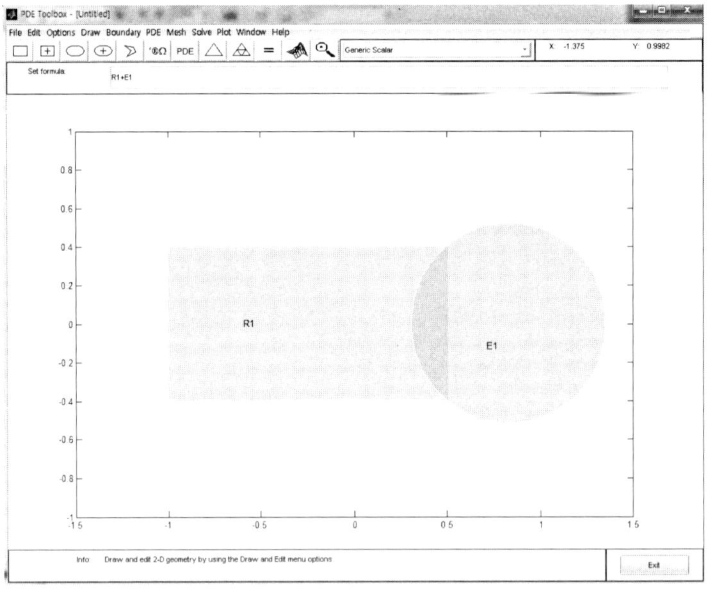

[그림6.6] 직사각형 도형 (R1영역)과 원 (E1영역)의 합집합

또 다른 방법은 Matalab의 명령창에서 pderect, pdecirc, pdeellip 및 pdepoly등의 명령어를 사용하여 각 도형의 위치나 크기를 정할 수도 있다. 예를 들어 다음의 명령어는

```
>> pderect([-0.5   0.5   0   0.7])
```

직사각형의 x범위는 [-0.5 0.5]이고, y범위는 [0 0.7]인 사각형을 GUI 내부에 그려주게 된다.

[단계3] 경계조건(Boundary condition)을 설정한다.

Boundary > Boundary Mode 메뉴를 선택하면, 도형영역의 경계면이 빨간 화살표로 바뀌게 된다. 빨간 화살표를 더블클릭하여 경계조건을 설정할 수 있다.

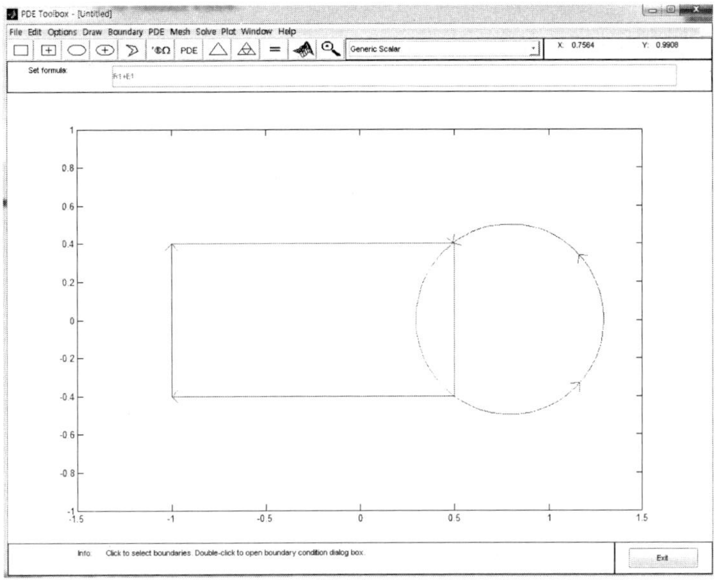

[그림6.7] Boundary Mode를 이용한 경계선 생성

Boundary Condition은 Dirichlet 조건과 Neumann조건 중에서 하나를 선택해야한다. Dirichlet 조건은 경계면에서 u의 값이 주어지는 경우에 적용하며, Neumann조건은 경계면에서의 법선 도함수 $u_n = \partial u / \partial n$ 의 값이 주어지는 경우에 적용할 수 있다. 이 예에서는 Dirichlet 조건을 선택한다. 이 조건은 다음의 형태로 표시된다.

hu = r

우리는 경계조건이 u = 0 이므로 아래와 같이 변수값 h=1, r=0 로 설정되어야 한다.

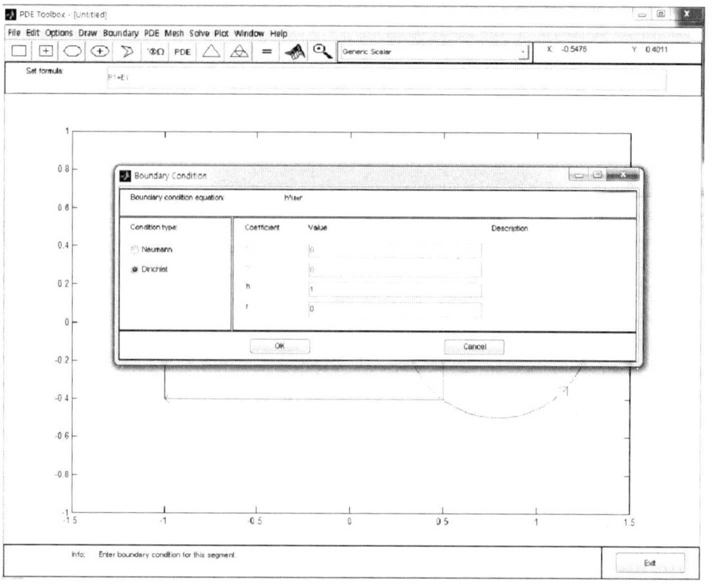

[그림6.8] Boundary Condition의 설정

[단계4] PDE 사양을 정한다.

PDE > PDE Specication 메뉴 (혹은 PDE icon)을 선정한다. 그러면, PDE Specication 대화창이 보이면 PDE를 선택한다. 선택할 수 있는 PDE의 종류는 4가지로 Elliptic, Parabolic, Hyperbolic 및 Eigenmodes 가 있다. 이 에에서는 우리는 Elliptic 모드를 선택한다. 이 모드는 다음과 같은 편미분방정식 형태를 갖는다.

$$-\nabla \cdot (c\nabla u) + au = f$$

그러므로 주어진 편미분방정식과 일치시키기 위해서 c=1, a=0, f=x.^2 로 설정해야 한다. 여기서, x가 벡터형태이므로 변수 x의 제곱을 표시하기 위해서 x.^2 형태로 입력해야 한다.

[단계5] 격자(mesh)를 생성한다.

PDE Toolbox는 FEM(finite element method)를 사용하므로 격자의 형태가 설정되어야 한다. 격자를 초기화하려면 Mesh > Initialize Mesh 메뉴 (혹은 삼각형 아이콘)를 선택한다. 격자를 세분(refine)하려면 Mesh > Refine Mesh 메뉴 (혹은 4개의 삼각형 아이콘) 를 선택한다. 다음 그림은 격자를 생성하고 세분한 후의 그림이다.

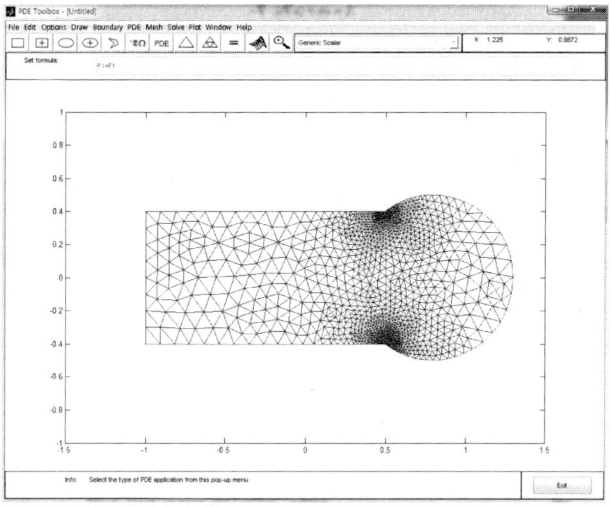

[그림6.9] Initialize Mesh/ Refine Mesh를 이용한 격자생성

[단계6] PDE의 해를 계산한다.

해를 계산하기 위해서 Solve > Solve PDE 메뉴 (혹은 = 아이콘)을 선택한다. 그러면, 해의 값이 도형 위에 그려진다. 그려지는 그림의 형태를 바꾸려면 Plot > Parameters를 선택하여 그림의 타입을 Contour 나 3-D plot 등으로 나타낼 수 있다. 해석 결과를 M 파일로 저장할 수 있으며, Matlab의 명령창에서 저장된 M파일을 불러 실행할 수도 있다. 아래 그림은 최종적으로 해가 구해진 그림을 나타낸다.

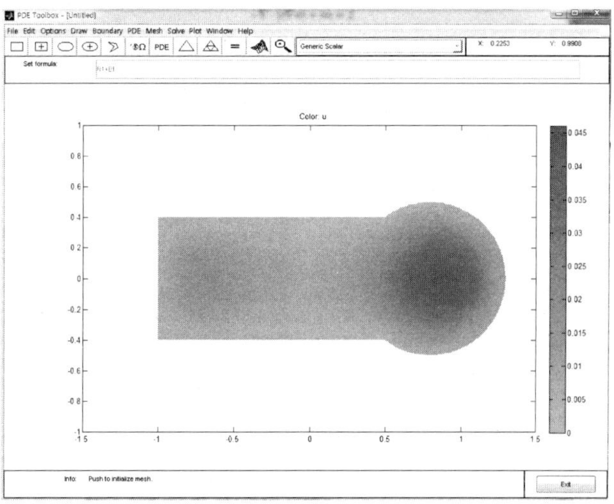

[그림6.10] 최종적인 해의 값을 그래픽 색으로 구현한 그림

이번에는 포물선 편미분방정식의 형태를 갖는 열전도방정식을 고려해 보자. 열전도방정식은 다음과 같은 식으로 구성된다.

$$d = \frac{\partial u}{\partial t} - \nabla^2 u = 0$$

대상물은 사각형의 금속블록인데 내부에 사각형의 구멍이 있는 형태이다. 금속블록의 왼쪽은 100도로 가열이 되고 있고, 이 열이 금속블록의 오른쪽으로 전도되어 일정한 비율로 대기로 빠져나간다. 나머지 부분 즉, 위와 아래 부분은 단열(isolation)되어 있다고 가정한다. 따라서 다음과 같이 경계조건을 설정해보자.

$u = 100$ (왼쪽 경계조건, dirichlet 조건에 해당)

$\frac{\partial u}{\partial n} = -10$ (오른쪽 경계조건, Neumann 조건에 해당)

$\frac{\partial u}{\partial n} = 0$ (상하 경계조건, Neumann 조건에 해당)

그리고 이 문제를 풀기 위한 초기조건을 설정하기 위한 조건으로, 금속블록의 처음온도(시간이 0인 상태)는 0도라고 가정한다. 이러한 조건을 갖춘 금속블록의 5초 동안의 열전도현상을 해석해 보도록 하자.

[단계1] 문제의 유형을 선택한다.

Options>Application 메뉴에서 문제의 유형을 선택한다. 이 번 예에서는 디폴트 항목인 Generic Scalar를 선택한다.

[단계2] 좌표축을 설정하고 목표물의 영역을 그린다.

먼저, 좌표축이 그리고자 하는 영역을 포함하는지를 살펴보아야 한다. 이를 위해 Options>Axes Limits 메뉴에서 X-축의 범위와 Y-축의 범위를 설정할 수 있다. 이번 예에서는 X축과 Y축의 범위를 각각 [-1.5 1.5], [-1 1]로 설정한다. 이제 Draw 메뉴를 사용하여 사각형을 대강 그린 후 더블클릭하여 Object dialog에서 아래 그림처럼 수치를 입력하여 R1 도형을 완성한다. 도형 R1은 좌측 끝이 0.5이고 폭이 1, 바닥의 위치가 -0.8이고 높이가 1.6인 직사각형이다. 같은 방법으로 도형 R2를 그린다. R2는 좌측 끝이 -0.05이고 폭이 0.1, 바닥의 위치가 -0.5이고 높이가 1인 좁은 직사각형이다. [그림6.11]과 [그림6.12]는 각각 도형 R1과 도형 R1-R2의 작성방법을 보여주고 있다. 여기서 R1-R2는 도형 R1과 도형R2의 차집합을 의미한다.

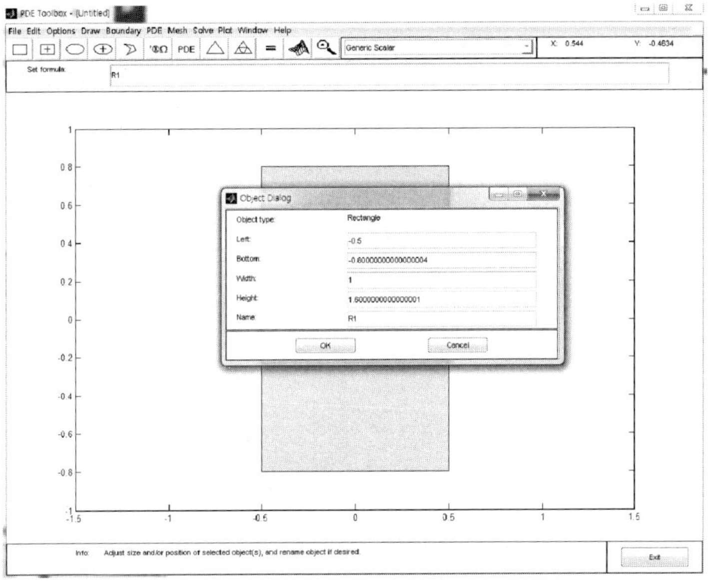

[그림 6.11 도형 R1 작성

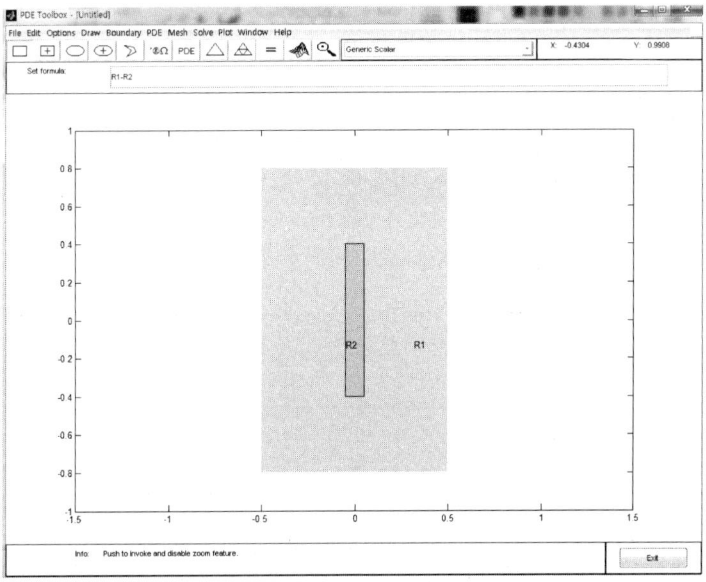

[그림6.12] 도형 R1과 R2의 차집합(R1−R2) 영역 그림

[단계3] 경계조건(Boundary condition)을 설정한다.

Boundary > Boundary Mode 메뉴를 선택하면, 도형영역의 경계면이 빨간 화살표로 바뀌게 된다. 빨간 화살표를 더블클릭하여 경계조건을 설정한다.

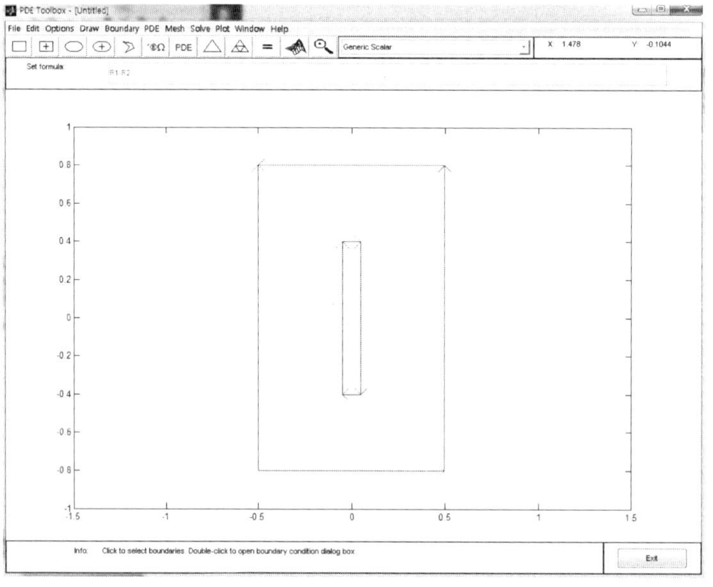

[그림6.13] 경계조건 생성화면

문제에서 주어졌듯이 경계조건은 크게 3가지로 구성되어 있다. 첫 번째 경계조건은 금속체의 왼쪽면인데 100도의 온도를 공급하는 부분이다. 따라서 u=100의 경계조건을 넣어야 하므로 Dirichlet 경계조건에서 h=1, r=100으로 설정하여야 한다.

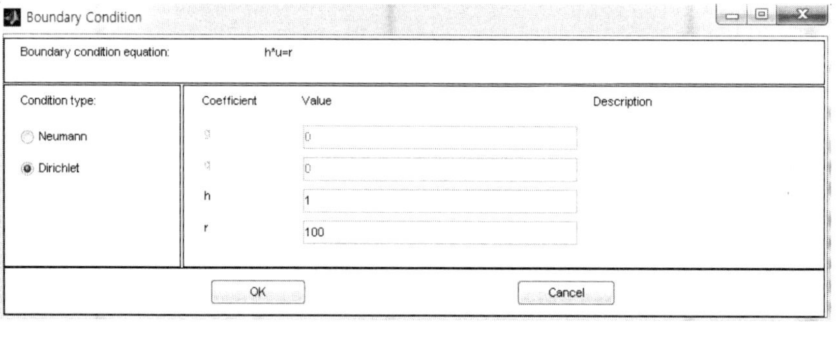

[그림6.14] 금속체 좌단의 경계조건 설정

두번째 경계조건은 금속체의 오른쪽 끝부분이며 $\frac{\partial u}{\partial n} = -10$ 이므로 Neumann 경계조건에서 g= -10, q= 0을 설정해야한다.

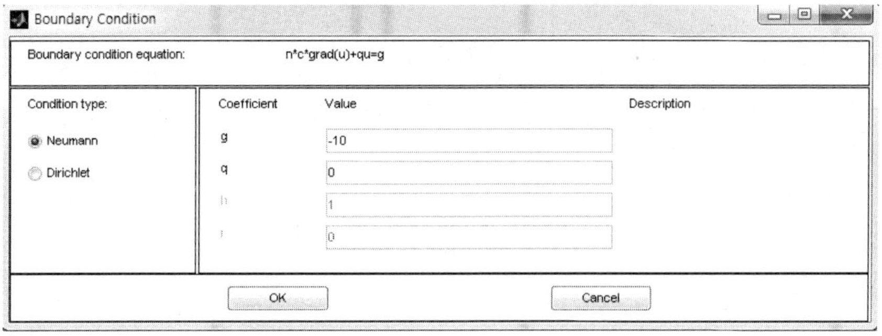

[그림6.15] 금속체 우단의 경계조건 설정

3번째 경계조건은 금속체의 상하 끝부분 그리고, 내부 R2에 의해 생성되는 내부 경계부분은 단열이 된 상태이므로 $\frac{\partial u}{\partial n} = 0$이다. 역시 Neumann 경계조건에서 g= 0, q= 0를 설정하면 된다.

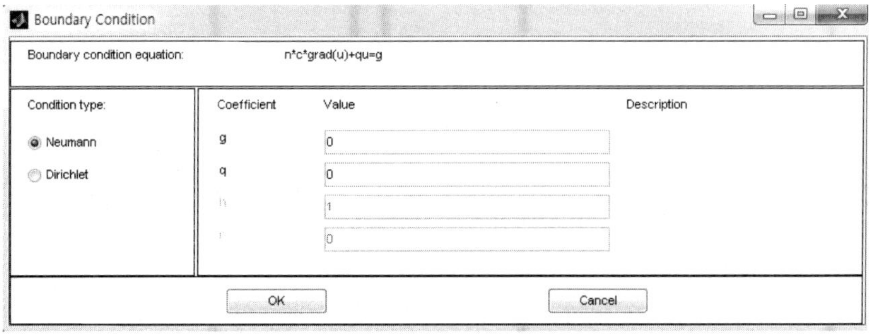

[그림6.16] 금속체 상하단 및 내부홈의 경계조건 설정

[단계4] PDE 사양을 정한다.

PDE > PDE Specication 메뉴 (혹은 PDE icon)을 선정한다. 그러면, PDE Specication 대화창이 보이면 PDE를 선택한다. 이 예에서는 우리는 paraboloc 모드를 선택한다. 이 모드는 다음과 같은 편미분방정식 형태를 갖는다.

$$d\frac{\partial u}{\partial t} = \nabla \cdot (c\nabla u) + au = f$$

그러므로 주어진 편미분방정식과 일치시키기 위해서 c= 1, a= 0, f= 0 으로 설정해야 한다.

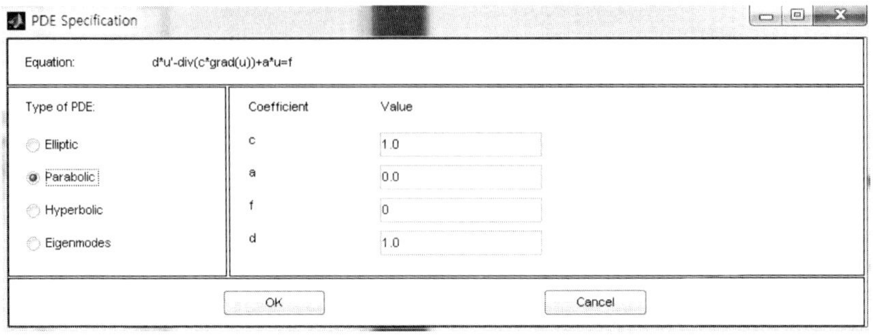

[그림6.17] Paraboloc 모드에서 파라메터의 설정값

[단계5] 격자(mesh)를 생성한다.

Mesh > Initialize Mesh 메뉴 (혹은 삼각형 아이콘)를 선택하여 격자를 구성한 다음, Mesh > Refine Mesh 메뉴 (혹은 4개의 삼각형 아이콘)를 선택하여 격자를 세분(refine) 한다. 다음 그림은 격자를 생성하고 세분한 후의 그림이다.

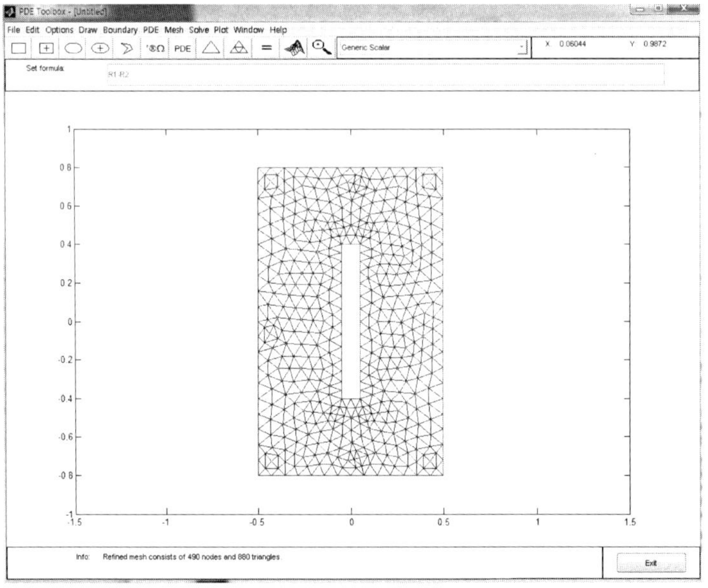

[그림6.18] 격자(mesh)의 생성 후 그림

[단계6] PDE의 해를 계산한다.

해를 계산하기 위해서 먼저 Solve Parameters에서 u0=0 으로 설정하고 시뮬레이션시간은 [0:0.5:5]로 설정한다. 그러면, 0에서 5초 사이에 11번의 다른 시간대에서 열전도방정식을 풀게 된다. 최종적으로 Solve > Solve PDE 메뉴 (혹은 = 아이콘)을 선택한다. 그러면, 해의 값이 도형위에 그려진다. 아래그림은 최종적으로 해가 구해진 그림을 나타낸다.

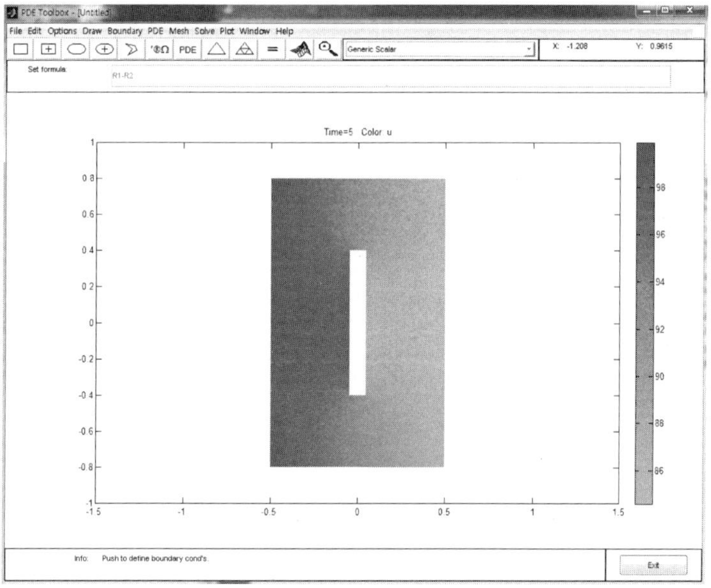

[그림6.19] 최종해를 그래픽 색으로 구현한 결과

[예제 6.1] 렌치의 손잡이 부에 힘을 주어 볼트를 푸는 작업을 고려해 보자. 변수 u, v는 각각 x, y 방향의 변위를 나타낸다. 그리고, 렌치에 가해지는 응력은 같은 평면 위에 놓인다고 가정을 한다. PDETOOL을 이용하여 렌치에 가해지는 응력과 변형을 해석해보자.

▶풀이

렌치는 타원방정식 (ellipitic equation)으로 모델이 만들어지며, 경계조건은 Neumann 혹은 Dirichlet 방법으로 설정할 수 있다. 이제부터 pdetool을 이용하여 보자. 먼저 Matlab의 명령창에서 pdetool을 실행시켜 작업창이 팝업되면 툴바의 오른쪽 부분이 Generic Scalar 로 되어 있는데, 이것을 Structural Mech., Plane Stress로 모드를 변경해야한다. 그리고는, Options 메뉴에서 Grid와 Snap을 클릭한다. 이제 툴바에 있는 그리기 메뉴를 이용하여 직사각형과 원을 그려본다. 아래의 R1은 툴바의 가장 왼쪽에 있는 사각형을 이용하여 그릴 수 있다. 즉, (-0.5, -0.2) 위치에 마우스를 놓고 드래그하여 (0.5, 0.2)에서 드래그를 해제하면 R1의 직사각형을 그릴 수 있다. 같은 방법으로 R2, R3도 그릴 수 있다. E1은 툴바의 네번째 원도구를 이용하여 그릴 수 있다. 원의 중심을 (-0.5, 0)에 두고 마우스를 드래그하여 적절한 원(혹은 타원)을 그린 후, 더블클릭하여 원의 상하좌우 반경의 값을 입력하여 미세조정할 수 있다.

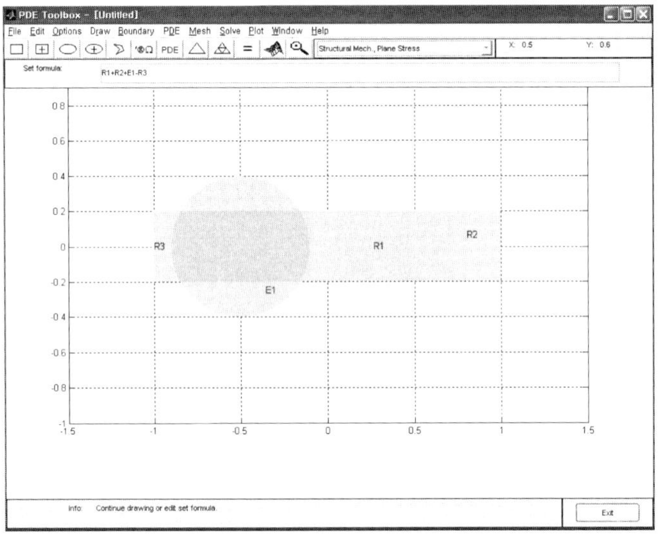

[그림6.20] 도형 R1, R2, R3 및 E1의 그리기

위의 도형을 이용하여 렌치의 모양을 완성하려면 Set Fomula에서 R1+R2+C1+R3를 R1+R2+C1-R3로 고쳐야한다. 여기서 R3는 모서리 (-1,-0.2)와 (-0.5, 0.2)로 이루어지는 사각형이다. 즉, R1, R2, C1의 합집합에서 R3를 제외하면 렌치의 모양이 형성된다는 것을 말한다. Boundary>Boundary mode를 클릭하면 아래 그림과 같이 경계선만 나타나게 된다.

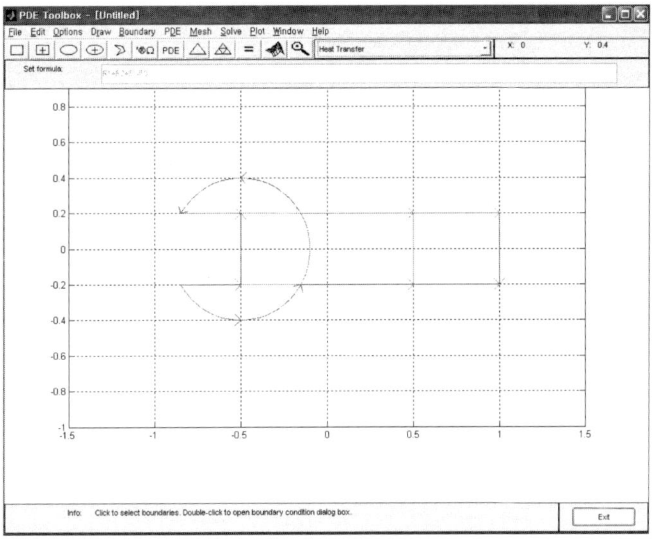

[그림6.21] 렌치의 경계선

위에서 경계선이 만들어졌지만 렌치의 머리 부분에 불필요한 경계선(Boundary Mode에서 회색으로 보이는 선)이 3개 남아있다. 3개 중에 하나를 클릭한 후 나마지 두개는 시프트키를 누른 채 마우스로 클릭한 다음 Boundary>Remove Subdomain Border 를 클릭하여 불필요한 경계선을 없앤다. 하지만, 손잡이 부분의 수직경계선은 그대로 남겨두도록 하자. 이제 경계조건을 정할 차례이다. Boundary>Specify Boundary Condition을 클릭한 후 아래와 같이 Neumann 조건을 선택한 다음 모든 파라메터는 디폴트값으로 둔다. OK 버튼을 눌러 상태를 저장한다.

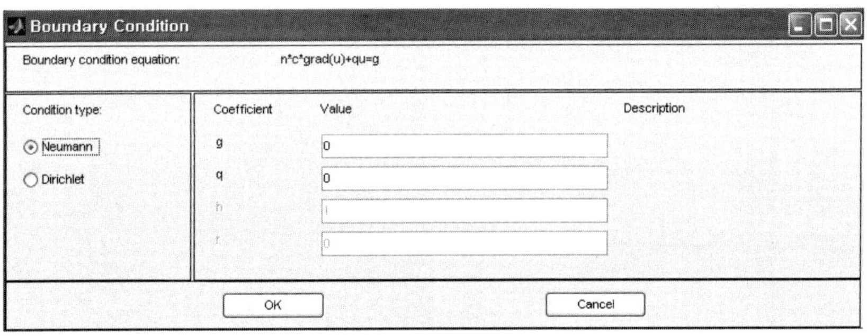

[그림6.22] 렌치의 경계조건 설정

이번에는 렌치의 이빨 부분의 3개 모서리를 마우스로 지정하여 Boundary>Specify Boundary Condition을 클릭한 후 Dirichlet 조건을 선택한 다음 모든 파라메터는 디폴트값으로 둔다.

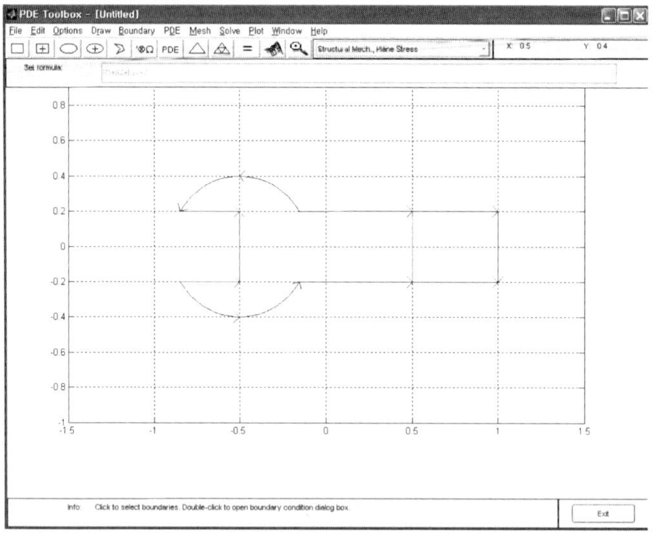

[그림6.23] 렌치 이빨의 경계조건 설정

이제는 PDE모드를 선택하여 Young 계수, Poisson 비, 하중 등을 설정해야한다. PDE>PDE mode를 클릭하면 다음과 같이 2개의 구역으로 나뉘게 된다.

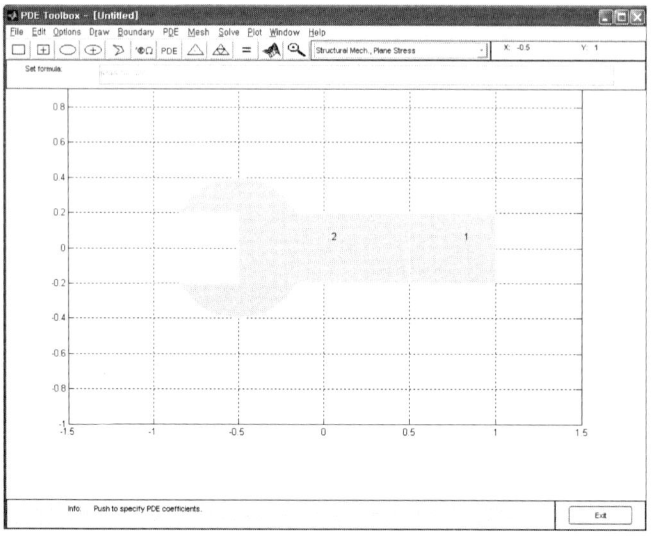

[그림6.24] 렌치에 대한 PDE mode

1구역을 더블클릭하면 다음과 같이 파라메터 설정창이 나타나게 되는데, 다른 항은 그대로 두고, Ky 값 (y방향의 하중)을 -10으로 설정해보자.

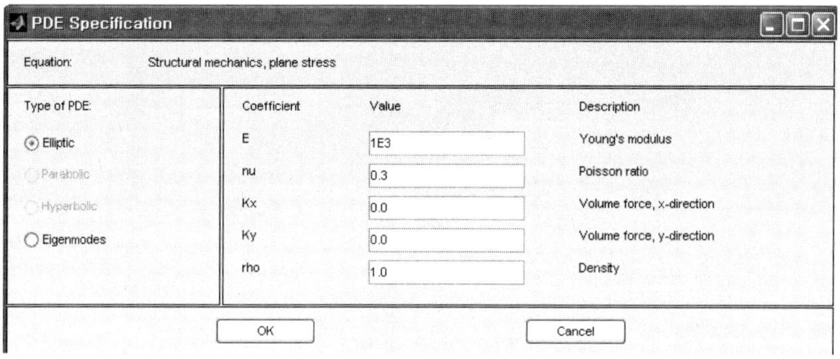

[그림6.25] 구역1을 더블클릭한 후 설정한 파라메터 설정

이제 mesh를 만드어 줄 차례인데, 먼저 Mesh > Initialize Mesh를 선택하여 mesh를 생성한 다음 Mesh > Refine Mesh를 선택하여 다음과 같이 Mesh를 완성한다.

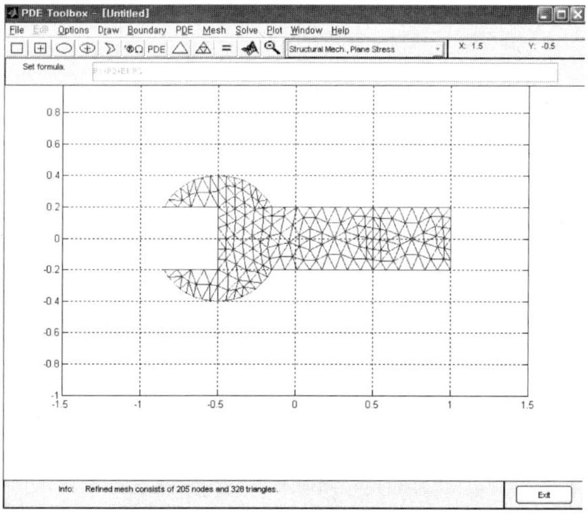

[그림6.26] 렌치의 mesh 생성

이제 Solve > Solve PDE를 선택하여 응력해석을 수행한다. 아래 그림에서 Color는 x 방향의 변위를 보여주고 있다.

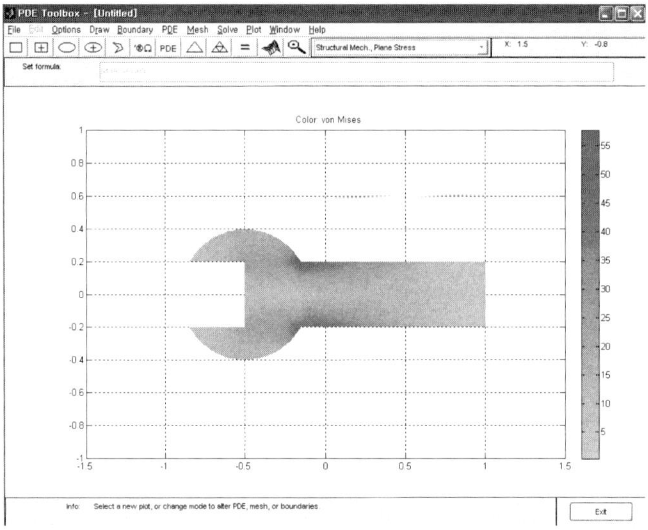

[그림6.27] Solve PDE를 이용한 렌치의 응력해석 결과

분명하게 변위의 변화를 실감하기 어려우므로 다른 모드를 사용해보자. Plot 메뉴에서 Plot Type을 Color, Contour, Deformed mesh를 모두 선택한다. 그리고 Color의 Property 메뉴에서 von mises stress를 선택한다. 이제 Plot > Plot Solution을 선택하여 실행해 보자 다음과 같은 모습을 보게 될 것이다.

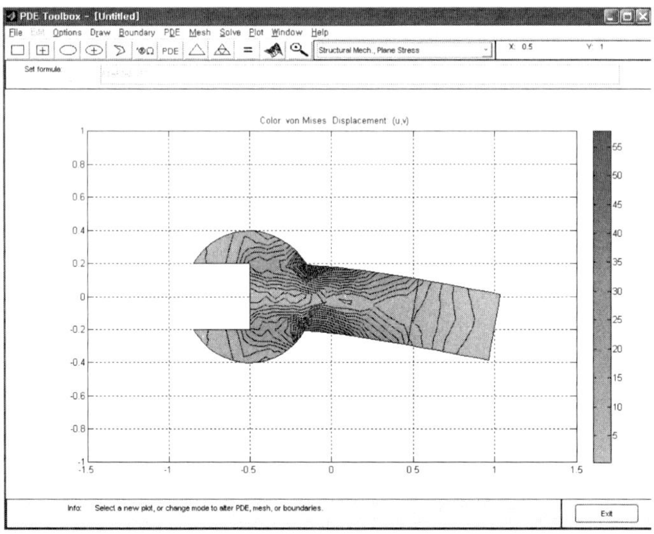

[그림6.28] Plot Solution을 이용한 렌치의 변형해석 결과

[예제 6.2] 잔자석이 금속으로 된 코어(core) 부분과 코어를 감고 있는 권선으로 둘러 싸 있다. 코어는 길다고 가정하고 끝부분의 자기영향(end effect)는 무시한다. 이 전자석의 자기 포텐셜을 PDETOOL을 이용하여 해석해보자.

▶풀이

자기 포텐셜의 지배방정식은 다음과 같이 나타난다.

$$\nabla \cdot \left(\frac{1}{\mu}\nabla \mathrm{A}\right) += 0$$

위 식에서 J는 전류밀도를 나타내고, μ는 자기투자율(magnetic permeability)를 나타낸다. 이제 PDETOOL을 사용하여 해석을 단계별로 시도해보자.

단계1

Matlab 명령창에서 pdetool을 입력하고 작업창이 나타나면 File > New를 선택한다. 그리고 디폴트 모드인 Generic Scalar를 Manetostatics으로 변경한다. Options 메뉴에서 Grid Spacing을 선택한 후 X-axis linear spacing과 Y-axis linear spacing에서 Auto 기능을 해제한다. 그리고 X-axis extra ticks에 0.2를 입력하고, Y-axis extra ticks에 0.05 0.1을 입력한 후 다음과 같이 Apply와 Done 버튼을 누른다.

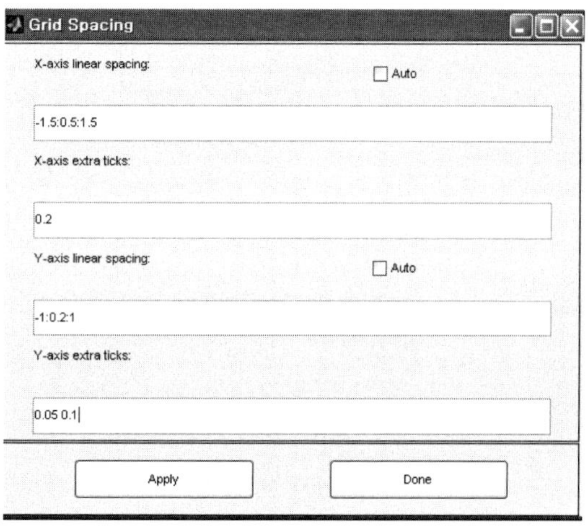

[그림6.29] Options 메뉴에서 Grid Spacing을 이용한 Grid 눈금 조정

그런 후에 Options > Grid를 클릭하면 작업창에 가로 및 세로의 눈금 부분이 아래 그림과 같이 바뀌게 된다.

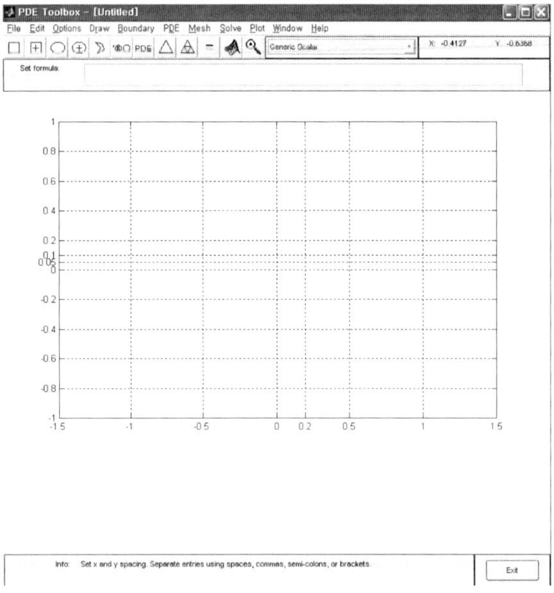

[그림6.30] Grid Spacing을 이용한 Grid 눈금 조정 후의 Grid 눈금

단계2

이제 전자석의 도형을 그려야 하는데, 그리기 툴바의 두번째 메뉴 (즉, 센터를 이용한 사각형 그리기)를 이용하여 원점 (0,0)에 마우스를 놓고 클릭한 후 마우스의 포인트를 (0.2, 0.05) 점까지 드래그하여 직사각형 R1을 생성한다. 다음, 원점 (0,0)에 마우스를 놓고 클릭한 후 마우스의 포인트를 (0.2, 0.1) 점까지 드래그하여 직사각형 R2를 생성한다. 마지막으로 원점 (0,0)에 마우스를 놓고 클릭한 후 마우스의 포인트를 (1,1) 점까지 드래그하여 SQ1을 생성한다. 완성된 그림은 다음과 같다.

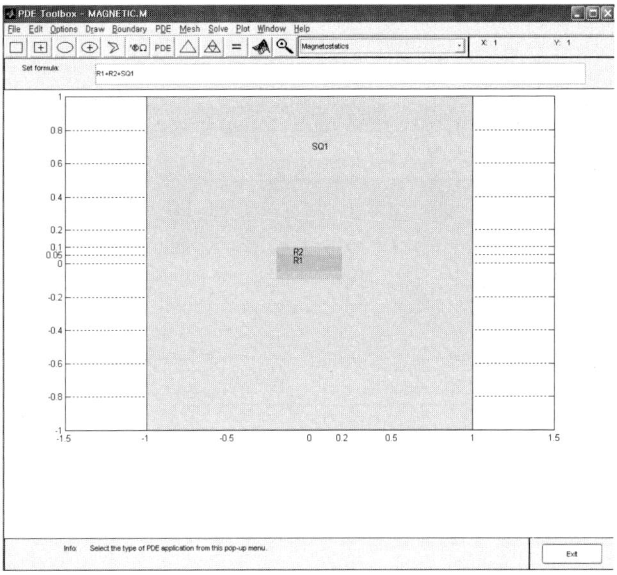

[그림6.31] 전자석 도형을 위한 R1, R2 및 SQ1의 작성

단계3

전자석 도형의 경계조건을 설정한다. 즉, Boundary>Boundary mode를 선택하여 그려진 전자석 도형의 경계선을 다음과 같이 나타낸 후

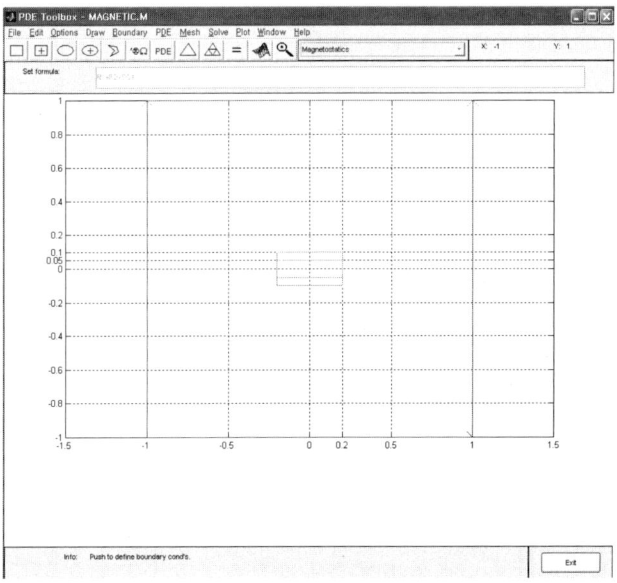

[그림6.32] Boundary mode에서 그려진 전자석 도형의 경계선

Boundary > Specify boundary conditions를 크릭하여 다음과 같이 Dirichlet 타입을 선택한다.

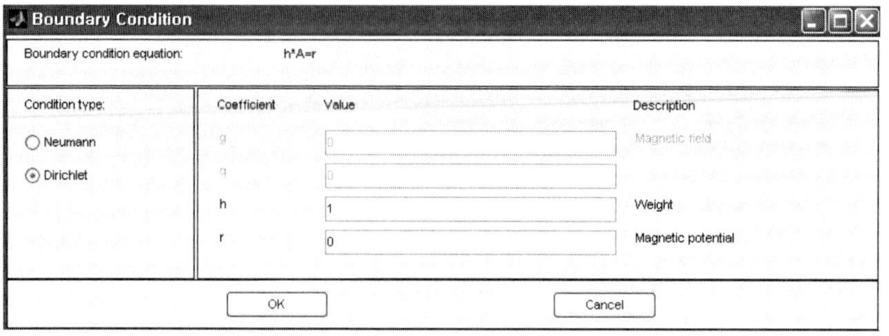

[그림6.33] Dirichlet 타입의 경계조건 설정

그런 후 PDE > PDE mode를 클릭한 후 PDE > Show subdomain labels을 클릭하면 전자석의 각 영역이 다음과 같이 영역번호를 갖게 된다.

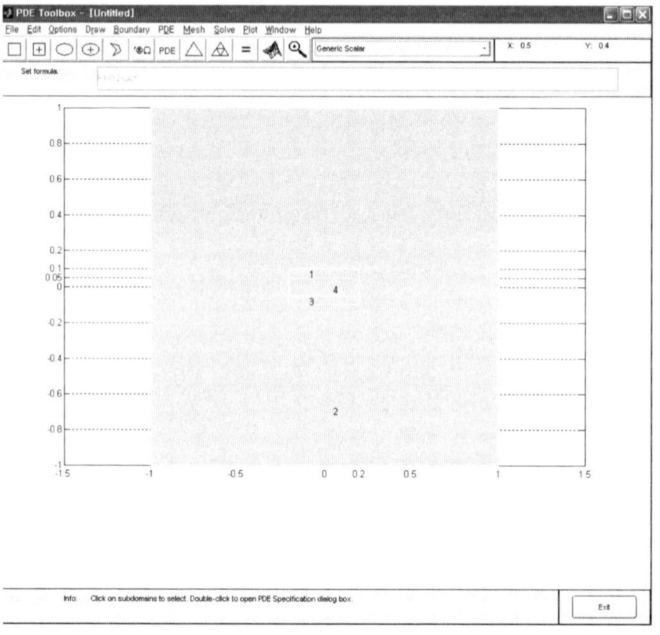

[그림6.34] Show subdomain labels을 이용한 전자석의 영역번호 할당

그림에서 영역2는 공기층 부분이며, 영역4는 코어를 나타내고, 영역 1과3은 코일부분을 나타낸다. 이제 각 영역의 물성을 설정해 주어야 한다. 영역2와 영역4는 전류값 J=0으로 설정

해 주어야하고, 영역 1과 3에는 전류값을 각각 1과 -1로 설정 (전류의 방향이 반대 이므로) 해 주어야한다. 그리고 영역4의 자기 투자율은 다음과 같은 식을 가지므로

$$\mu = \frac{5000}{1+0.05|\nabla A|^2} + 200$$

영역4를 더블클릭하여 mu 위치에 5000./(1+0.05*(ux.^2+uy.^2))+200을 입력한 후 OK버튼을 누른다. 위 식에서 ∇A의 성분은 각각 ux와 uy이다.

단계4

해석을 위한 격자(mesh)를 설정하고 시뮬레이션을 수행한다.

Plot>Parameters > Contour를 클릭한다.

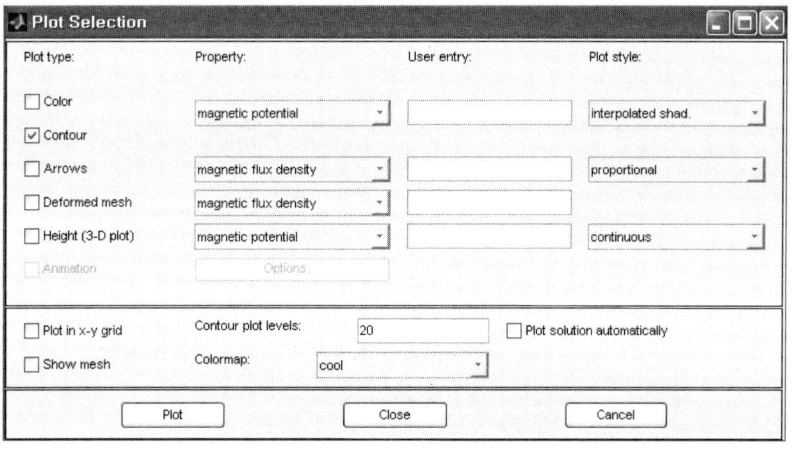

[그림6.35] Contour 설정

그리고 툴바의 격자메뉴인 삼각형(8번째 메뉴)를 클릭한다. 그러면, 다음과 같이 620개의 격자가 생성되었다.

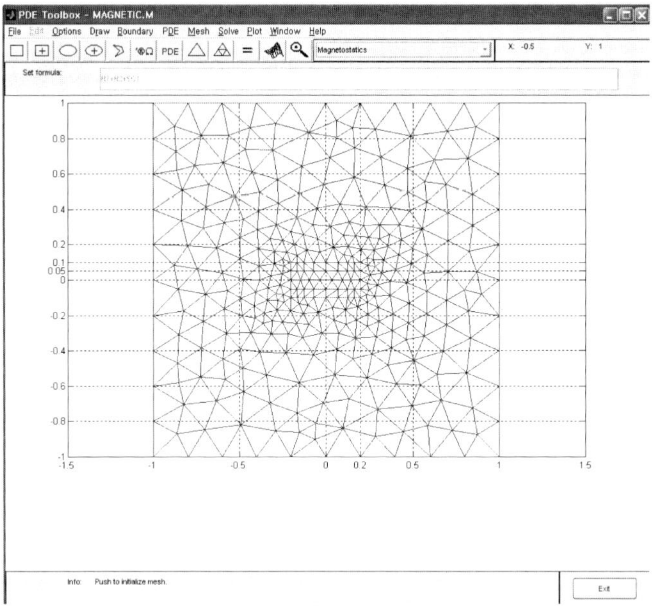

[그림6.36] 격자(mesh) 생성 툴바를 이용한 격자생성 (620개 격자)

시뮬레이션을 수행하기 위해 Solve>Parameters>Use nonlinear solver를 선택한다.

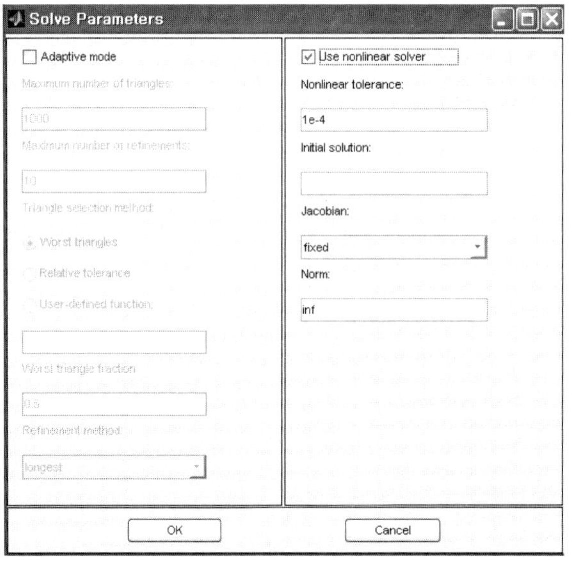

[그림6.37] Use nonlinear solver를 선택

그리고는 Solve > Solve PDE를 클릭하여 시뮬레이션을 수행한다. 결과 그림을 보기위해 Plot > Plot solution을 클릭하면 다음과 같이 자기장의 분포가 나타난다. 이번 시뮬레이션에서는 사용된 격자의 수가 620개 정도라서 자기장의 윤곽(contour)이 부드럽지 못한 것을 보게 된다.

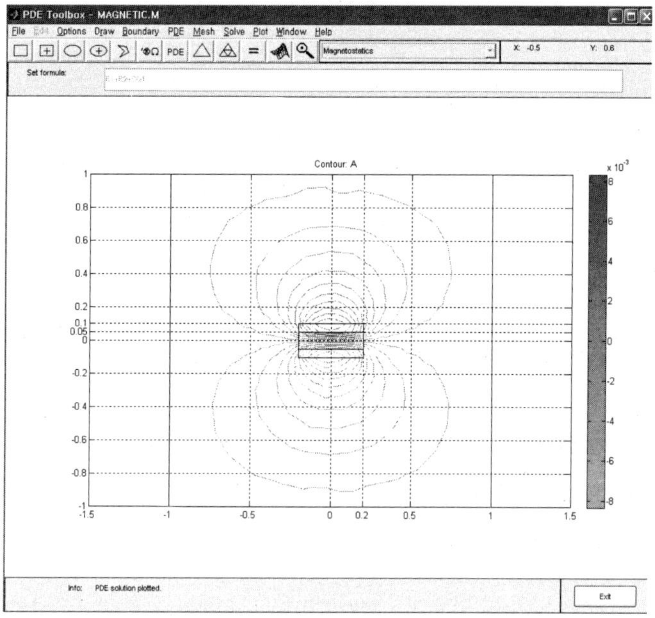

[그림6.38] 시뮬레이션 후의 전자석의 자기장 분포

이번에는 격자의 수를 조금 더 많이 사용해 보도록 하자. 다시 PDE > PDE mode를 클릭한 후에 그리기 툴바의 9번째 메뉴인 격자삼각형을 클릭한다. 그러면 다음과 같이 많은 격자가 생성된다. 이번에는 생성된 격자의 수가 2480개이다.

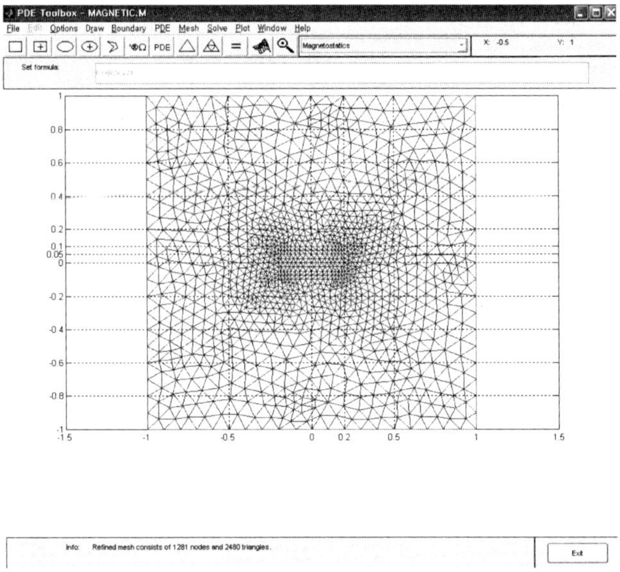

[그림6.39] 격자의 수가 2480개 사용한 전자석 격자모델

다시 Solve > Solve PDE를 수행하고 Plot>Plot Solution을 클릭하면 다음과 같이 부드러운 윤곽을 갖는 자기장 분포를 보게 된다. 하지만, 이 경우는 상대적으로 많은 격자가 필요하고 계산시간도 좀 더 많이 걸리게 된다.

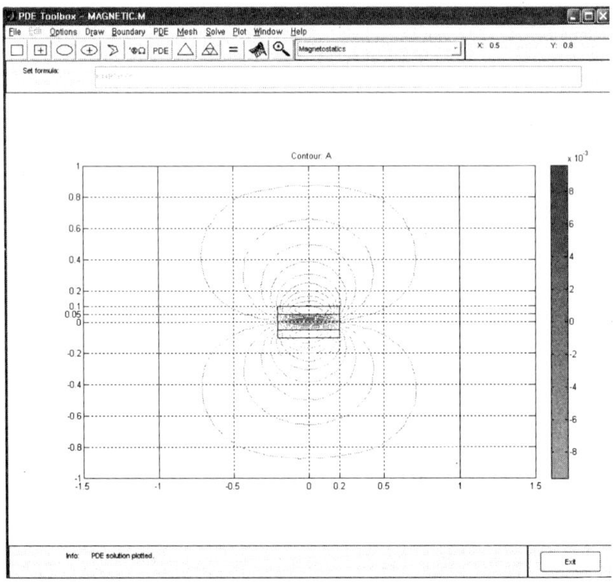

[그림6.40] 시뮬레이션 후의 전자석의 자기장 분포

그래서 격자수는 가능한 적게 하되 중요한 부분의 격자수는 늘려서 윤곽선도 부드럽게 나타내며 계산시간도 상대적으로 적게 하기위해 Adaptive mode를 사용하는 방법을 알아보자.

앞에서 처음의 경우처럼 툴바의 격자메뉴인 삼각형(8번째 메뉴)를 클릭한다. 그러면, 다음과 같이 620개의 격자가 생성되었다.

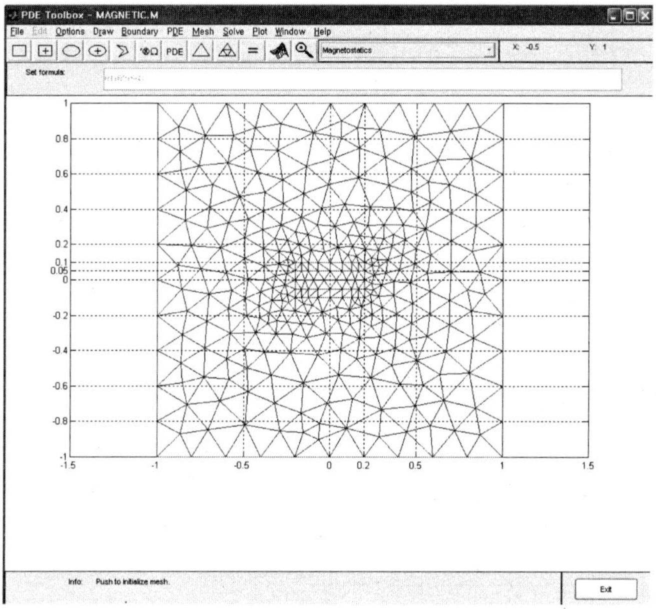

[그림6.41] 격자(mesh) 생성 툴바를 이용한 격자생성 (620개 격자)

여기서 Adaptive mode를 수행하기 위해 다음과 같이 Solve>Solve Parameters에서 Adaptive mode를 선택한다.

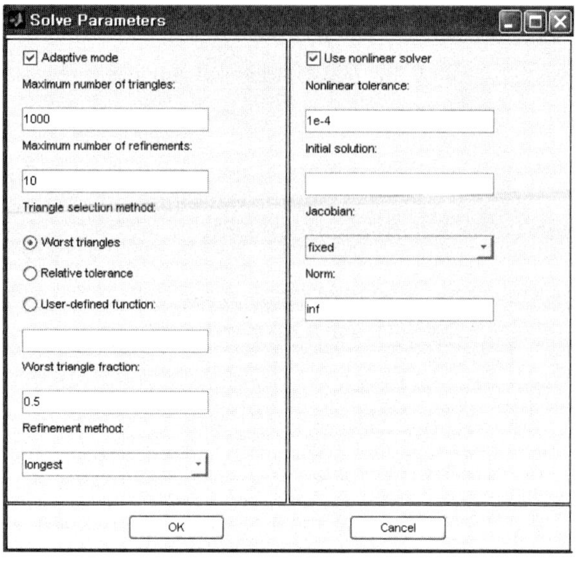

[그림6.42] Adaptive mode의 파라메터 설정

OK 버튼을 누른 후에 Solve > SolvePDE를 클릭하면 다음 그림과 같다. 그림에서 보는 바와 같이 중요하다고 생각되는 부분만 격자가 세밀하게 밀집되어있고 바깥쪽은 원래 격자와 큰 변화가 없다는 것을 알 수 있다.

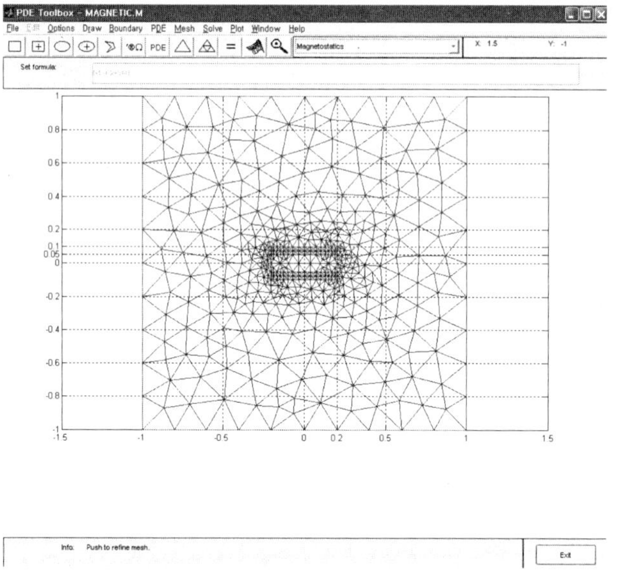

[그림6.43] Adaptive mode를 이용하여 생성한 격자모델

끝으로 Plot > Plot Solutions를 클릭하면 다음과 같이 윤곽선을 볼 수 있다. 결론적으로 격자수는 조금만 늘리면서 전체적인 윤곽선은 많이 부드러워졌다는 점을 알 수 있다.

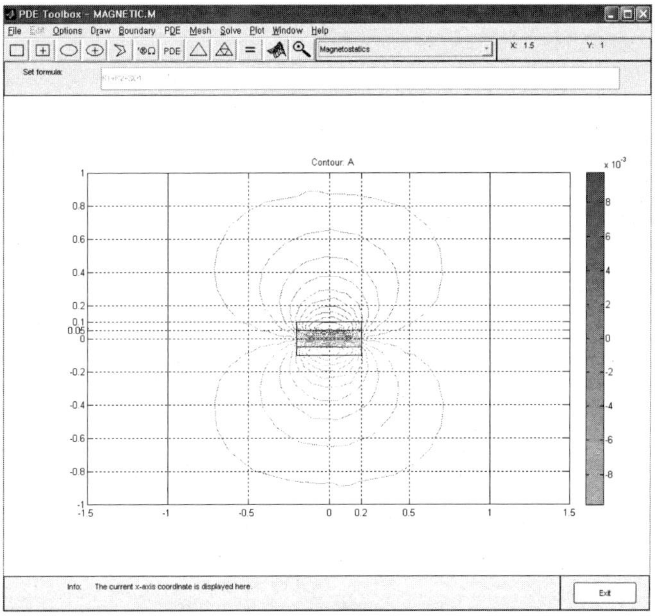

[그림6.44] Adaptive mode 격자 모델에 대한 자기장 해석결과

7 Chapter

심볼릭 계산

우리는 지금까지 숫자를 가지고 Matlab 연산을 수행하였다. 다시 말하면 어떤 변수를 사용하려면 그 변수의 값이 미리 주어져 있었다. 하지만 심볼릭 연산은 의미 그대로 숫자가 지정되어 있지 않은 변수나 미지수를 가지고 연산을 하거나 미분, 혹은 적분을 할 수 있게 하는 것을 말한다. 마치 우리들이 방정식이나 미분 혹은 적분 등의 문제를 손으로 풀어서 그 답도 어떤 수치적인 값이 아니라 수식의 형태로 두는 것과 같은 효과를 낼 수 있는 기능이다. 이 장에서는 먼저 기본적인 심볼릭 계산에 대해 알아보고, Matlab에서 주어지는 심볼릭 함수 명령어를 이용하여 미분, 적분, 라플라스 변환 및 푸리에 변환 등을 수행해 보도록 한다.

7.1 기본적인 심볼릭 계산

사실 우리가 수치해석을 하지 않고 직접 손으로 문제를 푸는 행위가 일종의 심볼릭 계산이라고 할 수 있다. 예를 들어 주어진 이차함수 $f(x)=x^2$ 를 미분하면 다음과 같은 결과를 구하게 된다.

$$\frac{df(x)}{dx}=2x.$$

반대로 $f(x) = 2x$ 를 적분하면 다음과 같다.

$$\int 2x dx = x^2 + c,$$

위와 같이 숫지를 다루지 않고 변수 상태에서 바로 처리를 하는 것을 심볼릭연산이라고 한다. Matlab에서 심볼릭연산을 수행하기 위해 sym 함수를 사용한다. 예를 들어 x와 y라는 이름의 심볼릭을 생성하려면 다음과 같이 입력한다.

```
>>x=sym('x')
>>y=sym('y')
```

두 개 이상의 심볼릭을 동시에 생성하려면 syms 명령어를 사용한다. 얘를 들어 4개의 심볼릭 w,x,y,z 를 동시에 생성하려면 다음과 같다.

```
>>syms w x y z
```

물론 syms 명령어를 사용하여 한 개의 심볼릭을 생성할 수도 있다.

```
>>syms x
```

위 명령어는 x=syms('x')와 같은 기능을 갖는다.

syms를 사용한 간단한 연산 예를 살펴보자.

```
syms a b x y;
c = 5;
E = a*x^2 + b*x + c;
```

위에서 a b x y는 심볼릭변수로 등록이 되었고, c는 상수값 5로 등록되었다. 위와 같이 변수E를 구성하면 E는 새로운 심볼릭 변수로 등록이 된다. 결과를 확인해 보기 위해 다음과 같이 입력해보자.

```
>> E

E =
a*x^2+b*x+5
```

위 식에서 사용된 상수변수와 심볼릭변수를 확인하기 위해 whos 명령어를 입력하면 아래와 같은 정보를 볼 수 있다.

```
>> whos

Name        Size        Bytes  Class

E           1x1           142  sym object
a           1x1           126  sym object
b           1x1           126  sym object
c           1x1             8  double array
x           1x1           126  sym object
y           1x1           126  sym object
```

expand, factor 함수를 사용한 다항식 처리

Matlab은 다항식을 전개하거나 나열된 다항식을 인수분해 할 수 있도록 expand, factor 함수를 제공하고 있다. 아래 예를 살펴보자.

```
>> expand((x+1)*(x+2))
ans =
x^2+3*x+2
```

이번에는 전개된 식을 factor 함수를 이용하여 인수분해하면 아래와 같이 정리되어 진다

```
>> factor(x^2+3*x+2)
ans =
(x+1)*(x+2)
```

아래의 예 들을 살펴 보면 expand및 factor 명령어가 일반 수식을 계산하는데 얼마나 편리한지를 알 수 있을 것이다.

```
>> a=expand((1+x)^6)

a =
1+6*x+15*x^2+20*x^3+15*x^4+6*x^5+x^6

>> factor(a)
ans =
(1+x)^6
```

위 명령어는 아래와 같이 삼각함수의 계산에도 적용할 수 있다.

```
>> expand(sin(x+y))
ans =
sin(x)*cos(y)+cos(x)*sin(y)

>> expand(tan(x+y)^2)
ans =
(tan(x)+tan(y))^2/(1-tan(x)*tan(y))^2
```

simple 함수를 사용한 식의 단순화

simple 함수는 주어진 식을 가장 간단한 형태의 식으로 나타내어 준다.

```
>> simple( (sin(x))^2 + (cos(x))^2 )
ans = 1

>> syms a b x
>> f = simple(x^3+(a-2*b)*x^2+(-2*a*b+b^2)*x+a*b^2)
f =
(x-b)^2*(x+a)
```

위의 식은 simple 함수를 사용하여 단순화하는 과정에 인수분해가 된 경우인데, 이 경우 factor 함수를 사용해도 같은 결과를 얻을 수 있다.

```
>> factor(x^3+(a-2*b)*x^2+(-2*a*b+b^2)*x+a*b^2)

ans =
(x-b)^2*(x+a)

>> syms a
>>g = simple(sin(a)/cos(a))
g =
tan(a)

>>syms x
>> h = simple((sin(x) + cos(x))*(sin(x) + cos(x)) - sin(2*x))
h =
1

>>syms a
>> r = simple(cos(a) + i*sin(a))
r =
exp(i*a)
```

solve 함수를 이용한 방정식의 해 구하기

solve 함수를 이용하면 대수방정식 뿐 만 아니라 삼각함수, 지수함수 등이 포함된 수식의 해를 구할 수 있다. 예를 들어 **a*x^2+b*x+c=0 방정식의 해를 구해 보도록 하자. 다음과 같이 두가지 방법이 가능 하다. 첫 번째 방법은 수식을 eq1에 대입한 후 solve를 적용하는 경우이다.**

```
>>syms a b c x
>> eq1='a*x^2+b*x+c=0';
>> solve(eq1)
```

```
ans =
   1/2/a*(-b+(b^2-4*a*c)^(1/2))
  1/2/a*(-b-(b^2-4*a*c)^(1/2))
```

두 번째 방법은 아래와 같이 바로 처리한다. 이 경우 ( ) 안의 식이 0임을 간주한다.

```
>>syms a b c x
>> solve(a*x^2+b*x+c )

ans =
   1/2/a*(-b+(b^2-4*a*c)^(1/2))
  1/2/a*(-b-(b^2-4*a*c)^(1/2))
```

아래 방정식을 해를 구해보자.

```
>> F = '14*x^2+50*x-24=0';
>> solve(F)
 ans =
   3/7
   -4
```

여기서 해의 결과를 분수가 아닌 소수점으로 표현하기를 원한다면 double 명령어를 사용하면 된다.

```
>> double(ans)
ans =
     0.4286
    -4.0000
```

solve 함수를 이용한 연립방정식의 해 구하기

이번에는 solve함수를 이용하여 연립방정식의 해를 구하는 방법을 알아보자. 예를 들어 다음 연립방정식의 해를 구해보자.

x+3*y-7=0

2*x+y=0

첫 번째 방법은 아래와 같은 포맷을 이용한다. ( ) 안의 첫 번째와 두 번째는 방정식을 나타내며, 인자 x와 y는 구해야 하는 두 해를 나타낸다.

```
>>syms x y
>> [xval,yval] = solve(x+3*y-7, 2*x+y, x, y)
xval =
-7/5
yval =
14/5
```

두 번째 방법은 다음과 같다.

```
>> eq1='x+3*y-7=0';
>>eq2=' 2*x+y=0';
>>[x,y]=solve(eq1,eq2)

x =
 -7/5

y =
 14/5
```

심볼릭 함수의 그래프 그리기

이미 공부한 바와 같이 주어진 데이터가 있는 경우에 그래프를 그리는 방법은 plot이나 surf등의 함수를 사용하는 것이다. 데이터가 아닌 심볼릭 변수를 사용하여 그래프를 그리는 경우 ezplot이나 ezsurf 등의 함수를 사용할 수 있다. 다음은 ezplot 함수를 이용해서

sin(x)+cos(x) 의 그래프를 작성한 경우이다.

```
>>syms x
>> ezplot(sin(x)+cos(x))
```

결과그래프는 다음과 같다.

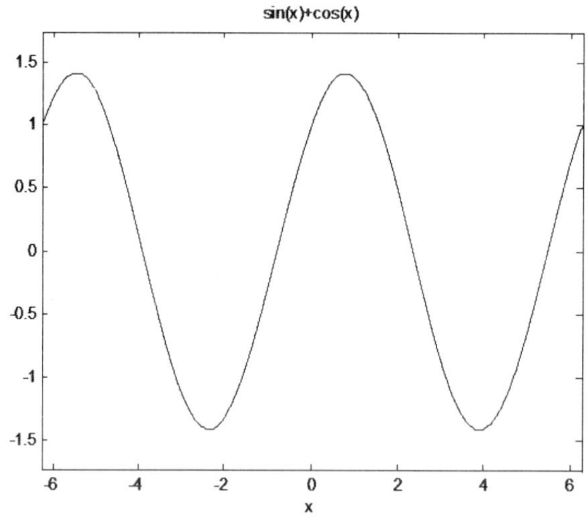

[그림7.1] ezplot 함수를 이용해서 구한 sin(x)+cos(x)의 그래프

아래 그래프는 ezsurf 함수를 이용하여 주어진 함수의 3차원 곡면을 그린 그림이다.

```
>>syms x y
>> ezsurf(sin(sqrt(x^2+y^2))/sqrt(x^2+y^2))
```

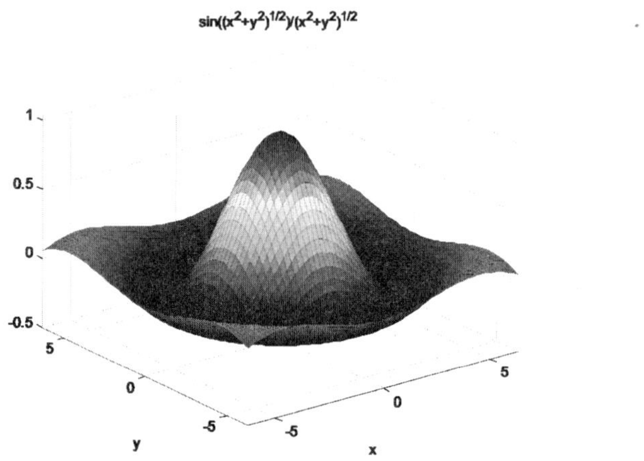

[그림7.2] ezsurf 함수를 이용하여 그린 3차원 곡면

7.2 심볼릭함수의 미분과 적분

심볼릭 함수를 미분 및 적분하는 경우에 사용하는 명령어로는diff와 int 함수가 있다. 먼저, 미분함수인 diff 의 사용법을 알아보자.

```
>> diff(x^2)
ans =
2*x

>> diff(x^n)
        ans =
x^n*n/x

>> diff(sin(x)^2)
ans =
2*sin(x)*cos(x)
```

주어진 함수를 연속해서 2번의 미분을 수행하기를 원하면 ( )의 2번째 인자에 해당하는 미분횟수를 설정하면된다. 예를 들어 x^3을 2번 미분하기 위해서는 2번째 인자에 2를 입력하면 된다.

```
>> diff(x^3,2)
ans =
6*x
```

심볼릭 적분을 수행하기 위해서 int 함수를 사용하는데 int(f)의 의미는 다음 식과 같다. 즉, int(f)는 적분의 범위가 정해져 있지 않은 부정적분을 말한다.

int(f) $\rightarrow \int f(x)dx$

다음과 같이 몇 개의 예를 수행해보자.

```
>> int(x)
ans =
1/2*x^2

>> int(a^x)
ans =
1/log(a)*a^x

>> int(a^x^2)
ans =
1/2/log(a)*(a^x)^2

>> int(x*sin(x))
ans =
sin(x)-x*cos(x)

>> int(a^x,a)
ans =
a^(x+1)/(x+1)
```

이번에는 적분의 범위가 있는 정적분을 수행하기 위해서는 int함수에 부가적인 인자가 필요해진다. 적분의 범위를 [a b]라고 하면 정적분의 형식은 다음과 같다.

int(f, a, b) $\rightarrow \int_{x=a}^{x=b} f(x)dx$

정적분의 예들을 다음과 같이 실행해보았다.

```
>> int(x,1,2)
ans =
3/2

>> int(x*sin(x),-2,7)
```

```
ans =
sin(7)-7*cos(7)+sin(2)-2*cos(2)
```

dsolve함수를 이용한 미분방정식의 해 구하기

주어진 미분방정식의 해를 구하기 위해서는 dsolve 함수를 사용한다. 아래의 1차 미분방정식을 dsolve를 이용해서 해를 구해보자.

$$\frac{dy}{dt}+2y=12t^2$$

Matlab명령창에서 아래와 같이 입력해보자.

```
>> dsolve('Dy+2*y=12*t^2')
ans =
6*t^2-6*t+3+exp(-2*t)*C1
```

위 명령어에서 Dy는 dy/dt를 의미한다. 따라서 dsolve 함수 내에서는 D는 다른 용도로는 사용될 수 없다는 점을 알아야 한다. 그리고 해의 C1은 적분을 수행하는 중에 파생된 적분상수이다. 이러한 적분상수는 미분방정식의 초기조건 예를 들면 y(0)=0 등의 조건이 주어지면 자연히 구해지는 값이다.

이번에는 2차미분방정식을 예로 들어보자. 2차인 경우 D 대신에 D2를 사용한다. 마찬가지로 3차인 경우 D3을 사용하면 된다. 예를 들어 다음 2차미분방정식의 해를 구해보자.

$$\frac{d^2y}{dt^2}=c^2y$$

```
>> dsolve('D2y=c^2*y')
ans =
C1*sinh(c*t)+C2*cosh(c*t)
```

위의 해에서 C1과 C2는 적분상수이다. C1과 C2가 결정되려면 2개의 초기조건 예를 들면 y(0)=1, dy/dt(0)=0 등의 조건이 주어져야 한다. 그리고 함수 sinh와 cosh는 아래와 같이 정의되는 삼각함수이다.

$$\sinh(x) = \frac{1}{2}(e^{x} - e^{-x}),\ \cosh(x) = \frac{1}{2}(e^{x} + e^{-x})$$

만약, y(0)=1, dy/dt(0)=0 의 초기조건을 설정하려면 다음과 같이 인사를 삽입하면 된다.

```
>> dsolve('D2y=c^2*y', 'y(0)=1','Dy(0)=0')
ans =
cosh(c*t)
```

지금까지 dsolve 함수를 이용하여 미분방정식의 해를 구하는 방법을 알아보았다. 하지만 dsolve를 이용하여 모든 미분방정식의 해를 구할 수는 없다. 복잡한 비선형 미분방정식의 해를 구하는 경우 dsolve는 문제를 풀지 못하는 경우가 많다.

symsum 함수를 이용한 급수 계산

급수 형태 E(1) + E(2) + ⋯ + E(n) 을 계산하기 위한 함수는 symsum 이다. 만약 E가 어떤 형태의 심볼릭 함수이고, 급수가 k=a에서 k=b까지 전개된다면 급수를 계산하는 형식은 다음과 같다.

symsum(E, a, b) $\rightarrow \sum_{k=a}^{b} E_k$

예를 들어 주어진 심볼릭 함수의 일반식이 $E_k = \sin(k)$ 이면, $E_1 + E_2 + E_3 + E_4$ 의 합은 아래와 같이 계산된다.

```
>> syms k
>> symsum(sin(k),1,4)
ans =
sin(1)+sin(2)+sin(3)+sin(4)
```

이번에는 $E_k = k^2$ 인 경우를 실행해보자.

```
>> symsum(k^2,1,n)
ans =
1/3*(n+1)^3-1/2*(n+1)^2+1/6*n+1/6
```

7.3 라플라스 변환 (Laplace transform)

라플라스 변환은 시간함수 또는 선형미분방정식을 라플라스 연산자를 이용해서 대수방정식으로 변환하는 것을 말한다. 라플라스변환을 하게 되면 미분방정식의 전달함수(transfer function)가 만들어 지는데, 전달함수를 이용하여 동적시스템의 제어특성 및 운동특성들을 분석하는데 매우 유용하게 사용된다. 또한 라플라스변환과 라플라스 역변환을 이용하게 되면 미분방정식의 해도 구할 수 있다.

라플라스 변환

주어진 시간함수 f(t)가 주어졌을 때 f(t)의 라플라스 변환은 다음 식과 같이 정의된다.

$$F(s) = L[f(t)] = \int_0^\infty f(t)\, e^{-st} dt$$

위 식에서 F(s)를 시간함수 f(t)의 라플라스변환이라고 L[f(t)] 로 표기하기도 한다. 반면에 라플라스변환 L{f(t)} 혹은 F(s) 에 대한 라플라스역변환 (inverse Laplace transform)은 다음과 같이 정의된다.

$$f(t) = L^{-1}\{F(x)\} = \frac{1}{2\pi j}\int_{c-j\infty}^{c+j\infty} F(s)e^{st} ds$$

따라서 원래의 시간함수 f(t)에 라플라스변환을 수행하고, 다시 라플라스역변환을 수행하면 원래 시간함수f(t)로 되돌아온다는 것을 알 수 있다.

라플라스 변환에 대한 자세한 내용은 관련 참고서를 보기 바란다. 본 절에서는 Matlab에서 라플라스 변환과 라플라스 역변환을 어떻게 수행하는가를 배우게 된다. Matlab에서 라플라스 변환과 역변환을 위해 사용하는 함수의 이름은 각각 laplace, ilaplace이다. 라플라스 변환을 하려면 먼저 시간영역의 동적식이 필요하고 그 다음 laplace 명령어를 사용하면 라플라스 변환이 된다.

라플라스 변환

주어진 시간함수 f(t)에 대한 라플라스 변환식을 F(s)라고 하면, Matlab에서는 다음과 같은 형식을 필요로 한다.

```
>> syms t s
>> F=laplace(f,t,s)
```

예를 들어 시간함수 f(t)=-1.25+3.5*t*exp(-2*t)+1.25*exp(-2*t)의 라플라스 변환식 F(s)를 구하려면 다음과 같이 입력한다.

```
>>  syms t s
>> f=-1.25+3.5*t*exp(-2*t)+1.25*exp(-2*t);
>> F=laplace(f,t,s)

F =
 -5/4/s+7/2/(s+2)^2+5/4/(s+2)
```

위에서 구한 라플라스 변환식을 간단한 형태나 보기 좋은 분수형태로 나타내려면 simplify와 pretty명령을 사용하면 된다.

```
>> simplify(F)

ans =

(s-5)/s/(s+2)^2

>> pretty(ans)

s - 5
```

```
----------
           2
s (s + 2)
```

라플라스 변환을 구하는 다른 방법은 laplace함수내부에 바로 시간함수값을 입력해도 같은 결과를 준다.

```
>> F2=laplace(-1.25+3.5*t*exp(-2*t)+1.25*exp(-2*t))

F2 =
 -5/4/s+7/2/(s+2)^2+5/4/(s+2)
```

라플라스 역변환

라플라스 역변환은 라플라스 변환의 역방향 변환이다. 즉, 라플라스변환된 식을 원래의 시간식으로 변환하는 것을 말한다. Matlab에서의 라플라스 역변환을 하는 방법을 예를 통해서 알아보자. 앞에서 구한 라플라스 변환된 식을 이용해보자.

```
(s-5)/s/(s+2)^2
```

위 식의 라플라스 역변환을 하기 위해 아래와 같이 입력한다.

```
>> syms t s
>> F=(s-5)/(s*(s+2)^2);
>> ilaplace(F)
ans =
-5/4+(7/2*t+5/4)*exp(-2*t)
>> simplify(ans)
ans =
-5/4+7/2*t*exp(-2*t)+5/4*exp(-2*t)
```

위에서 구한 시간함수를 정리해보면 다음과 같다. 즉, 원래 시간함수로 되돌아갔다는 것을 알 수 있다.

```
f(t)=-1.25+3.5*t*exp(-2*t)+1.25*exp(-2*t)
```

[예제7.1] 다음 함수에 대한 Laplace 변환을 해석적으로 구하고, Matlab을 이용하여 확인하시오.

$$f(t) = \begin{cases} bt & 0 \le t < \infty \\ 0 & -\infty < t < 0 \end{cases}$$

▶풀이

먼저 해석적으로 풀기 위하여 다음과 같이 Laplace 변환식을 이용한다.

$$F(s) = \int_0^{\infty} f(t)e^{-st}dt = \int_0^{\infty} bt^{-st}dt$$

부분적분 공식을 이용하여 다음과 같이 부분적분을 할 수 있다.

$$\rightarrow \mathrm{F(s)} = \mathrm{b}\int_0^{\infty} \mathrm{te^{-st}dt} = \mathrm{bt}\frac{\mathrm{e^{-st}}}{-\mathrm{s}}\Big|_0^{\infty} - \mathrm{b}\frac{1}{-\mathrm{s}}\int_0^{\infty}(1)\mathrm{e^{-st}dt}$$

$$= 0 + \frac{\mathrm{b}}{\mathrm{s}}\int_0^{\infty}\mathrm{e^{-st}dt} = \frac{\mathrm{b}}{\mathrm{s}}\frac{\mathrm{e^{-st}}}{\mathrm{s(-s)}}\Big|_0^{\infty} = 0 - \frac{\mathrm{b}}{\mathrm{s(-s)}} = \frac{\mathrm{b}}{\mathrm{s^2}}$$

이번에는 Matlab 의 laplace 명령어를 이용하여 위 함수의 라플라스변환을 수행해보자.

```
syms b,t;
f = b*t;
ans = laplace(f)
```

결과값은 다음과 같다.

```
ans =
b/s^2
```

7.4 푸리에 변환 (Fourier transform)

일반적으로 공학에서 다루는 신호나 물성들은 시간에 따라 변하는 값이다. 기계적인 장치나 전기적인 신호의 특성을 분석하기 위해서 동적식인 미분방정식을 구해야한다. 이와 같이 시간영역에서는 복잡한 식도 주파수영역으로 변환을 하게 되면 간단한 식으로 나타나는 경우가 많다. 따라서 시간영역에서는 복잡한 신호나 물성의 변화도 주파수영역에서는 좀 더 간단하게 분석할 수 있다는 장점이 있다.

푸리에 변환은 시간축 상에서의 신호, 즉 시간의 진행에 따라 변하는 함수나 신호 등을 주파수영역의 신호로 변환하는 것을 말한다. 아래의 신호는 꽤 복잡한 신호처럼 보인다.

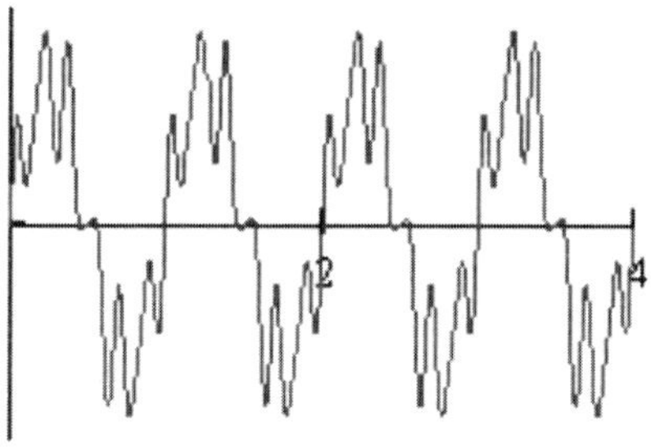

[그림7.2] 시간영역에서의 일반적인 신호의 예

하지만, 위 신호를 분리해 보면 아래와 같이 3개의 신호의 조합임을 알 수 있다. 즉, 3개의 다른 진폭과 주파수를 갖는 조합된 신호임을 알 수 있다.

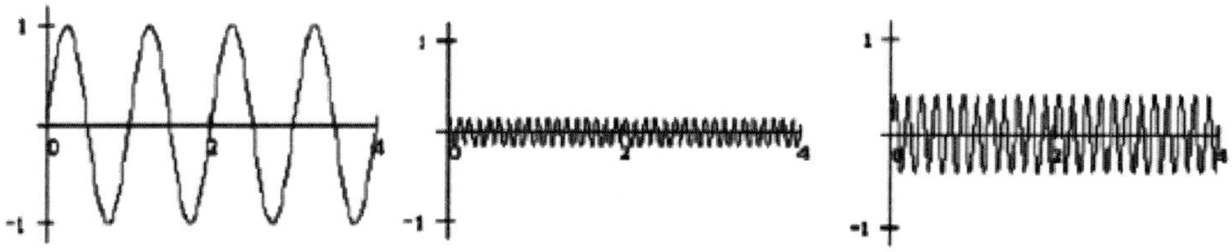

[그림7.3] 신호를 정현파 신호로 분리한 경우

아래 그림은 주어진 신호를 시간영역에서 분석하는 것과 주파수영역에서 분석하는 경우의 차이점을 잘 나타내고 있다. 즉, 시간 영역에서는 전체적으로 섞여있는 신호 (혹은 기계적인 응답특성 등)들이 시간이 지나감에 따라 어떠한 특징을 갖는지를 분석하는데 유용할 것이다. 반면에 주파수영역에서 분석은 전체적인 신호나 기계적인 응답에 어떠한 주파수 성분들이 포함되어 있는지를 분석하고, 경우에 따라 원하지 않는 주파수 대역을 필터를 이용해서 제거

할 수도 있을 것이다.

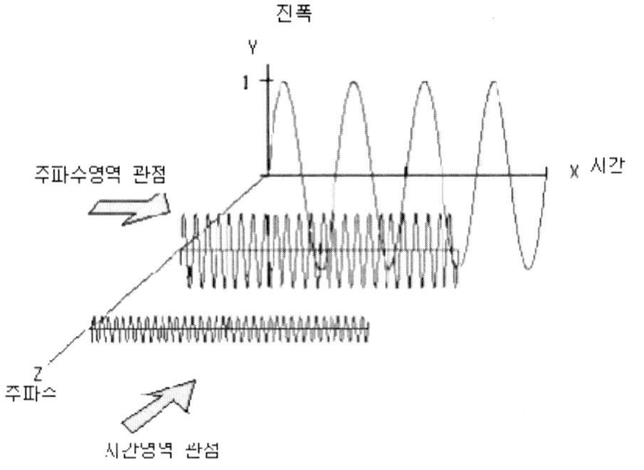

[그림7.4] 신호의 시간영역과 주파수영역에서 분석한 경우 신호의 특성

아래 그림은 주파수 영역에서 분석한 결과를 나타낸다. 즉, 입력된 신호가 어떤 주파수에서 얼마나 강한 진폭을 갖고 있는지를 잘 설명하고 있다.

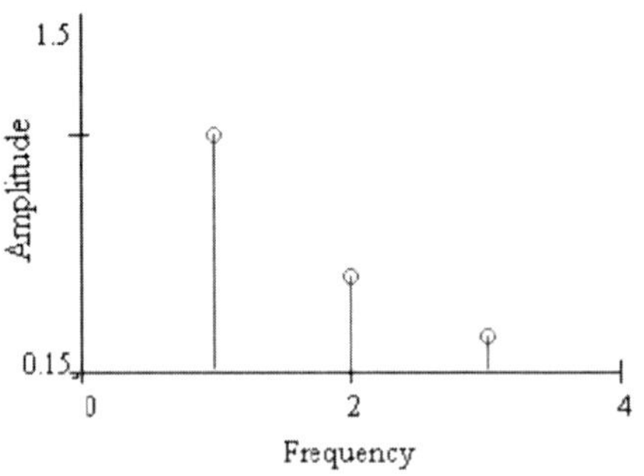

[그림7.5] 주파수 영역에서 분석한 신호의 결과

푸리에변환이 갖는 기본적인 개념은 모든 파형은 단순한 정현파의 합으로 표현할 수 있다. 그리고 일반적인 신호는 복합적인 여러 성분을 가지며, 이를 부분적으로 표현하는 서로 다른 주파수를 가진 정현파의 분해 합으로 표현이 가능하다는 것이다.

시간영역에서의 식 f(t)에 대한 푸리에변환은 다음식과 같다.

$$F(w) = \int_{-\infty}^{+\infty} f(t) e^{-jwt} dt$$

반면에, 푸리에변환된 식에서 원래의 시간영역식을 구하려면 다음과 같이 역 푸리에 변환을 한다.

$$f(t) = \frac{1}{2\pi} \int_{-\infty}^{+\infty} F(w) e^{jwt} dw$$

이산 푸리에 변환(Discrete Fourier Transform, DFT)

이산 푸리에 변환(또는 DFT)은 푸리에 변환을 컴퓨터로 구현하기에 적합하도록 수치적으로 계산 가능한 변환이다. 이상상태의 푸리에변환과 역 푸리에변환은 다음식과 같다.

$$F(u) = \frac{1}{N} \sum_{x=0}^{N-1} f(x) \exp[-j2\pi ux/N], \quad u = 0, 1, \ldots N-1$$

$$f(x) = \frac{1}{N} \sum_{u=0}^{N-1} F(u) \exp[j2\pi ux/N], \quad x = 0, 1, \ldots N-1$$

고속 푸리에 변환(Fast Fourier Transform, FFT)

DFT는 긴 신호에 대해서 수치적 계산은 엄청난 시간이 걸린다. 그러므로 여러 가지 알고리즘이 효율적으로 DFT를 계산하기 위해 개발되어 왔다. 이들은 하나로 묶어서 고속 푸리에 변환(또는 FFT) 알고리즘으로 부른다. FFT는 이산푸리에변환(DFT)의 계산량을 줄이는 알고리즘으로써, 1965년 Tukey와 Cooley에 의해 개발되었다. 대부분의 신호처리에 있어서 계산량을 줄이기 위해 고속푸리에변환 알고리즘을 사용하고 있다. FFT 알고리즘은 DFT에서 exp 성분은 회전각에 따른 값이므로 주파수 성분에 따라 u값이 바뀔 때 반복 사용되는데 이 부분의 반복성을 줄인 알고리즘이며 다음 식과 같다.

$$F(u) = \frac{1}{N} \sum_{x=0}^{N-1} f(x) \exp[-j2\pi ux/N] = \frac{1}{N} \sum_{x=0}^{N-1} f(x) W_N^{ux}$$

Matlab을 이용한 FFT

주어진 신호에 대해 푸리에변환을 수행하기위해 Matlab에서는 fft 명령어를 사용한다. fft의 기본형식은 다음과 같다.

fft(x(n)

또는

fft(x(n), N)

위 함수에서 x는 푸리에변환을 하고자하는 신호이며, N은 푸리에변환식에서 급수의 수이다. N의 크기는 입력신호의 샘플 수 n 보다는 큰 값이어야 한다.

[예제7.2] Matlab을 이용하여 신호를 시간영역에서 그린 그래프이다 그리고, 주파수영역에서 FFT 변환을 나타내어라. 여기서 주파수 f=4Hz 이다.

▶풀이

먼저, 시간영역에서 그래프를 그리기위해 다음과 같이 코드를 작성하였다.

```
fo = 4;    %frequency of the sine wave
Fs = 100; %sampling rate
Ts = 1/Fs; %sampling time interval
t = 0:Ts:1-Ts; %sampling period
n = length(t); %number of samples
y = 3*sin(2*pi*fo*t); %the sine curve

%plot the cosine curve in the time domain
plot(t,y)
xlabel('time (seconds)')
ylabel('y(t)')
title('Sample Sine Wave')
grid
```

아래 그림은 원래 신호를 시간영역에서 그린 그래프이다.

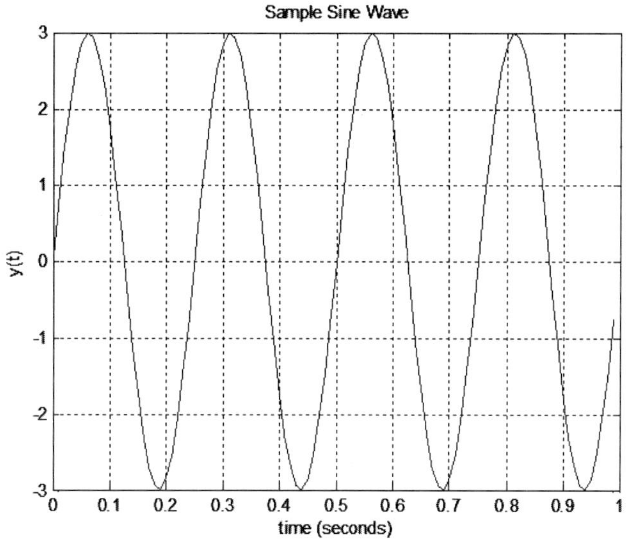

[그림7.6] 주어진 신호의 시간영역 그래프

즉, 위 그래프는 진폭이 3이고, 주파수는 4Hz인 사인파형이다. 그리고 다른 주파수 값은 존재하지 않는다. 이제 Matlab의 fft명령을 사용하여 FFT변환을 수행해보자.

```
>>fft(y)

  Columns 1 through 5

   0.0000     -0.0000 + 0.0000i   -0.0000 - 0.0000i    0.0000 + 0.0000i   -0.0000
  -150.0000i
………………………………..

Columns 96 through 100

  0.0000 + 0.0000i   -0.0000 + 150.00i    0.0000 - 0.0000i   -0.0000 + 0.0000i
  -0.0000 - 0.0000i
```

FFT변환을 수행하면 위와 같이 100개의 복소수 데이터가 생성된다.

복소수는 크기와 위상(각도)정보를 담고 있다. 즉 fft 함수가 각 주파수의 $A\cos(2\pi f+\theta)$의 A와 θ의 정보를 복소수 형태로 돌려준 것이다. 여기서, 우리는 어떤 주파수가 있고 진폭이 얼마인가에 관심이 있으므로 A값을 아는 것이 중요하다. MATLAB에서 복소수의 크기(Megnitude)를 돌려주는 함수는 abs 이다. 크기 A를 그래프로 그려보기 위해 다음과 같이 코드를 작성해보자.

```
%plot the frequency spectrum using the MATLAB fft command

YfreqDomain = fft(y); %take the fft of our sin wave, y(t)

stem(abs(YfreqDomain));  %use abs command to get the magnitude

xlabel('Sample Number')
ylabel('Amplitude')
title('Using the Matlab fft command')
gridon
axis([0 100 0 200]) %resizing axis size
```

결과 그래프는 다음과 같다.

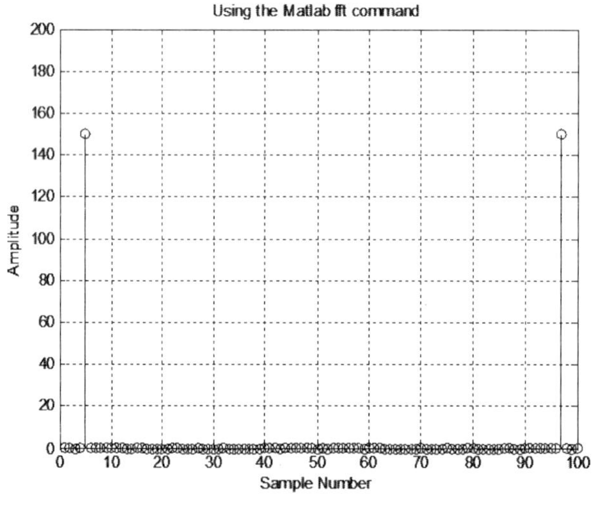

[그림7.7] FFT변환 후의 진폭 정보

하지만, 위 그래프는 우리가 기대하는 정보 즉, 4Hz에서 진폭이 3이라는 정보를 제공하지 않고 peak점도 2군데나 생겼다. 이러한 이유를 살펴보자. 첫 번째로 x축이 맞지 않는 이유는 우리가 FFT한 y에 시간정보가 담겨져 있지 않기 때문이다. 예를 들어 >>plot(y) 명령을 주면 x축은 [1 100] 구간을 제시해준다. x축이 맞지 않기 때문에 수동으로 x축을 수정해 주어야한다. 두 번째로 y축을 Nomalize해주기 위해 sample수로 나주어 주어야한다. 마지막으로, Cosine은 y축에 대칭이다. 즉, cos(-1) = cos(1). 그래서 대칭된 2개의 Peak를 돌려준다. 위의 그래프는 그래프의 정 중앙을 중심으로 서로 대칭이다. 따라서 각각의 피크는 +4Hz와 -4Hz로 예상할 수 있다. 대개의 경우 + 주파수 값을 사용하므로 반은 잘라서 버려버리고 +주파수만 고려하면 된다. 그런데 반으로 잘라 버리면 문제가 발생하게 된다. 예를 들어 3 = 1.5*cos(2π*4) + 1.5*cos(-2π*4) (주파수는 4Hz)인데 대칭이니까 1.5*cos(-2π*4)성분을 버려 버리면 4Hz의 기여도가 1/2로 줄어들어 버리게 된다. 그래서 Normalize한 y값에 2를 곱해주어야 한다.

이제 교정된 그래프를 그려볼 차례이다. 먼저, positiveFFT.m 이라는 함수를 다음과 같이 만들어두자.

```
function  [X,freq]=positiveFFT(x,Fs)
  N=length(x);%getthenumberofpoints
  k=0:N-1;       %createavectorfrom0toN-1
 T=N/Fs;        %getthefrequencyinterval
  freq=k/T;     %createthefrequencyrange
  X=fft(x)/N*2;%normalizethedata

  %onlywantthefirsthalfoftheFFT,sinceitisredundant
  cutOff=ceil(N/2);

  %takeonlythefirsthalfofthespectrum
  X=X(1:cutOff);
  freq=freq(1:cutOff);
```

위 코드에서 ceil함수는 올림을 해주는 함수이다. 예를 들어 ceil(4.2)를 실행하면 올림이

되어서 5가 된다.

이제 Matlab 명령창에서 아래의 코드를 실행해보자.

```
[YfreqDomain,frequencyRange] = positiveFFT(y,Fs);
stem(frequencyRange,abs(YfreqDomain));
xlabel('Freq(Hz)')
ylabel('Amplitude')
title('UsingthepositiveFFTfunction')
gridon
axis([0,20,0,5])
```

아래 그림은 우리가 원하는 결과그래프이다. FFT 결과 원래 시간함수는 주파수가 4이고 진폭이 3인 주기함수라는 것을 알 수 있다.

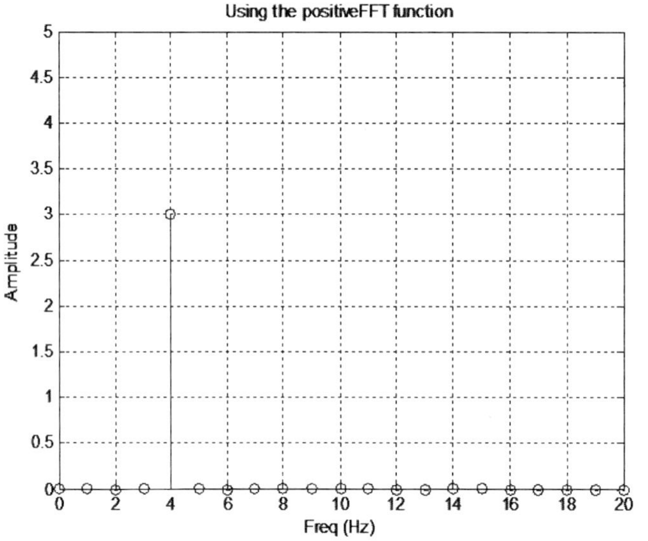

[그림7.8] FFT 변환 후의 주파수 및 진폭 정보

[예제7.3] y = 3*sin(4*2*pi*t) + 5*sin(2*2*pi*t) 를 시간영역에서 그래프를 그리고, 주파수영역에서 FFT 변환을 하여 진폭스펙트럼을 나타내어라.

▶풀이

시간영역에서 그래프를 작성하기위해 아래와 같이 코드를 작성하였다.

```
fo = 4;    %frequency of the sine wave
Fs = 100; %sampling rate
Ts = 1/Fs; %sampling time interval
t = 0:Ts:1-Ts; %sampling period
n = length(t); %number of samples
y = 3*sin(4*2*pi*t) + 5*sin(2*2*pi*t); %the sine curve

%plot the cosine curve in the time domain
plot(t,y)
xlabel('time (seconds)')
ylabel('y(t)')
title('Sample Sine Wave')
grid
```

아래 그림은 결과 그래프이다.

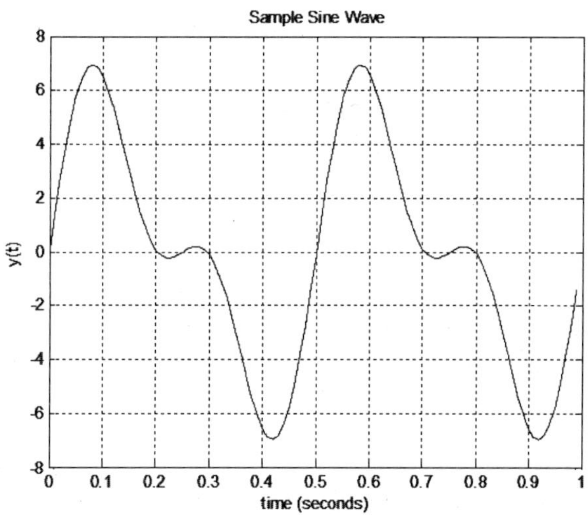

[그림7.9] y = 3*sin(4*2*pi*t) + 5*sin(2*2*pi*t) 의 시간영역 그래프

```
[YfreqDomain,frequencyRange] = positiveFFT(y,Fs);
stem(frequencyRange,abs(YfreqDomain));
xlabel('Freq(Hz)')
ylabel('Amplitude')
title('UsingthepositiveFFTfunction')
gridon
axis([0,20,0,6])
```

아래 그림은 결과그래프이다. FFT 결과이다. 원래 시간함수는 주파수가 2이고 진폭이 5인 주기함수, 그리고 주파수가 4이고 진폭이 3인 주기함수가 결합되어있음을 알 수 있다.

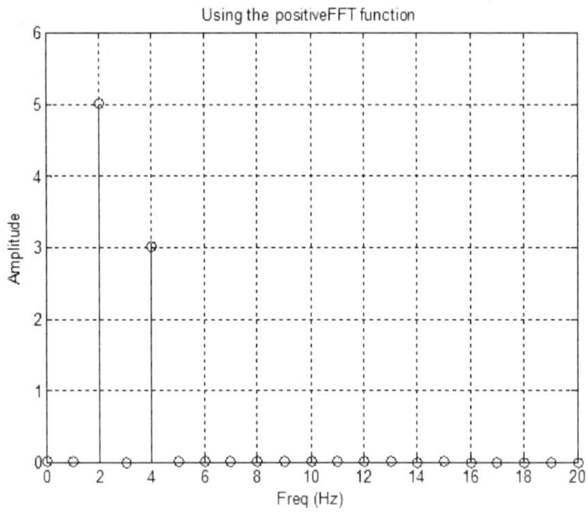

[그림7.10] FFT 분석결과 그래프

[예제7.4] y = 3*sin(4*2*pi*t) + 5*sin(2*2*pi*t) 에 잡음을 추가하였다. 시간영역에서 그래프를 그리고, 주파수영역에서 FFT 변환을 하여 진폭스펙트럼을 나타내어라.

▶풀이

시간영역에서 그래프를 작성하기위해 아래와 같이 코드를 작성하였다.

```
fo = 4;    %frequency of the sine wave
```

```
Fs = 100; %sampling rate
Ts = 1/Fs; %sampling time interval
t = 0:Ts:1-Ts; %sampling period
n = length(t); %number of samples
noise = randn(1,size(y,2)); % 잡음 생성
y = 3*sin(4*2*pi*t) + 5*sin(2*2*pi*t)+noise; %the sine curve

%plot the cosine curve in the time domain
plot(t,y)
xlabel('time (seconds)')
ylabel('y(t)')
title('Sample Sine Wave')
grid
```

결과 그래프는 다음과 같다.

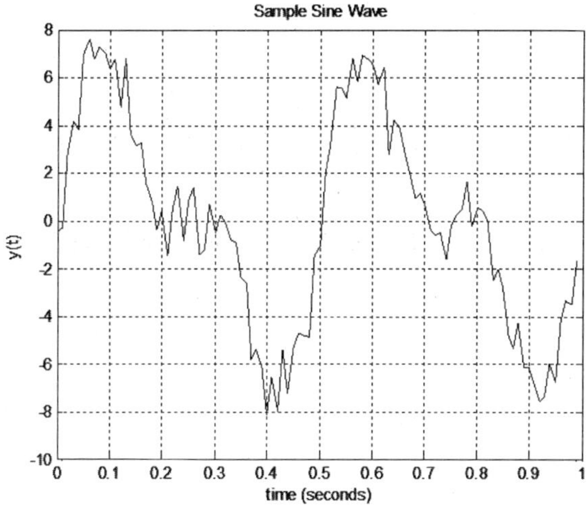

[그림7.11] y = 3*sin(4*2*pi*t) + 5*sin(2*2*pi*t)에 잡음을 추가한 그래프

```
[YfreqDomain,frequencyRange] = positiveFFT(y,Fs);
stem(frequencyRange,abs(YfreqDomain));
xlabel('Freq(Hz)')
```

```
ylabel('Amplitude')
title('UsingthepositiveFFTfunction')
gridon
axis([0,20,0,6])
```

아래 그래프에서 보는 바와 같이 원래 신호에 다양한 주파수의 잡음이 묻어있음을 알 수 있다. 그리고 원래의 신호 (주파수가 2, 4 Hz)도 진폭에 변화가 생겼다.

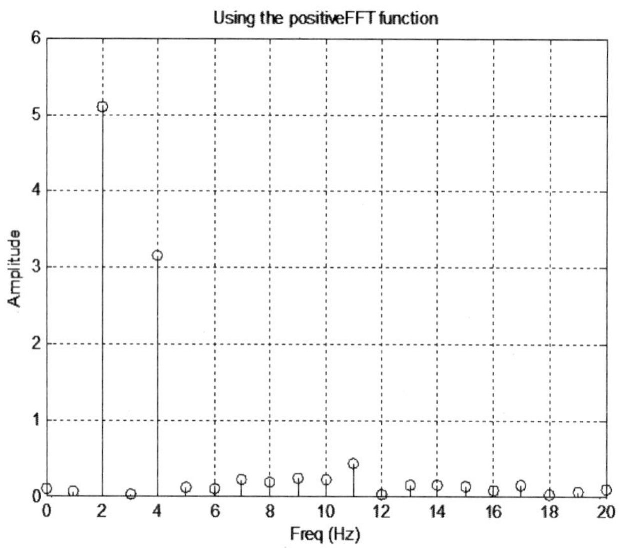

[그림7.12] FFT 분석결과 후 주파수 및 진폭 그래프

8 Chapter

Matlab의 GUI 활용

8.1 guide 툴을 이용한 GUI 프로그램 작성방법

Matlab에서 GUI(Graphic user interface)를 활용하려면 guide 툴을 사용한다. guide를 사용하면 버튼, 텍스트, 슬라이드, 그림화면 등 다양한 GUI 컴포넌트들을 쉽게 구현할 수 있다. 간단한 예를 수행하면서 GUI 화면을 구성하고 실행하는 방법을 이해하도록 하자. 이 예의 목표는 다음과 같은 GUI화면을 구성하는 것이다. 즉, Matlab에서 제공하는 3차원 곡면 데이터인 peaks, membrane, sinc를 버튼의 선택에 따라 surf, mesh, 그리고 contour 형태로 그리는 것이다. 참고로, peaks, membrane, sinc의 그래프를 보고 싶으면 matlab 명령창에서 각각의 이름을 입력하면 그림을 볼 수 있다.

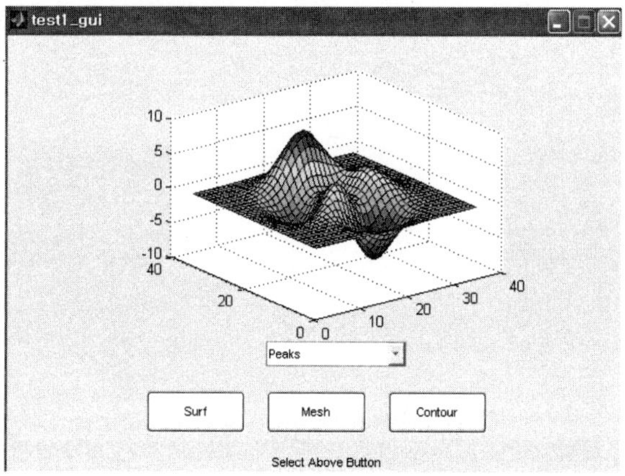

단계별로 수행하여 위 화면을 구성해 보도록 하겠다.

단계1

Matlab 명령창에서 다음과 같이 guide 명령을 입력하면

>>guide

아래와 같이 GUIDE Quick Start 화면이 나타난다.

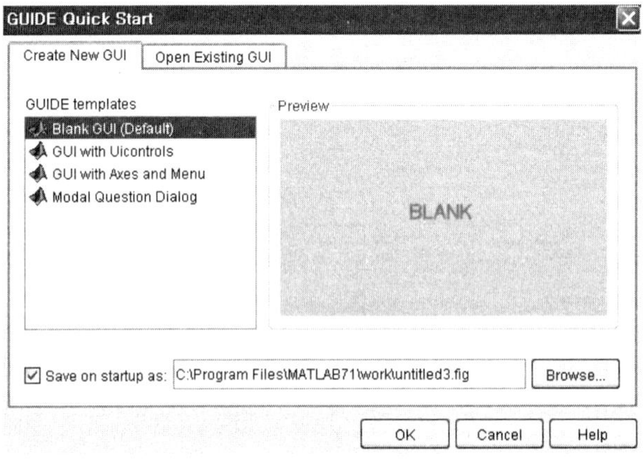

위 화면에서 Blank GUI(Default) 탬퍼릿을 선택하고 하단에 있는 OK 버튼을 클릭하면 아래와 같이 fig창이 나타난다.

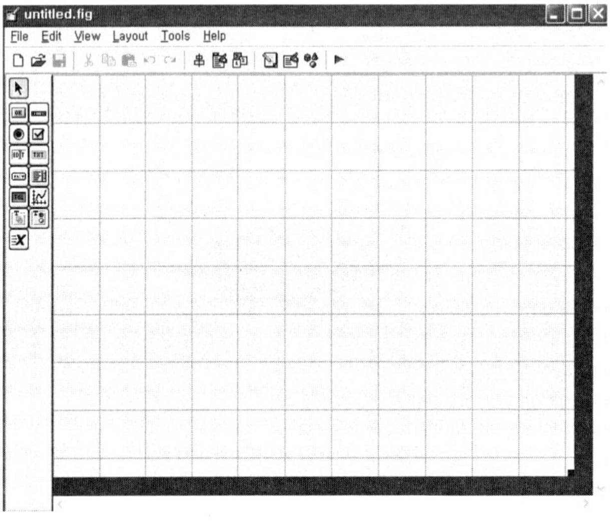

왼쪽 부분에 많은 도구모음이 있는데 각 도구들의 명칭을 눈으로 쉽게 보고 싶으면 File 메뉴의 Preferences 를 선택해서 GUIDE > Show names in component palette를 클릭하면 아래 창과 같이 도구의 기호 및 명칭이 같이 나타나므로 작업하기가 쉽다.

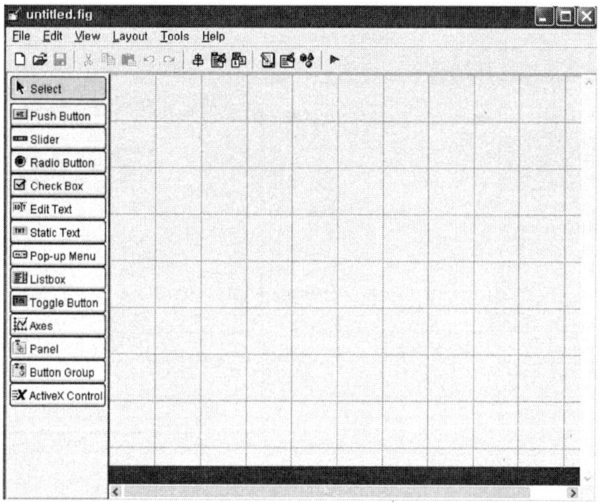

단계2

작업창에 필요한 컴포넌트를 옮겨 놓는다.

아래 창과 같이 axes1 컴포넌트를 그리고자 한다면 왼쪽의 Axes 메뉴를 클릭한 다음 화면에서 마우스를 이용하여 위치 및 크기를 알맞게 그릴 수 있다. 같은 방법으로 Pop-up Menu, Push Button 및 StaticText를 배치하여 그렸다.

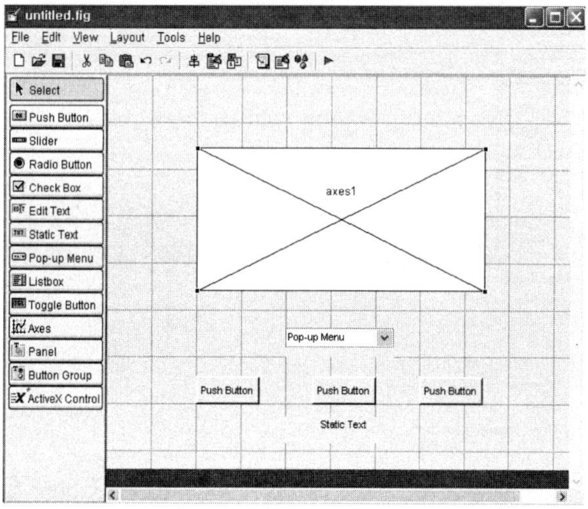

배치한 간격이 마음에 들지 않으면 자동적으로 정렬을 할 수 있는데, 위 그림에서 Push Button의 수평간격을 적당하게 좁히고 싶다면, 키보드에서 Ctrl 키를 누른 상태에서 3개의 Push Button 을 클릭한 다음 Tools 메뉴의 Align Objects를 클릭해서 수평간격을 원하는 형태로 위치로 정렬할 수 있다.

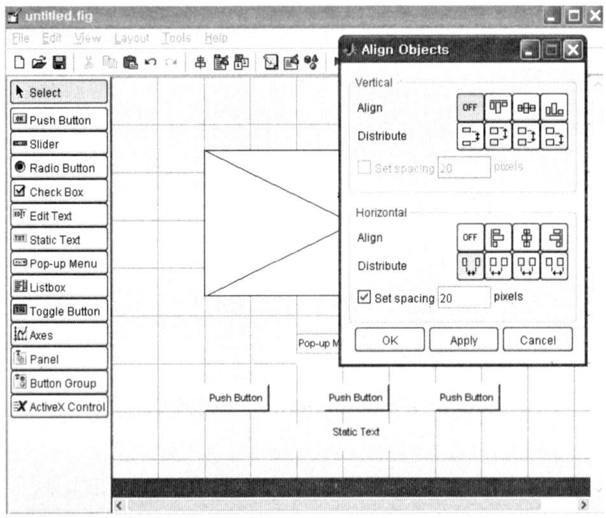

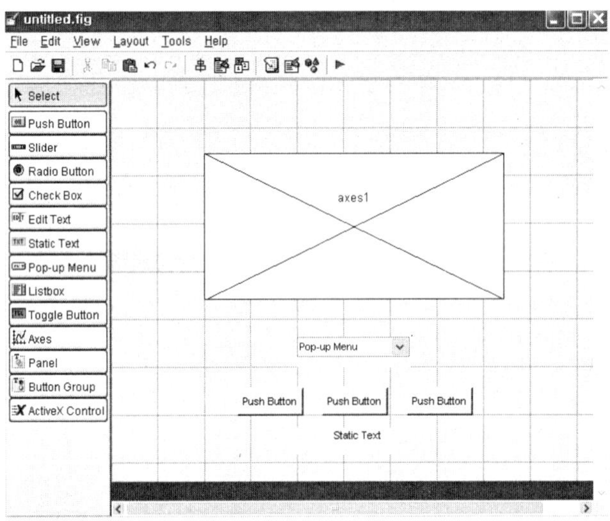

단계3

각 컴포넌트에 이름을 부여한다.

먼저, 3개의 Push Button에 이름을 부여해 본다. 왼쪽 Push Button 을 클릭한 다음 View

메뉴의 Property Inspector를 선택한다. 여러 항목이 보이는데 String 항목의 오른쪽에 Surf 라고 입력한 후 엔터키를 치면 아래와 같이 Push Button의 이름이 Surf로 바뀌게 된다. 같은 방법으로 Mesh, Contour 이름을 넣고, Static Text에도 Select Above Button 이라고 이름을 바꾸어보자.

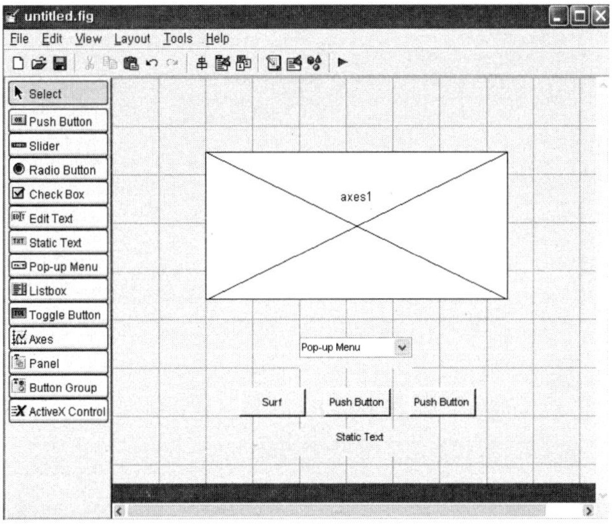

그러면 화면은 다음과 같이 바뀌게 된다.

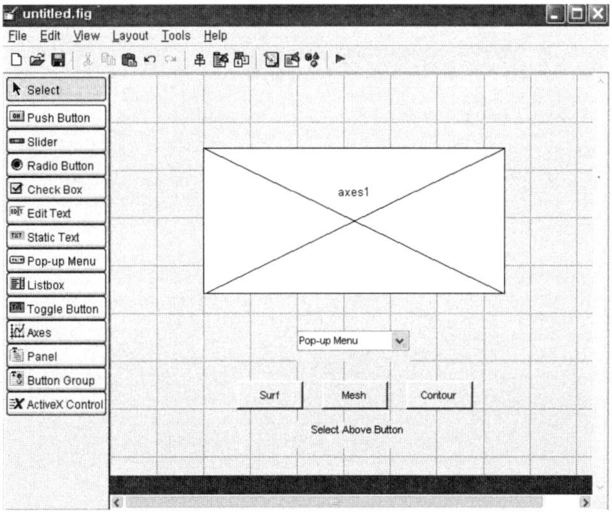

이제 Pop-up Menu를 변경하고자 한다. Pop-up Menu에서 3개의 data 형태 (peaks, membrane, sinc)를 선택할 수 있도록 변경한다. 메뉴를 클릭하고 View메뉴의 Property Inspector를 선택하

고, String 항목에서 가운데 기호부분을 누르면 편집창이 나타나는데 아래와 같이 입력한 후 OK 버튼을 누른다.

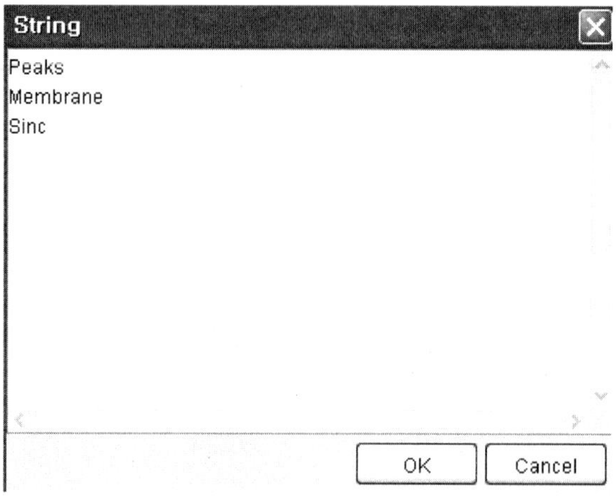

단계4

작성한 작업창을 저장한다.

작업창의 File>Save As를 선택하고 파일이름을 저장한다. 예를 들어 파일이름을 test1_gui 라고 저장한 후에 Tools>Run을 클릭하면 다음과 같은 창의 모습을 보게 된다.

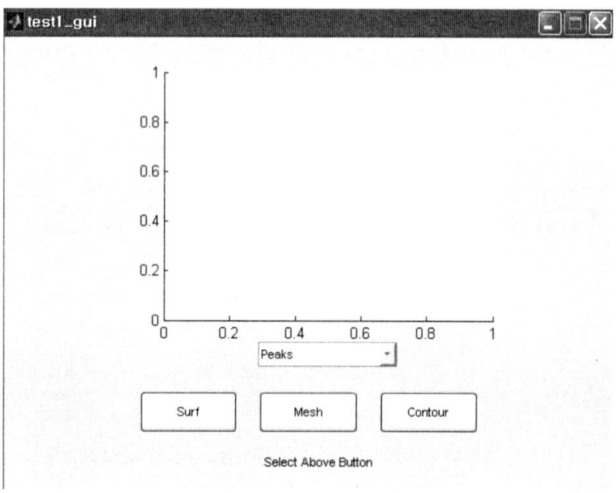

그리고 자동적으로 test1_gui.m 파일이 생성된다.

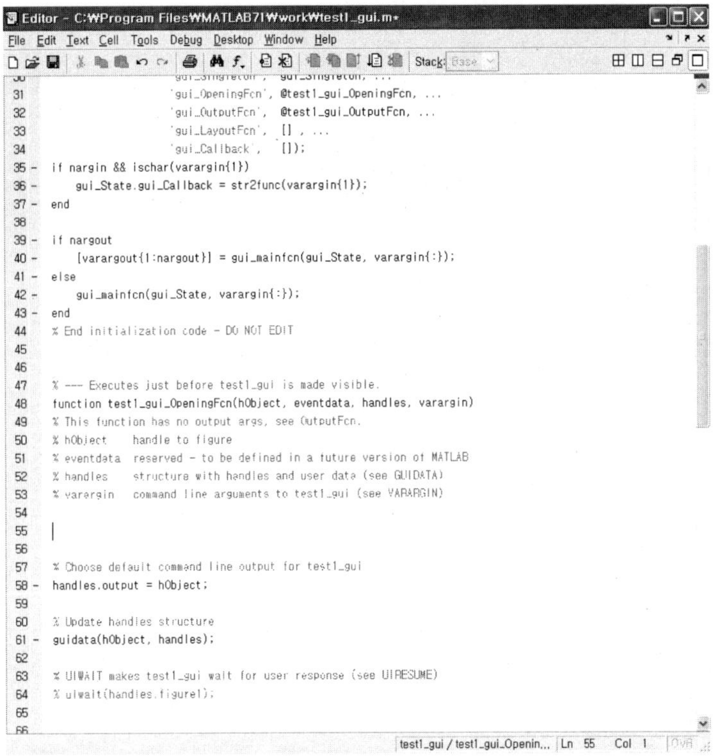

단계5

test1_gui.m 파일에 필요한 코드를 더해 준다.

test1_gui.m에서 f 메뉴의 test1_gui_OpeningFcn을 다음과 같이 선택한다.

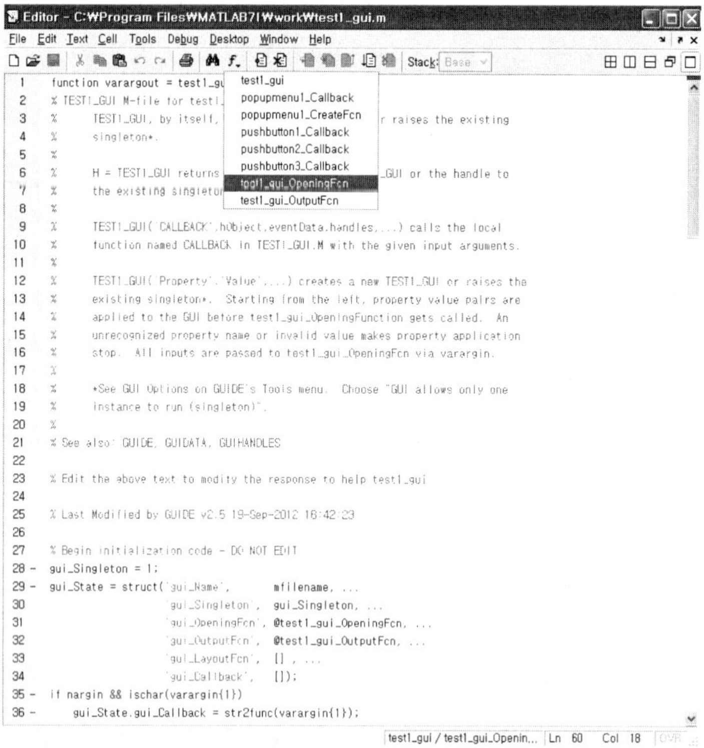

그러면 커서가 관련 함수부분으로 이동한다. 그런 다음 % varargin...으로 시작되는 주석문(comment문) 다음 줄에서부터 아래와 같이 코드를 입력한다.

```
% Create the data to plot.
handles.peaks=peaks(35); % Matlab 함수 peaks의 35x35 행렬데이터를 핸들에 저장
handles.membrane=membrane; % Matlab 함수 membrane의 데이터를 핸들에 저장
[x,y] = meshgrid(-8:.5:8);
r = sqrt(x.^2+y.^2) + eps; % eps=2.2204e-016으로 r=0됨을 방지
sinc = sin(r)./r;
handles.sinc = sinc; % sinc 데이터를 핸들에 저장

% Set the current data value.
handles.current_data = handles.peaks;
surf(handles.current_data)
```

위 코드에서 Matlab 함수인 peaks, membrane 및 sinc의 데이터를 생성하고, 이 데이터를 핸들(handle) 구조로 저장된다. 핸들구조로 저장된 데이터 들은 callback 요청이 있으면 변수값이 전달된다. 예를 들어 push button에 대한 callback이 있으면 해당 핸들로부터 데이터가 읽혀진다.

위 코드 끝의 2 문장은 디폴트 데이터로 peaks 함수의 데이터를 사용한다는 것을 말한다. 즉, 실행했을 때 초기화면에 peaks 함수의 데이터를 surf형태로 보여준다.

Pop-Up 메뉴 제어 코드입력

팝업메뉴에서는 사용자가 그리고자 하는 데이터를 선택하게 해준다. 특정 데이터를 선택하면 Matlab은 해당 string의 목록(index)에 팝업메뉴의 value를 할당한다. 그리고 팝업메뉴의 callback 요청이 있으면 팝업메뉴의 Value property를 읽어서 현재 데이터를 요청된 데이터로 바꾸어준다.

본 예제에서는 3개의 함수 데이터 (peaks, membrane, sinc) 중에서 그려야 할 데이터를 선택할 수 있다.

먼저, test1_gui.fig 창의 View 메뉴에서 View Callbacks/Callback을 선택하면 test1_gui.m 파일의 팝업 관련 부분인 popupmenu_Callback 함수로 커서가 옮겨져 있다. 여기서, %handles structure with handles and user data (see GUIDATA) 다음 부분부터 아래 코드를 삽입한다.

```
% Determine the selected data set.
str = get(hObject, 'String');
val = get(hObject,'Value');

% Set current data to the selected data set.
switch str{val};
case 'Peaks' % User selects peaks.
handles.current_data = handles.peaks;
case 'Membrane' % User selects membrane.
handles.current_data = handles.membrane;
case 'Sinc' % User selects sinc.
handles.current_data = handles.sinc;
```

```
end

% Save the handles structure.
guidata(hObject,handles)
```

위 코드는 2개의 팝업메뉴 관련 성질인 String, Value를 사용하고 있다. String은 메뉴의 내용을 저장하고 있는 배열값이며, Value는 선택된 데이터 메뉴의 목록값(index)을 말한다.

Push Button 메뉴 제어 코드입력

마찬가지로 누름버튼 Surf에 해당하는 코드를 입력하기 위해 Surf 버튼을 클릭한 후 View 메뉴를클릭한 다음 **View Callbacks > Callback을 선택한다.** 그리고, % handles structure with handles and user data (see GUIDATA) 다음 부분부터 아래 코드를 삽입한다.

```
% Display surf plot of the currently selected data.
surf(handles.current_data);
```

같은 방법으로 Mesh버튼을 클릭한 후 View메뉴를클릭한 다음 **View Callbacks > Callback 을 선택한다**. 그리고, % handles structure with handles and user data (see GUIDATA) 다음 부분부터 아래 코드를 삽입한다.

```
% Display mesh plot of the currently selected data.
mesh(handles.current_data);
```

Contour 버튼에 대해서도 해당하는 위치에 각각 다음과 같이 코드를 삽입한다.

```
% Display contour plot of the currently selected data.
contour(handles.current_data);
```

단계6

test1_gui.m 파일을 저장한다. 그리고 test1_gui.fig 작업창의 Tools/Run을 선택하면 다음과 같이 Peaks 함수 데이터에 대한 surf형식의 그래프를 볼 수 있다.

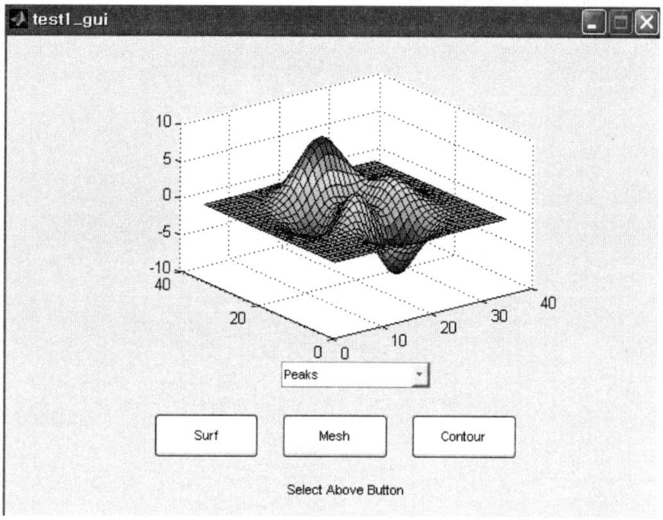

아래 그림은 Peaks 함수를 mesh형태와 contour 형태로 그린 그림이다.

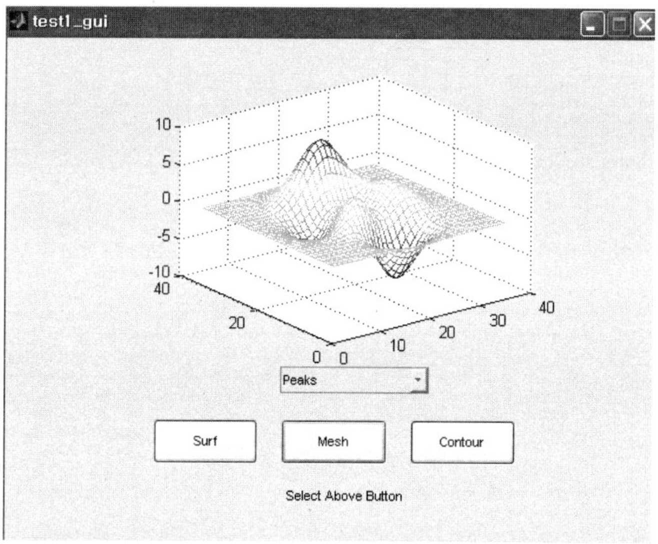

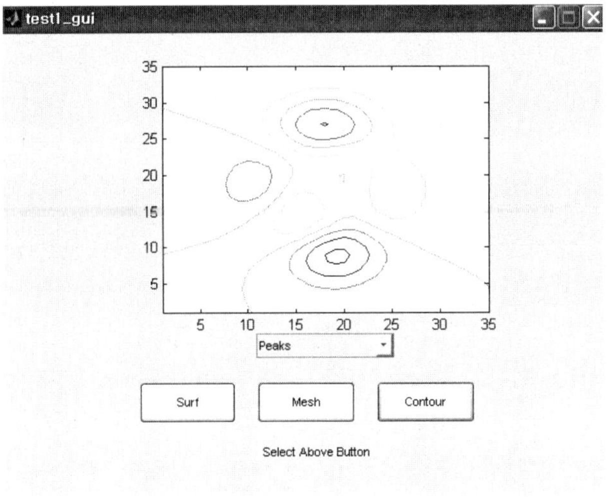

같은 방법으로 membrane및 sinc함수에 대하여 그래프를 보고 싶으면 팝업메뉴에서 membrane 혹은 sinc를 선택하면 된다. 아래 그림은 membrane 함수를 surf형태로 그린 그림이다.

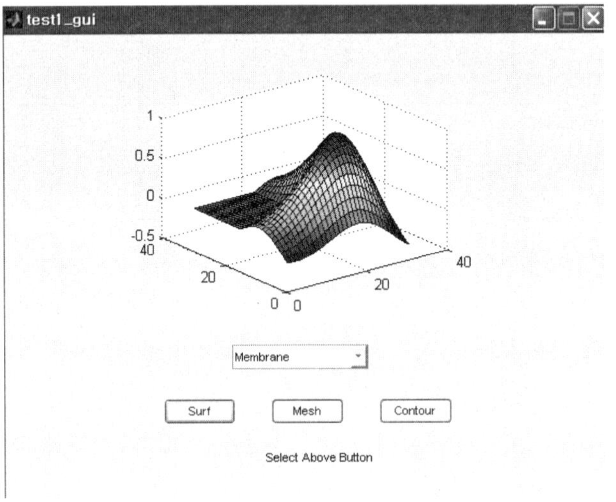

Matlab을 종료한 후에 test1_gui.fig와 test1_gui.m파일을 불러와 실행하려면 Matlab 명령창에서

```
>>guide
```

를 입력하고 open existing gui를 선택하여 test1_gui.fig를 클릭하면 된다.

8.2 GUI를 이용한 덧셈 계산하기

Matlab GUI를 이용하여 다음과 같이 간단하게 덧셈을 수행하는 GUI 프로그램을 작성하여 보자.

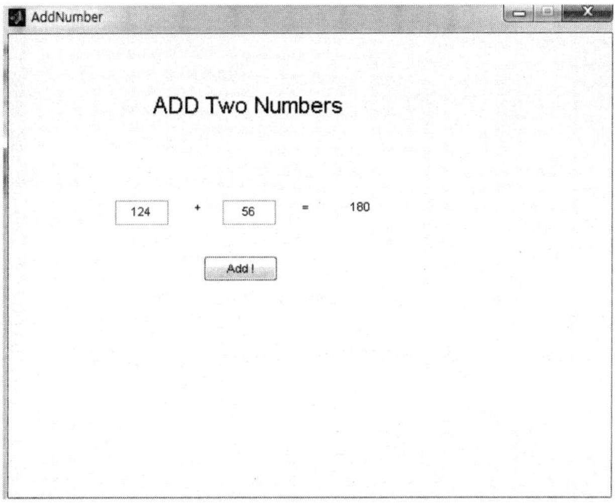

위 GUI 프로그램은 원하는 두 값을 입력하고 Add! 버튼을 누르면 덧셈을 계산하는 프로그램이다. 프로그램의 작성방법을 다음과 같이 단계별로 설명하였다.

단계1

Matlab을 열고 명령창에서 명령어 guide를 입력한다. 그리고, Create New GUI> Blank GUI(default) 를 선택한다.

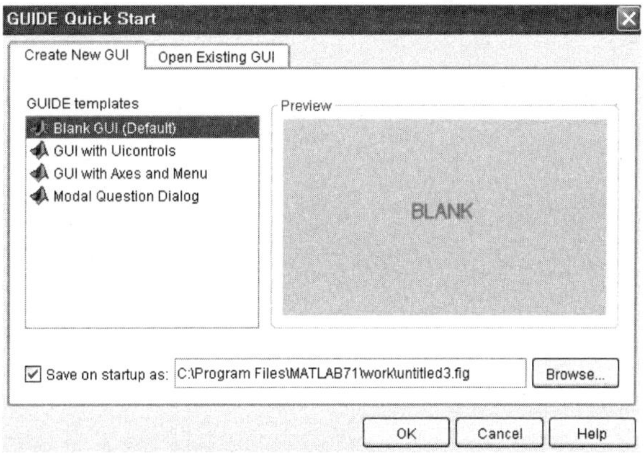

그러면 다음과 같이 untitled.fig 창이 나타난다.

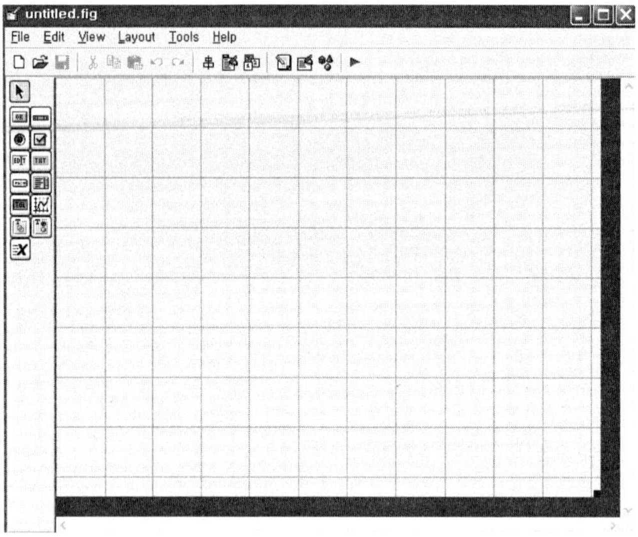

단계2

덧셈을 수행하는 GUI를 작성하려면 다음과 같은 요소를 갖추어야 할 것이다.

-2개의 Edit Text 요소

-4개의 static text 요소

-2개의 Push Button 요소

untitled.fig 창에서 왼쪽의 툴바에서 해당되는 요소를 마우스로 드래그하여 아래와 같이 임시로 배열한다.

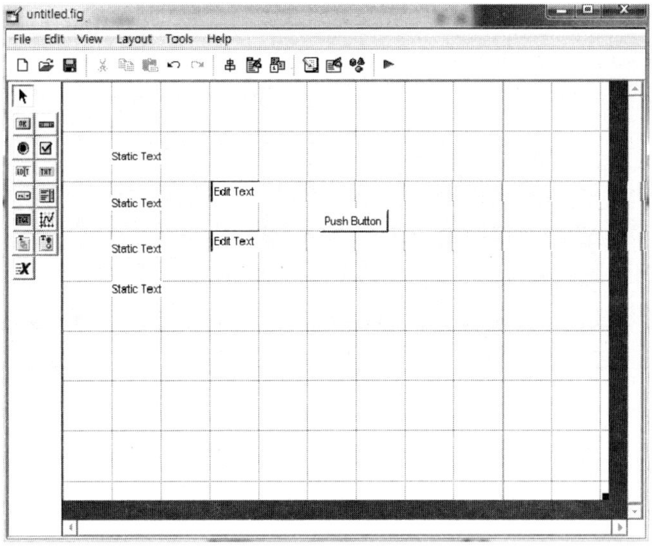

단계3

각 요소들의 성질 (properties)을 할당한다.

먼저, 첫 번째 Static Text 요소를 더블클릭하여 String 우측부분을 아래 그림과 같이 + 로 변경한다. 같은 방법으로 두번째 Static Text 요소는 = 으로 변경하고, 3번째는

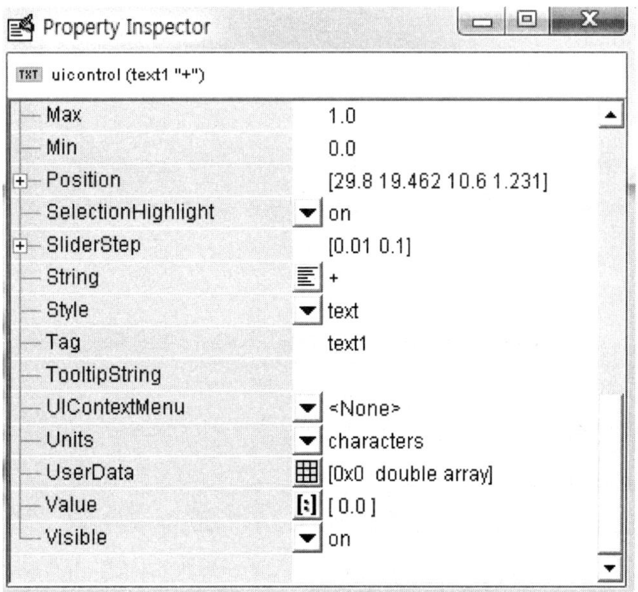

같은 방법으로 두 번째 Static Text 요소는 = 으로 변경하고, 3번째 요소는 ADD Two Numbers 로 변경한다. 마지막 Static Text 요소는 String의 우측을 0으로 변경하고, tag의 우측을 answer_staticText로 변경해 놓는다.

이제 2개의 Edit Text 요소의 성질을 설정하도록 하자. 첫 번째 요소를 더블클릭하여 String 파라메터를 0으로 설정하고, Tag 파라메터는 input1_editText로 입력한다. 같은 방법으로, 두 번째 요소를 더블클릭하여 String 파라메터를 0으로 설정하고, Tag 파라메터는 input2_editText로 입력한다.

마지막으로 Push Button 요소를 설정하면 되는데, String 파라메터를 Add!로 설정하고, Tag 파라메터에는 add_pushbutton으로 입력한다. 그리고 다음과 같은 모습이 되도록 각 요소를 적절하게 정렬할 수 있을 것이다.

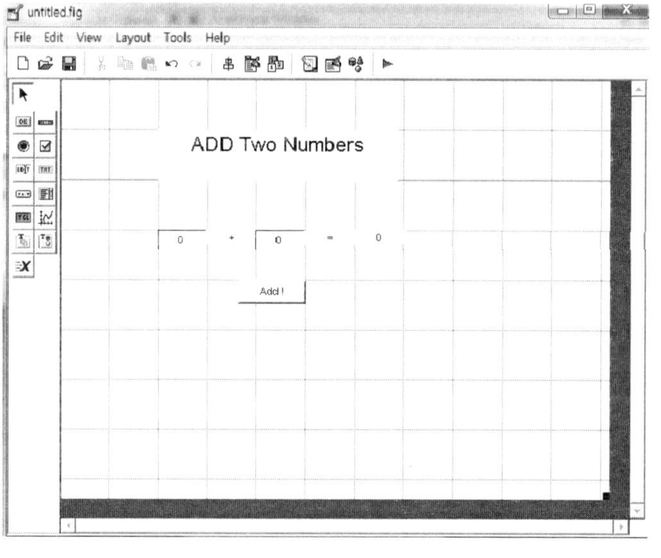

단계4

File>Save에서 파일이름을 ADDNumber으로 하고 저장한다. 그러면, Matlab은 자동적으로 두개의 파일 (ADDnumber.fig, ADDnumber.m)을 생성하게 된다. fig파일은 그래픽 창을 나타내고, m 파일은 GUI를 실행할 수 있도록 코드(code)를 작성하고 생성하는 부분이다. 이제 덧셈이 정상적으로 작동할 수 있도록 필요한 부분에 코드를 추가하도록 하자. 먼저, 생성된 ADDNumber.m 파일 Editor의 상단에 있는 f 아이콘 (아래 그림 참조) 을 클릭한 후 input 1_editText_Callback을 선택한다.

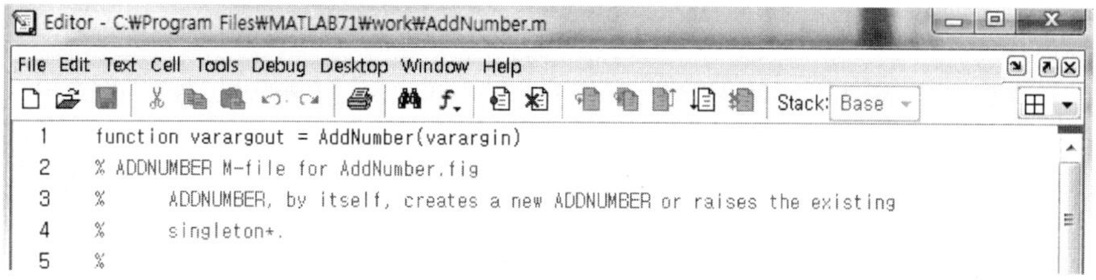

그러면, 커서가 아래 함수의 위치에 놓이게 된다.

```
function input1_editText_Callback(hObject, eventdata, handles)
% hObject      handle to input1_editText (see GCBO)
% eventdata    reserved - to be defined in a future version of MATLAB
% handles      structure with handles and user data (see GUIDATA)

% Hints: get(hObject,'String') returns contents of input1_editText as text
% str2double(get(hObject,'String')) returns contents of input1_editText as a
% double
```

그리고, 위 함수의 끝 부분에 다음과 같이 코드를 추가하도록 한다.

```
%% String 형태로 input1_editText요소에 내용을 입력한다.
input=str2num(get(hObject,'String'))'

%% 만약 입력이 없으면, 디폴트 값 0이 할당된다.
if(isempty(input))
    set(hObject,'String','0')
end
```

같은 방법으로 f 아이콘을 클릭한 후 input2_editText_Callback을 선택한다. 그러면, 커서가 아래 함수의 위치에 놓이게 된다.

```
function input2_editText_Callback(hObject, eventdata, handles)
% hObject     handle to input2_editText (see GCBO)
% eventdata   reserved - to be defined in a future version of MATLAB
% handles     structure with handles and user data (see GUIDATA)

% Hints: get(hObject,'String') returns contents of input2_editText as text
% str2double(get(hObject,'String')) returns contents of input2_editText as
% a double
```

그리고, 위 함수의 끝 부분에 다음과 같이 코드를 추가하도록 한다.

```
%% String 형태로 input1_editText요소에 내용을 입력한다.
input=str2num(get(hObject,'String'))'

%% 만약 입력이 없으면, 디폴트 값 0이 할당된다.
if(isempty(input))
    set(hObject,'String','0')
end
```

마지막으로 f 아이콘을 클릭한 후 add_pushbutton_Callback을 선택한다. 그러면, 커서가 아래 함수의 위치에 놓이게 된다.

```
function add_pushbutton_Callback(hObject, eventdata, handles)
% hObject     handle to add_pushbutton (see GCBO)
% eventdata   reserved - to be defined in a future version of MATLAB
% handles     structure with handles and user data (see GUIDATA)
```

위 함수의 끝 부분에 다음과 같이 코드를 추가하도록 한다.

```
a=get(handles.input1_editText,'String');
b=get(handles.input2_editText,'String');

total=str2num(a)+str2num(b);
```

```
c=num2str(total);

set(handles.answer_staticText,'String',c);
```

이상으로 필요한 코딩작업은 완성되었다.

단계5

ADDNumber.fig 창의 상단에 있는 메뉴를 클릭하여 GUI를 실행하여 124와 56을 입력하고 ADD!버튼을 누르면 180이라는 답이 아래와 같이 구해진다.

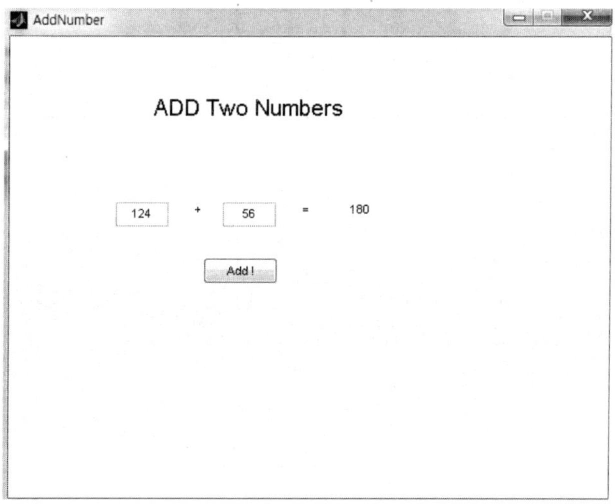

Matlab을 종료한 후에 새롭게 위 GUI를 생성하려면 Matlab 명령창에서 ADDNumber을 입력하면 GUI가 생성되어 계산을 할 수 있다. 다른 방법은 Matlab 명령창에서 guide를 입력한 후 Open Existing GUI를 클릭한 후 ADDNumber.fig를 선택하면 다음 창이 나타나게 된다.

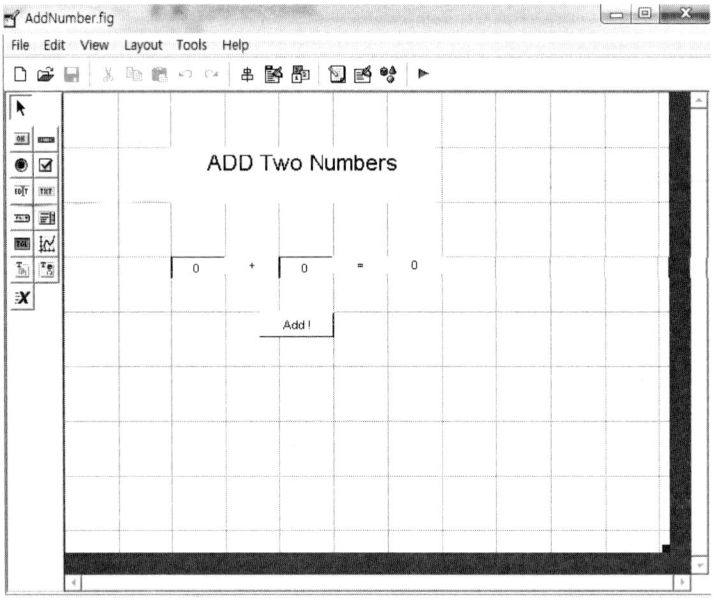

그러면, ADDNumber.fig 창의 상단에 있는 메뉴를 클릭하여 원래처럼 GUI를 실행할 수 있다.

8.3 GUI를 이용하여 두 개의 그래프 그리기

Matlab GUI를 이용하여 해당되는 pushbutton을 누르면 화면에 y=sin(t) 혹은 y=cos(t)의 그래프를 그리고, 리셋 pushbutton을 누르면 그래프를 모두 지우는 GUI 프로그램을 작성하여 보자. 목표는 다음과 같은 결과를 보여주는 GUI 프로그램을 작성하는 것이다.

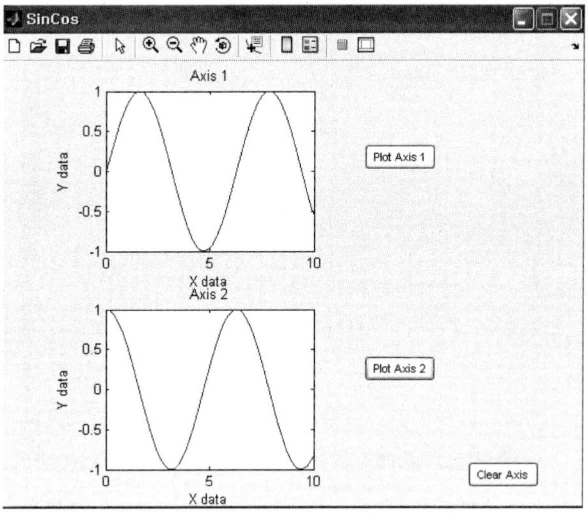

이 예제에서 우리는 그래프를 구성하기 위한 축 성분을 생성하고, 간단한 데이터를 이용하여 그래프를 그리는 방법을 배우게 된다. 부수적으로, 데이터를 리셋하기 위한 리셋버튼과 그림을 줌, pan, query 할 수 있는 표준 툴바 기능을 포함하게 된다. 단계별로 설명하면 다음과 같다.

단계1

Matlab의 명령창에서 guide를 입력하고, 첫 번째 옵션인 Blank GUI (Default)를 선택한다. 그러면, 다음과 같은 창을 볼 수 있다.

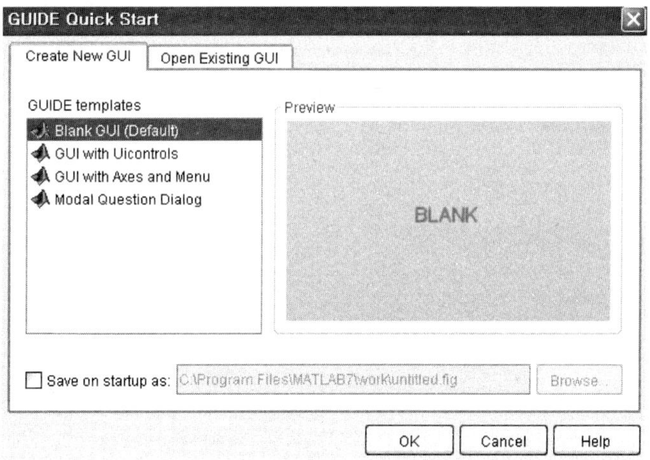

OK 버튼을 누르면 다음과 같은 편집창이 나타난다.

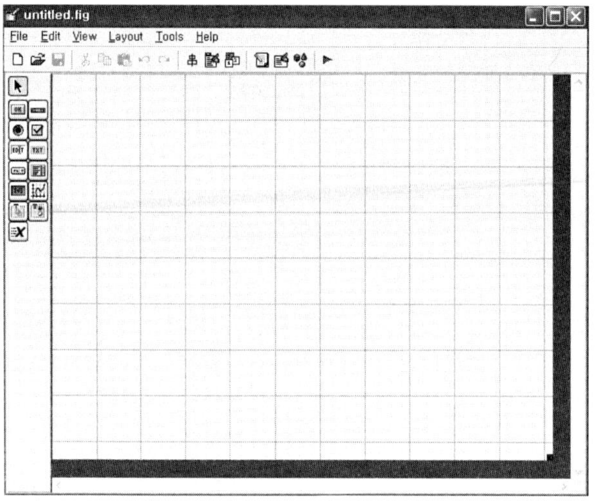

단계2

축 그래프 그림상자를 드래그하여 GUI 편집창으로 옮긴다. 또한 3개의 Pushbutton 상자를 GUI 편집창으로 옮긴다.

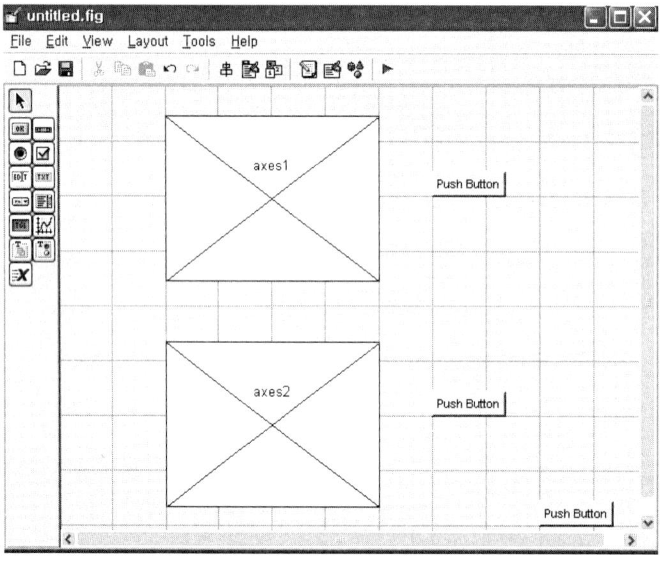

위에서 axes1와 axes2 영역을 더블클릭하여 property Inspector에서 tag의 이름을 각각 axes1, axes2로 고친다. 그리고, 맨 위의 pushbutton을 더블클릭하여 String의 이름은 Plot Axis 1으로 고치고, Tag 이름은 plot1_pushbutton으로 고친다. 같은 방법으로 가운데 pushbutton을 더블클릭하여 String

의 이름은 Plot Axis 2로 고치고, Tag 이름은 plot2_pushbutton으로 고친다. 맨 아래 pushbutton 을 더블클릭한 후 String의 이름은 Clear Axis로 고치고, Tag 이름은 clearAxis_pushbutton으로 고친다. 그러면, 그림창은 다음과 같은 모습으로 바뀌게 된다.

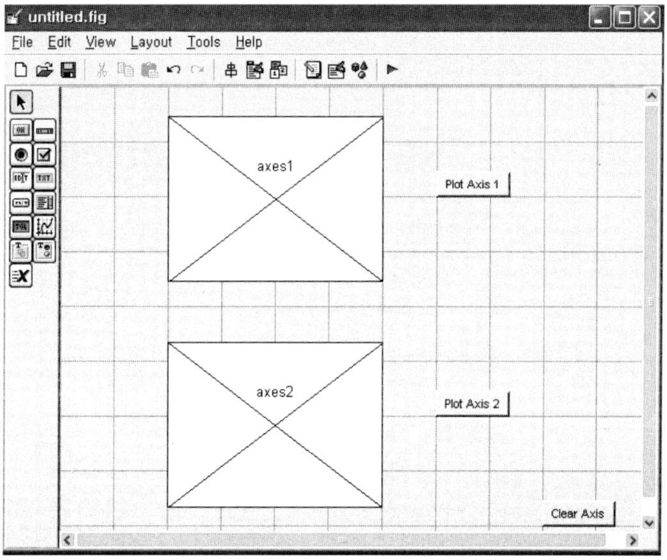

위 그림창을 저장하면 자동적으로 SinCos.m 파일이 생성되고 아래와 같은 모습으로 pop-up된다.

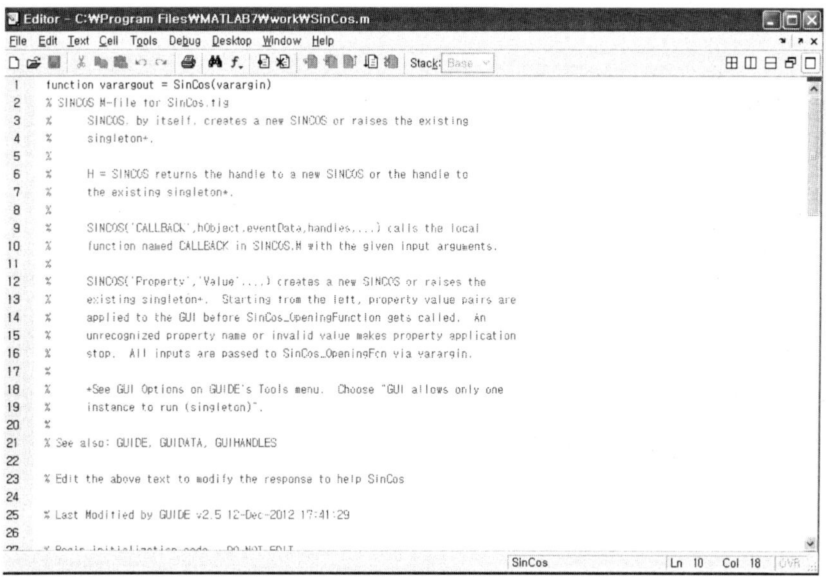

그 다음, 아래와 같이 f 아이콘 눌러 plot1_pushbutton_Callback 을 선택한다.

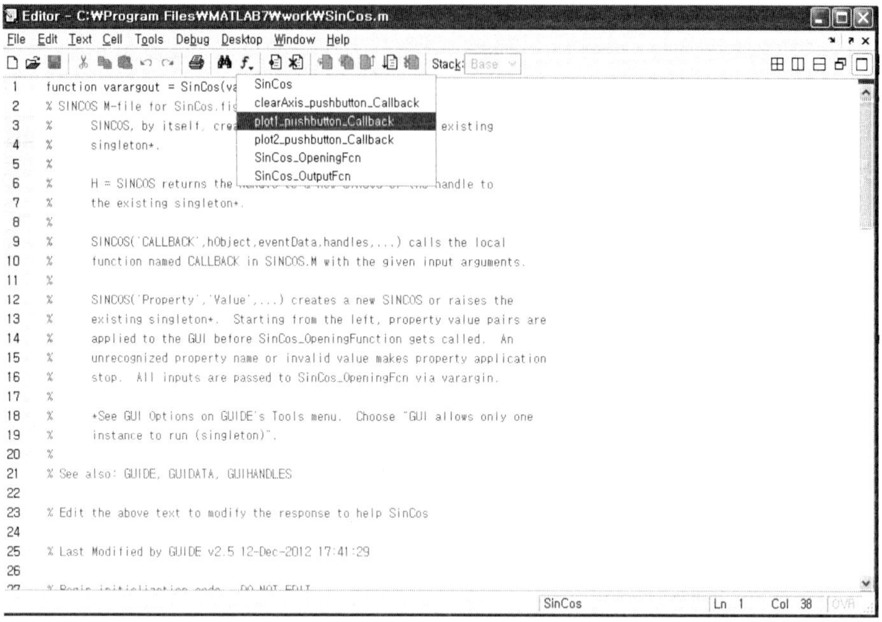

그러면, 커서가 plot1_pushbutton_Callback 함수부분을 가리킨다. 그리고 lot1_pushbutton_Callback 함수를 보면 아래의 메시지가 보일 것이다. handles structure with handles and user data (see GUIDATA) 주석문 다음부터 아래와 같이 코드를 입력한다. 즉, y=sin(x)의 그래프를 그리는 내용임을 알 수 있을 것이다.

```
axes(handles.axes1)
x=0:0.1:10;
y=sin(x);
plot(x,y);
title('Axis 1');
xlabel('X data');
ylabel('Y data');
guidata(hObject, handles); %% update the handles
```

같은 방법으로 plot2_pushbutton_Callback 함수 부분에 다음과 같은 코드를 입력한다. 물론,

이 부분은 y=cos(x)의 그래프를 그리는 내용이다.

```
axes(handles.axes2)
x=0:0.1:10;
y=cos(x);
plot(x,y);
title('Axis 2');
xlabel('X data');
ylabel('Y data');
guidata(hObject, handles); %% update the handles
```

이번에는 양 쪽 그래프를 clear하기 위한 기능을 주기 위하여 learAxis_pushbutton_Callback 함수 부분에 다음 코드를 입력한다.

```
cla(handles.axes1,'reset')
cla(handles.axes2,'reset')
guidata(hObject, handles); %% update the handles
```

부가적으로, GUI에 표준 툴바를 붙여서 줌, 회전, 그림 확대/축소 등의 기능을 보이고 싶다면 SinCos_OpeningFcn 함수 부분에 아래 코드를 입력한다.

```
set(hObject,'toolbar','figure');
```

이 코드가 실행되면 그림창의 상단에 다음과 같은 표준 툴바를 포함시켜준다. 표준 툴바의 기능을 그림에 나타내었다.

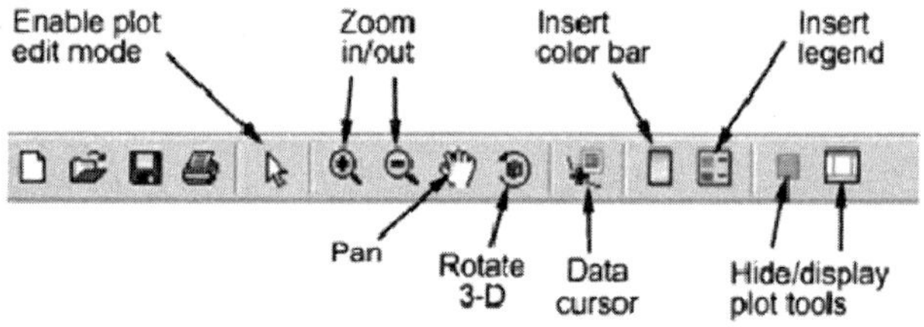

이제 모든 작업이 끝났다. GUI 프로그램을 실행하기 위해 아래 그림에서 보는 바와 같이 삼각형 메뉴를 누른다.

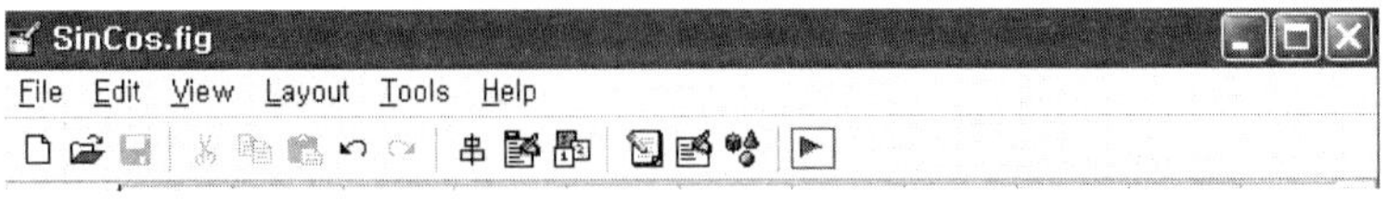

그러면, GUI 화면이 다음과 같이 변하게 되며, 해당되는 pushbutton을 누를 때까지 대기하게 된다.

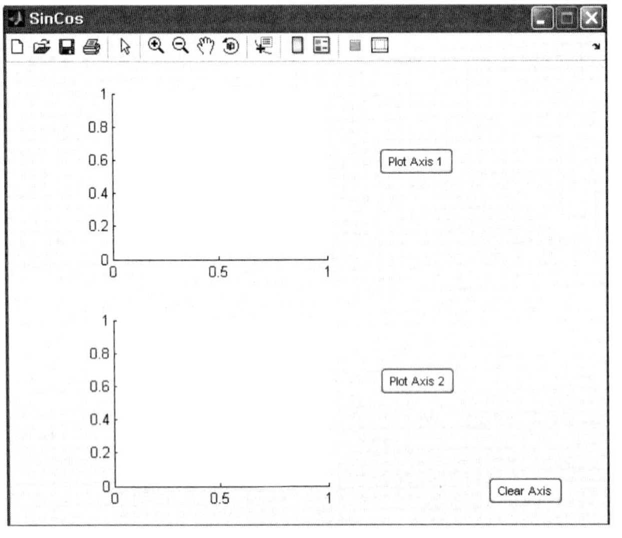

Y=sin(x)의 그래프를 보고 싶으면 Plot Axis 1 버튼을 누른다. 그러면, Axis1 창에 그래프를 보여줄 것이다.

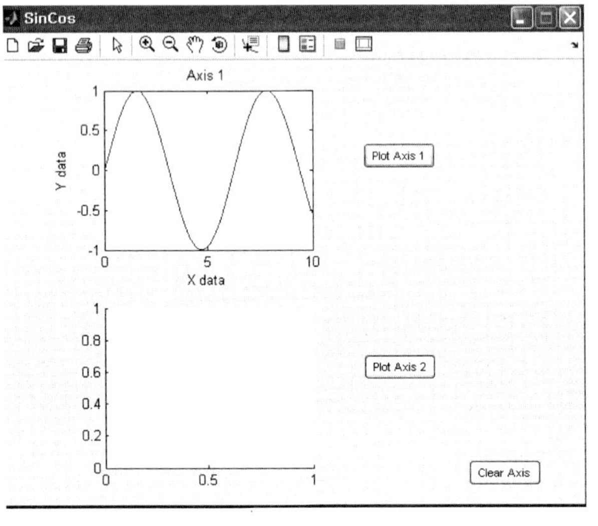

Y=cos(x)의 그래프를 보고 싶으면 Plot Axis 2 버튼을 누른다. 그러면, Axis2 창에 x의 변화에 따른 cos(x)의 그래프를 보여줄 것이다.

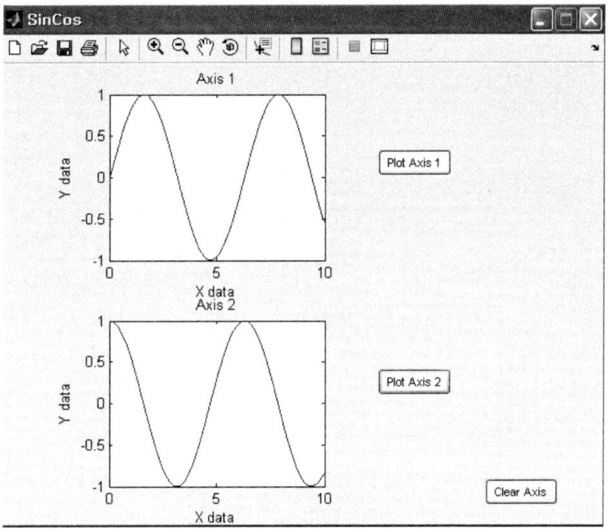

이번에는 본 프로그램에 포함된 기능인 툴바를 사용해 보도록 하자. 예를 들어 Rotate-3D 기능을 사용해보자. Rotate-3D 메뉴를 클릭한 후 각각의 그래프를 회전시켜보면 다음과 같이 3-D 그래프를 작성할 수 있다.

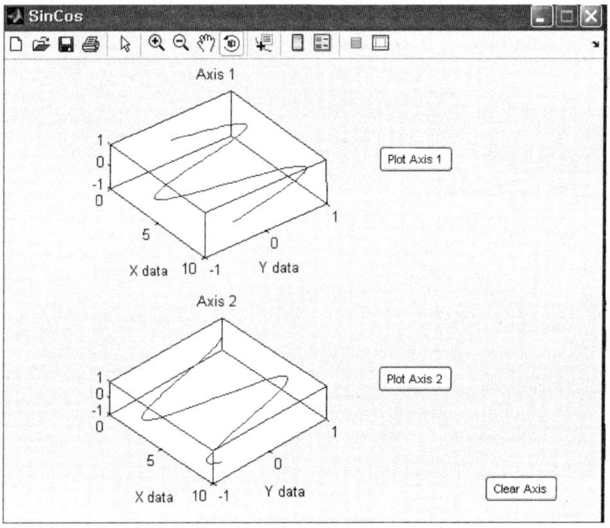

마지막으로 Clear Axis 버튼을 누르면 그래프가 사라지고 리셋모드로 돌아간다.

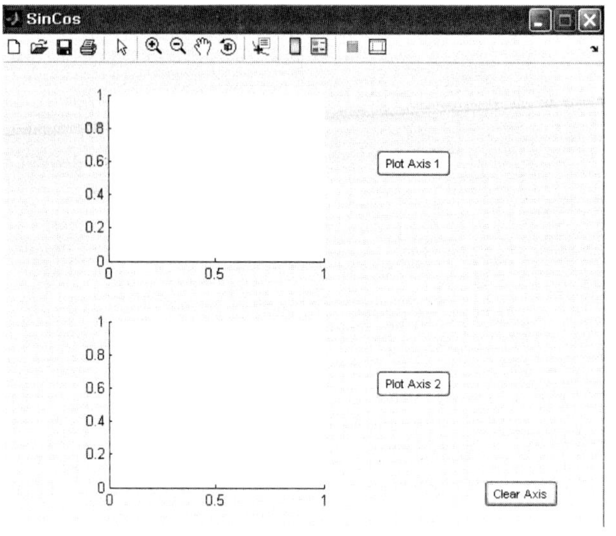

위 GUI 프로그램을 종료한 뒤 다시 부르려면 Matlab 명령창에서 guide를 입력한 후 다음과 같이 Open Existing GUI를 클릭한 후 SinCos.fig 파일을 오픈하면 된다.

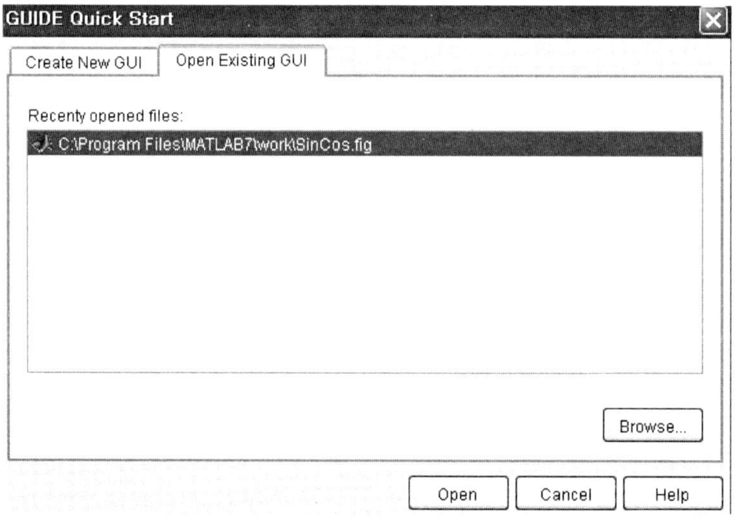

9 Chapter

MATLAB을 이용한 Animation

공학을 전공하는 학생들에게 있어서 animation 프로그램을 작성해서 해석한 결과를 동적인 움직임으로 확인을 해 보거나 발표를 하는 것은 색다른 경험과 즐거움을 줄 수 있을 것이며, 자신의 프로그래밍 실력이 한층 발전했다는 것을 확인하는 계기가 될 수도 있을 것이다. 이 장에서는 Matlab을 이용하여 기본적인 도형을 그리는 방법을 공부하고, 이러한 도형에 움직임을 부가하여 animation 효과를 주는 방법과 몇 가지 예시 프로그램을 소개하였다.

9.1 기본도형 그리기

Matlab에서는 line 이라는 함수를 이용하면 두 점을 연결하는 직선을 쉽게 그릴 수 있다. 2차원평면에서 두 점 (x_1,y_1)과 (x_2,y_2)를 연결하는 직선의 명령어는 다음과 같다.

```
line(X,Y,'Color','color_val','LineWidth',width_val)
```

위 명령어에서 X=[x1 x2], Y=[y1, y2] 의 형태로 표기해야 한다. 'Color','color_val'은 선의 색깔을 구성하며, 'LineWidth',width_val은 선의 두께를 결정하는 값이다.

[예제9.1] 한 점 (0,0)에서 다른 점 (2,4)를 연결하는 직선을 그리되 선의 색깔은 빨간색, 선의 두께는 4단위가 되도록 그려보자.

▶풀이

```
X=[0 2 ];
Y=[0 4 ];
line(X,Y,'Color','r','LineWidth',4)
```

아래 그림은 실행결과 그림이다.

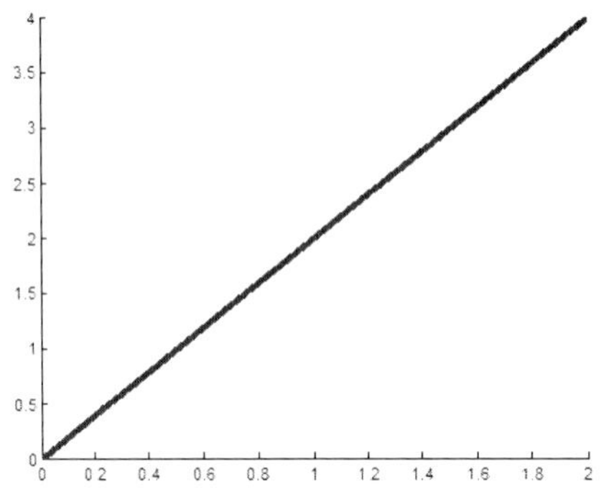

Matlab에서는 rectangle 이라는 함수를 이용하면 원(circle), 타원(ellipse), 그리고 사각형(rectangle) 등을 쉽게 그릴 수 있다. Matlab 명령창에서 help rectangle 을 입력해 보면 위 내용에 대한 자세한 설명을 알 수 있다. 하지만 간단한 예를 통해서 rectangle 함수를 충분히 이해할 수 있다. rectangle 함수의 일반적인 형식은 다음과 같다.

```
rectangle('Position',[x y d d],'Curvature',[b1 b2],'FaceColor','c')
```

위 문장에서 Position은 그리고자 하는 도형의 위치를 나타낸다. 그러므로 'Position',[x y d d]의 의미는 (x, y) 위치를 도형의 왼쪽 하단의 모서리로 삼고 x, y 방향으로 폭이 d 인 도형을 그리라는 의미이다. Curvature 는 도형의 종류를 나타낸다. 'Curvature',[0 0]은 사각형을 나타내고, 'Curvature',[1 1]은 원을 나타낸다. 'Curvature',[b1 b2]는 모서리가 둥근 사각형을 그릴 때 적용한다. 여기서 b1과 b2는 0에서 1사이의 값이다. FaceColor는 도형의 색상을 지정한다.

[예제9.2] (x, y)=(10, 10) 위치를 원의 좌측하단 모서리로 삼고 폭이 1인 원을 그리되, 원의 색깔은 검은색으로 그려보자.

▶풀이

Matlab 명령창에서 다음과 같이 입력해서 실행해보자.

```
x=10;y=10;d=1;
rectangle('Position',[x  y  d  d],'Curvature',[1  1],'FaceColor','k')
```

위 코드를 실행하면 다음과 같은 모양을 볼 수 있다.

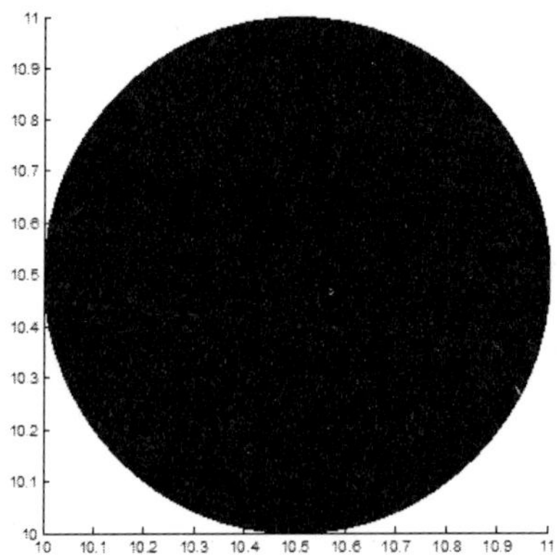

[예제9.3] (x, y)=(10, 10) 위치를 사각형의 좌측하단 모서리로 삼고 각 모서리의 반경이 0.15만큼 둥근처리가 되어 있고 도형의 색상은 파란 사각형을 그려보자.

▶풀이

다음과 같은 코드를 실행해보자

```
x=10;y=10;d=1;
rectangle('Position',[x  y  d  d],'Curvature',[0.3  0.3],'FaceColor','b')
```

아래 그림과 같이 모서리의 반경이 0.15만큼 둥근처리가 되어 있고, 도형의 색상은 파란색임을 알 수 있다.

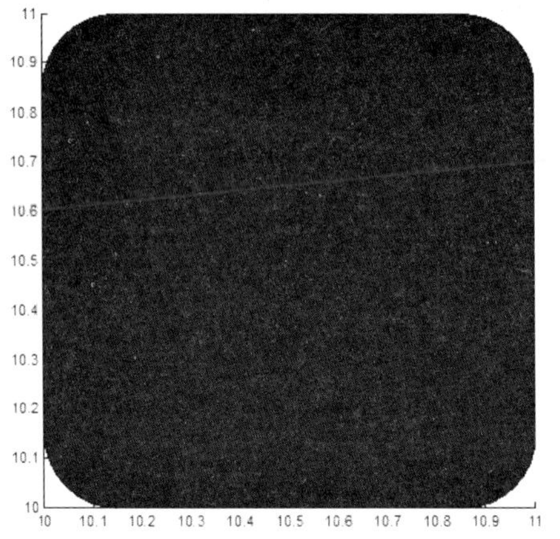

앞의 [예제9.3]에서 rectangle 함수를 이용하여 검은색 원을 그려보았다. 하지만 rectangle 함수를 바로 사용하기에는 약간의 불편이 따르므로 약간의 변형을 시켜 사용하는 것이 편리하다. 다음과 같이 별도의 함수 BlackCircle을 만들어보자.

```
function BlackCircle(r, cntrpt)
% BlackCircle(r, cntrpnt) draws a black circle of radius r
% with centerpoint cntrpnt.
d = 2*r;
llhcx = cntrpt(1) - r;
llhcy = cntrpt(2) - r;
rectangle('Position',[llhcx llhcy d d],'Curvature',[1 1],'FaceColor','k');
end
```

위 함수는 반경이 r이고 원의 중심이 cntrpt인 원을 그려준다.

위 함수를 Matlab의 work 디렉토리에 저장한 후에 Matlab 명령창에서 다음과 같이 입력해보자.

```
BlackCircle(0.5, [10.5 10.5])
```

위 함수는 원의 중심위치가 (10.5, 10.5)이고 반경이 0.5인 원을 그린다는 것을 의미한다. 실행시켜보면 앞의 원 그림과 같게 그려짐을 알 수 있다.

9.2 fill 함수를 이용한 기본도형 그리기

2차원 평면에서 도형을 그리기 위한 다른 방법으로는 fill 함수를 사용하는 것이다. 이 함수를 이용하여 다양한 다각형과 다각형의 색을 표현할 수 있다. 이 함수의 기본 형태는 다음과 같다.

```
fill(X,Y,ColorSpec)
```

위 함수는 X, Y 변수로부터 주어지는 데이터를 이용하여 다각형의 꼭지점을 그리고, ColorSpec에 옵션값을 입력하여 다양한 바탕색을 구현할 수 있다.

[예제9.4] Fill 함수를 이용하여 꼭지점이 (0,0), (0.5,1), (1,0)인 삼각형을 그리고 삼각형의 내부를 파란색으로 채워보자.

▶풀이

다음과 같이 코드를 작성할 수 있다. 여기서, 주의할 점은 첫 번째 꼭지점이 (0,0)이고 세 번째 꼭지점이 (1,0)이지만 네 번째 꼭지점을 첫 번째 꼭지점과 같게 하여 한 바퀴 순환하는 형태로 데이터를 입력해야 한다.

```
xtriangle = [0 0.5 1 0];
ytriangle= [0 1 0 0];
fill(xtriangle,ytriangle,'b');
```

결과 도형은 아래와 같다.

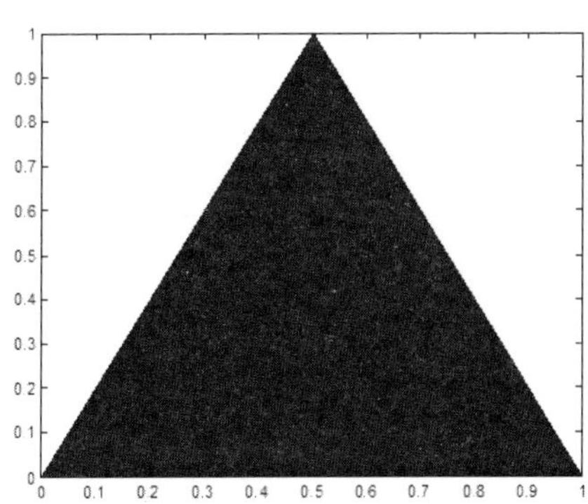

[예제9.5] Fill 함수를 이용하여 꼭지점이 (−1,−1), (−1,1), (1,1), (1,−1)인 사각형을 그리고 사각형의 내부를 빨간색으로 채워보자.

▶풀이

코드와 실행결과는 아래와 같다.

```
xsquare = [-1 -1 1 1 -1];
ysquare = [-1 1 1 -1 -1];
fill(xsquare,ysquare,'r');
```

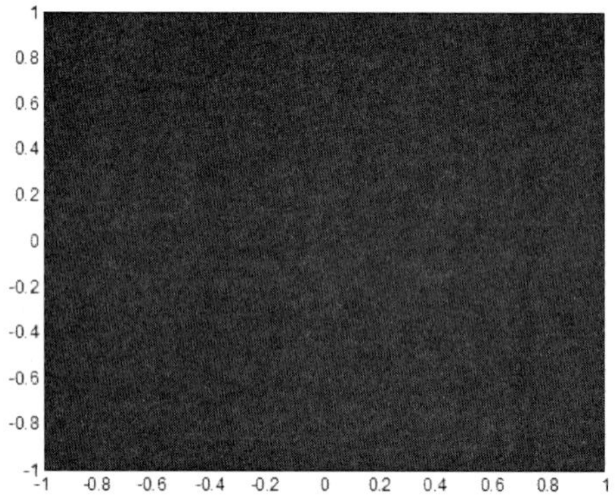

이와 같은 방법을 이용하면 오각형이나 육각형 등의 다각형도 쉽게 그릴 수 있다.

[예제9.6] Fill 함수를 이용하여 꼭지점이 (−1,−1), (−1,1), (1,1), (1,−1)인 빨간 사각형을 먼저 그리고 그 다음에 꼭지점이 (0,0), (0.5,1), (1,0)인 파란 삼각형을 중첩하여 그려보자.

▶풀이

코드와 실행결과는 아래와 같다.

```
xsquare = [-1 -1 1 1 -1];
ysquare = [-1 1 1 -1 -1];

xtriangle = [0 0.5 1 0];
ytriangle= [0 1 0 0];
```

```
fill(xsquare,ysquare,'r');
hold on;
fill(xtriangle,ytriangle,'b');
hold off;
```

위와 같이 hold on 명령을 사용하면 한 화면에 여러 그림을 그릴 수 있다. Hold off 을 수행하면 그 이후 그림은 새로운 화면에 그리게 된다.

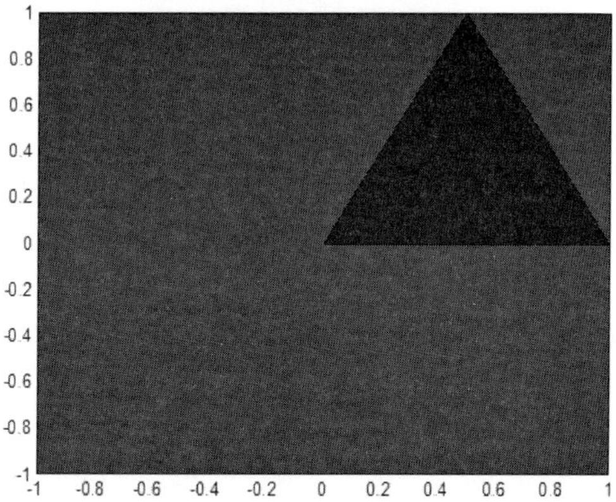

그렇다면 fill 함수를 이용하여 파란색의 원을 그리고자 할 때는 어떻게 해야 할까. 다음과 같은 코드를 사용하기 바란다.

```
theta = 0:pi/100:2*pi;    %%% 각도는 0에서 360도
xcirc = sin(theta); %% x 좌표
ycirc = cos(theta); %% y 좌표
fill(xcirc, ycirc,'b');
axis square; %%% 그림에서 가로 세로의 눈금크기를 같게 함
```

실행한 결과는 다음과 같다.

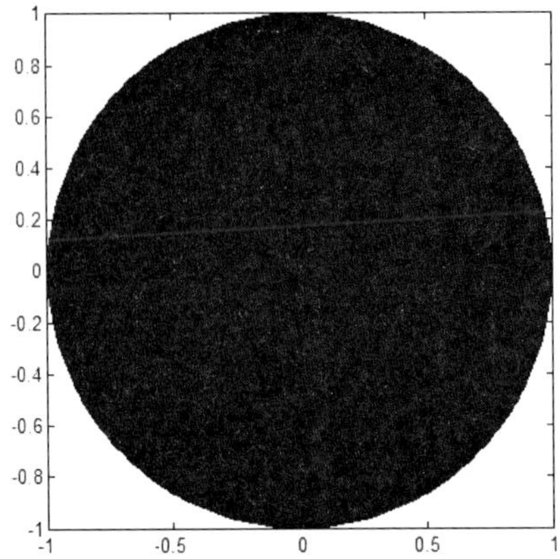

9.3 기본적인 Animation 프로그램 구성

앞 절에서 도형을 선, 다각형 및 원 등을 그리는 방법을 알아보았다. 이 절에서는 이러한 도형을 움직이게 하는 animation 효과에 대해 알아보도록 하자. 가장 기본적인 애니메이션 효과는 한 개의 그림을 그린다음 그 그림을 지우고 일정한 시간 뒤에 다른 위치에 다시 그 그림을 그린다면 움직이는 효과를 낼 수 있다. 앞에서 rectangle 함수를 이용하여 원의 위치와 크기를 그리는 방법을 배웠다. 이제 원을 이동시키는 프로그램을 구성해보자.

[예제9.7] 직경이 2인 흑색의 원이 초기 위치 (0,0)에서 움직이되, x및 y의 변화량이 [-1 1] 사이의 난수 (random number)이다. 원의 이동그림을 animation으로 보여라.

▶풀이

아래와 같이 코드를 작성한다.

```
%% 원 중심 초기위치 및 원의 직경
x=0;y=0;d=2;
while(1)
```

```
%% 흑색의 원을 그려라
rectangle('Position',[x y d d],'Curvature',[1 1],'FaceColor','k')
axis([-10 10 -10 10])
axis square

%% 그림을 그린 후 1초간 정지함
pause(1);

%% 현재 그림을 지움
clf;

%% 원의 새 좌표를 계산함
x=x+(-1+2*rand(1));
y=y+(-1+2*rand(1));
end
```

아래 그림은 animation 중의 한 화면을 잡은 그림을 나타내고 있다. 위의 프로그램을 실행하면 원이 임의의 위치로 계속 움직이는 것을 확인할 수 있을 것이다.

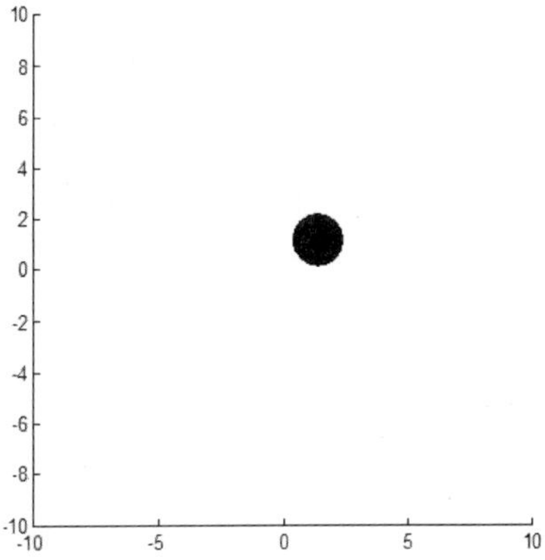

[예제9.8] 임의의 10개 위치에 X 마크를 난수적으로 나타내는 모습을 보여라.

▶풀이

아래와 같이 코드를 작성한다.

```
clear all;

n=10;  %%% 난수의 개수
s=0.05;

x=0; %%% x, y 초기값
y=0;


while(1)
        x=x+s*randn(n,1);     %% nx1 난수 생성함
        y=y+s*randn(n,1);
        h=plot(x,y,'X'); %% x,y 위치에 'X' 마크 표시함
        axis([-1 1 -1 1])
        axis square
        pause(0.5)
end
```

에니메이션 중의 한 화면을 잡은 그림을 아래와 같이 예시적으로 나타내었다. 위의 프로그램을 실행하면 10개의 X 점이 임의로 움직이는 것을 확인할 수 있을 것이다.

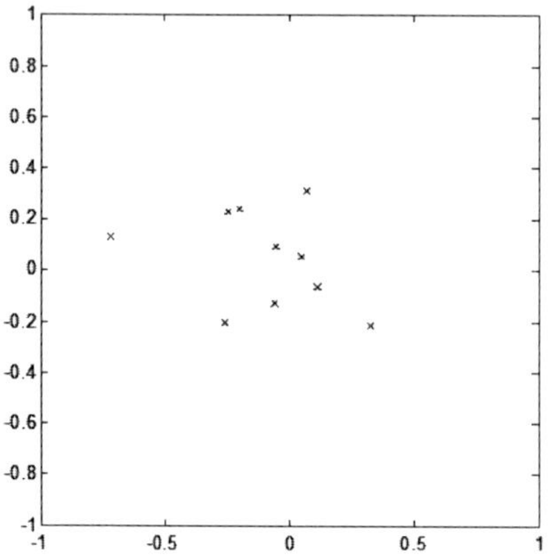

9.4 동적시스템의 운동 Animation 프로그램

일반적으로 동적으로 움직이는 물체는 그 자체의 움직임을 설명해 주는 동적식을 가진다. 동적식은 대개 2차 미분방정식의 형태를 가진다. 이러한 물체의 거동을 animation으로 나타내기 위해서는 다음과 같은 단계가 필요하게 된다.

- 물체의 거동을 나타내는 동적식을 구함
- 물체의 그림을 2차원으로 디자인
- 샘플링시간마다 물체의 자세를 새로 그림

[예제9.9] 아래 그림과 같이 스프링에 매달려 있는 추의 움직임을 animation으로 나타내어 보자.

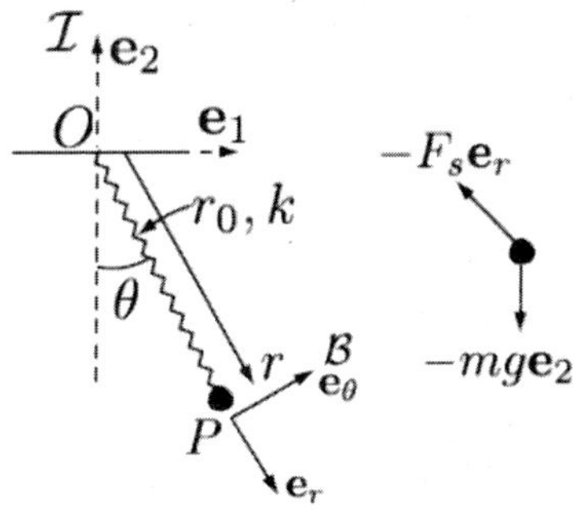

▶풀이

단계1

먼저 동적식을 구한다.

뉴턴의 제2법칙을 이용하여 동적식을 구하면 다음과 같다.

$$\ddot{\theta} = -\frac{2\dot{r}\dot{\theta}}{r} - \frac{g sin\theta}{r}$$

$$\ddot{r} = g cos\theta + r\dot{\theta}^2 - \frac{r}{m}(r - ro)$$

위 식을 Matlab의 ODE 함수를 이용하려면 각 2식을 2개의 1차식으로 변경해야 한다. 즉, 상태방정식으로 변환을 해야 한다. 상태변수벡터를 X라 놓고 4개의 상태변수를 정하면 다음과 같다.

$$X \triangleq [r \ \dot{r} \ \theta \ \dot{\theta}]^T = [X_1 \ X_2 \ X_3 \ X_4]^T$$

상태변수벡터를 1차미분하게 되면 다음과 같다.

$$\dot{X} = \begin{bmatrix} \dot{r} \\ r\dot{\theta}^2 + g\cos\theta - \frac{k}{m}(r - ro) \\ -\frac{2\dot{r}\dot{\theta}}{r} - \frac{g\sin\theta}{r} \end{bmatrix} = \begin{bmatrix} X_2 \\ X_2 X_4^2 + g\cos X_3 - \frac{k}{m}(X_1 - ro) \\ -\frac{2X_2X_4}{X_1} - \frac{g\sin X_3}{X_1} \end{bmatrix}$$

아래 프로그램은 시스템의 동적식 (미분방정식)을 ODE45를 이용해서 동적식의 해를 구하는 것이다. 동적식의 해는 다음 샘플링 시간에서의 상태변수 값이 된다. 따라서 다음 샘플링 단계에서의 위치 및 각도 정보를 알 수 있다.

```
function [t,X] = spring_pendulum_int(tspan ,x0 ,l_0 ,m,k)
l_0 = 0.5;  %%% 스프링의 초기길이
m = 1; %%% 추의 질량
k = 5; %%% 스프링의 탄성계수
g= 9.81; %중력가속도

%%% 상태변수의 초기조건 및 시간구간 설정
x0 = [1 0 pi/4  0];
tspan = [0  20];


%ODE45를 이용한 미분방정식의 해를 구함
[t,X] = ode45(@springpendulum_eq,tspan,x0 );

%동적식
function dx=springpendulum_eq(t,x)
```

```
%x = [r, rd, th, thd]
r = x(1);
rd = x(2);
th = x(3);
thd = x(4);

dx = [rd;
r*thd^2 + g*cos(th) - k/m*(r-l_0 );
thd ;
-2*rd*thd/r - g*sin(th )/r];
end
end
```

단계2

스프링-추 시스템의 2차원 그림 구현

본격적으로 animation 프로그램을 작성하기 전에 시스템의 그림을 먼저 그려보는 것이 이해에 도움을 줄 것이다. 추의 고정점을 녹색 사각형으로 표현하고 스프링은 직선으로 단순화하였고 추는 빨간색의 원으로 표현한 그림을 그려보자. 코드는 아래와 같다.

```
theta = 0:pi/100:2*pi;    %%% 각도는 0에서 360도
xcirc = sin(theta); %% x 좌표
ycirc = cos(theta); %% y 좌표

xsquare = [-1 -1 1 1 -1];
ysquare = [-1 1 1 -1 -1];

theta_t = 45*pi/180;  %% 현재 스프링 선의 각도
r = 10; %% 현재 스프링의 길이

%%% 추의 중심위치를 계산함
xp = r*sin(theta_t);
yp = -r*cos(theta_t);
```

```
fill(xsquare,ysquare,'g'); %%% 사각형을 그림
hold on

fill(xcirc+xp, ycirc+yp,'b'); %%% xp,yp 위치에 원을 그림
plot([0,xp],[0,yp],'r'); %%% 스프링 선을 그림
axis([-2 9 -10 1])
axis square
```

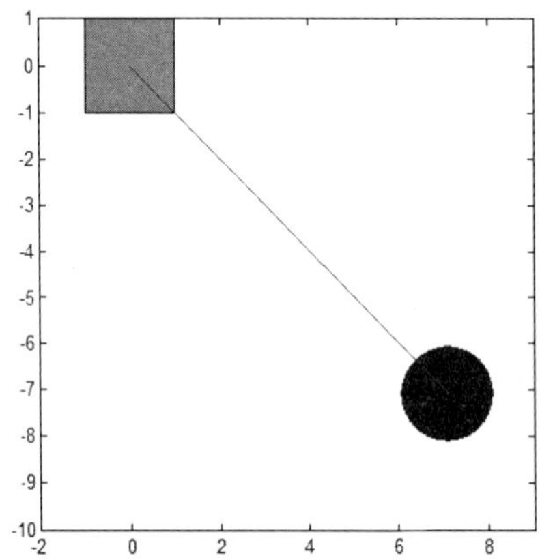

단계3

전체적인 animation 프로그램 작성

```
function spring_pendulum_anim ( varargin )

% spring_pendulum_int 함수를 블러옴
[t,X] = spring_pendulum_int ( varargin {:});

%매 샘플링시간에 대한 길이 및 각도값을 저장
r = X(: ,1);
th = X(: ,3);

%추의 위치를 계산
rm = [r.* sin(th), -r.* cos(th )];
```

```
% 창의 크기 설정: 움직임의 최대 영역에  maxr/10 만큼 여유를 두었음
maxr = max(abs(r));
xmin = min(rm (: ,1)) - maxr/10;
xmax = max(rm (: ,1))+ maxr/10;
ymin = min(rm (: ,2)) - maxr/10;
ymax = max([0 ,max(rm (: ,2))])+ maxr/10;

% 원과 사각형을 생성함: 원과 사각형의 크기를 maxr/50으로 정하였음
 a = 0:pi /100:2* pi ;
s = [-1 -1 1 1 -1;-1 1 1 -1 -1];
xscirc = maxr /50* sin(a);
yscirc = maxr /50* cos(a);
xssquare = maxr /50* s(1 ,:);
yssquare = maxr /50* s(2 ,:);

% 시간 구간동안 animation 수행
for i=1: length(t)


 %plot track so far:
plot (rm(max([i -100 ,1]):i ,1) , rm(max([i -100 ,1]):i ,2) , 'k--');
hold on

% 스프링 및 추의 그림을 그림
plot([0 , rm(i ,1)] ,[0 , rm(i ,2)] , 'r','LineWidth' ,2)
fill( xssquare , yssquare ,'g');
fill( xscirc +rm(i ,1) , yscirc +rm(i ,2) , 'b');

%화면 설정
axis equal ;
grid on;
axis ([ xmin xmax ymin ymax ]);
```

```
hold off ;

%time step만큼 정지
if i < length(t)
pause(t(i+1) -t(i));
end
end
```

이제 프로그램은 완성되었다. Matlab 명령창에서 spring_pendulum_anim 명령을 입력하고 엔터키를 누르면 아래 그림과 같이 추가 움직이는 animation을 볼 수 있을 것이다.

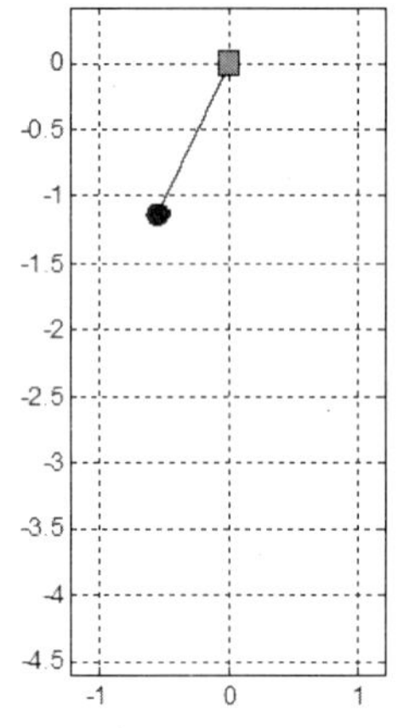

9.5 그래픽핸들(graphics handle)을 이용한 animation 프로그램

Matlab 을 이용하여 선, 다각형 혹은 좌표축 등을 그릴 때 마다 특정한 속성(attribute)을 이용하여 그러한 도형을 생성하게 된다. Matlab에서 그려지는 모든 도형에는 고유한 숫자가 지정되는데 이러한 숫자를 핸들(handle) 이라고 한다. 이 핸들을 이용하면 그려진 도형으로부터 특정한 성질을 가져올 수 있고, 그 성질을 변경할 수도 있다. 따라서 처음에 그려진 도형들에 다른 변화를 주면서 업데이트 하는 것이 가능하다. 예를 들면 도형의 위치, 형상 및 색 등을 마음대로 바꿀 수 있게 된다. 핸들을 이용하면 도형을 업데이트하기위해 새로 그려야 하는 요소가 9.4절에서 수행하였던 animation 보다 훨씬 줄어들기 때문에 보다 효율적인 프로그램을 작성할 수 있다.

다음의 두 경우를 비교하면 핸들의 기능을 이해할 수 있을 것이다. 먼저 x, y 의 창 크기가 [-5 5] 이고 원점을 중심으로 하고 가로 및 세로가 각각 2인 사각형을 그리면 다음과 같다.

```
xsquare = [-1 -1 1 1 -1];
ysquare = [-1 1 1 -1 -1];
fill(xsquare,ysquare,'g');
axis([-5 5 -5 5]);
```

결과 도형은 아래와 같다.

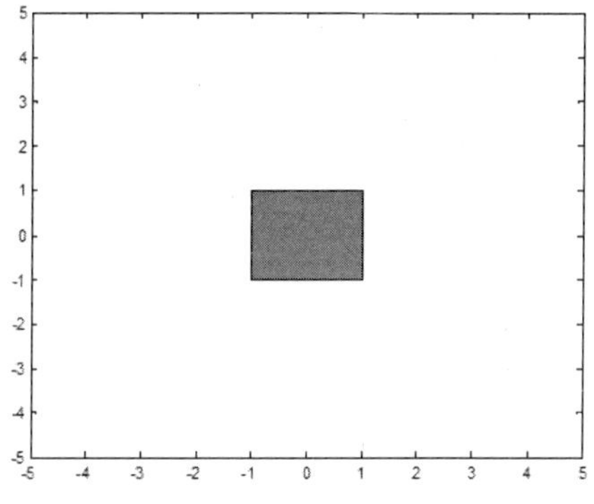

이번에는 핸들을 이용하여 도형의 중심을 (3,3) 위치로 옮겨서 그려보자. 코드는 다음과 같다.

```
xsquare = [-1 -1 1 1 -1];
ysquare = [-1 1 1 -1 -1];
h1 = fill(xsquare,ysquare,'g');
axis([-5 5 -5 5]);
get(h1)
set(h1,'XData',xsquare+3,'YData',ysquare+3);
```

위 코드에서 처음 그려진 녹색의 사각형을 핸들h1으로 설정하였으며, get 명령을 이용하여 사각형의 성질에 할당된 값을 가져오며, set 명령을 이용하여 사각형의 성질에 변화를 줄 수 있다. `XData' 와 `YData' 속성은 도형의 위치를 옮길 때 사용된다. 이 경우 각각 3의 거리만큼 이동이 된다는 것을 알 수 있다. 결과 그림은 다음과 같다.

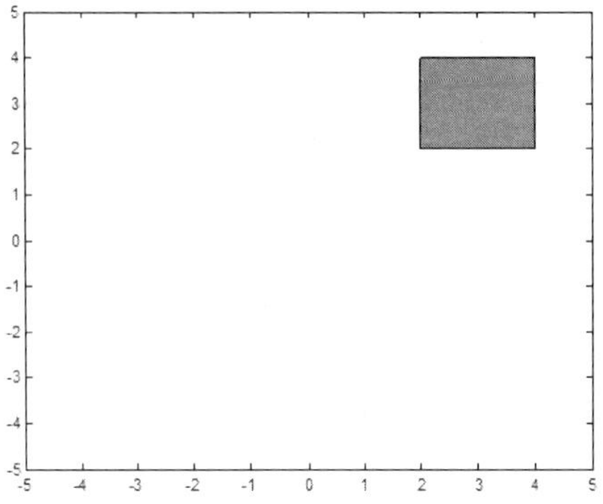

[예제9.10] 원점에 놓여 있고 반경이 1인 검은 원을 핸들을 이용하여 녹색으로 변경하여 보자.

▶풀이

9.1절에서 설명한 바와 같이 검은색의 원을 그리려면 코드는 다음과 같다.

```
r=1;
cntrpt=[0 0];
d = 2*r;
llhcx = cntrpt(1) - r;
llhcy = cntrpt(2) - r;
rectangle('Position',[llhcx llhcy d d],'Curvature',[1 1],'FaceColor','k');

axis([-5 5 -5 5]);
axis square
```

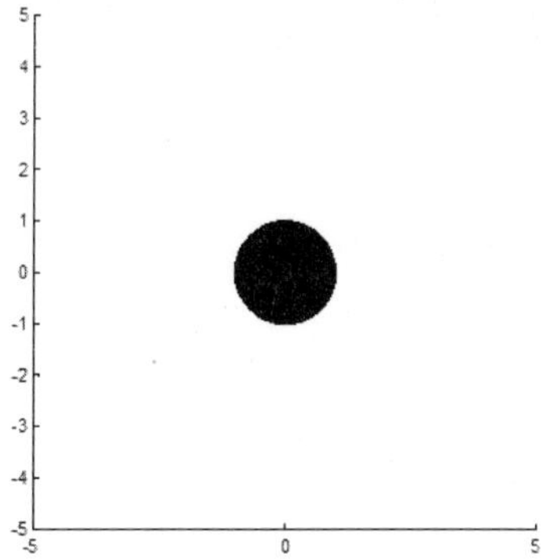

이번에는 handle을 사용하여 원의 색상만 녹색으로 변경하여 보자. 코드와 결과 그림은 아래와 같다.

```
r=1;
cntrpt=[0 0];
d = 2*r;
llhcx = cntrpt(1) - r;
llhcy = cntrpt(2) - r;
h1=rectangle('Position',[llhcx llhcy d d],'Curvature',[1 1],'FaceColor','k');

axis([-5 5 -5 5]);
axis square
get(h1)
set(h1,'FaceColor','g');
```

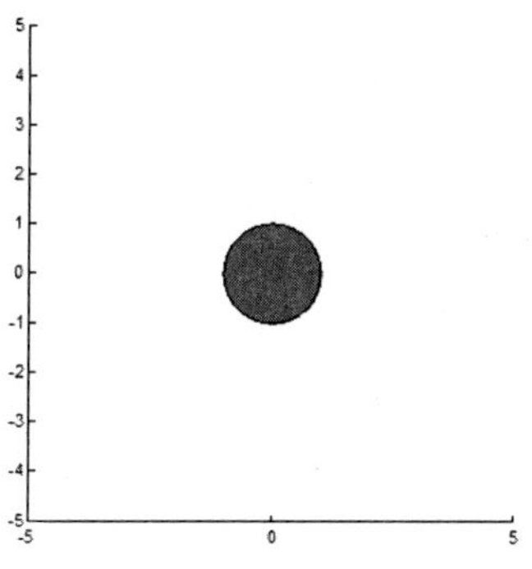

[예제9.11] 예제 9.9의 단계3 프로그램을 handle을 이용하여 재구성 해보자

▶풀이

아래와 같이 spring_pendulum_anim2 함수를 작성하였다. 작성한 후 Matlab창에서 spring_pendulum_anim2를 입력하여 실행하면 예제 9.9과 같은 animation을 볼 수 있다.

```
function spring_pendulum_anim2 ( varargin )
% spring_pendulum_int 함수를 블러옴
 [t,X] = spring_pendulum_int ( varargin {:});

%매 샘플링시간에 대한 길이 및 각도값을 저장
r = X(: ,1);
th = X(: ,3);
%추의 위치를 계산
rm = [r.* sin(th), -r.* cos(th )];
% 창의 크기 설정: 움직임의 최대 영역에  maxr/10 만큼 여유를 두었음
maxr = max(abs(r));
xmin = min(rm (: ,1)) - maxr /10;
xmax = max(rm (: ,1))+ maxr /10;
ymin = min(rm (: ,2)) - maxr /10;
ymax = max([0 ,max(rm (: ,2))])+ maxr /10;

% 원과 사각형을 생성함: 원과 사각형의 크기를 maxr/50으로 정하였음
a = 0:pi /100:2* pi ;
s = [-1 -1 1 1 -1;-1 1 1 -1 -1];
xscirc = maxr /50* sin(a);
yscirc = maxr /50* cos(a);
xssquare = maxr /50* s(1 ,:);
yssquare = maxr /50* s(2 ,:);
```

```
% 스프링-추 시스템의 요소그림을 생성
% 피벗과 추를 그림
fill( xssquare , yssquare ,'g');
hold on
% 추의 도형 handle 을 bob으로 할당
bob = fill( xscirc +rm(1 ,1) , yscirc +rm(1 ,2) , 'b');

% 추와 피봇간의 스프링 도형 handle 을 arm 으로 할당
arm = plot([0 , rm(1 ,1)] ,[0 , rm(1 ,2)] , 'r','LineWidth' ,2);

%plot track so far:
track = plot(rm(1 ,1) , rm(1 ,2) , 'k--');

%set axes to proper values:
axis equal ;
grid on;
axis ([ xmin xmax ymin ymax ]);

% 시간구간 동안 animation 수행
for i=1: length(t)
% 움직이는 요소에 대한 update 수행
set (bob ,'XData',xscirc +rm(i ,1) , 'YData',yscirc +rm(i ,2));
set (arm ,'XData' ,[0,rm(i ,1)] , 'YData' ,[0,rm(i ,2)]);
set (track ,'XData',rm(max([i -100 ,1]):i ,1) , ...
'YData',rm(max([i -100 ,1]):i ,2));

% time step만큼 정지
if i < length(t)
pause(t(i+1) -t(i));
end
end
```

9.6 Movie 함수를 이용한 Animation

Animation을 구현할 수 있는 다른 방법은 getframe() 함수와 movie() 함수를 사용하는 방법이 있다. 이 방법은 plot() 함수를 이용하여 그리게 되는 일련의 그림을 캡튜하여 나중에 플래이백 (play-back) 하는 것이다. getframe() 함수는 이름 자체가 의미하듯이 현재의 그림이나 그래프의 스냅샷을 캡튜한다. 따라서, getframe() 함수는 주로 for-end 문의 내부에서 사용되어 매 샘플링마다 그림을 캡튜하여 임의의 배열 변수에 저장하게 된다. 그리고, 나중에 플래이백은 movie() 함수가 담당하게 되는데, movie() 함수의 사용형식은 다음과 같다.

```
movie(m,n,fps)
```

여기서 m은 일련의 프레임을 저장하는 배열이나 행렬이고, n은 애니메이션의 반복횟수를 나타낸다. n 값이 지정되지 않으면 한 번만 애니메이션을 수행하게 된다. fps는 애니메이션을 수행할 때 각각의 프레임을 보여주는 속도를 나타내는데, 별도 지정이 없으면 속도는 12 frames/sec 의 속도로 애니메이션을 수행한다. getframe()과 movie() 함수를 사용하여 애니메이션을 구성하는 코드의 형식은 다음과 같다.

```
% create animation with standard plot functions
for j=1:n
plot commands
M(j) = getframe;
end
movie(M)
```

위 코드에서 알 수 있듯이, for문이 한 루프씩 실행될 때마다 plot 명령에 의해 그림이 그려지고, 이 그림은 배열 변수 M에 저장된다. for문이 종료된 후에 n 개의 그림이 movie() 함수에 의해 플래이백 되는 것이다.

[예제9.12] 공기의 저항을 무시하는 경우 임의의 각도θ_0로 초기속도 v_0로 발사된 물체의 x, y 좌표는 다음과 같이 계산된다.

$$x = v_0 \cos(\theta_0)t$$

$$y = v_0 \sin(\theta_0)t - 0.5gt^2$$

여기서, $g = 9.91m/s^2$이다. 이 때 직교좌표상에 물체의 궤도를 보여주는 애니메이션 프로그램을 작성하라.

▶풀이

애니메이션 프로그램은 다음과 같다.

```
clc,clf,clear
g=9.81; theta0=45*pi/180; v0=5;

t(1)=0;x=0;y=0;
plot(x,y,'o','MarkerFaceColor','b','MarkerSize',8);
axis([0 3 0 1])

M(1)=getframe;

dt=1/128;

for j = 2:1000
t(j)=t(j-1)+dt;
x=v0*cos(theta0)*t(j);
y=v0*sin(theta0)*t(j)-0.5*g*t(j)^2;
plot(x,y,'o','MarkerFaceColor','b','MarkerSize',8);
axis([0 3 0 1])
M(j)=getframe;
end
movie(M,1)
```

실행결과 다음 화면과 같이 애니메이션이 되는 것을 확인할 수 있을 것이다.

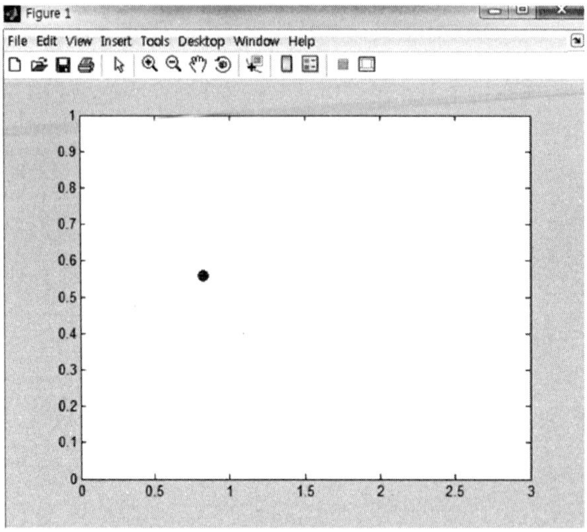

10 Chapter

Simulink의 사용법

Simulink는 Matlab의 확장자로서, 동적시스템 (dynamic system)을 simulation하는데 있어서 그래픽을 사용하여 사용자가 더욱 편리하도록 만든 프로그램으로 다음과 같은 특징을 갖추고 있다.

- 그래픽을 이용한 각각의 아이콘 블록(icon block)은 실제로 제어시스템에서 블록 다이어그램 (block diagram)을 구성할 때 각각의 블록과 같은 역할을 하도록 만들어졌다.
- 마우스를 사용하여 각각의 아이콘들의 모델을 집어서 연결하면 자동적으로 Matlab code를 통해 계산되어진다.
- 각 공정의 모델을 마우스로 집은 블록을 통해서 만든 뒤에 입력에서부터 출력까지 각 블록을 연결함으로써 시스템의 응답을 알아볼 수 있다.
- 주어진 입력의 종류도 다양하여 사용자가 지정할 수 있고, 출력도 사용자가 원하는대로 할 수 있다.

Simulink를 실행하려면 항상 Matlab을 띄워 놓은 상태에서 할 수 있으며 Matlab의 자체 기능에 더 많은 기능을 첨가 시켰다. 그리고, 비선형 모델을 사용한 비선형 시스템의 응답을 쉽게 확인할 수 있도록 하였으며, 동적 시스템을 나타낼 수 있는 적분계산 능력을 간단한 블록으로 계산이 가능하다.

이 장에서는 Simulink의 기초부터 중급수준의 응용까지의 내용을 포함하고 있다. 이 장을 공부하고 나면 Simulink의 활용에 자신감을 가질 수 있다고 본다.

10.1 Simulink의 기초

Matlab 명령창에서 Simulink를 타이핑하던지 혹은 Matlab의 초기화면에서 Simulink 메뉴를 더블클릭하면 다음과 같은 Library Browser 화면을 팝업시켜준다. 그림 10.1에서 보는 바와 같이 Similink는 Continuous, Discontinuous, Discrete 등 여러가지 Library 블록을 가지고 있다. 예를 들어 Continuous 블록을 클릭하여 보면 다음 그림 10.2와 같이 팝업창이 나타난다. Continuous library의 우측을 보면 여러 기호들이 보인다. 즉, 미분 (du/dt), 적분 (1/s), 그외 전달함수 (Transfer Fcn), 상태변수형 (State-Space) 등의 기호들이 준비되어 있다.

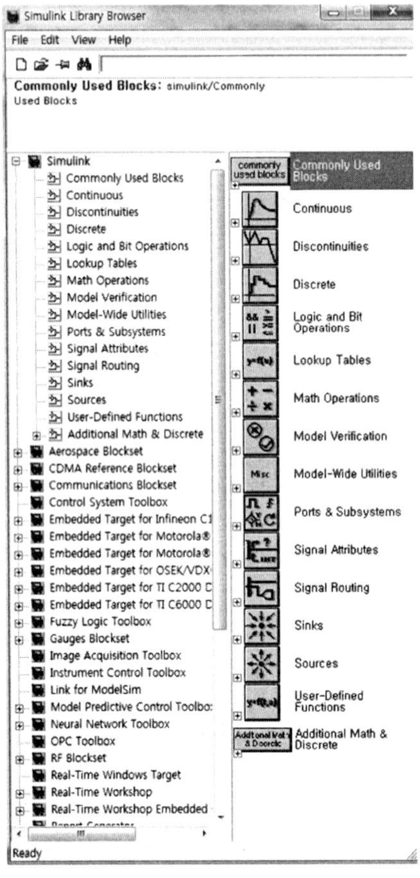

[그림10.1] Simulink Library Browser

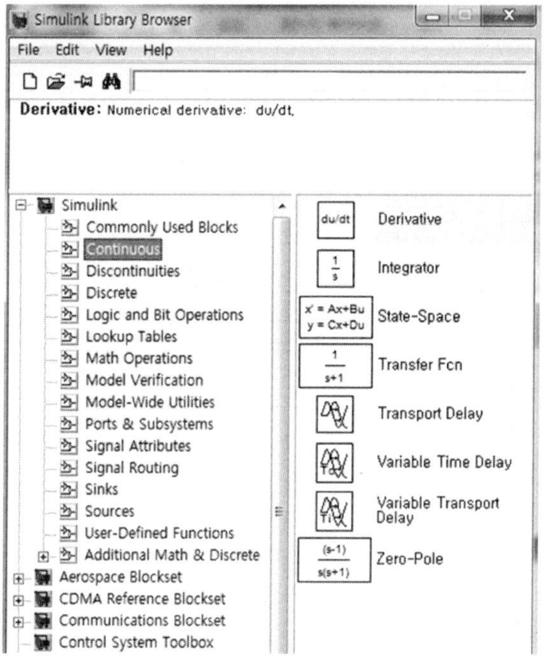

[그림10.2] Continuous Library 안에 있는 기호

이번에는 Math Operation Library를 클릭하여 어떤 기호들이 있는지 알아보자. 그림10.3에서 나타난 바와 같이 절대치(Abs), 내적(Dot product), 게인(Gain) 등의 수학연산 관련 기호들이 들어 있다. 결국 Simulink는 이러한 기호들을 조합하여 여러가지 프로그래밍 작업을 마치 CAD (Computer Aided Design) 그림을 그리듯이 수행하므로, 익숙해지면 직접 Matlab 코딩을 하는 것보다 훨씬 편리하고 시각적으로도 프로그램의 흐름을 쉽게 파악할 수 있는 장점이 있다.

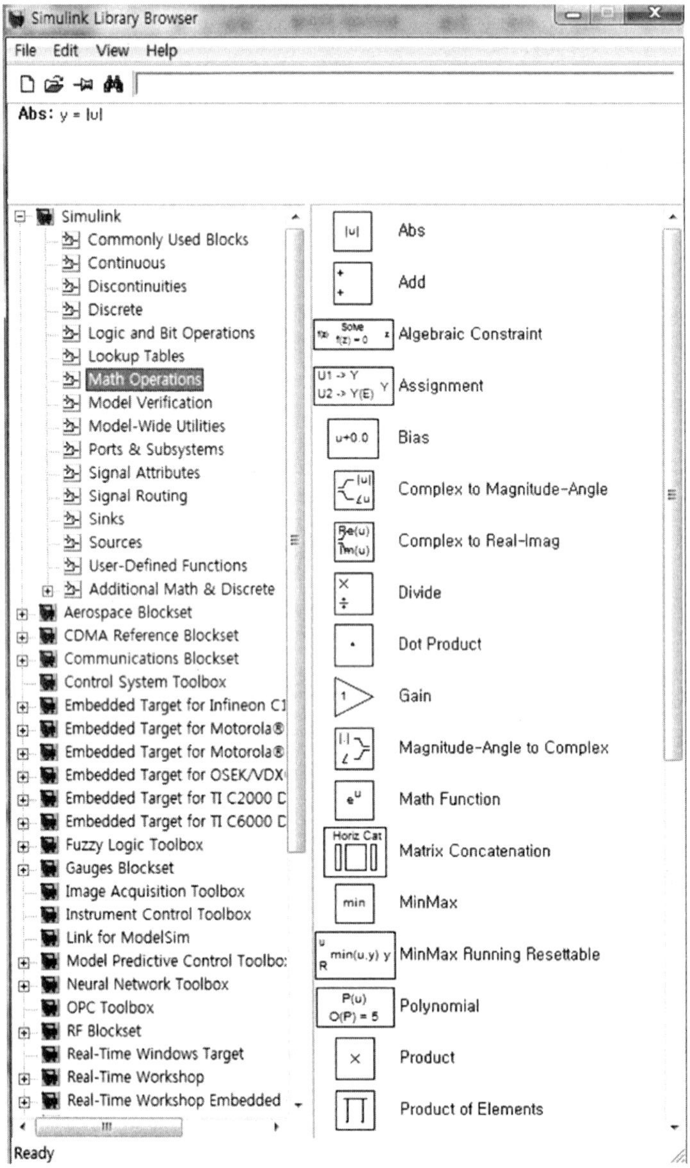

[그림10.3] Math Operation Library 안에 있는 기호

이제, Simulink를 이용하여 간단한 작업을 수행해 보도록 하자. Library Browser안의 “File|New|Model”을 클릭하게 되면 다음과 같은 비워 있는 untitled 라는 작업창이 팝업된다.

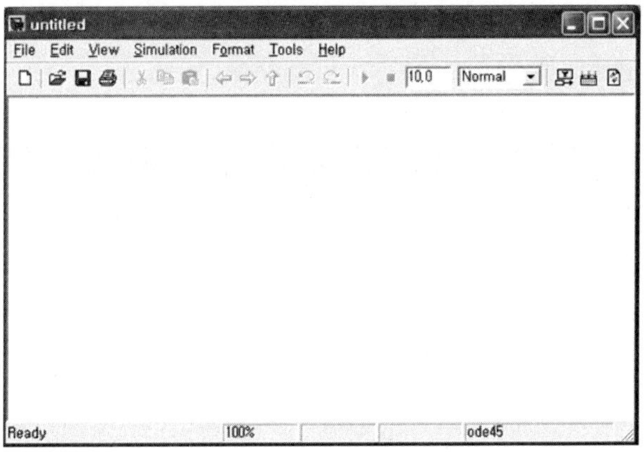

[그림10.4] Simulink 작업창

이제부터 원하는 기호들을 라이어브리 창에서 드래그 해 와서 Simulink 모델을 제작할 수 있다. 간단하게 sin 그래프를 그려주는 Simulink 모델을 제작해보도록 하자.

먼저, Simulink 모델에서 입력신호를 생성하기 위해서는 라이브러리에서 Sources를 클릭한다. 오른 편에 sources에 포함되는 메뉴들이 나타나게 된다. Sources 라이브러리는 문자 그대로 다양한 입력신호를 생성해 주는 요소들을 가지고 있다.

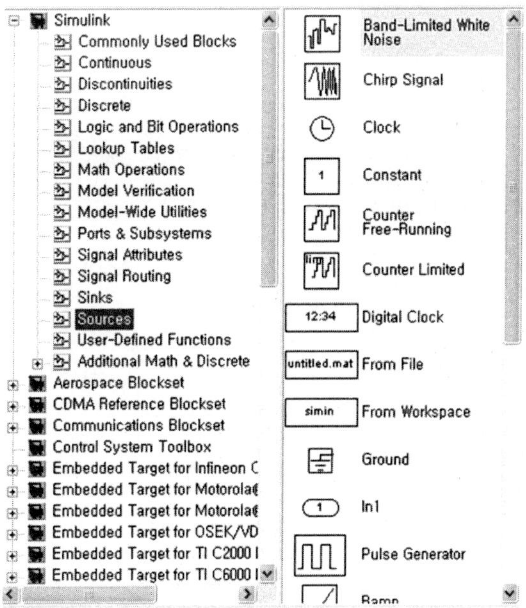

[그림10.5] Sources library에 들어 있는 입력신호들

테스트용으로 자주 사용되는 입력신호인 Step입력인 “Step” 블록을 마우스로 드래그하여 아래와 같이 Simulink 모델 창으로 이동하여 보았다.

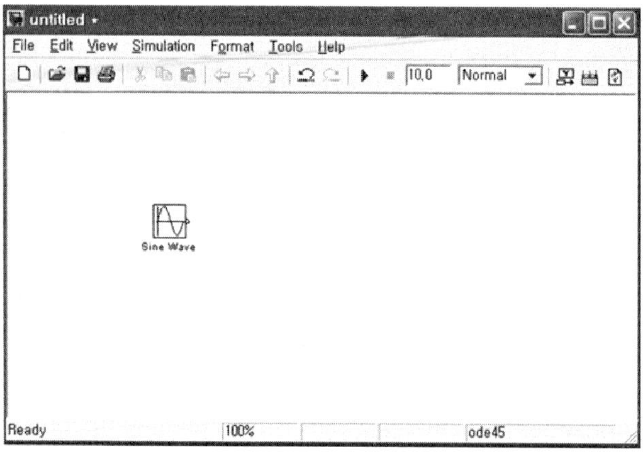

[그림10.6] 입력신호 Sine Wave 생성

같은 방법으로 Simulink 모델에서 출력신호를 생성하기 위해서는 라이브러리에서 Sinks를 클릭한다. Sinks 라이브러리는 다양한 출력방법 (그래프나 디스플레이 등) 에 대한 기호들을 가지고 있다.

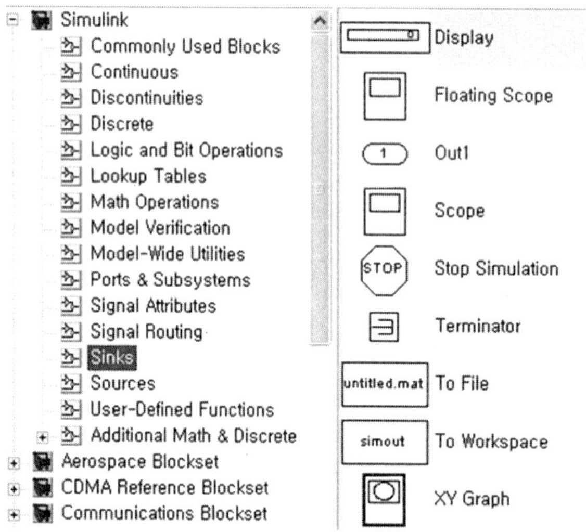

[그림10.7] Sinks 라이브러리에 들어있는 출력방법 기호들

화면에 그래프를 그려주는 블록인 “Scope” 블록을 모델창으로 아래와 같이 드래그하여 보았다.

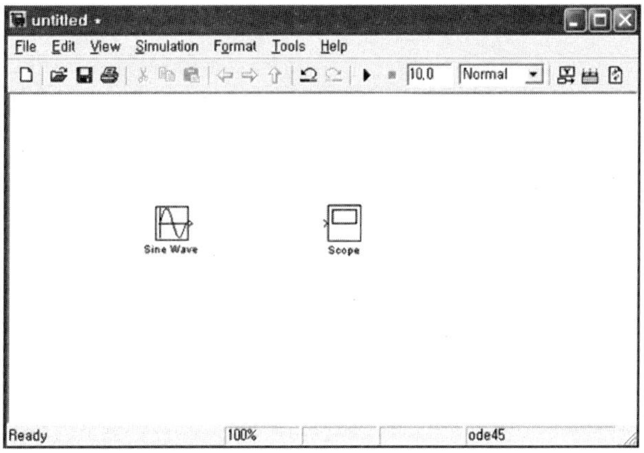

[그림10.8] 출력방법 Scope 생성

블록간의 신호의 전달은 아래 그림과 같이 마우스를 이용하여 연결하여 주면 화살표로 자동적으로 연결이 된다.

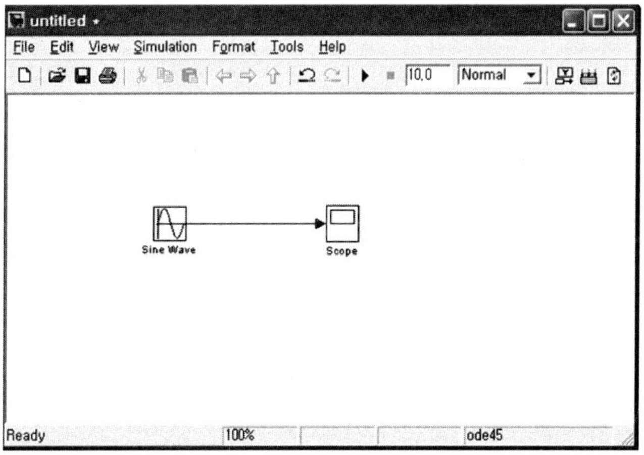

[그림10.9] 두 요소간의 신호 연결

위 모델은 단순하게 입력과 출력으로만 이루어진 모델이라고 볼 수 있다. 이 모델을 수행하기 위해서 Simulation>Configuration을 선택한다.

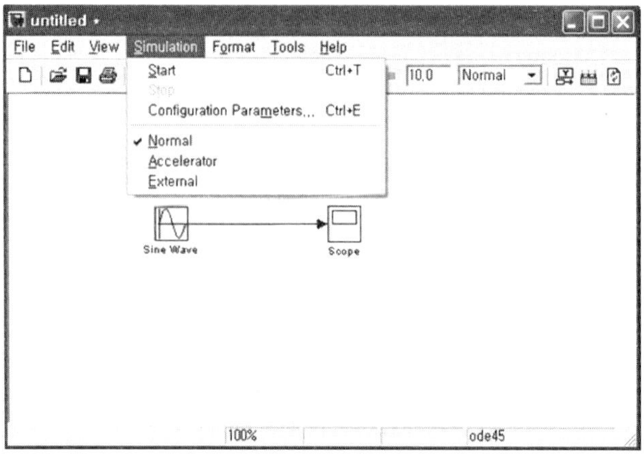

[그림10.10] Simulation 수행 창

그러면 다음과 같은 파라메터 설정화면이 나타나게 된다. 아래 화면은 시작시간은 0초, 시물레이션의 종료시간은 10초로 설정되어 있다. 샘플링시간은 variable-step 혹은 fixed-step으로 설정할 수 있다. 아래 예의 경우에는 variable-step으로 설정되어 있다. 화면의 오른쪽에는 미분방정식의 전산해를 구하기 위한 방법으로 ode45 함수를 사용한다는 것을 말해 준다.

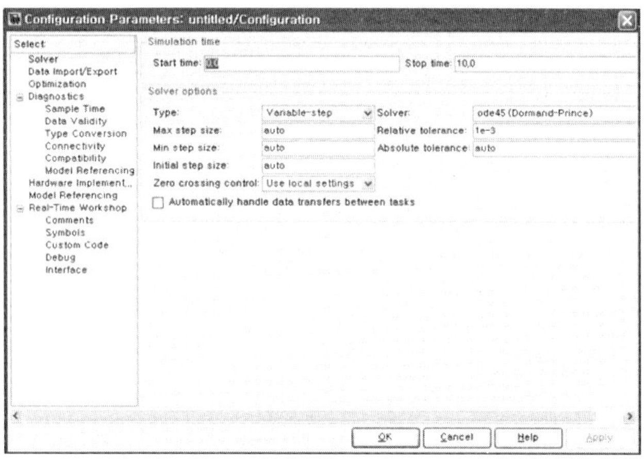

[그림10.11] Simulation 수행관련 파라메터 설정

파라메터 설정이 완료된 후에 아래와 같이 시뮬레이션 실행버튼을 누르면 Simulink 모델이 작동하게 된다.

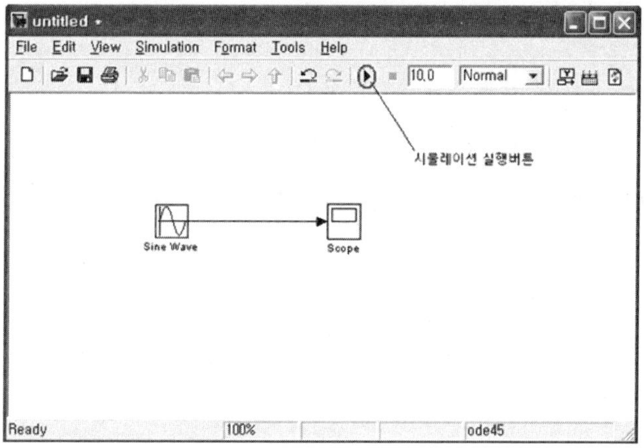

[그림10.12] Simulation 실행

시뮬레이션결과를 그래프로 확인하려면 출력블록인 Scope블록을 더블클릭하면 된다. 결과 그래프를 눈으로 확인할 수 있다.

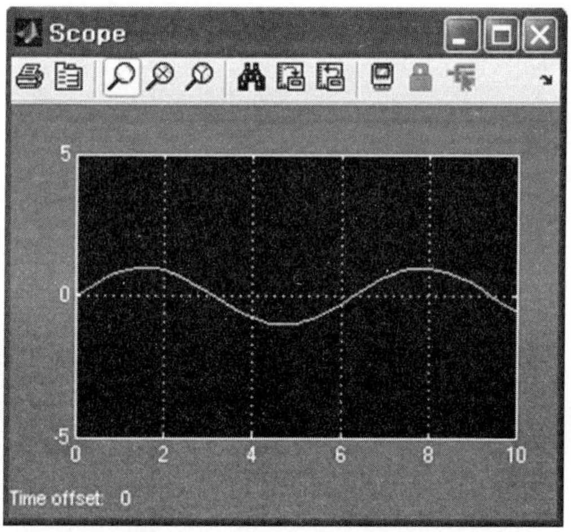

[그림10.13] Scope를 통한 시뮬레이션결과 그래프

이상과 같이 간단하게 Simulink 모델을 구성하고 작동하는 방법을 알아보았다. Simulink를 사용하기 위한 가장 기본적인 단계는 기능에 맞는 블록을 사용할 줄 아는 것이다. 복잡한 동적 운동식도 블록선도를 이용하면 쉽게 작성이 가능하다. 원래 블록선도는 선형 시 불변시스템을 표현하기 위하여 사용되었으나, 기능이 확장되어 복잡한 비선형 시스템에도 적용이 가능하게 되었다.

10.2 연속시스템(Continuous system)

대부분의 동적시스템은 미분방정식을 이용한 연속시스템으로 모델링 된다. 가장 간단한 모델은 선형시불변 시스템이다. 연속시스템을 모델링하기 위한 기본적인 블록을 알아보자.

이득블록(Gain block)

이득블록의 출력은 블록의 입력과 주어진 상수와의 곱으로 결정된다.

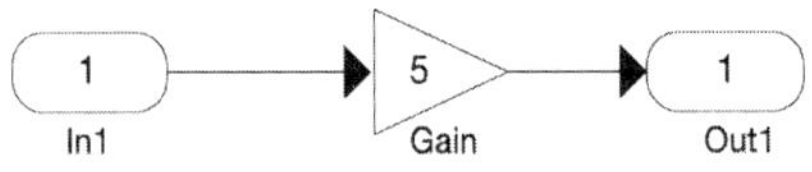

[그림10.14] 게인블록

위 선도에서 출력값 Out1은 입력값 In1에 5를 곱한 결과가 된다.

합산블록(Sum block)

합산블록은 2개 이상의 입력을 더하거나 빼는 연산을 수행한다.

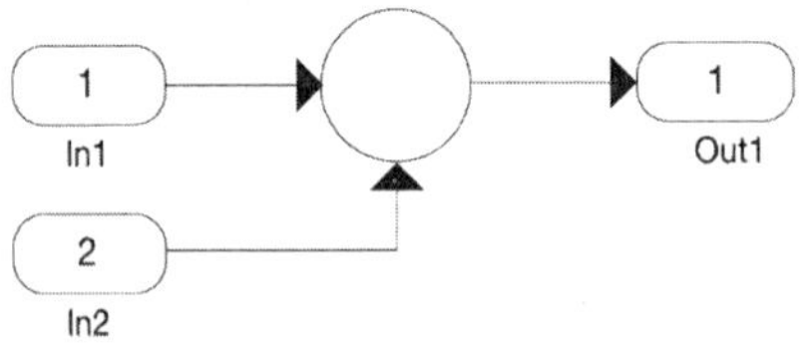

[그림10.15] 합산블록

위 선도에서 출력값은 입력1과 입력2의 차이값이다. 위와 같은 합산블록은 피드백 회로를 구성할 때 필수적으로 사용이 되는 블록이다.

미분 블록(Derivative block)

이 블록은 입력값의 미분 값, 즉 입력값에 대한 시간변화율을 계산하는 블록이다. 미분블록은 다음과 같은 기호를 갖는다.

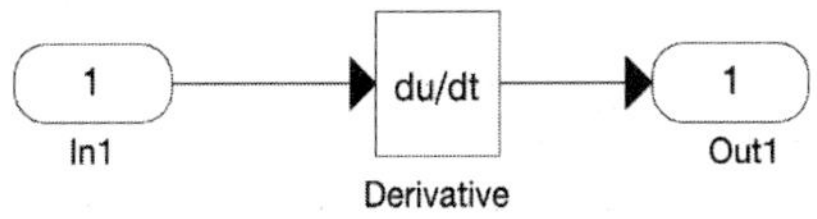

[그림10.16] 미분블록

적분 블록(Integrator block)

이 블록은 입력값의 적분값, 즉 출발시간에서 현재시간까지 입력값을 누적하여 합산한 값을 출력하는 블록이다. 아래 그림은 입력값에 대한 적분을 표시한 블록이다. 잘 알겠지만 Laplace변환에서 단위 상수값을 적분하면 1/s 가 된다. 따라서 적분블록 안에 1/s 심벌이 들어가 있다고 보면 되겠다.

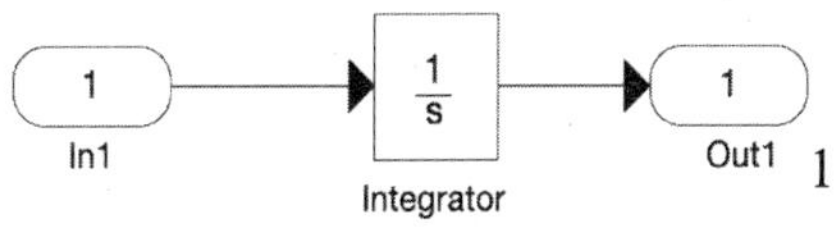

[그림10.17] 적분블록

전달함수(Transfer function) 블록

제어공학을 공부하였다면 전달함수의 개념을 알고 있을 것이다. 전달함수는 어떤 시스템의 동적식인 선형 미분방정식을 Laplace변환을 한 후 출력변수에 대한 입력변수의 비를 Laplace 오퍼레이터인 s 의 함수로 표시한 분수식이다. 간단하게 스프링-질량-댐퍼로 구성된 2차 선형 시스템을 고려하면 미분방정식은 다음과 같다.

$$m\ddot{x} + c\dot{x} + kx = F \qquad (10.1)$$

물론 m은 질량 c는 감쇠계수 k는 스프링 상수이고 F는 그 시스템에 가해진 힘이라고 볼 수 있다. 위 식의 양변에 Laplace 변환을 취하면,

$$ms^2X(s) + coX(s) + kX(s) = F(s) \qquad (10.2)$$

위 식을 전달함수로 표시하면 다음과 같다.

$$G(s) = \frac{X(s)}{F(s)} = \frac{\frac{1}{m}}{(s^2 + \frac{c}{m}s + \frac{k}{m})} \qquad (10.3)$$

예를 들어 전달함수식이 $G(s) = \frac{8}{s^2 + 4s + 8}$ 이라고 하고 이 식을 전달함수 블록을 이용하여 표현해 보자. Simulink의 Continuous 메뉴에서 Transfer Fcn 을 드래그 하여 Simulink 편집창으로 드래그하면 다음과 같다

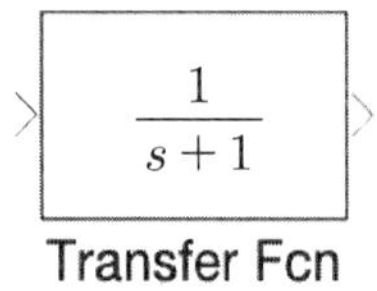

[그림10.18] 전달함수 블록

위 블록을 더블클릭하여 분자의 계수를 [8]과 같이 입력하고, 분모의 계수를 [1 4 8]과 같이 입력하면 블록은 다음과 같이 바뀐다.

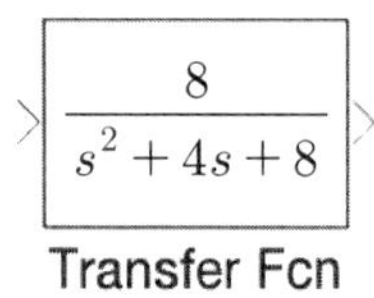

[그림10.19] 값이 입력된 전달함수

이렇게 해서 시스템의 동적식은 전달함수 블록 안에 제대로 입력이 되었다. 이 시스템의 특성을 알아보기 위해 Simulink>Sources 메뉴에서 Step블록을 드래그 해서 편집창에 있는 전달함수 블록의 왼쪽에 놓는다. 그 다음 마우스를 이용하여 두 블록을 연결한다. 같은 방법으로 Simulink>Sinks 메뉴에서 Scope를 드래그해서 연결하면 다음과 같이 회로를 완성할 수 있다.

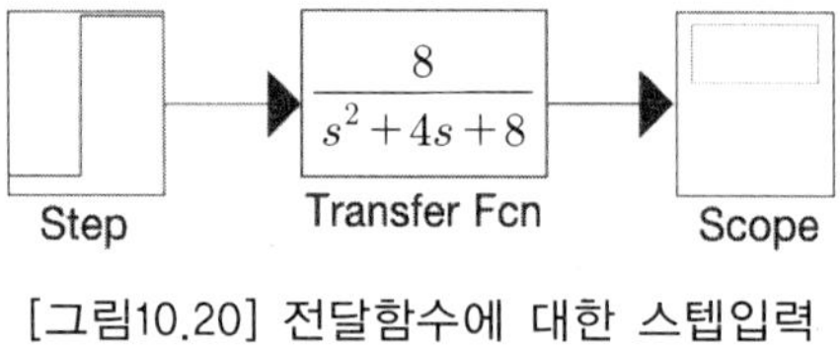

[그림10.20] 전달함수에 대한 스텝입력

결과를 보기위해 편집창의 Simulation>Start를 클릭하여 실행한 후 Scope를 클릭하면 다음

과 같이 그래프를 확인할 수 있다.

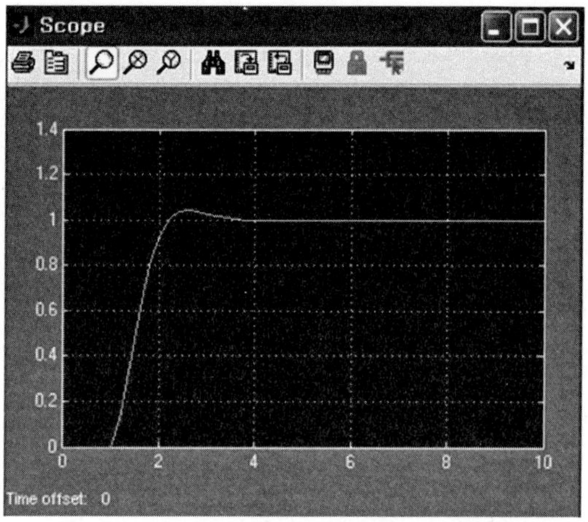

[그림10.21] 전달함수에 대한 스텝응답

상태공간 블록(State-space block)

앞 절에서는 미분방정식에 Laplace 변환을 이용하여 전달함수를 구하는 방법과 Simulink에서 전달함수를 사용하는 방법을 배웠다. 또 다른 방법은 미분방정식에서 상태변수를 이용하여 미분방정식을 상태변수형으로 표현하는 방법이다. 스프링-질량-댐퍼 시스템의 미분방정식을 이용하여 상태변수형을 구하고, Simulink에서 구현하는 방법을 알아보자. 식(10.1)은 2차식이므로 2개의 상태변수를 지정하면,

$$\begin{aligned} x_1 &= x \\ x_2 &= \dot{x} \end{aligned} \qquad (10.4)$$

식(10.4)에서 상태변수 x_1, x_2를 한번 미분하게 되면

$$\begin{aligned} \dot{x}_1 &= x_2 \\ \dot{x}_2 &= -\frac{k}{m}x_1 - \frac{c}{m}x_2 + \frac{1}{m}F \end{aligned} \qquad (10.5)$$

상태변수형의 표준형은 다음과 같다.

$$\dot{X} = AX + Bu \qquad (10.6)$$

여기서,

$$X = \begin{bmatrix} x_1 \\ x_2 \end{bmatrix}$$

$$A = \begin{bmatrix} 0 & 1 \\ -\frac{k}{m} & -\frac{c}{m} \end{bmatrix} \qquad (10.7)$$

$$u = F$$

$$B = \begin{bmatrix} 0 \\ \frac{1}{m} \end{bmatrix}$$

위 상태변수형에 대한 출력식은 다음과 같이 표현된다.

$$y = CX + Du \qquad (10.8)$$

원하는 출력 y를 질량의 움직이는 위치로 설정한다면

$$C = [1 \quad 0] \qquad (10.9)$$

$$D = 0$$

위 식을 Simulink로 구현하려면 Simulink > Continuous > State-Space를 드래그하여 편집창으로 옮기고 입력과 출력을 아래와 같이 구성해보자.

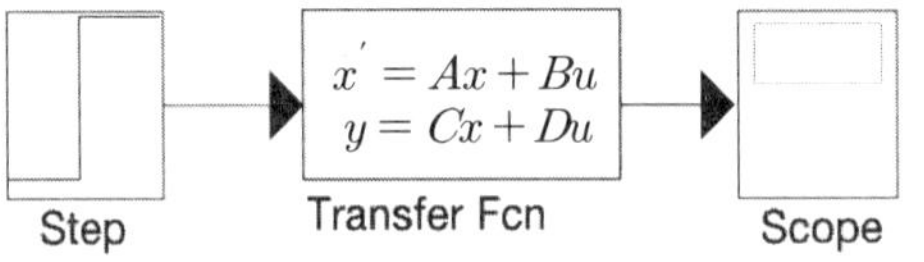

[그림10.22] 상태공간모델에 대한 스텝입력

식(10.5)에서 m=1/8 Kg, c=0.5 N.s/m, k=1 N/m 이라고 가정하자. 위 State-Space블록을 더블클릭하여 A, B, C, D 값을 다음과 같이 입력한다.

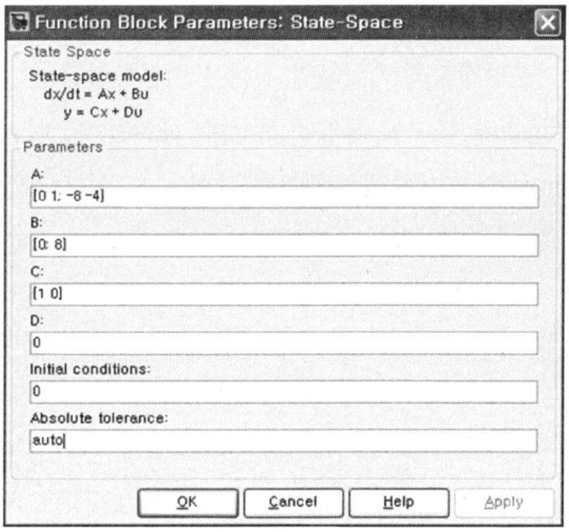

[그림10.23] 상태공간모델에 대한 상수입력

그런 다음 결과를 보기 위해 편집창의 Simulation > Start를 클릭하여 실행한 후 Scope를 클릭하면 다음과 같이 그래프를 확인할 수 있다.

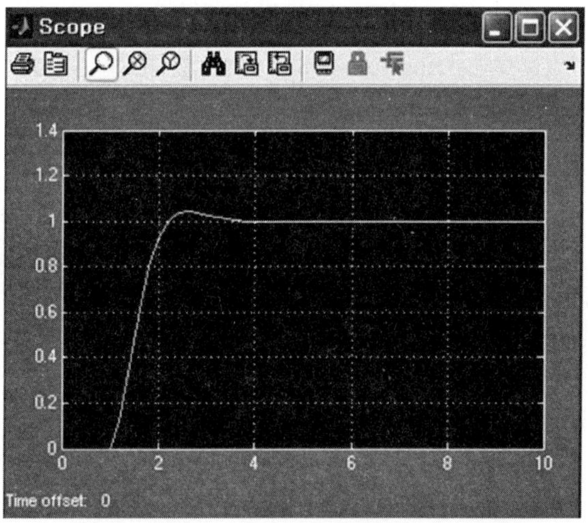

[그림10.24] 상태공간모델에 대한 스텝응답

같은 스프링-질량-댐퍼 시스템에 대한 전달함수모델 결과인 [그림 10.21]과 상태변수형 모델의 결과인 [그림10.24]의 결과는 같다는 것을 알 수 있다.

기본 블록을 이용한 시스템 모델

앞 절에서는 주어진 미분방정식을 해석하기 위해서 미분방정식을 전달함수로 바꾸거나 상태변수형으로 고쳐서 Simulink 블록에 삽입을 하였다. 하지만, 또 다른 방법은 미분방정식을 기본블록을 이용하여 Simulink 모델창에서 바로 구성할 수도 있다. 예를 들어 직렬 RC회로를 살펴보자. 직렬RC회로의 미분방정식은 1차형이며 다음과 같이 나타난다.

$$\frac{dx(t)}{dt} = \frac{1}{RC}[f(t) - x(t)] \tag{10.10}$$

위 식에서 $f(t)$ 는 직렬 RC회로에 걸리는 입력전압이고, $x(t)$는 커패시터양단에 걸리는 출력전압을 나타낸다. 위 식을 이용하여 Simulink모델을 구성하면 아래 그림과 같다.

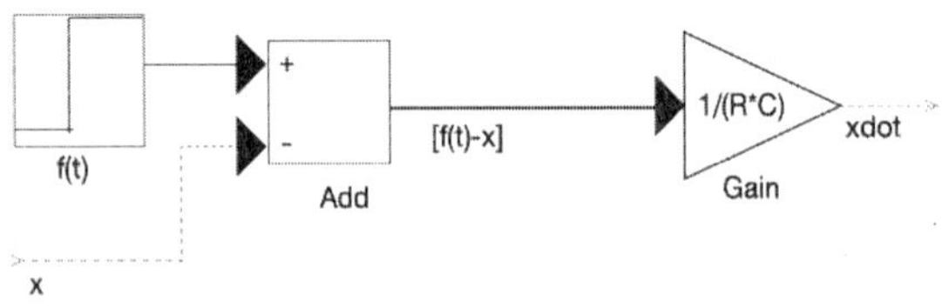

위 회로의 출력은 xdot이다. 하지만, 우리가 관심있는 파라메터는 전압자체 즉 x 값이므로 위 모델에 적분블록인 1/s 를 붙여서 아래 회로처럼 출력값을 x로 만들어야 한다.

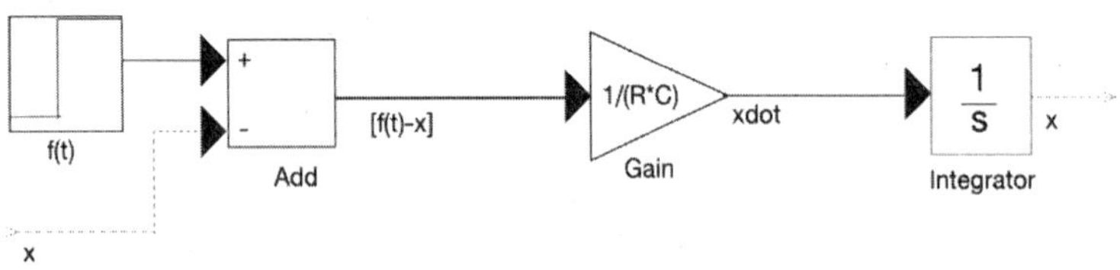

위의 회로에서 알 수 있듯이 출력값 x는 또한 f(t)-x를 구성하는 부분에 입력값으로 들어가므로 다음과 같이 신호선을 연결하여야 한다. 그리고, 결과값 x를 그래프로 보기위하여 Scope를 덧붙였다.

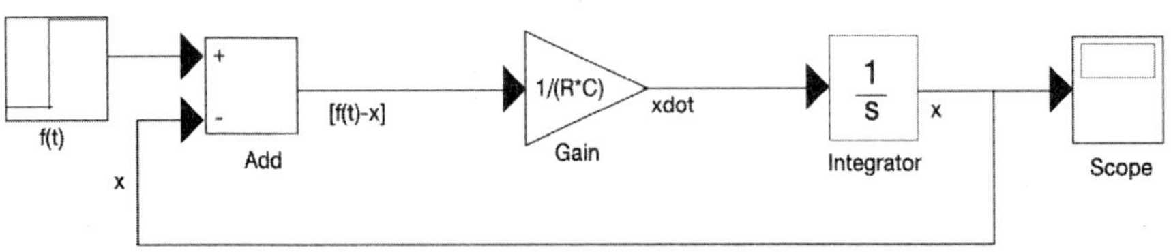

[그림10.25] 완성된 직렬 RC 회로에 대한 Simulink 모델

스텝입력값 f(t)의 step time을 아래와 같이 0초로 변경한다. 즉, 0초에서 바로 스텝입력이 발생하도록 설정하였다.

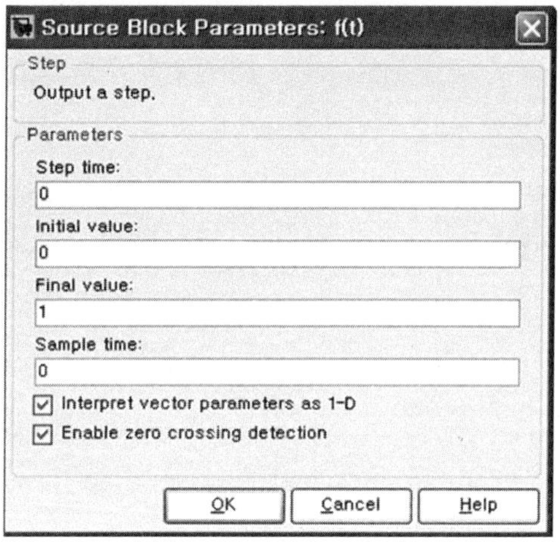

이제, Matlab 명령창에서 R과 C값을 다음과 같이 입력해보자

```
>> R=5000; C=0.0001;
```

그런 다음 Simulink창의 Simulation > Start를 클릭하여 시뮬레이션을 수행한 후 Scope를 더블클릭하면 다음과 같은 그래프를 확인할 수 있다.

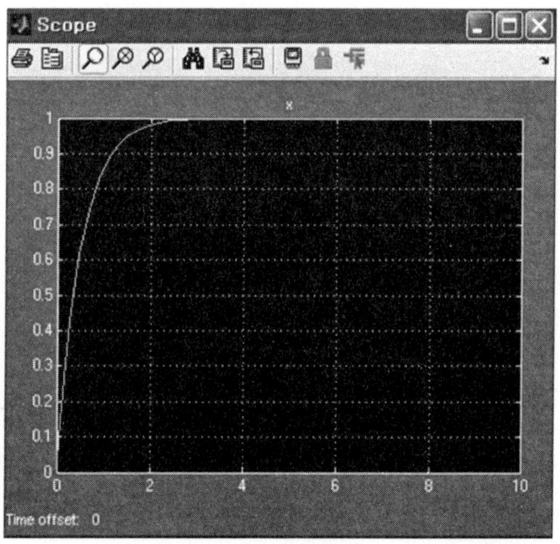

[그림10.26] 직렬 RC 회로의 스텝응답

[예제10.1] 다음 1차 미분방정식의 Simulink모델을 구성하고 결과를 그래프로 나타내시오.

$$\frac{dx}{dt} = -2x + 1, \; t > 0.$$

$$x(0) = 0.$$

▶풀이

위 식을 잘 살펴보면 1은 단위입력으로 볼 수 있고, 출력 x가 2의 게인을 갖고 피드백되어 두 인자가 합쳐져서 x의 미분형 (dx/dt)이 된다. 그리고 이 미분형은 적분하면 x가 된다. Simulink에서 적분기호는 1/s를 사용한다. 이러한 생각을 구상한 다음 Simulink 를 실행하고 File > New > Model 을 선택하여 새로운 모델 작업창을 열고 아래 그림과 같이 요소들을 가져와야 한다.

즉, Sources에서 Step을, Math Operation에서 Gain 및 Sum을, Continuous에서 Integrator (적분기)를, Sinks에서 Scope를 가져온다.

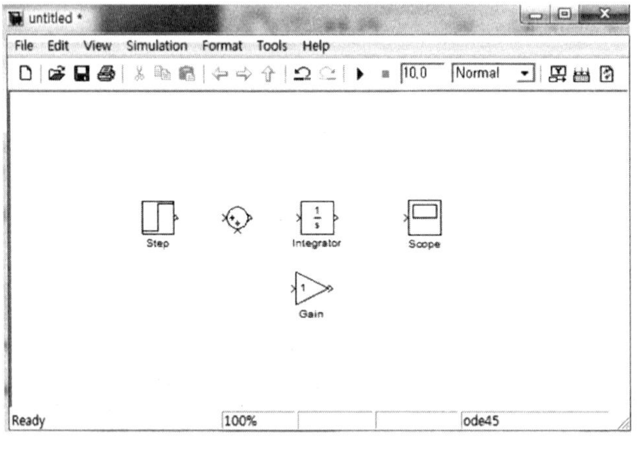

위 그림은 Sources, Math Operation, Continuous 및 Sinks 라이브러리에서 필요한 요소들을 일단 배치한 상태이다. 이제 이 기본 요소들을 잘 가공하여 위 미분방정식을 나타내도록 하여야 한다. 먼저 Gain 요소를 보면 신호의 흐름이 왼쪽에서 오른쪽으로 흐르게 되어 있으므로 방향을 180도 바꾸어 주어야한다. 그래야 좌측으로 흐르는 피드백 신호를 표시할 수 있다. 방향을 바꾸려면 Gain을 클릭한 다음 Format>Rotate Block를 클릭하면 한 번 클릭에 시계방향으로 90도 회전하므로 2번 클릭하게 되면 방향이 제대로 바뀌게 된다.

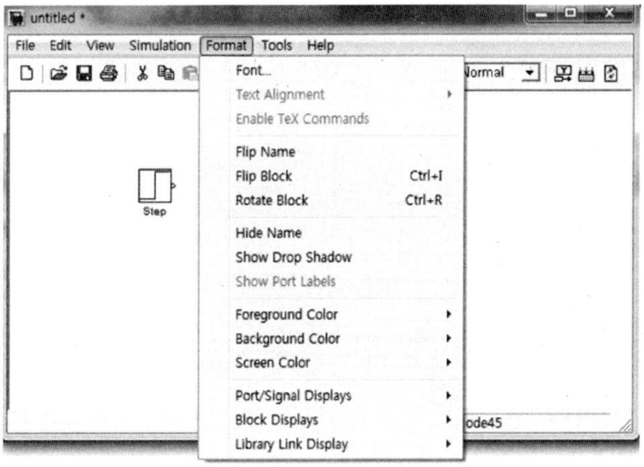

아래 그림에서 보는 바와 같이 게인의 방향이 바뀌어져 있다.

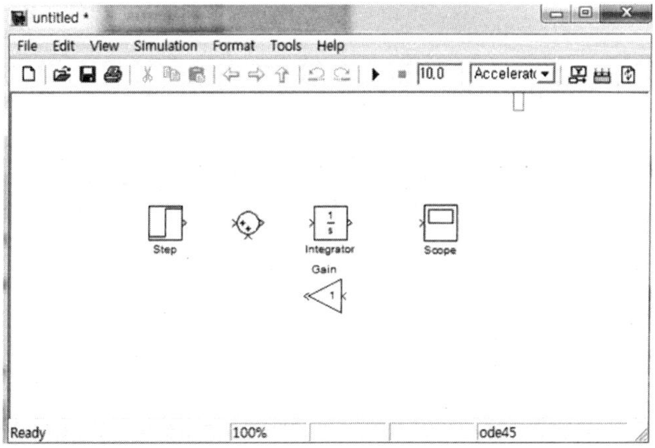

이번에는 Sum 블록의 + + 표시를 +-로 바꾸어야 한다. Sum 블록을 더블클릭하면 Function Block Parameters라는 창이 뜬다. List of signs에 있는 + +를 + -로 변경한 후에 하단의 OK버튼을 클릭하면 된다.

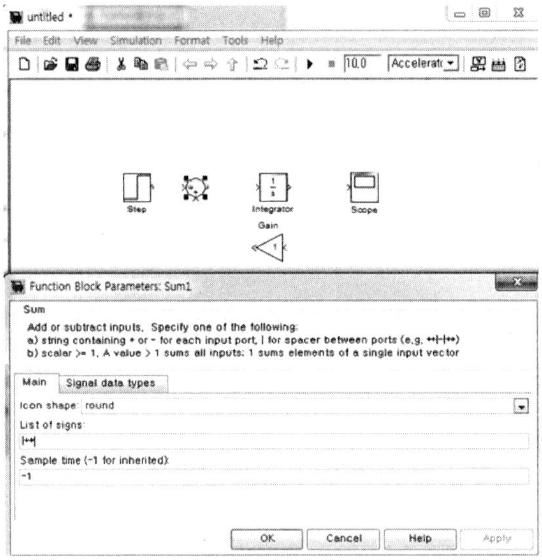

그러면 아래 그림과 같이 바뀌게 된다.

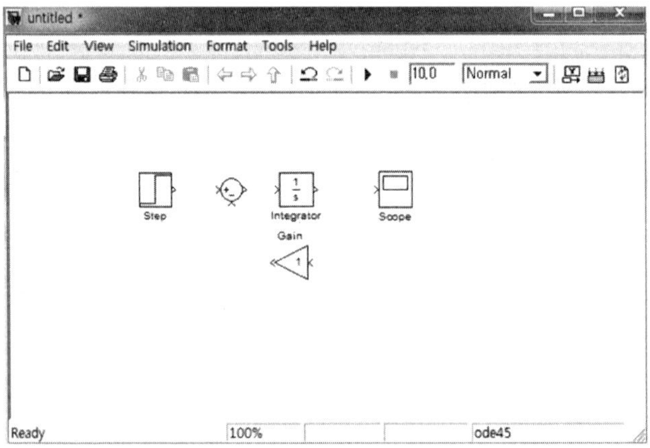

이제 남은 일은 각 블록간에 신호 흐름선을 연결하는 것이다. 아래 그림처럼 각 블록의 왼쪽 돌출부에 마우스를 위치시키고 마우스 왼쪽버튼을 눌러 드래그하여 오른쪽 블록의 돌출부에 연결하여 신호흐름선(화살표)을 생성하게 해준다.

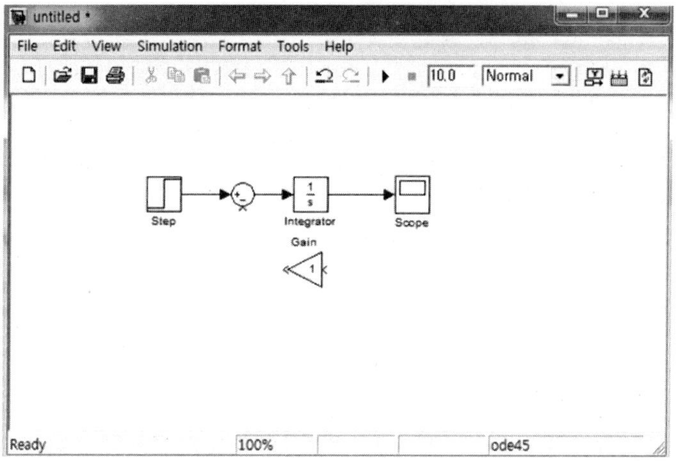

문제는 신호선의 중간에서 피드백 신호를 만들어야 하는데, Integrator와 Scope사이의 신호선 중간에 마우스를 위치하고 마우스의 오른쪽을 클릭한 채로 밑으로 드래그 한다. 그런 다음 마우스의 왼쪽을 누른 채로 Gain의 돌출부로 드래그 하면

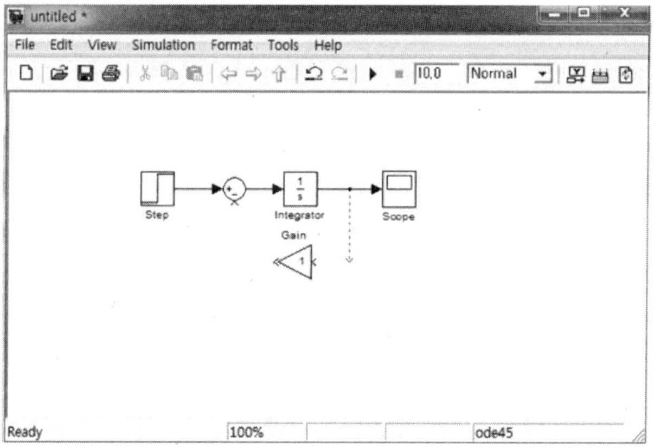

아래 그림처럼 피드백 신호가 생성된다.

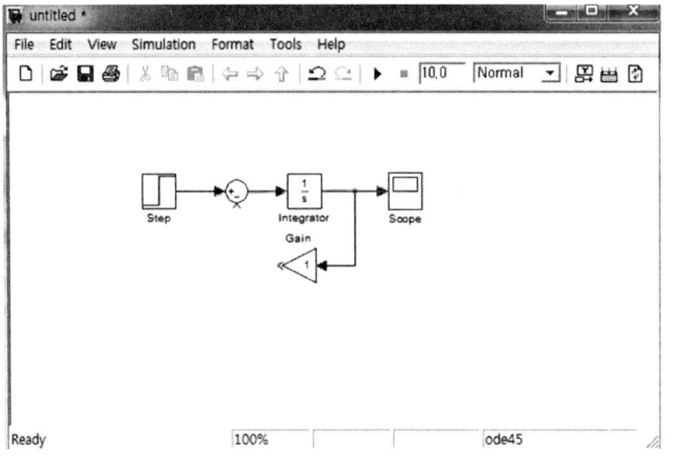

그 다음 Gain의 왼쪽부분에 마우스를 놓고 왼쪽버튼을 눌러 왼쪽으로 드래그 한 후 마우스의 왼쪽 버튼을 해제한 다음 다시 마우스의 왼쪽버튼을 누른 채로 위 방향으로 드래그하여 Sum 블록과 연결을 완성한다.

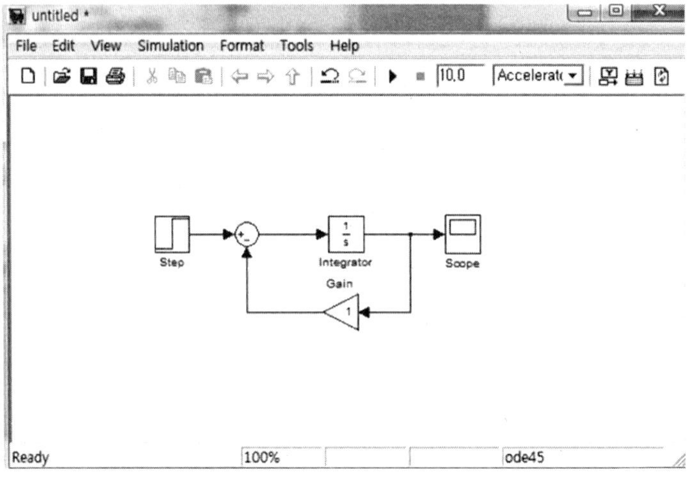

위 그림에서와 같이 simulink회로는 완성되었다. 이제는 각 요소의 파라메터를 설정해야한다. 먼저, Gain블록을 더블클릭하여 게인을 2로 고친다.

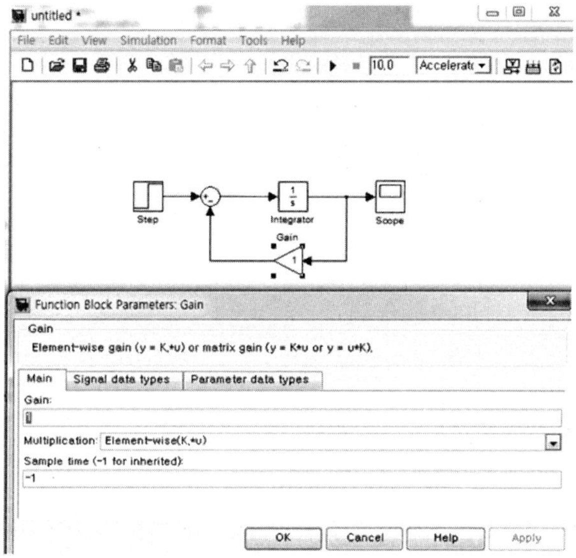

그리고, 주어진 미분방정식의 초기조건이 x(0)=0으로 주어져 있다. 회로에서 Integrator의 출력값이 x(t)에 해당되므로 초기조건을 설정하려면 Integrator를 더블클릭하여 Initial condition=0으로 설정하면 된다. 아래 그림은 최종적으로 디자인이 끝난 상태이다.

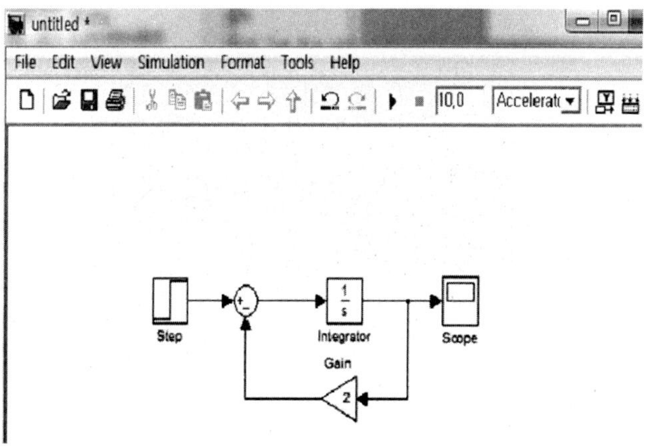

이제 시뮬레이션만 수행하면 된다. Simulation > Configuration Parameters를 클릭하면 아래와 같은 창이 뜬다. 이 창은 시뮬레이션의 시간은 10초간으로 되어 있고, 미분방정식을 풀기위한 솔버(solver)는 ode45 함수를 사용하며, 이 때 사용하는 샘플링 구간은 고정되어 있지 않고 variable-step으로 사용한다는 것을 말해주고 있다.

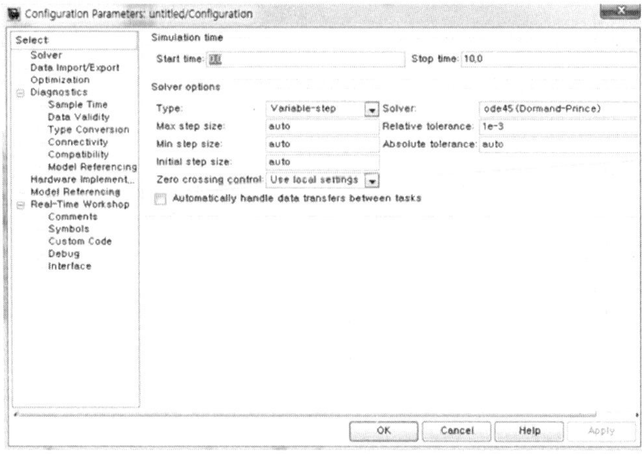

주어진 파라메터를 그대로 사용하도록 하자. 이제 시뮬레이션을 수행해보자. 시뮬레이션은 Simulation > Start를 클릭하면 된다. 결과 그래프를 보고 싶으면 Scope 블록을 더블클릭하면 아래와 같이 시간응답을 그려준다.

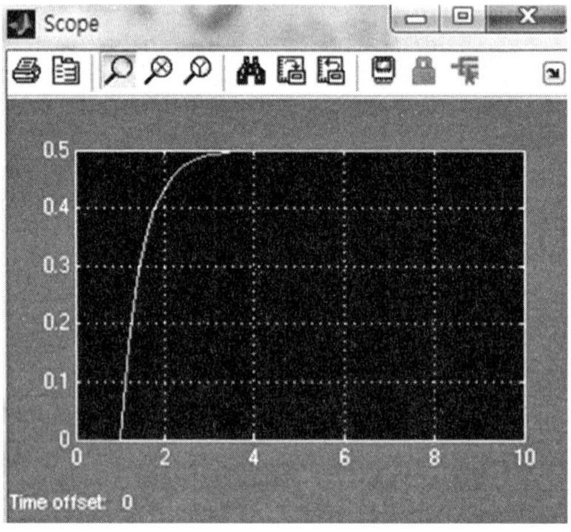

[예제10.2] 2차선형미분식의 형태인 스프링-질량-댐퍼 시스템을 Simulink로 구성해 보시오. 스프링-질량-댐퍼 시스템의 운동방정식은 다음과 같다.

$$m\ddot{x} + c\dot{x} + kx = f(t)$$

▶풀이

위 운동식을 변형하면

$$\ddot{x} = \frac{1}{m}\left[f(t) - c\dot{x} - kx \right]$$

위 식에서 가속도는 3개의 항으로 결합되어 있는 구조이다. 위 식을 기본블록을 사용하여 Simulink 모델을 작성하면 아래 그림과 같다.

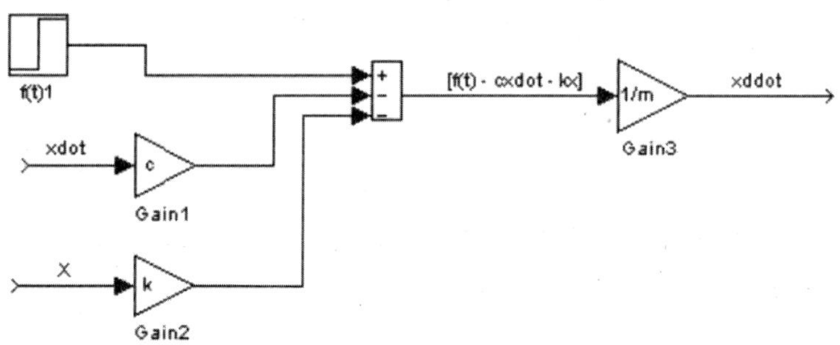

위 회로에서 가속도값이 적분기 1/s 를 지나면 속도값이 되고 속도값이 적분기 1/s 를 지나면 위치값이 되므로 아래와 같이 적분블록을 두 번 지나게 해야 한다.

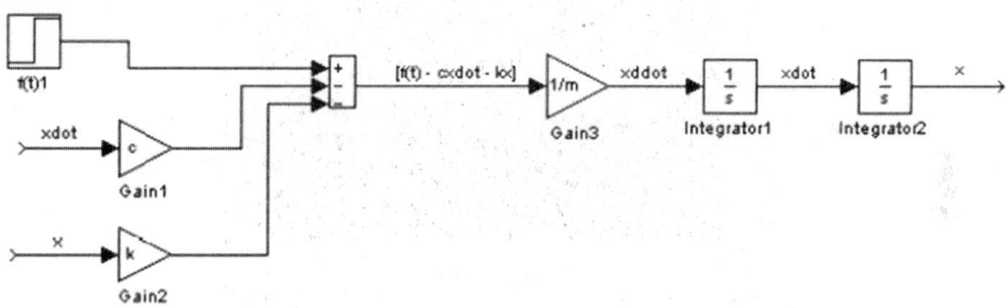

그리고 속도값과 위치값이 피드백 되는데 피드백 분기선을 작성하는 방법은 선상에 마우스를 올려놓고 마우스의 오른쪽 부분을 누른 채 아래로 드래그하면 분기선이 형성된다. 그런 다음 마우스의 왼쪽을 누른 채 선을 연결하면 된다. 게인블록의 방향을 바꾸기 위해서는 게인블록을 클릭한 후 Format > Rotate Block을 선택할 때 마다 방향이 90도 바뀌게 된다. 2번 반복하면 180도 바뀌게 된다. 최종적으로 다음과 같이 모델이 완성되었다.

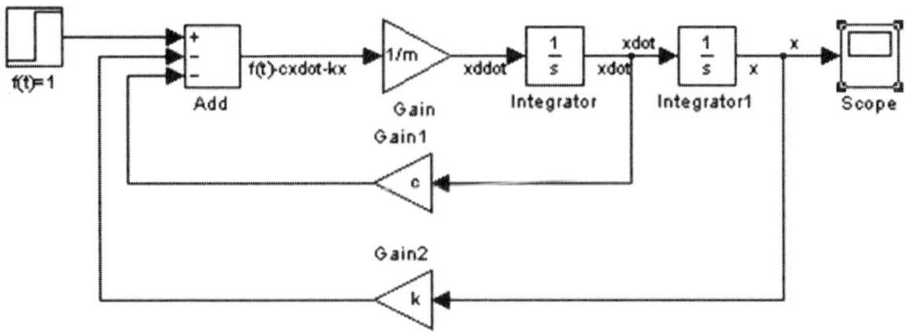

위 모델 회로의 스텝응답은 보기 위해서 파라메터의 값을 Matlab에서 다음과 같이 지정하였다.

```
>> m = 2; c = 2; k = 4;
```

그리고, Simulink>Start를 클릭하여 시뮬레이션을 수행한 후 Scope를 더블클릭하여 다음과 같은 결과를 확인할 수 있다.

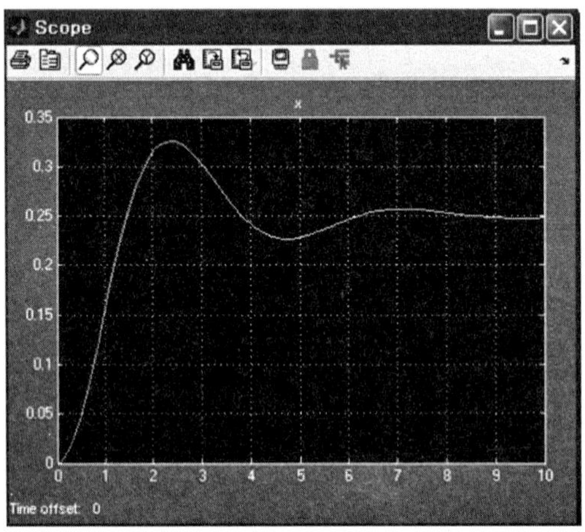

10.3 비선형식의 모델링 방법

Simulink는 비선형시스템의 모델링을 쉽게 할 수 있도록 다양한 블록을 제공하고 있다. Simulink > Discontinuities 내부에 많은 비선형 블록이 들어있다. 대표적인 것으로는 dead-zone

이나 saturation 등이 있다. 아래 그림과 같이 물체의 양쪽에 추진시스템을 갖는 이동시스템을 고려해보자.

[그림10.27] 추진시스템

위 그림의 이동시스템은 물체의 좌우에 추진체가 달려있는 구조이다. 추진체의 힘을 조절하여 물체가 정해진 위치(원점)에 정지하도록 하는 것이 목적이다. 위 시스템의 운동식은 다음과 같이 정의될 수 있다.

$$m\ddot{x} = F \tag{10.11}$$

혹은

$$\ddot{X} = F/m \tag{10.12}$$

m=5 Kg 이라고 한다면 다음과 같이 Simulink 모델을 구성할 수 있다.

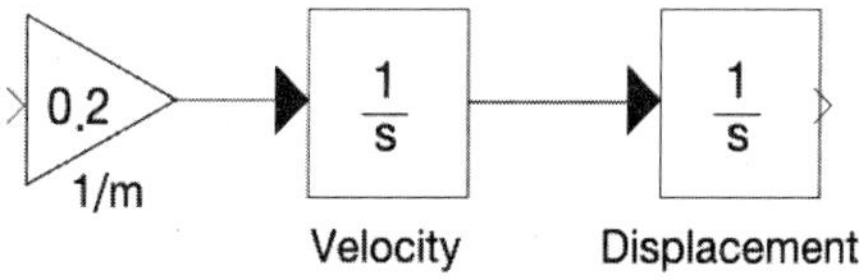

[그림10.28] Simulink 모델

만약, 시스템의 속도와 변위의 합이 음수일 경우 F=1로 제어하고, 시스템의 속도와 변위의 합이 양수일 경우 F= -1로 제어하는 제어기(일종의 뱅뱅제어기)를 사용한다고 한다면 제어모델은 다음과 같이 구성할 수 있다. Simulink > Math Operations 안에 있는 Sign 블록을 추가로 들어가 있다.

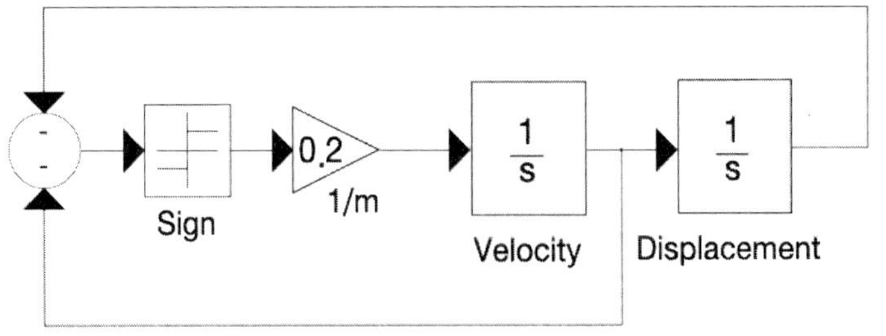

[그림10.29] 간단한 bang-bang 제어모델

위 모델의 시뮬레이션 결과를 그래프로 확인하기 위하여 X-Y 그래프를 부착하여 속도와 변위와의 관계를 알아보았다. 그리고 시뮬레이션이 진행할 때 경과하는 시간을 표시하기 위해 Clock과 Display 블록도 설치하였다.

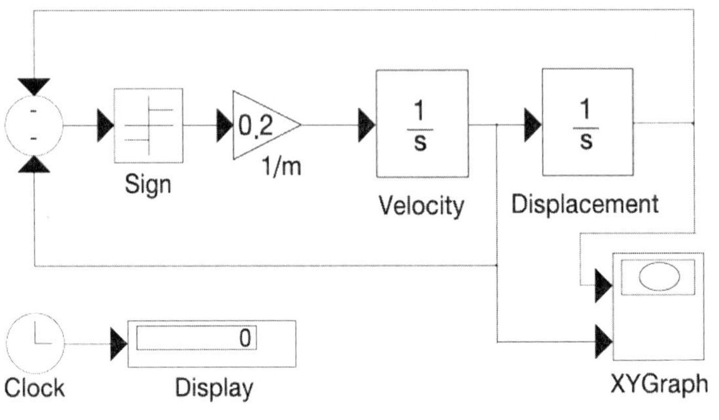

[그림10.30] X-Y Graph를 설치한 bang-bang 제어모델

위 회로의 문제점은 시스템이 언제 원점에 도달할 지 어느 수준에서 프로그램을 정지해야 할 지 기준이 없다. 따라서 다음과 같이 정지기준을 설정하기로 한다.

$$|x| + |\dot{x}| \le 0.01 \tag{10.13}$$

그러면 위 회로는 아래와 같이 약간 수정할 수 있다. . Simulink>Math Operations 안에 있는 Abs 블록이 추가로 들어가 있는 것을 볼 수 있다.

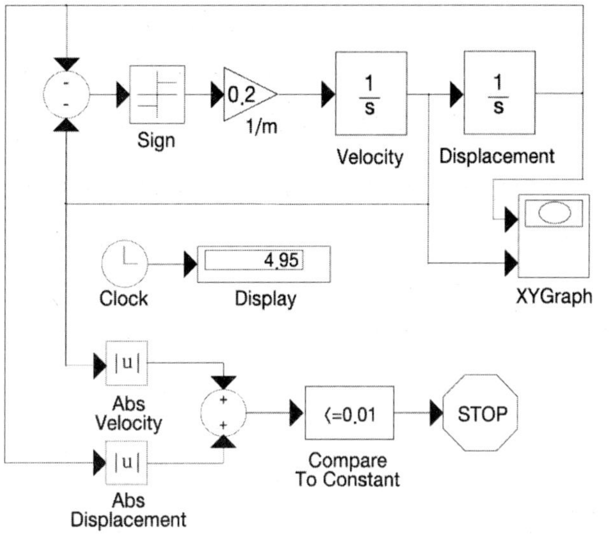

[그림10.31] 정지조건을 포함한 bang-bang 제어모델

아래 [그림10.32]는 시뮬레이션 중의 속도와 위치의 변화를 표시한 그래프이다.

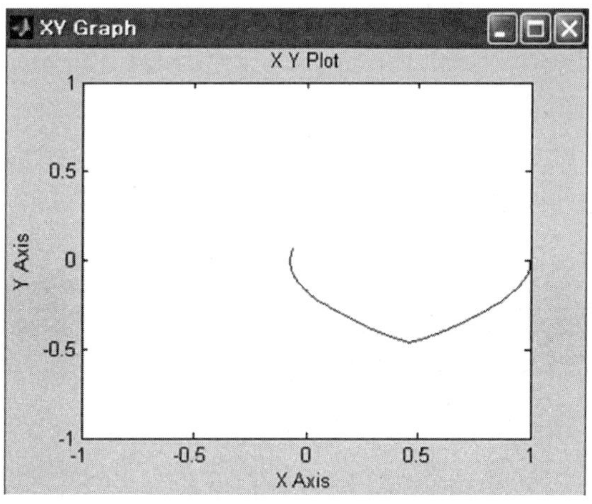

[그림10.32] 시뮬레이션 중의 속도와 위치의 변화

[예제 10.2] 아래 그림과 같이 일반적인 도로에서 주행하는 자동차를 고려해보자. 이 때 자동차에 작용하는 힘은 엔진 혹은 브레이크에 의해 전달되는 차 내부의 생성힘 (Fe), 주행 중에 공기가 차체에 미치는 공기저항힘(Fa), 그리고 오르막이나 내리막에 의해 생성되는 지형적 힘(Fh)의 3가지로 크게 구분이 가능하다.

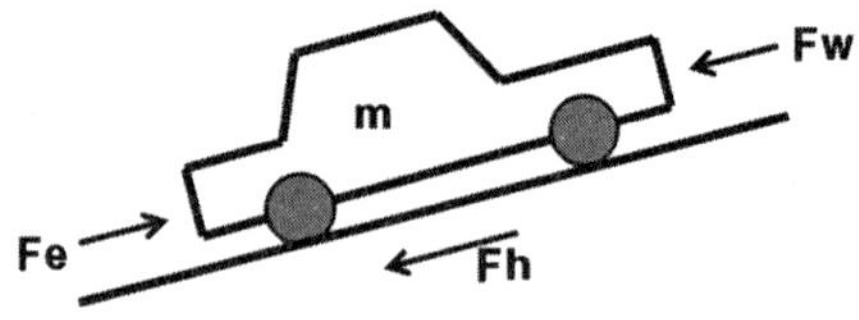

[그림10.33] 언덕길에서 주행중인 자동차의 역학모델

▶풀이

위의 자동차 모델에 뉴톤의 2법칙을 적용하면 다음과 같은 식을 얻을 수 있다.

$$m\ddot{x} = F_e - F_a - F_h \qquad (10.14)$$

위 식에서 생성힘(Fe)는 $-2500 \le F_e \le 1500$의 범위를 가지고 있다고 가정한다. 이 조건에서 음의 값은 브레이크를 작동하는 경우에 해당되고, 양의 값은 엔진의 출력을 올리는 것을 의미한다. 공기 저항힘(Fa)과 지형적 힘(Fh)은 다음의 식과같이 시간에 따라 sine적으로 변한다고 가정한다.

$$F_a = 0.001(\dot{x} + 20\sin(0.01t))^2 \qquad (10.15)$$

$$F_h = 30\sin(0.0001x) \qquad (10.16)$$

위의 3가지 힘을 고려한 비선형시스템을 Simulink로 구현하면 다음 그림과 같다.

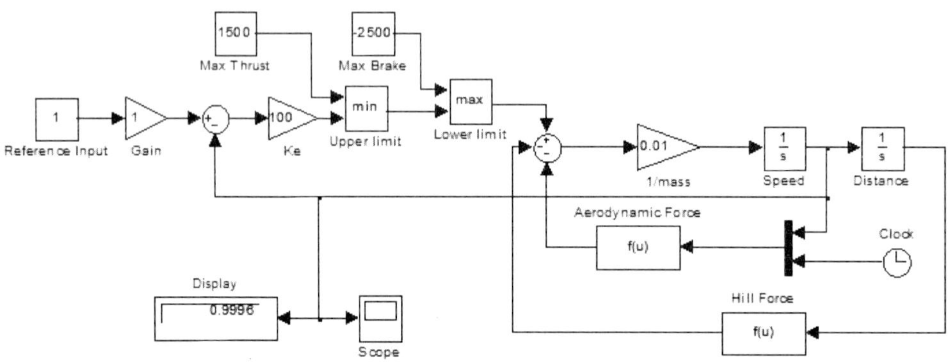

[그림10.34] 주행중인 자동차의 Simulink 모델

위 그림에서 Aerodynamic force와 Hill force는 Simulink의 Fcn 블록을 이용하여 구현하였다. Aerodynamic force는 0.001*(u[1]+20*sin(0.01*u[2]))^2 로 입력되어 있다. 여기서 u[1]은 첫번째 입력 즉, 자동차의 속도(Speed) 값을 나타내고 u[2]는 2번째 입력으로서 Clock에 물려 있는 바와 같이 시간을 나타낸다. 위 수식을 식2와 같이 비교를 하면 쉽게 알 수 있을 것이다. 마찬가지로 Hill force 블록에는 30*sin(0.0001*u[1])의 값이 입력되어 있다. 이 경우 입력은 당연히 하나밖에 없다. 기준입력 추종성능에 대한 시뮬레이션 결과는 그림 10.35에 나타나 있다.

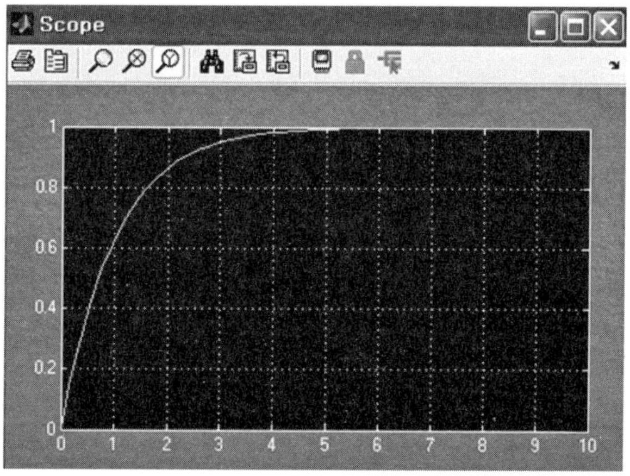

[그림10.35] 주행중인 자동차의 스텝응답

10.4 서브시스템(Subsystem)의 생성

원래 만들어진 Simulink 모델을 좀 더 컴팩터한 서브시스템으로 변형할 수 있다. 모델의 사이즈가 커지고 복잡해지면 전체모델을 한 눈에 이해하기가 어렵다. 따라서, 모델의 일정한 영역을 서브시스템으로 변형하면 전체모델이 기능별로 단순화되고 시스템의 흐름을 한 눈에 이해하기 쉽다.

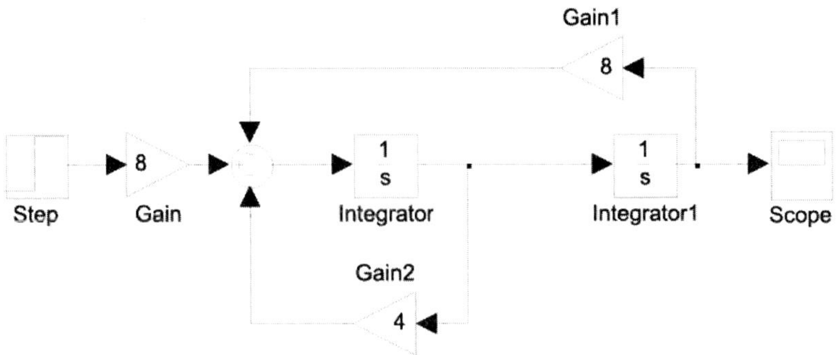

[그림10.36] 2차 시스템의 Simulink 모델

위 모델의 서브시스템을 만들기 위해 입력부 Step과 출력부 Scope를 제외한 전체부분을 마우스를 드래그하여 선택한다. 그런 다음 Simulink 편집창의 Edit > Subsytem 을 선택한다. 그러면 다음과 같이 서브시스템이 생성되어 진다.

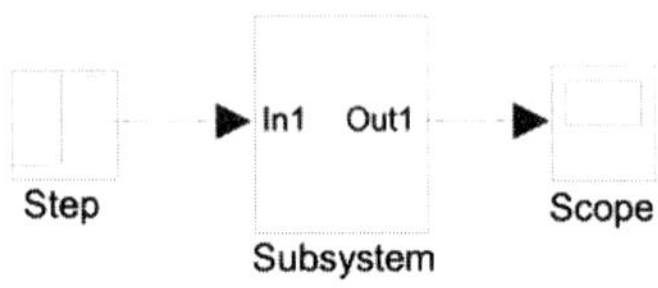

[그림10.37] 서브시스템을 사용한 2차 시스템의 모델

서브시스템의 원래 회로를 보거나 수정을 원할 때에는 서브시스템을 더블클릭하여 내부를 볼 수 있다.

[예제10.3] 아래 그림과 같이 구성되어있는 2자유도 카트시스템을 고려하여 서브시스템으로 단순화된 모델을 생성해보기로하자.

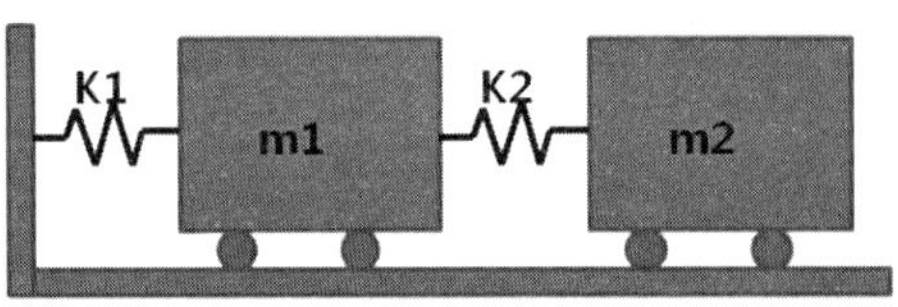

[그림10.38] 질량-스프링 카트 모델

▶풀이

의 시스템에서 각각의 카트 운동은 다음과 같은 운동식으로 설명되어진다.

$$\ddot{x} = \frac{1}{m_n}\left[K_n(x_{n-1} - x_n + K_{n-1}(x_n - x_{n+1}))\right] \qquad (10.17)$$

아래 [그림10.39]는 카트1 부분에 대한 시스템 모델을 Simulink로 나타낸 것이다.

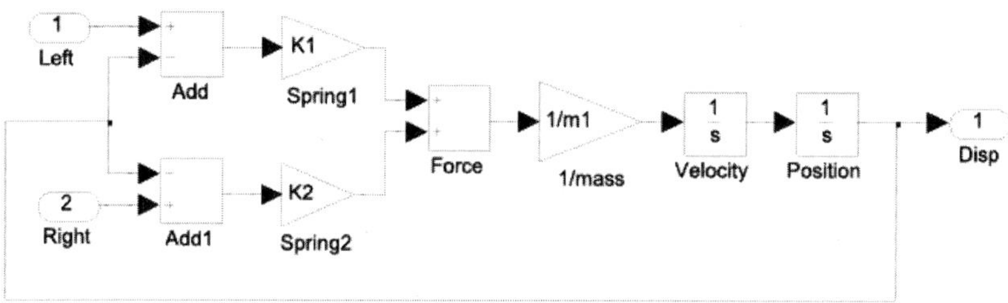

[그림10.39] 카트1에 대한 시스템 모델

[그림10.39] 모델을 서브시스템으로 나타내면 아래 그림과 같다.

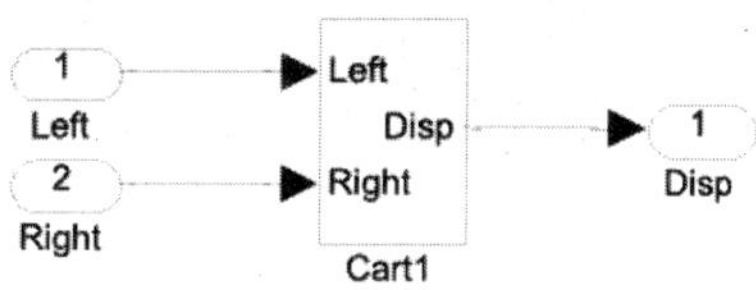

[그림10.40] 서브시스템을 사용한 카트1 모델

같은 방법으로 카트2에 대한 Simulink 모델과 대응하는 서브시스템을 생성할 수 있다. [그림10.41]은 카트2에 대한 Simulink 시스템 모델이고, [그림10.42]는 서브시스템을 사용한 전체시스템 모델이다. 그리고 카트2의 운동궤적은 [그림10.43]에 나타나 있다.

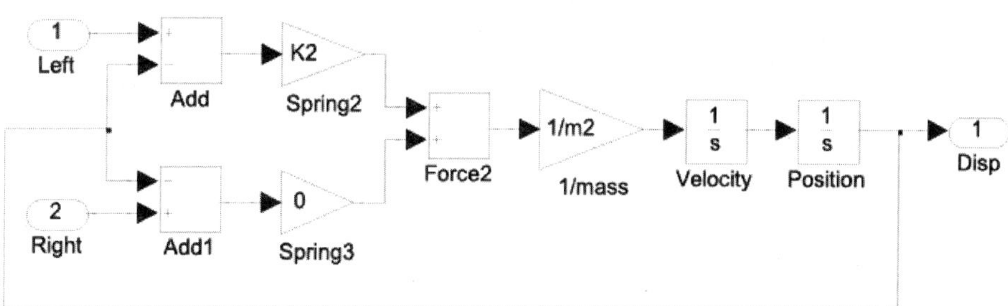

[그림10.41] 카트2에 대한 시스템 모델

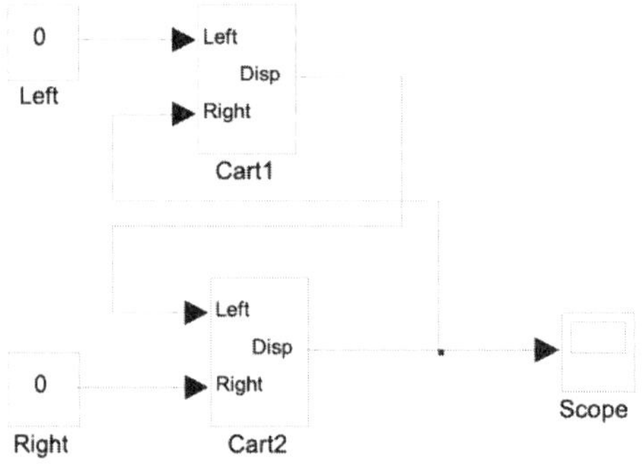

[그림10.42] 서브시스템을 사용한 전체 시스템 모델

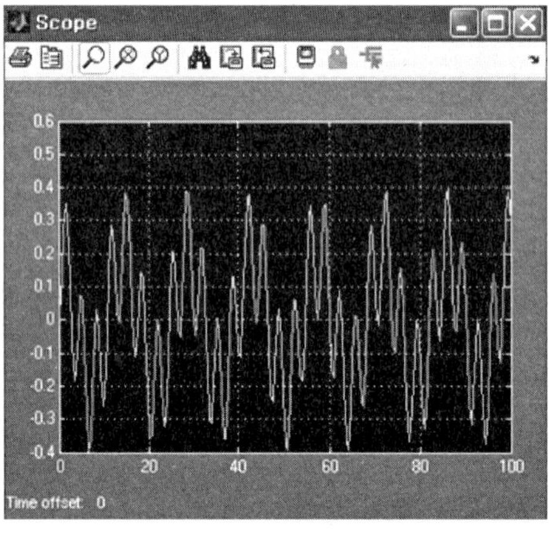

[그림10.43] 카트2의 운동궤적

10.5 사용자정의 함수의 사용

사용자정의함수(user-defined function)를 Simulink에 삽입하는 방법은 Simulink에서 제공하는 함수블록을 사용하는 방법인데, Fcn, Matlab Fcn, Embedded matlab function, S-function 등이 있다. 각각의 특징을 알아보도록 하자.

10.5.1 Fcn 블록의 사용

가장 간단한 함수블록인데 Matlab에서 주어지는 수학함수 등을 이용하여 Fcn 블록을 구성할 수 있다. 다중입력과 출력이 필요한 경우 Mux/Demux로 구현이 가능하다. 위 Fcn 블록은 조건문이나 반복문등을 내부에서 사용할 수 없으며, 사용자가 정의한 함수들도 내부에서 사용할 수 없다. 간단한 예를 들어 y(u)=sin(u(1))-cos(u(2))의 값을 계산해 보도록 하자. 즉, 이 함수는 2개의 입력성분 u[1]과 u[2]를 받아서 한 개의 출력값 y를 계산한다. Fcn 블록을 드래그하여 Simulink 모델창에 배치하고 더블클릭한 후 Expression 항에 sin(u(1))-cos(u(2))를 입력한다. 그리고 두 입력값 u(1)=u(2)=t (램프입력)으로 하고 Mux를 이용하여 Fcn블록과 연결시킨다. 계산결과를 Scope로 보기위해 아래와 같이 Simulink 모델을 구성한다.

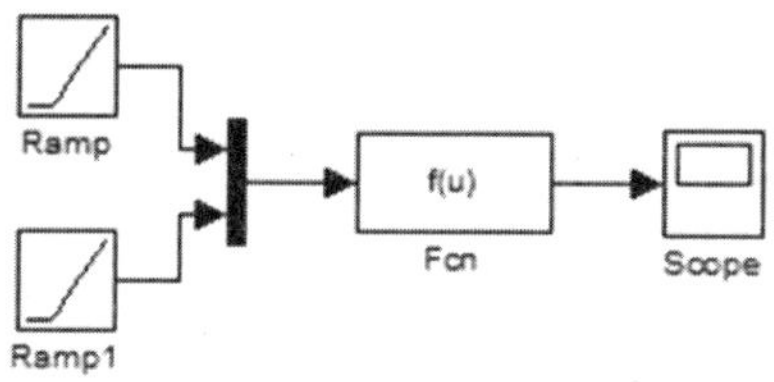

[그림10.44] Fcn 블록을 이용한 Simulink 모델

Simulation > Start 를 수행한 후 Scope를 더블클릭하면 다음 결과를 구할 수 있다.

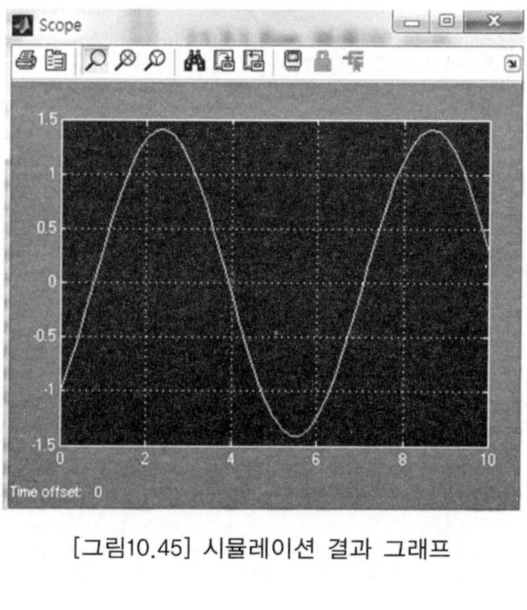

[그림10.45] 시뮬레이션 결과 그래프

Matlab Fcn 블록의 사용

위에서 계산한 y(u)=sin(u(1))-cos(u(2))를 Matlab Fun 블록을 사용하여 구성해 보도록 하자. Simulink 모델을 구성하면 다음과 같다.

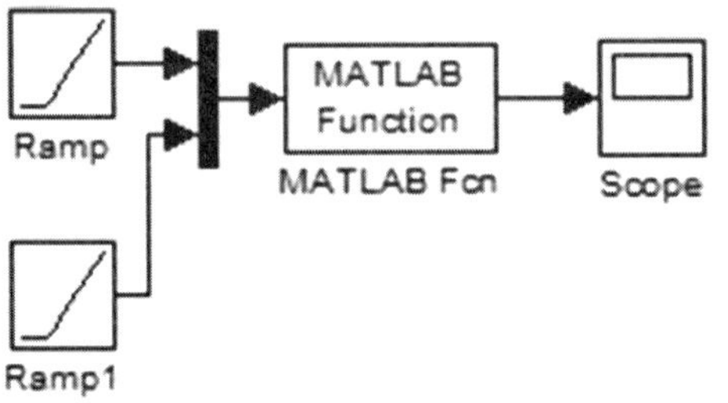

[그림10.46] MATLAB Fcn 블록을 이용한 Simulink 모델

여기서, MATLAB Fun 블록을 더블클릭하면 다음과 같이 팝업창이 나타난다. 팝업창의 MATLAB Function 항에 함수의 이름을 입력해야 한다. 따라서, 다음과 같이 func2.m 함수를 미리 등록을 해 놓아야 한다.

```
function f=func2(y)
   f=sin(y(1))-cos(y(2));
```

그런 후 MATLAB Function 항에 원하는 함수이름 func2를 입력하면 된다.

Simulation > Start를 수행한 후 Scope를 더블클릭하면 다음 결과를 구할 수 있다.

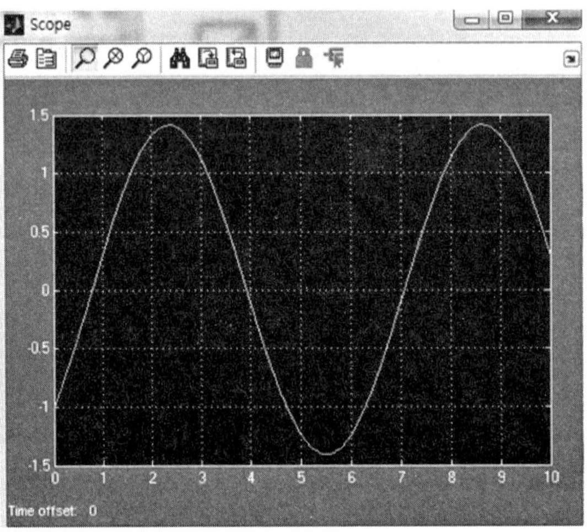

[그림10.47] 시뮬레이션 결과 그래프

Matlab Fcn 블록내부에 함수명을 넣는 대신에 수식을 넣을 수도 있다. 예를 들어 똑 같은 Simulink 모델을 사용하고, Matlab Fcn 내부에서 함수명 func2를 입력하는 대신에 아래와 같이 수식 sin(u(1))-cos(u(2)) 식을 바로 입력해도 같은 결과를 scope에서 볼 수 있다.

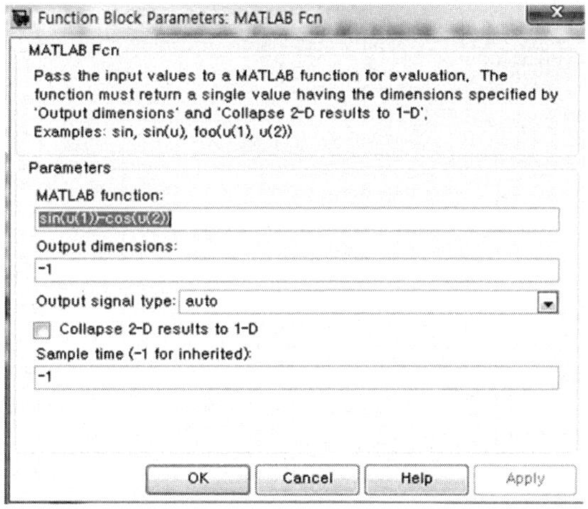

[그림10.48] Matlab Fcn 블록내부에 수식을 입력하는 경우

따라서 Fcn 블록과 MATLAB Fun 블록의 차이점은 Fcn블록에서는 수식을 바로 입력하는 것이고, MATLAB Function 블록에서는 수식뿐만 아니라 그 수식을 나타내는 함수의 이름을 입력할 수 있다는 점이다. 하지만 계산속도 면에서는 Fcn블록을 이용하는 것이 Matlab Fcn 블록을 이용하는 것보다 빠르다.

Embedded MATLAB Function 사용

같은 방법으로 위에서 계산한 y(u)=sin(u(1))-cos(u(2))를 Embedded MATLAB Function 블록을 사용하여 구성해 보도록 하자. Simulink 모델을 구성하면 다음과 같다.

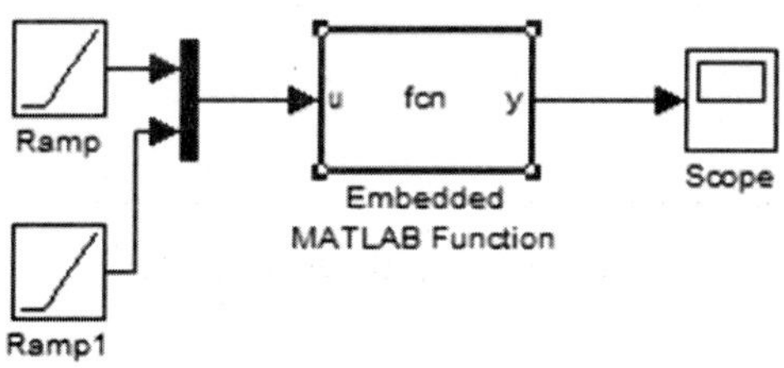

[그림10.49] Embedded MATLAB Fcn 블록을 이용한 Simulink 모델

Embedded MATLAB Function 블록을 더블클릭하면 아래와 같이 새로운 함수를 작성할 수 있는 팝업창이 나타난다.

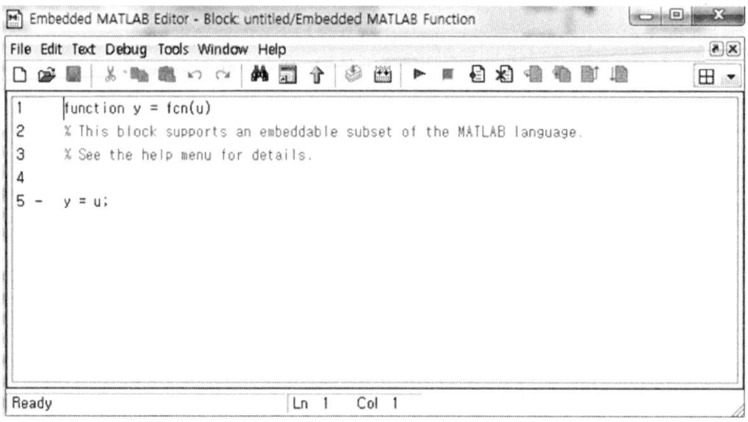

[그림10.50] 함수 생성을 위한 팝업창

위 편집창에서 다음과 같이 원하는 코드를 작성한다. 그리고 함수의 이름을 func22라고 정한 다음 저장을 한다.

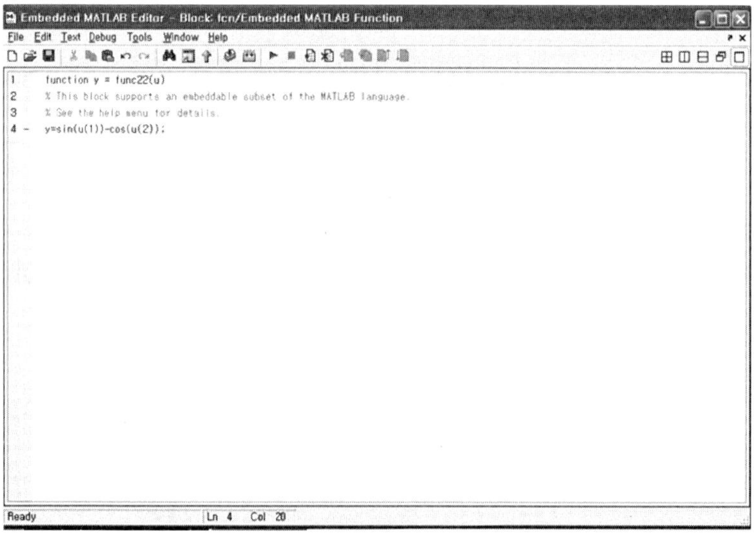

[그림10.51] 작성된 함수 func22

그러면, Simulink 모델창의 Embedded MATLAB Function 블록의 이름이 func22로 바뀌어

있다는 것을 확인할 수 있다.

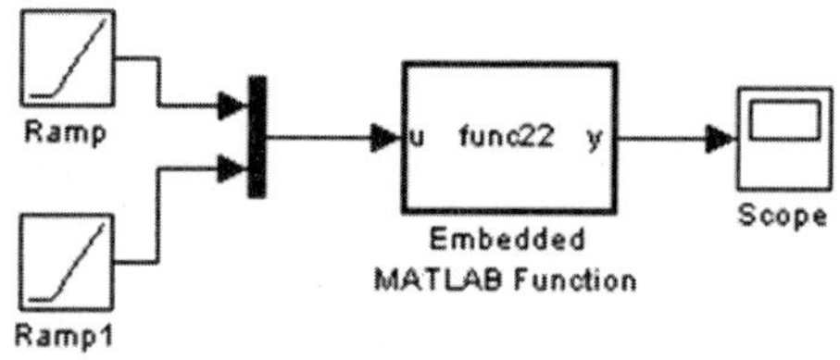

[그림10.52] Embedded MATLAB Fcn 블록을 이용한 Simulink 모델의 완성

위 모델을 Save As에서 func22.mdl 파일로 저장을 하도록 하자. 이제 Simulation > Start를 클릭한 후 Scope를 더블클릭하면 다음과 같은 결과를 확인할 수 있다.

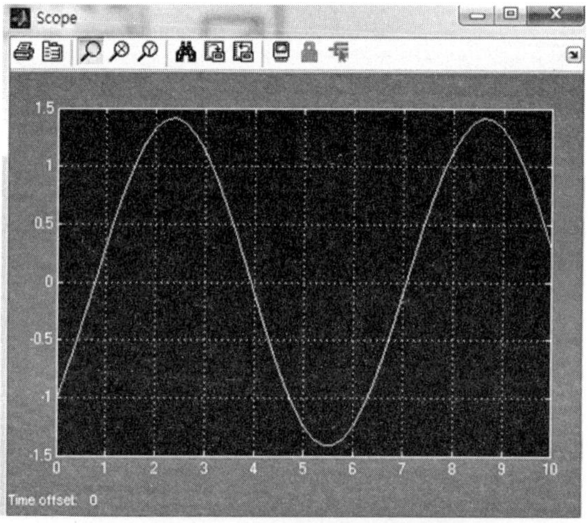

[그림10.53] 시뮬레이션 결과 그래프

Embedded MATLAB Function 블록을 사용하는 경우 함수를 정의하기 위해 m파일을 만들어 등록할 필요가 없다. 위의 예에서 보듯이 함수 func22는 func22.m 파일로 생성되는 것이 아니라 func22.mdl 파일 내에 포함되어 있다.

[예제10.4] Embedded MATLAB Function 블록을 사용하여 임의의 입력 배열의 평균과 표준편차를 구하는 Simulink 모델을 작성하라.

▶풀이

단계별로 설명하면 다음과 같다.

1) 아래 그림과 같이 Simulink 모델창을 생성하고 Simulink의 User-Defined Function 라이브러리에서 Embedded MATLAB Function 블록을 드래그하여 Simulink 모델창에 넣는다.

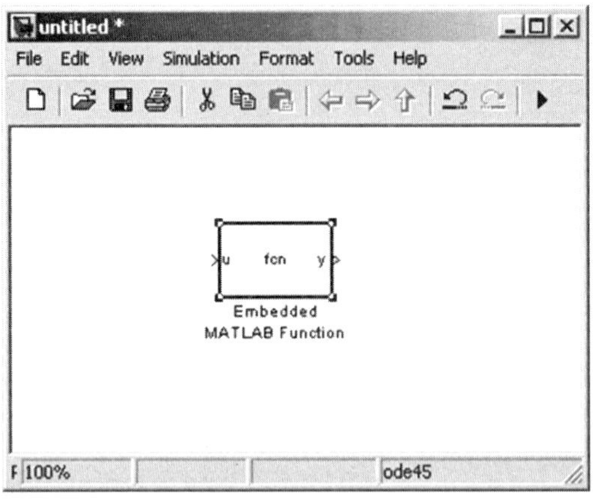

2) 원하는 Source와 Sink 블록을 모델 창에 넣는다.

예를 들어 Sources 라이브러리에서 Constant 블록을 드래그하여 Embedded MATLAB Function 블록 왼쪽에 놓는다. Constant 블록의 값은 벡터값 [2 3 4 5]로 설정한다. Sinks 라이브러리 에서 2개의 Display 블록을 역시 Embedded MATLAB Function 블록의 오른편에 배치한다. 그런 후에, 모델창은 다음과 같은 모습을 보이게 된다.

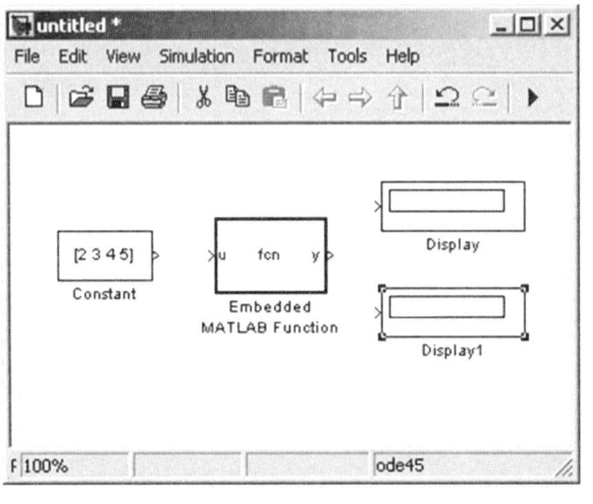

여기까지 작성된 모델이름을 call_stats_block1 해서 저장한다.

3) Embedded MATLAB Function의 프로그램하기

다음 예는 주어진 입력 벡터에 대해 평균값과 표준편차를 구하는 과정을 보여줄 것이다.

(1) Embedded MATLAB Function 블록을 더블클릭하면 다음과 같은 편집화면이 나타난다.

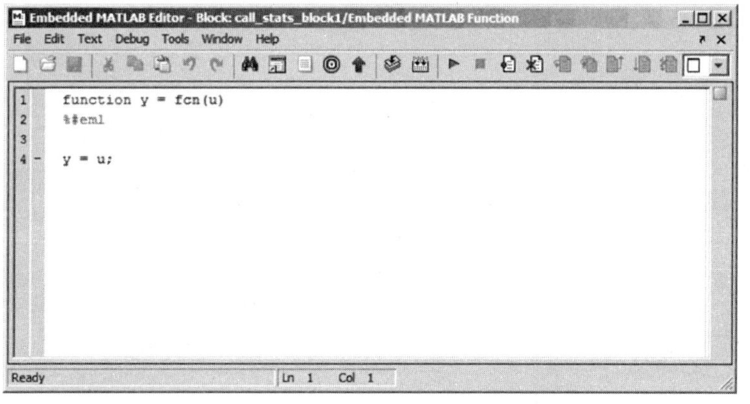

위 화면은 디폴트로 주어지는 함수이다. 이제 위 화면을 예제의 목적에 맞게 수정해야 한다. 순서대로 설명하면 다음과 같다.

(2) 첫 번째 문장을 다음과 같이 수정한다.

Function [mean,stdev] = stats(vals)

위 문장에서 stats 는 Embedded MATLAB function의 이름이다. 결국 이함수는 벡터값 vals를 입력 받아 출력값 mean, stdev을 계산해 주는 함수이다.

(3) 함수내의 식을 수정한 후에 Simulink 모델창은 아래 그림과 같이 된다. 그림에서 보는 바와 같이 Embeded 함수 블록에 함수명과 입출력 변수명들이 적혀져 있다.

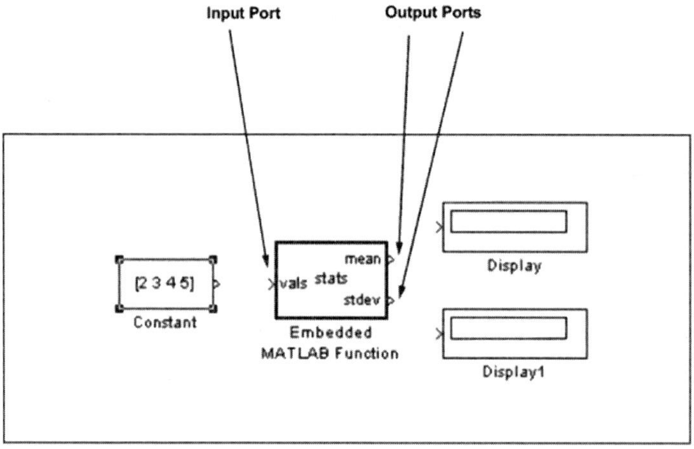

(4) 화살표를 연결하여 모델 회로를 완성한다.

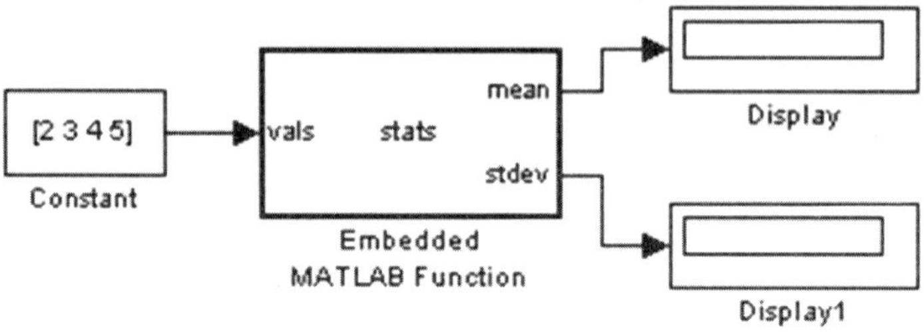

(5) Embeded MATLAB Function 블록을 열고 다음과 같이 프로그램을 완성한다.

```
function [mean,stdev]=stats(vals)
% calculates a statistical mean and a standard
% deviation for the values in vals.

len = length(vals);
mean = avg(vals,len);
stdev = sqrt(sum(((vals-avg(vals,len)).^2))/len);

function mean = avg(array,size)
mean = sum(array)/size;
```

(6) Simulink 모델창에서 시뮬레이션을 시작하면 다음과 같은 결과를 얻게 된다.

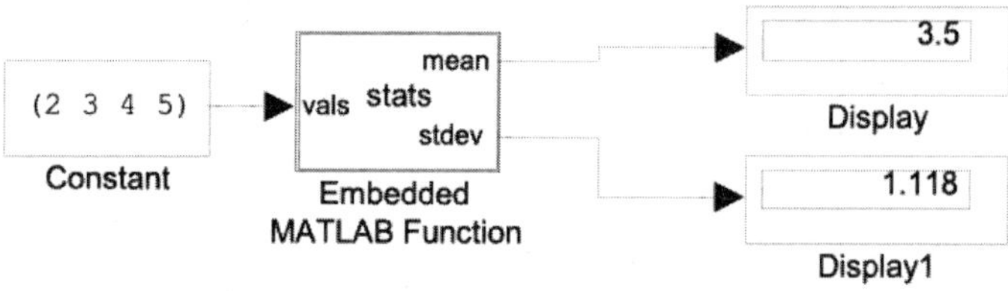

Display창에 있는 값 3.5는 입력값의 평균이고, Display1의 값은 표준편차임을 알 수 있다.

S-Function의 사용

S-Function은 이미 작성되어 있는 코드를 Simulink 블록에 포함될 수 있도록 하는 기능이다. S-Function은 Matlab의 M파일을 사용하여 작성할 수 있고, Matlab의 MEX파일 구조를 통하면 C 프로그램 코드로도 작성할 수 있다.

예를 들어, Matlab의 M파일로 동적모델식을 이미 작성해 놓았다면 이 식을 S-Function에 포함시킬 수 있고, 제어시스템을 모델링하기 위해 일반 Simulink 블록을 사용하는 것이 가능해 진다. 어떤 경우에는 동적식의 일부분을 논리적인 수식으로 표현하는 것이 편할 수 있는데, 이럴 때 S-Function을 사용하는 것이 유리하다. 또한 이미 작성된 Simulink모델에 에니메이션 기능을 붙일 때도 S-Function 기능을 사용하면 편리하다.

S-Function 블록

S-Function 블록은 Simulink>User-Defined Functions 라이브러리 안에 들어 있다. [그림 10.53]은 S-Function을 이용하여 Simulink 블록을 작성한 예이다.

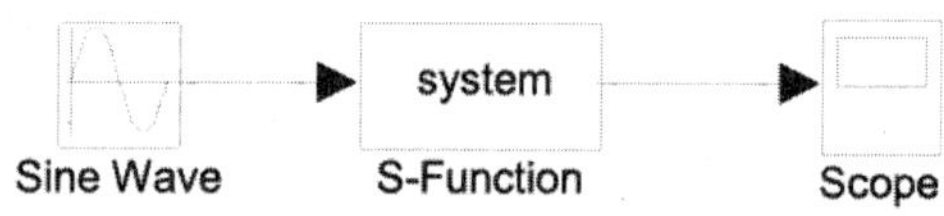

[그림10.54] S-Function을 이용한 Simulink 블록

M파일을 이용하여 S-Function을 작성하는 방법을 알아보자. M-파일 안에 있는 S-Function은 다음과 같은 형태를 취한다.

```
function[sys,x0,str,ts]=sfunc_name(t,x,u,flag,p1,p2,···,pn)
```

위 명령문에서 sfunc_name은 S-Function의 이름을 의미한다. 예를 들어 S-Function이 sfunc1.m 파일 안에 저장되어 있다면 sfunc_name을 sfunc1으로 대치해야 한다는 것이다. 먼저, S-Function에 대한 입력변수들은 다음과 같다.

t: 시뮬레이션 과정에서 현재시간

x: S-Function 상태벡터의 현재값.

u: 입력벡터의 현재값

flag: 이 값에 의해 해당되는 S-Function이 호출됨

p1,p2,⋯,pn: 필요에 따라 선택하는 파라메터

S-Function을 호출하는 플래그의 정의는 다음과 같다.

0: sizes 구조체를 초기화 한다. 그리고, sizes이 값을 sys에 할당한다. x0와 ts 그리고 str=[ ] 을 설정한다.

1: 연속적인 상태값(state)에 대한 미분값을 계산한다.

2: 이산 상태값 (discrete state)을 업데이트 한다.

3: 출력값을 계산한다.

4: 다음 샘플링 값을 계산한다.

9: 필요한 경우 시뮬레이션 종료 작업을 수행한다.

끝으로, S-Function의 출력변수의 정의는 다음과 같다.

sys: 다목적 출력변수

x0: S-Function 상태벡터의 초기값

str:

ts: 샘플링 시간 값

위에서 정의한 각각의 플래그 값에 대한 S-Function의 반응을 자세히 알아보도록 하자.

1) 초기화 과정 (flag=0)

초기화 단계는 4가지 작업으로 구성된다. 먼저 sizes 구조체를 설정한 다음 이 구조를 sys에 할당한다. sizes 구조체는 다음과 같이 생성한다.

```
sizes=simsizes;
```

그런 다음 sizes의 멤버값을 할당한다. 멤버값을 할당하는 방법은 아래 표와 같다.

[표10.1] Sizes의 구조

멤버	정의
Sizes.NumContStates	연속상태(continuous state)변수의 수
Sizes.NumDiscStates	이산상태(discrete state)변수의 수
Sizes.NumOutputs	출력변수의 수
Sizes.NumInputs	입력변수의 수
Sizes.DirFeedthrough	블록의 출력값이 입력값의 함수인 경우=1 설정, 그 외 경우=0
Sizes.NumSamplingTimes	샘플링 수 (1 이상 선택). 순수한 연속함수에는 1 값 사용함

Sizes 구조체가 정의 된 다음 구조체를 출력인 sys에 다음과 같이 할당한다.

```
sys=simsizes(sizes);
```

두 번째 단계에서 상태변수에 대한 초기조건을 설정한다. 예를 들어 초기조건이 2개의 연속상태값 1과 2개의 이산상태값 0로 설정하는 경우 다음과 같다.

```
X0=[1.0 1.0 0.0 0.0];
```

세 번째 단계에서는 str 을 설정한다.

```
Str=[ ];
```

마지막 단계에서는 샘플링 시간을 설정한다. Ts를 사용하며 첫 번째 인자는 샘플링 시간이며 두 번째 인자는 옵셋값을 나타낸다. 예를 들어 연속적인 S-function인 경우에는 다음과 같이 설정한다.

```
Ts=[0,0];
```

이번에는 S-function이 이산함수일 때의 예를 들어보자. 2개의 이산 샘플링 시간을 갖는 경우를 고려해보자. 먼저 주기가 0.5초이고, 옵셋이 0인 경우를 가정하면 샘플링시간이 0, 0.5, 1.0,…의 순서로 설정이 될 것이다. 한편 주기가 0.25이고 옵셋이 0.1인 경우에는 샘플링 시간이 0.1, 0.35, 0.6의 순서로 설정이 된다. 이 경우에 설정은 다음과 같다.

```
Ts=[0.5, 0; 0.25, 0.1];
```

만약, 샘플링 시간을 이전 블록에서 사용하는 샘플링 시간을 사용하고 싶다면 샘플링 시간 값을 -1로 설정하면 된다. 일반적으로 S-function블록은 이전의 블록과 연결되어 있으므로 -1로 설정하는 것이 보편적이다. 샘플링시간을 변수로 설정하고 싶다면 이 경우 -2의 값으로 설정해야 한다. 이 경우 flag = 4를 이용해서 다음 단계의 샘플링 시간을 계산하는 S-function을 사용해야 한다.

2) 연속 상태값의 미분 (flag=1)

플래그 값이 1이면 상태벡터의 미분식이 sys에 할당되게 된다. 다음과 같은 비선형식의 경우,

$$\dot{x}_1 = x_2$$

$$\dot{x}_2 = x_1 - 3x_2^2 + u_1$$

Sys는 다음과 같이 표현된다.

```
sys(1)=x(2);
sys(2)=x(1)-3*x(2)^2+u(1);
```

3) 이산상태값의 업데이터 (flag=2)

플래그 값이 2이면 상태벡터의 이산값을 sys에 할당되게 된다. 다음과 같은 이산식의 경우,

$$x_1(k+1) = x_1(k) + u_1(k)$$

Sys는 다음과 같이 표현된다.

```
sys=x(1)+u(1);
```

예를 들어, 2개의 샘플링 시간을 갖는 2차 이산시스템을 고려해보자. 첫 번째 이산성분은 매 0.3초마다 업데이트되며 두 번째 이산성분은 매 0.5초마다 업데이트된다. 두 경우 모두 offset시간은 0이다. 첫 번째 시스템과 두 번째 시스템은 각각 다음과 같다.

$$x_1(k+1) = x_1(k) + 0.5x_2(k)$$

$$x_2(k+1) = k_2(k) + u_1(k)$$

이 경우 sys를 구하는 코드를 작성하면 다음과 같다.

```
period_1=0.3;
offset_1=0.0;
period_2=0.5;
offset_2=0.0;
sys=x;
if abs(round(t-offset_1)/period_1-((t-offset_1)/period_1))<1.0e-8
   sys(1)=sys(1)+0.5*x(2);
end
if abs(round(t-offset_2)/period_2-((t-offset_2)/period_2))<1.0e-8
   sys(2)=sys(2)+0.5*u(1);
end
```

위에서 주의할 점은 if-else를 사용해서는 정확한 샘플링을 기대할 수 없다. 왜냐하면, 두 샘플링타임이 동시에 도달하면 S-function은 잘못된 결과를 만들어내기 때문이다.

4) 블록 출력값 (flag=3)

플래그 값이 3이면 S-function의 출력값을 sys에 할당하게 한다. 예를 들어 시스템의 출력식이 다음과 같다면

$$y = x_1 + x\_2$$

sys 에 할당되는 값은 다음과 같이 표현된다.

```
sys=x(1)+x(2);
```

[예제10.5] 상태변수(state variable)가 없는 단순한 형태의 산술식인 y= 2u에 대한 S-function을 구성해보자.

▶풀이

Matlab의 M파일을 이용하여 작성하였다. M파일의 이름은 timestwo.m 이다.

```
function [sys,x0,str,ts] = timestwo(t,x,u,flag)
% 위 S-function은 입력값을 2배 증가시켜주는 함수이다(y = 2 * u).
switch flag,
  %%%%%%%%%%%%%%%%%%
  %        초기화        %
  %%%%%%%%%%%%%%%%%%
% 상태, 샘플링시간 등을 초기화한다.

  case 0
    [sys,x0,str,ts]=mdlInitializeSizes;

  %%%%%%%%%%%%
  % Outputs %
  %%%%%%%%%%%%
  % S-function block의 출력값을 리턴한다.
  case 3
    sys=mdlOutputs(t,x,u);

  %%%%%%%%%%%%%%%%%%%%%%
  % 사용되지 않은 flags %
  %%%%%%%%%%%%%%%%%%%%%%
  % 종료작업(flag=9)이 사용되지 않음, 또한 연속,이산 상태변수 없음.
% 따라서, flag 1,2,4는 사용안됨.
% 비어있는 u를 리턴함
case { 1, 2, 4, 9 }
    sys=[];
```

```
  %%%%%%%%%%%%%%%%%%%%%%%%%%%%%%%%%%%%%%%%%%%%%%%%%%%%%%%%%%%%%%%%%%%%%%%%
  % Unexpected flags (error handling)%
  %%%%%%%%%%%%%%%%%%%%%%%%%%%%%%%%%%%%%%%%%%%%%%%%%%%%%%%%%%%%%%%%%%%%%%%%
  % 다루지 않는 flag 값의 경우에는 error message를 냄.
  otherwise
    error(['Unhandled flag = ',num2str(flag)]);

        end

% end timestwo

% mdlInitializeSizes
% Return the sizes, initial conditions, and sample times for the S-function.

function [sys,x0,str,ts] = mdlInitializeSizes()

sizes = simsizes;
sizes.NumContStates  = 0;
sizes.NumDiscStates  = 0;
sizes.NumOutputs     = -1;  % dynamically sized
sizes.NumInputs      = -1;  % dynamically sized
sizes.DirFeedthrough = 1;   % has direct feedthrough
sizes.NumSampleTimes = 1;

sys = simsizes(sizes);
str = [];
x0  = [];
ts  = [-1 0];   % inherited sample time

% end mdlInitializeSizes

% mdlOutputs
% S-function의 출력벡터 값을 리턴 함
```

```
function sys = mdlOutputs(t,x,u)

sys = u * 2;

% end mdlOutputs
```

위와 같이 코딩을 한 후 다음과 같이 S-function 블록을 포함한 Simulink 회로를 작성한다. 물론 S-function의 블록이름은 timestwo로 설정해야한다.

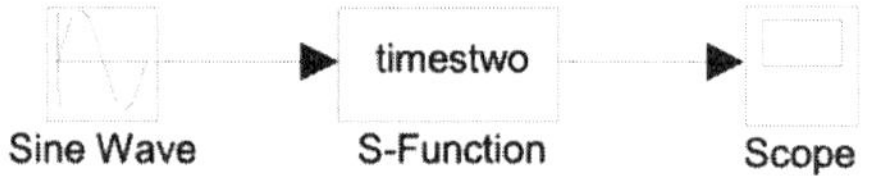

아래 그림은 시뮬레이션을 수행한 후의 결과이다.

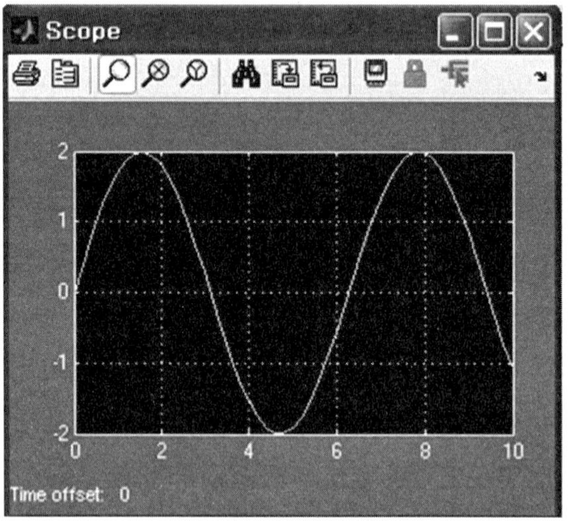

[예제10.6] 상태변수형으로 표현된 미분방정식은 다음과 같다.

$$\dot{x} = AX + Bu$$
$$y = CX + Du$$

여기서,

$$X = \begin{bmatrix} x_1 \\ x_2 \end{bmatrix}$$
$$A = \begin{bmatrix} 0 & 1 \\ -\frac{k}{m} & -\frac{c}{m} \end{bmatrix}$$
$$B = \begin{bmatrix} 0 \\ \frac{1}{m} \end{bmatrix}$$
$$C = [1\ 0]$$
$$D = 0$$
$$u = F$$

S-Function을 이용하여 m=1, b=0.1, k=20, F=1 인 경우 출력값 y를 그래프로 나타내어라.

▶풀이

다음과 같이 m 파일을 작성한다.

```
function [sys,x0,str,ts] = sfunc_MSD(t,x,u,flag)

% This example uses an M-file S-function for defining a continuous
% system as follows:
%         x' = Ax + Bu
%         y  = Cx + Du
%

m = 1.0;
b =  0.1;
k = 20;

A = [0, 1; -k/m, -b/m];
B = [0; 1/m];
```

```
C = [1, 0];
D = 0;

switch flag,

% Initialization
case 0,
        [sys,x0,str,ts] = mdlInitializeSizes(A, B, C, D);


% Derivatives

case 1,
        sys = mdlDerivatives(t, x, u, A, B, C, D);


% Outputs

case 3,
        sys = mdlOutputs(t, x, u, A, B, C, D);

% Unhandled flags

case { 2, 4, 9 },
        sys = [];         % do nothing

% Unexpected flags

otherwise
        error(['Unhandled flag = ',num2str(flag)]);
end
% end MSDConti


function [sys,x0,str,ts]=mdlInitializeSizes(A, B, C, D)
% mdlInitializeSizes
```

```
% Return the sizes, initial conditions, and sample times for the S-function.
sizes = simsizes;
sizes.NumContStates  = 2;
sizes.NumDiscStates  = 0;
sizes.NumOutputs     = 1;
sizes.NumInputs      = 1;
sizes.DirFeedthrough = 1;
sizes.NumSampleTimes = 1;

sys = simsizes(sizes);
x0  = zeros(2,1);
str = [];
ts  = [0 0];
% end mdlInitializeSizes


function sys = mdlDerivatives(t, x, u, A, B, C, D)
% mdlDerivatives
% Return the derivatives for the continuous states.
sys = A*x + B*u;
% end mdlDerivatives

function sys = mdlOutputs(t, x, u, A, B, C, D)
% mdlOutputs
% Return the block outputs.
sys = C*x + D*u;
% end mdlOutputs
```

Simulink에서 다음과 같이 블록을 구성한다. S-function 블록은 Simulink > User-defined Functions 내부에 들어있다.

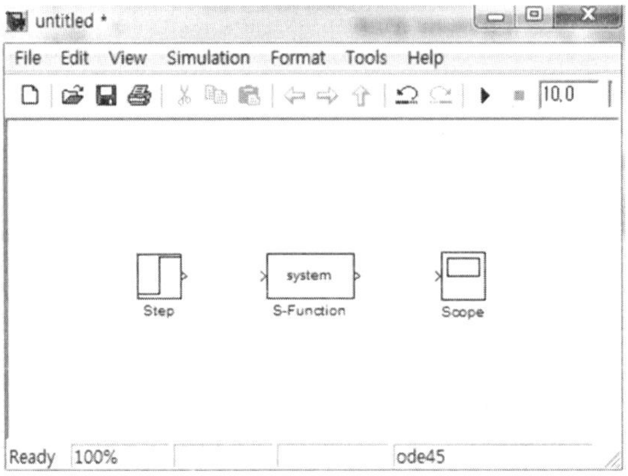

위 블록들을 마우스를 이용하여 신호선으로 연결한 다음, S-Function을 더블클릭하여 S-function name 에 sfunc_MSD 라고 입력한다.

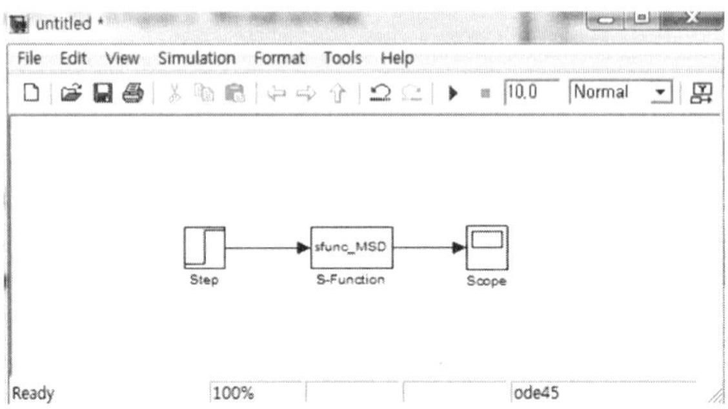

그런 후 Simulation > Start 를 클릭한 후 실행이 끝나면, Scope를 더블클릭하여 다음과 같이 시뮬레이션 결과를 볼 수 있다.

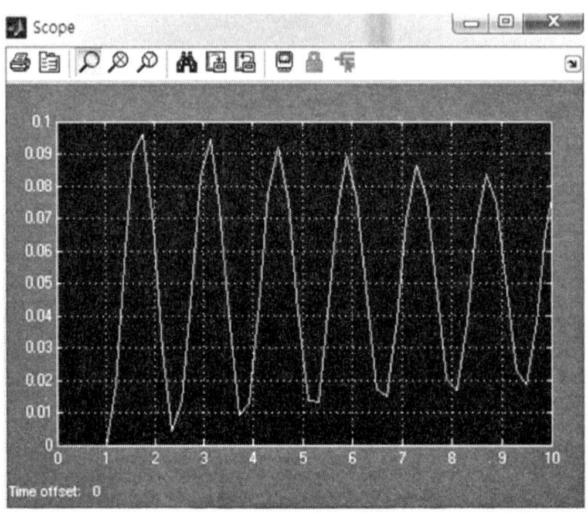

M 파일을 이용한 S-function의 작성 예

[예제10.7] 어떤 열 반응기에 대한 미분방정식이 다음과 같이 주어진다.

$$\frac{dC_a}{dt} = \frac{F}{V}(C_{af} - C_a) - k_0 \exp\left[-\frac{E_a}{R(T+460)}\right]C_a$$

$$\frac{dT}{dt} = \frac{F}{V}(T_f - T) - \frac{\Delta H}{pC_P}\left[k_0 \exp\left[-\frac{E_a}{R(T+460)}\right]C_a\right] - \frac{UA}{pC_P V}(T - T_j)$$

위 식에서 입력값은 온도 T_j 이고, 출력값은 C_a 와 T이다. 그 외 다른 파라메터들은 특정한 값으로 정해져 있다. 이 때 입력값 T_j =55 일 때의 출력값 C_a 와 T의 반응을 10초간 나타내기 위한 Matlab의 m 파일을 작성하고 결과 그래프를 보여라.

▶풀이

먼저 아래와 같이 m 파일을 작성하고 reactor.m 파일로 저장한다.

```
function dx = reactor(t,x,Tj)

% model for reactor

Ca = x(1) ;
T = x(2) ;
Ea = 32400 ;
k0 = 15e12 ;
dH = -45000 ;
U = 75 ;
rhocp = 53.25 ;
R = 1.987 ;
V = 750 ;
F = 3000 ;
Caf = 0.132 ;
Tf = 60 ;
A = 1221 ;
ra = k0*exp(-Ea/(R*(T+460)))*Ca;
```

```
dCa = (F/V)*(Caf-Ca)-ra;
dT = (F/V)*(Tf-T)-(dH)/(rhocp)*ra...
-(U*A)/(rhocp*V)*(T-Tj);
dx =[dCa;dT];
```

Matlab으로 위 미분방정식의 전산해를 구하기 위해 다음과 같이 ode45 함수를 사용하였다. 시뮬레이션 시간은 [0 10] 초 구간이고, 상태변수인 Ca와 T의 초기값은 각각 0.1과 40으로 주어졌고, 입력값 Tj는 스텝입력이며 55의 값으로 주어졌다. 먼저, 시간에 대한 Ca의 변화를 보기위해 아래와 같이 코드를 작성하였다.

```
>> [t,x]=ode45(@reactor,[0 10],[0.1;40],[ ],55);
>> plot(t,x(:,1))
>> xlabel('t')
>> ylabel('Ca')
```

결과 그래프는 다음과 같다.

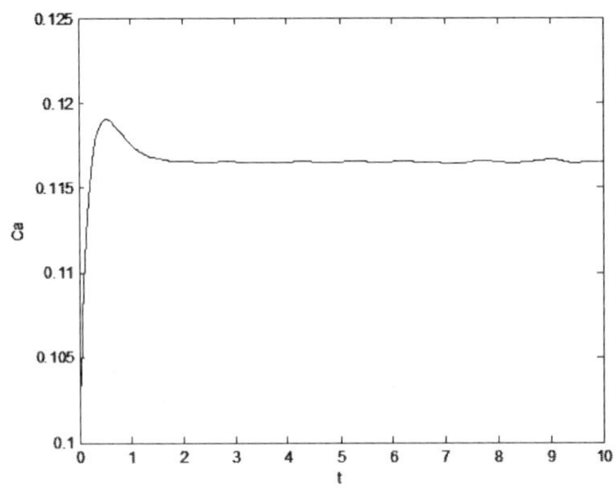

마찬가지로, 시간에 대한 T의 변화를 보기 위해 아래와 같이 코드를 작성하였다. 10초간의 T의 변화는 아래 그래프와 같다.

```
>> plot(t,x(:,2))
>> xlabel('t')
>> ylabel('T')
```

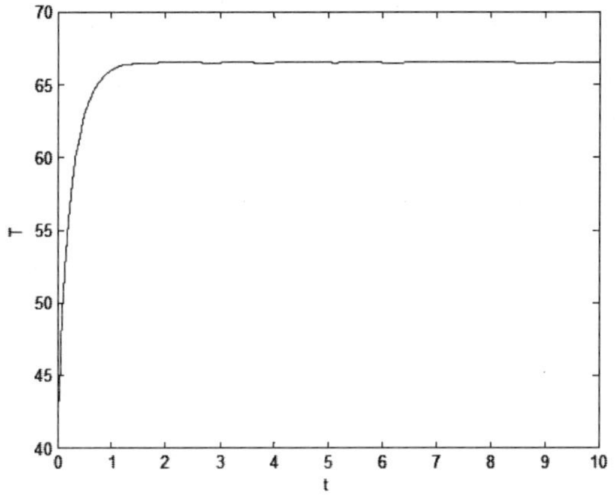

[예제10.8] 위 열 반응기 문제를 Simulink의 S-function을 이용하여 해석하시오.

▶풀이

위의 예에서 알 수 있듯이 열반응기 문제는 파라메터의 수가 많아서 Simulink에서 일일이 블록을 작성하는 것은 매우 귀찮은 일일 것이다. 그래서 이미 작성한 m 파일을 S-function기능을 이용하여 S-function 블록에 삽입시키는 것이 훨씬 효과적일 것이다. 앞의 예제에서 작성한 열반응기 파일인 reactor.m 파일을 simulink에 넣기 위한 작업을 수행해보자. 작업은 크게 다음과 같은 단계를 거치게 된다.

[단계1]

S-Function 파일을 작성하여야 한다. S-function도 m 파일 형태로 작성을 하여야한다. S-function 파일의 이름을 reactor_sfun.m이라 놓고 다음과 같이 작성하도록 한다.

```
function [sys,x0,str,ts]=reactor_sfcn(t,x,u,flag,Cinit,Tinit)
switch flag
case 0 % initialize
str=[] ;
ts = [0 0] ;
s = simsizes ;
s.NumContStates = 2 ;
```

```
s.NumDiscStates = 0 ;
s.NumOutputs = 2 ;
s.NumInputs = 1 ;
s.DirFeedthrough = 0 ;
s.NumSampleTimes = 1 ;
sys = simsizes(s) ;
x0 = [Cinit, Tinit] ;
case 1 % derivatives
Tj = u ;
sys = reactor(t,x,Tj) ;
case 3 % output
sys = x;
case {2 4 9} % 2:discrete
% 4:calcTimeHit
% 9:termination
sys =[];
otherwise
error(['unhandled flag =',num2str(flag)]) ;
end
```

이제 위 코드를 하나씩 분석해 보도록 하자. 첫 번째 라인은 다음과 같이 함수에 대한 입력과 출력인자를 나타내고 있다.

```
function [sys,x0,str,ts]=reactor_sfcn(t,x,u,flag,Cinit,Tinit)
```

위 함수 reactor_sfcn의 입력인자의 종류 및 각각의 기능은 다음과 같이 정의된다.

(1) t - 시간변수

(2) x - 열벡터 형태의 상태변수

(3) u – 열벡터 형태의 입력변수 (주로 다른 Simulink 블록에서 들어옴)

(4) flag – Simulink에 의해 요청받는 연산을 지정함. 6개의 플래그 종류가 있으며 각각의 기능은 다음과 같이 자연수로 구분된다.

flag값	기능
0	초기화: 입출력 벡터의 크기 및 모드 결정
1	미분식의 업데이트: 미분식의 계산
2	이산식(discrete equation) 업데이트 (이 예제에서는 사용안함)
3	출력값 계산:
4	Get Time of Next Variable Hit (이 예제에서는 사용 안함)
9	종료기능: 시뮬레이션 끝에서 부가적인 기능 수행(이 예제에서는 사용 안함)

(5) Cinit,Tinit – 초기조건 (Ca 와 T에 대한)

함수 reactor_sfcn의 출력인자의 종류 및 기능은 다음과 같이 정의된다.

(1) sys – Simulink에 의해 호출되는 메인 벡터이며, flag의 값에 의해 sys의 기능은 다르게 작용한다.

If flag = 0	sys = [a,b,c,d,e,f,g] 여기서, a = 연속 시간상태의 개수 b = 이산 시간상태의 개수 c = 출력값의 개수 d = 입력값의 개수 e = 0 (0으로 설정할 것) f = 0(no) 혹은 1(yes) g = 샘플링 시간의 개수 (연속시간인 경우 값은 1로 설정됨)
If flag = 1	sys = 상태변수의 미분값을 나타내는 열벡터
If flag = 3	sys = 출력변수에의 열벡터
If flag = 2,4,9	이 예에서는 사용되지 않으므로 sys=[]

그 다음 3개의 출력 인자는 flag=0 인 경우에만 의미를 가지며, 그 외 경우에는 무시된다. 3개의 출력인자의 기능은 다음과 같다.

(2) x0 – 초기조건을 나타내는 열벡터

(3) str – 빈 (null) 상태로 둠. 이 인자는 Simulink의 향후 버전을 대비하기 위해 확보되어 있음

(4) ts – 2열(two columns)으로 구성되어 있으며 샘플링시간과 시간 offset을 나타냄. 이 예에서는 연속시스템을 사용하므로 [0 0]으로 설정됨.

S-function 코드의 두 번째 라인부터는 flag의 값에 따른 switch-case문을 사용하고 있다. 이 switch-case문의 골격은 다음과 같이 구성되어 있음을 알 수 있다.

```
switch flag
case 0 % 초기화 수행
%...
case 1 % 미분계산 수행
%...
case 3 % 출력값
%...
case {2 4 9} % 2:discrete, 4:calcTimeHit, 9:termination
sys =[];
otherwise
error(['unhandled flag =',num2str(flag)]) ;
end
```

그러면, case 0 즉 flag=0인 경우부터 분석해보도록 하자.

1) Case 0 (초기화과정)

a) Str, ts, x0 를 정의한다.

```
str=[] ;
ts = [0 0] ;
x0 = [Cinit, Tinit] ;
```

b) 입력과 출력값 등의 개수를 나타내는 행벡터를 생성한다. 이를 위해 simsizes 명령을 이용한다. 별도 인자가 없으면 simsizes는 구조체변수를 생성하게 되고, 이 변수에 필요한 값들을 다음과 같이 설정할 수 있다.

```
s = simsizes ;
s.NumContStates = 2 ;
s.NumDiscStates = 0 ;
s.NumOutputs = 2 ;
s.NumInputs = 1 ;
s.DirFeedthrough = 0 ;
s.NumSampleTimes = 1 ;
```

Simsizes 명령어가 구조체 변수 s를 인자로 갖게 되면, 구조체변수 s를 행벡터로 바꾸어주게 되고 이 벡터는 sys에 의해 Simulink로 전달된다.

```
sys = simsizes(s) ;
```

2) Case 1 (미분계산과정)

여기서 입력값 u가 Tj에 할당되고 우리가 이미 작성하였던 m파일 (즉 reactor.m 파일)에 전달된다.

```
case 1 % derivatives
Tj = u ;
sys = reactor(t,x,Tj) ;
```

3) 출력값 계산과정

```
case 3 % output
sys = x;
```

단계2

S-function 블록을 Simulink안으로 삽입한다.

이를 위해 Simulink Library Browser의 User-Define Functions 서브 디렉토리로 가서 S-Function 블록을 마우스로 drag하여 Simulink 창으로 옮긴다.

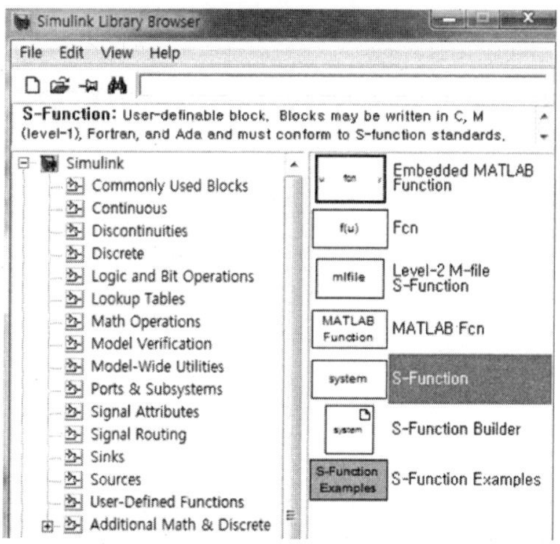

그런 다음 S-function 블록을 더블클릭하여 아래와 같이 S-function name을 reactor_sfun으로 바꾸어 주어야 한다. 그리고, 파마메터값을 0.1, 40 (즉, Cinit, Tinit값)을 입력해야 한다.

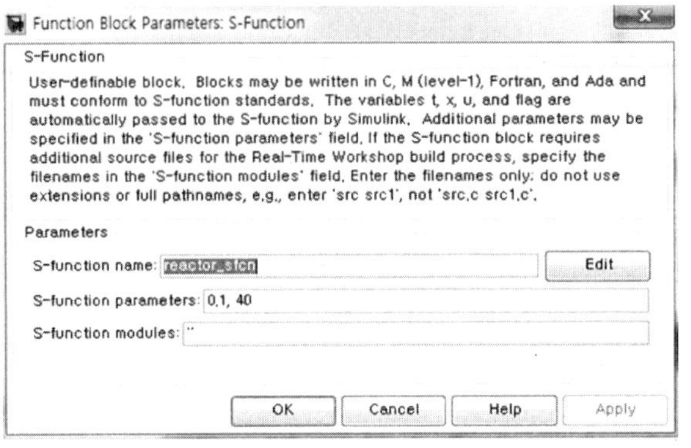

그리고 난 후 Simulink 창을 다음과 같이 완성하도록 한다.

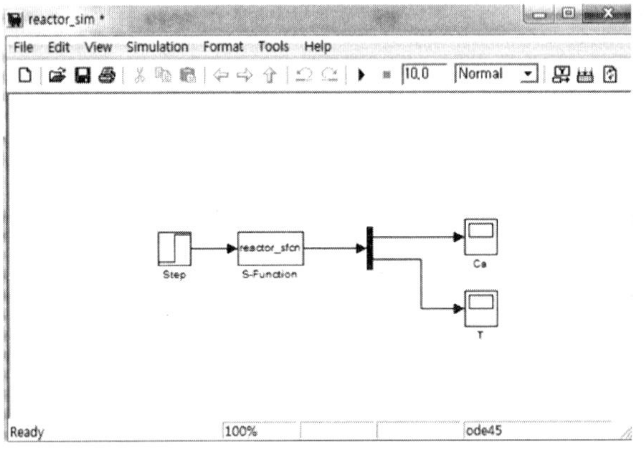

그리고 step블록을 더블클릭하여 Step time=0, 그리고 final value=55로 설정한다. 여기서 55는 Tj의 값을 의미한다.

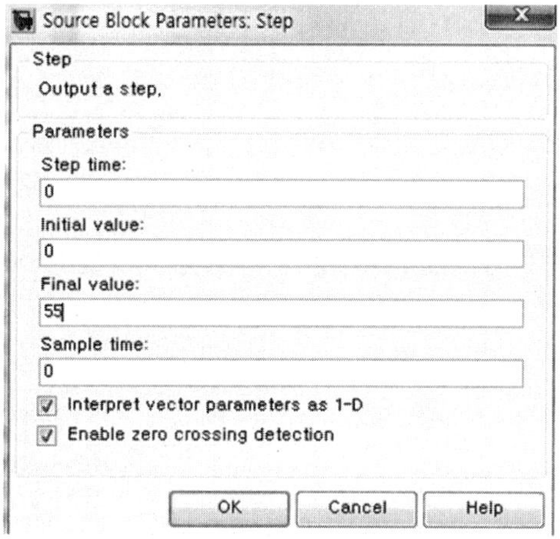

이제 Simulink의 Simulation > Start를 클릭하여 시뮬레이션을 수행한 다음 출력값 Ca와 T를 더블클릭하면 다음과 같은 그래프를 볼 수 있다.

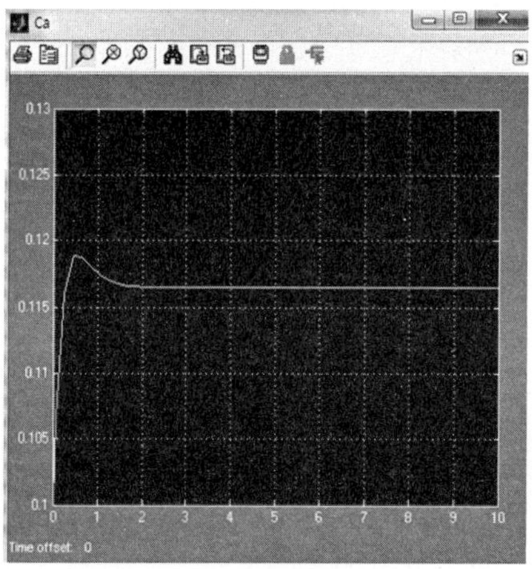

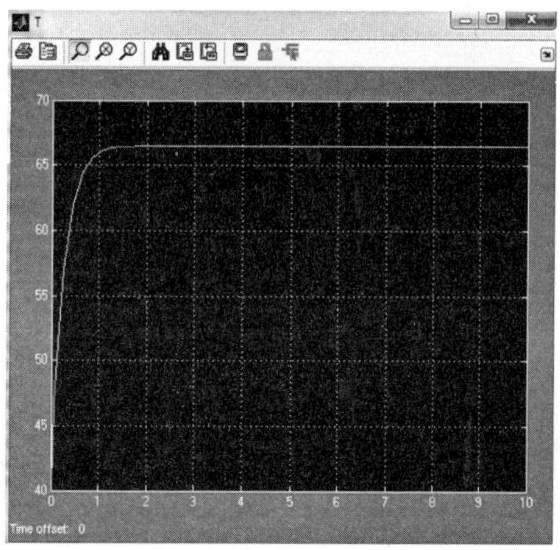

10.6 Matlab과 Simulink의 상호작용

이 번 단원에서는 Simulink와 Matlab 사이에 데이터 교환이나 상호 호출에 대한 방법들을 배우게 된다.

Matlab 변수를 이용한 Simulink 파라메터 설정

때때로 임의의 제어기가 Matlab 에서 구현되고, 그 제어기의 성능은 Simulink모델을 이용해서 검증되는 것이 필요한 경우가 있다. 일반적인 경우 Simulink 모델을 구성할 때 전달함수나 게인 블록에는 특정한 수치값이 들어가게 된다. 하지만, 그와 같은 블록에 특정한 수치값(즉 상수 값)을 넣는 대신에 Matlab의 변수를 넣는 것도 가능하다. 예를 들어 아래 Simulink모델은 각 블록에 상수 값의 파라메터가 들어 있는 경우이다.

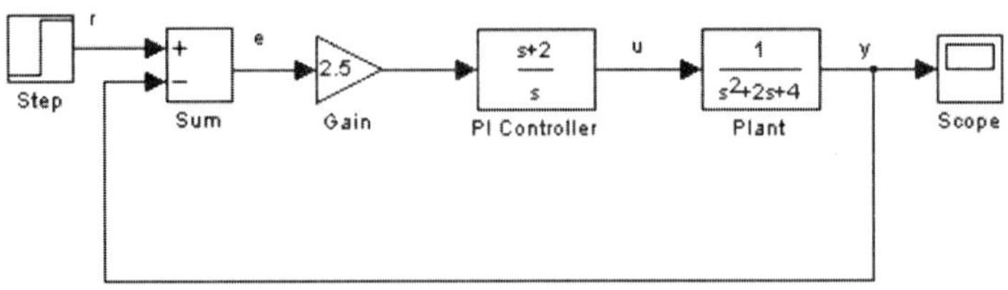

[그림10.55] 상수 값의 파라메터를 사용한 Simulink모델

위 경우에 PI제어기의 전달함수는 다음과 같이 표현된다.

$$C(s) = 2.5\frac{s+2}{s}$$

이번에는 위 PI 제어기의 전달함수를 Matlab에서 구성하고 이 를 Simulink블록에 넣어보도록 하자. 먼저, Matlab의 명령창에 다음과 같이 입력한다.

```
K=2.5;
num=[1 2]
den=[1 0]
```

그런 다음 위의 Simulink 모델에서 게인블록을 더블클릭하여 파라메터 값을 2.5에서 K로 변경시킨다.

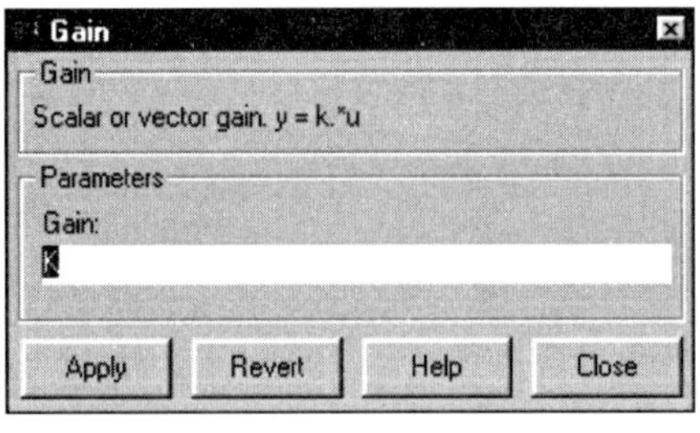

[그림10.56] Gain 블록에 변수 K로 파라메터 설정

마찬가지로 전달함수 블록(PI Controller)에서 분자와 분모의 배열값 [1 2], [1 0]을 각각 num, den으로 변경한다.

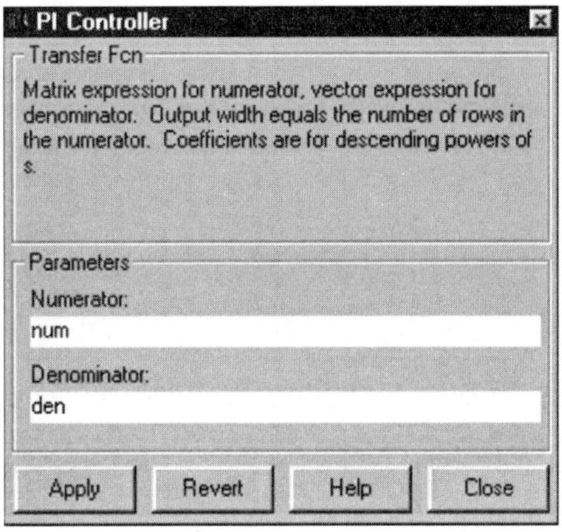

[그림10.57] 전달함수 블록에 변수 num, den으로 파라메터 설정

이제 그림 10.55의 Simulink 모델이 아래와 같이 변경되었다.

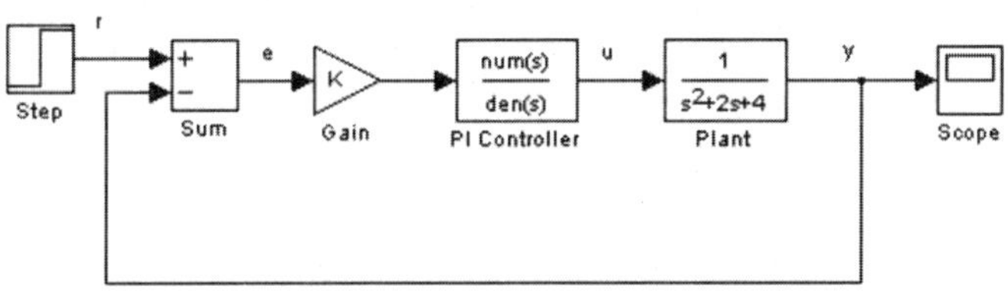

[그림10.58] Matlab의 변수를 파라메터를 사용한 Simulink모델

시뮬레이션을 수행하기 위해 Simulation > Start를 클릭하여 Scope의 결과를 확인하면 다음과 같다.

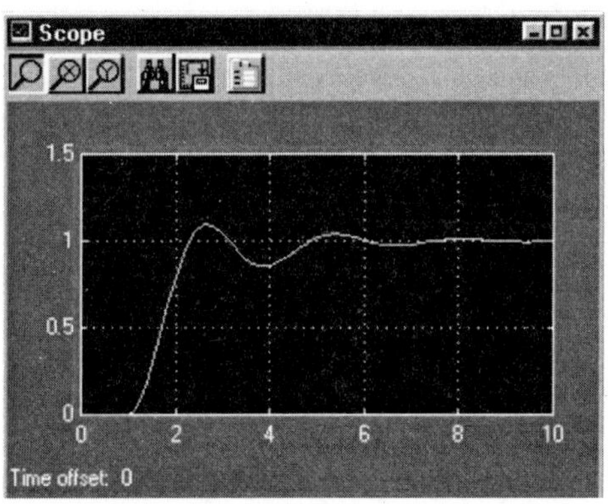

[그림10.59] 시뮬레이션 결과 그래프

Simulink 의 결과를 Matlab에서 활용하기

Simulink를 실행하여 얻은 시뮬레이션의 결과를 Matlab에서 추가적으로 연산을 수행하거나, 시뮬레이션의 결과를 Matlab 명령어를 이용하여 plotting을 수행하는 경우가 있다. 반대로 Matlab의 신호를 Simulink 모델의 입력값으로 사용하는 경우도 있을 것이다. 이러한 작업을 하려면 Sinks 라이브러리의 To Workspace 블록이나, Sources 라이브러리의 From Workspace 블록을 사용하면 된다.

[그림10.58]의 Simulink 모델에 To Workspace블록을 첨가하도록 해보자. To Workspace 블록은 Simulink에서 얻어진 데이터를 벡터형태로 Matlab의 Workspace에 저장하게 된다. [그림10.58]의 모델에서 제어기의 출력값 (u)과 플랜트의 출력값(y)을 Matlab으로 보내고자 한다. 이를 위해 두 변수를 Simulink 모델의 시간신호 (time signal)와 같이 저장해야 하므로 먼저 다음과 같이 시간신호를 생성할 필요가 있다.

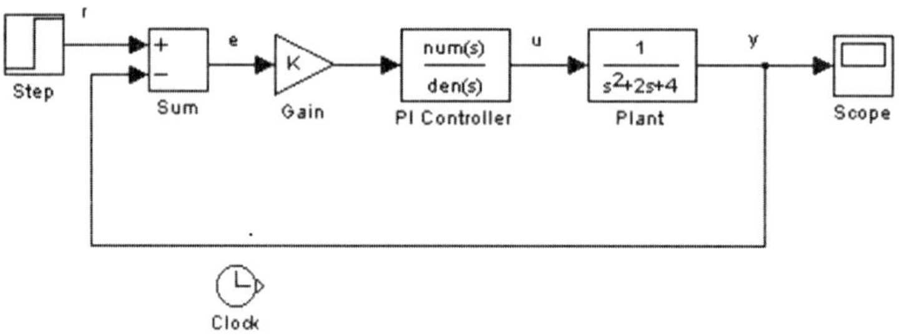

[그림10.60] 시간신호를 생성한 Simulink 모델

그런 다음 아래와 같이 3개의 To Workspace블록을 배치한다.

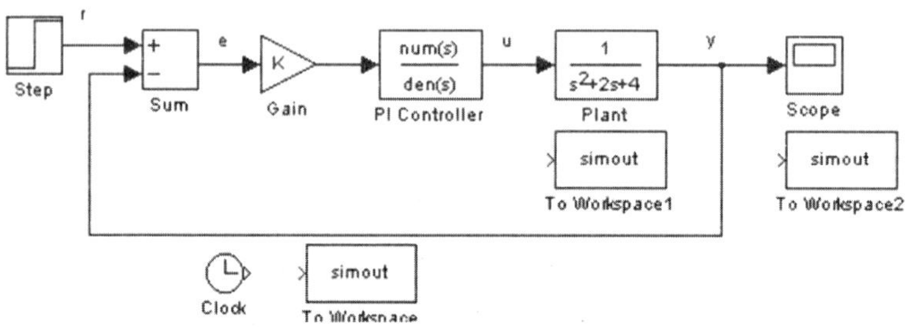

[그림10.61] To Workspace블록을 배치한 Simulink 모델

위 모델에서 신호선을 연결하고 각각의 To Workspace를 더블클릭하여 변수이름(variable

name)을 t, u, y로 입력하고 각 변수의 save format을 Array로 설정한다. 최종적인 Simulink 모델은 다음과 같은 모습이 된다.

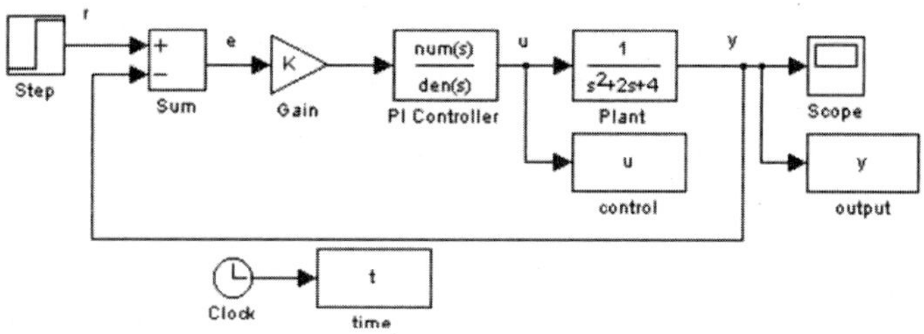

[그림10.62] To Workspace블록을 배치한 최종 Simulink 모델

시뮬레이션을 수행한 후 Scope를 더블클릭하면 [그림 10.63]과 같은 결과를 얻는다. 그 외에도 To Workspace의 값을 이용하여 Matlab 명령창에서 plot(t,u,t,y)를 실행하면 다음과 같은 그래프를 볼 수 있다. 즉, 제어기의 출력값과 플랜트의 출력값을 동시에 비교할 수 있다.

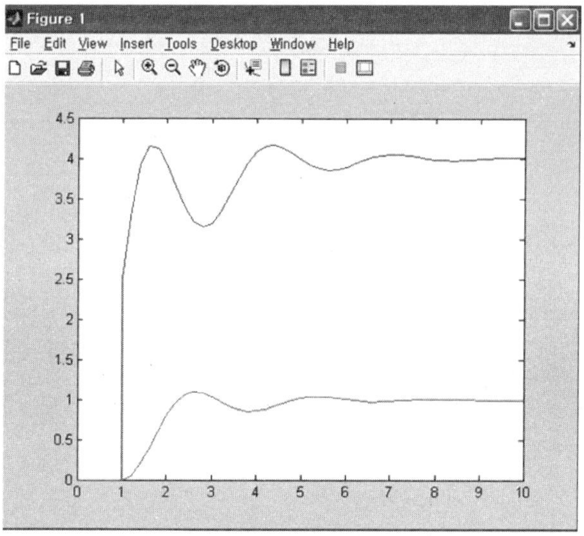

[그림10.63] plot명령을 이용한 제어기와 플랜트의 출력값 비교

11 Chapter

Matlab/Simulink의 공학활용

Matlab/Simulink는 이공학 분야 및 경영경제 분야에 까지 광범위하게 적용되고 있는 해석용 툴이다. 이 장에서는 Matlab/Simulink의 응용분야를 공학부분에 한정하였다. 그리고, 공학의 대표적인 분야라 할 수 있는 공학역학, 진동학, 전기전자 및 제어공학 분야에 대한 몇몇 응용예제를 소개함으로써 학생들이 자신이 공부한 Matlab/Simulink의 지식을 자신의 관련 분야에 적용할 수 있는 능력을 높였으면 한다.

11.1 공학역학분야

[예제11.1] 반구의 체적중심 구하기
아래 그림과 같이 반경 R=7 cm 인 반구의 체적중심을 계산하시오.

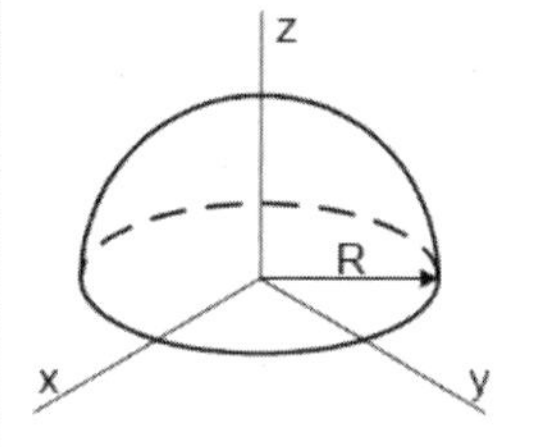

[그림11.1] 반지름이 R인 반구

▶풀이

3차원 공간 상에서 주어진 물체의 체적중심은 다음과 같은 적분을 통해서 구할 수 있다.

$$\bar{x}=\frac{\int xdV}{\int dV} \quad \bar{y}=\frac{\int ydV}{\int dV} \quad \bar{z}=\frac{\int zdV}{\int dV}$$

위 식에서 $\bar{x}$, $\bar{y}$, $\bar{z}$ 는 XYZ 좌표상에서 물체의 체적중심값을 나타낸다. 그리고, 물체의 체적은 다음과 같이 구해진다. .

$$\int dV=\int_{z1}^{z2}\int_{y1}^{y2}\int_{x1}^{x2}dxdydz$$

하지만 반구의 체적을 구하는 경우는 먼저 원의 면적을 구한다음 Z 방향으로 적분을 해나가면 될 것이다. 임의의 높이에서 원의 면적은

$$A=\pi r^2$$

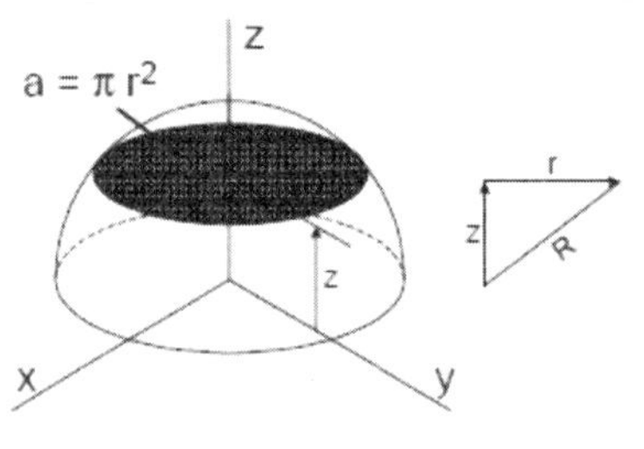

[그림11.2] 임의의 높이에서의 단면적

그리고 이 때 원의 반경은 다음 식으로 구할 수 있다.

$$r=\sqrt{R^2-z^2}$$

따라서, 반구의 체적은 다음과 같이 구해진다.

$$V=\int dV=\int_{z=0}^{R}adz=\int_{z=0}^{R}(\pi r^2)dz=\int_{z=0}^{R}\pi(R^2-r^2)dz$$

위 적분을 근사화하기 위해 다음 그림과 같이 각각의 V_i 를 구해서 더해주면 된다.

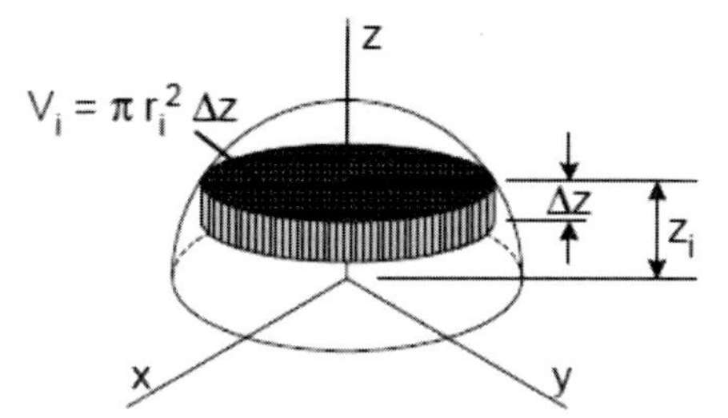

[그림11.3] 높이 z_i 에서의 체적 V_i

따라서, 적분의 근사값은 다음과 과정을 통해서 구할 수 있다. 주어진 높이에 대해

$$z_i = i \triangle z$$

이므로 이 때의 반경은

$$r_i = \sqrt{R^2 - z_i^2}$$

이고, 대응하는 원으로 구성된 원기둥의 체적은 다음 식과 같다.

$$V_i = \pi (R^2 - z^{2_i}) \triangle z$$

그러므로, 반구 전체의 체적은

$$V \approx \sum_{i=1}^{N} V_i = \sum_{i=1}^{N} \pi [R^2 - (i \triangle z)^2 \triangle z$$

Matlab으로 구현하면 코드는 다음과 같다.

```
R = 7; % 반구의 반경
N = 100; % 높이 z의 분할 수
deltaZ = R/N; % Z방향 한 구간 높이
%Sum (pi * (R^2 - (i*deltaZ)^2) * deltaZ) for i = 1,2,...,N
V_predicted = 0; % 구하려고 하는 체적의 초기값: zero으로 설정
```

```
for i = 1:N
V_predicted = V_predicted + pi * (R^2 - (i*deltaZ)^2) * deltaZ;
end
V_predicted
```

실행결과 반구의 체적은 다음과 같다.

```
V_predicted =
  712.9717
```

실제 정확한 체적은 V_actual = 2/3 * pi * R^3 이므로 V_actual = 718.3775 이다. 약간의 오차가 발생하는데 N값을 키우면 오차는 줄어들게 될 것이다. 예를 들어 위 코드에서 N=1000 으로 하면 V_predicted = 717.8386 로 되어 오차가 많이 줄어듬을 알 수 있다.

이제 체적의 중심을 구하기 위해 다음식의 관계를 이용한다.

$$\bar{z}=\frac{\int a d V}{\int D V}=\frac{\sum_{i=1}^{N} z \pi\left(R^{2}-(i \triangle z)^{2} \triangle z\right.}{\sum_{i=1}^{N} \pi\left(R^{2}-(i \triangle z)^{2} \triangle z\right.}$$

Matlab을 이용하여 $\bar{Z}$ 를 구해보자 (N=1000 경우).

```
N=1000;
numerator = 0; % 분자의 초기값= zero
denominator = 0; % 분모의 초기값= zero
 for i = 1:N
numerator = numerator + (i*deltaZ) * pi * (R^2 - (i*deltaZ)^2) * deltaZ;
denominator = denominator + pi * (R^2 - (i*deltaZ)^2) * deltaZ;
 end
 z_bar = numerator / denominator
```

실행결과 $\bar{Z}$ 값은 다음과 같다.

```
z_bar =

    2.6270
```

[예제11.2] 주어진 데이터의 curve-fitting

운전자가 자동차를 14초 정도는 차를 75 mph 까지 가속한 다음 20초 구간까지는 차속을 35 mph까지 줄여나갔다. 아래 표는 시간구간에 대한 속도값을 나타낸 것이다

t(sec.)	v(mph)
0	0
1	1
2	4
3	8
4	14
5	21
6	28
7	35
8	43
9	51
10	58
11	64
12	69
13	73
14	75
15	75
16	73
17	68
18	60
19	49
20	35

[표11.1] 시간과 속도 데이터

위 시간-속도 데이터를 curve-fitting 하시오. 그리고 구해진 식을 이용하여 거리-시간, 속도-시간 및 가속도-시간 그래프를 그리시오.

▶풀이

먼저, 위 데이터를 이용해서 점 데이터를 그래프로 그려보자.

```
t = 0:20;
v = [0 1 4 8 14 21 28 35 43 51 58 64 69 73 75 75 73 68 60 49 35];
plot(t,v,'o');
xlabel(' t(sec)');
ylabel(' v(mph)');
```

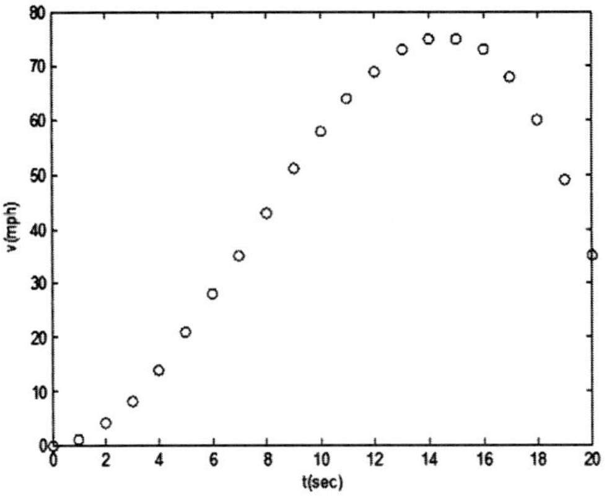

[그림11.4] 실험데이터 그래프: 시간-속도 관계

curve-fitting 방법1

주어진 실험데이터를 다음과 같은 2차 다항식으로 curve-fitting 해보자.

$$v_p = b_1 t^2 + b_2 t + b_3$$

Matlab의 statistic toolbox는 다항식에 대한 커브피팅을 위한 함수 nlinefit() 을 제공하고 있다. 이 함수는 주어진 데이터를 가장 잘 피팅할 수 있도록 다항식의 계수를 결정해준다. 먼저, inline 함수를 이용하여 2차다항식 모델을 정의하면

```
F = inline('b(1).*t.^2 + b(2).*t ', 'b', 't')
```

결과

```
F =
Inline function:
F(b,t) = b(1).*t.^2 + b(2).*t
```

시간 t=0 일때 속도 v=0라고 놓고 nlinefit 함수를 적용하면

```
b = nlinfit(t,v,F,[0 0]);
>> b
```

결과

b =

-0.2706 8.2273

따라서, 커브피팅된 2차 다항식 모델은 다음과 같다.

$$v_p = -0.2706\ t^2 + 8.2273t + 0$$

실제데이터와 커브피팅된 다항식을 다음과 같이 비교해보자.

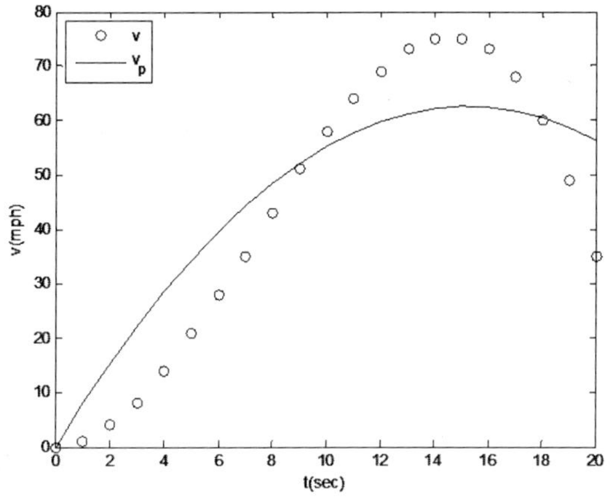

[그림11.5] 2차 다항식으로 커브피팅한 결과

피팅 성능이 별로 좋아 보이지 않는다.

curve-fitting 방법2

주어진 실험데이터를 다음과 같은 3차 다항식으로 curve-fitting 해보자.

$$v_p = b_1t^3 + b_2t^2 + b_3t + b4$$

위 예와 같은 방법으로 수행하면,

```
F = inline('b(1).*t.^3 + b(2).*t.^2 + b(3).*t','b','t');
b = nlinfit(t,v,F,[0 0 0]);
```

결과

3차다항식의 계수는 다음과 같다.

```
b =

   -0.0493    1.0762   -0.0403
```

따라서, 커브피팅된 3차 다항식 모델은 다음과 같다.

$$v_p = -0.0493t^3 + 1.0762t^2 - 0.0403t + 0$$

실제데이터와 커브피팅된 다항식을 다음과 같이 비교해보자.

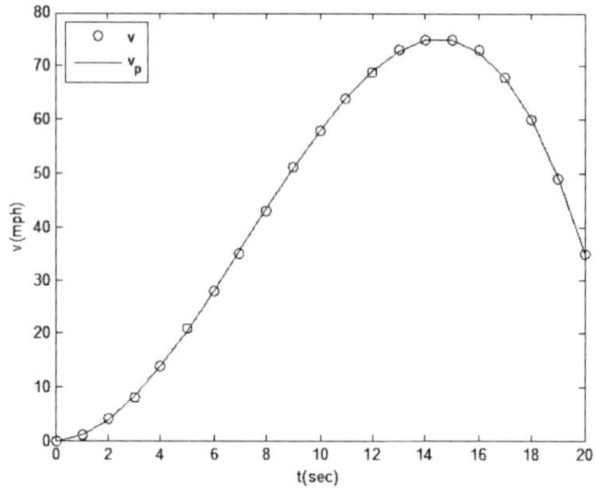

[그림11.6] 3차 다항식으로 커브피팅한 결과

3차다항식 모델로 피팅이 잘 되었음을 확인할 수 있다.

이제 이 다항식을 이용하여 시간-거리, 시간-가속도 그래프를 그려보고자 한다. 이를 위해서는 속도다항식을 적분 및 미분을 수행해야 하는데, Matlab에서는 이 목적을 위해 polyint()와 polydiff() 함수를 제공하고 있다. 3차다항식의 계수벡터는 다음과 같다.

```
b =[ -0.0493 1.0762 -0.0403 0];
b_a = polyder(b)
b_s = polyint(b)
```

결과

```
b_a =

   -0.1479    2.1524   -0.0403


b_s =

   -0.0123    0.3587   -0.0202         0         0
```

주의

MATLAB에서 적분을 수행할 때, 적분상수를 넣지않는다. 왜냐하면, 시간이 t=0일 때 차의 위치는 s=0이라고 간주하기 때문이다.

따라서, 가속도 및 거리에 대한 식은 다음과 같다.

```
a = b_a(1).*t.^2 + b_a(2).*t + b_a(3);
s = b_s(1).*t.^4 + b_s(2).*t.^3 + b_s(3).*t.^2 + b_s(4)*t;
```

위 식을 이용하여 시간-가속도 및 시간-거리 그래프를 그리는 코드를 작성해보자.

```
a = b_a(1).*t.^2 + b_a(2).*t + b_a(3);
s = b_s(1).*t.^4 + b_s(2).*t.^3 + b_s(3).*t.^2 + b_s(4)*t;

subplot(1,2,1);
plot(t,a,'o');
xlabel('t');
ylabel('a');
subplot(1,2,2);
plot(t,s,'o');
xlabel('t');
ylabel('s');
```

결과

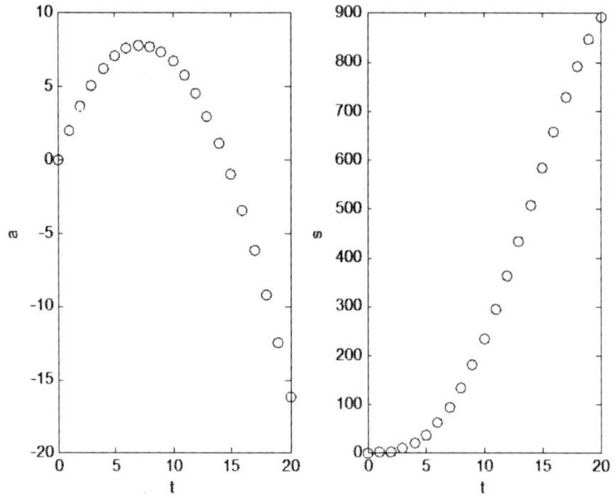

[그림11.7] 커브피팅된 다항식을 이용한 시간-가속도 및 시간-거리 그래프

그려진 그래프의 단위가 이상함을 알 수 있는데, 가속도의 단위가 mi/sec.hr, 거리의 단위가 mi.sec/hr 이어서 그렇다. 가속도와 거리의 단위를 mile/s^2 , mile 로 고쳐보자. 코드와 그래프는 아래와 같다.

```
a = b_a(1).*t.^2 + b_a(2).*t + b_a(3);
s = b_s(1).*t.^4 + b_s(2).*t.^3 + b_s(3).*t.^2 + b_s(4)*t;

a = a ./ 3600;
s = s ./ 3600;
subplot(1,2,1);
plot(t,a,'o');
xlabel('t');
ylabel('a');
subplot(1,2,2);
plot(t,s,'o');
xlabel('t');
ylabel('s');
```

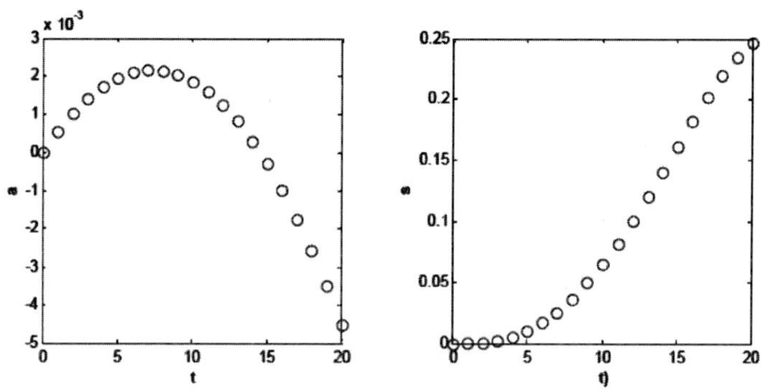

[그림11.7] 커브피팅된 다항식을 이용한 시간-가속도 및 시간-거리 그래프 (단위환산됨)

[예제11.3] 진자의 각변위 계산하기

아래 그림과 같이 추의 질량이 10g 이고 길이가 5 cm 인 진자의 각변위를 구하고 그래프에 그리시오. 단, 초기조건은 $\theta(0) = 90°$, $\frac{d\theta}{dt(0)} = 0$ 이다.

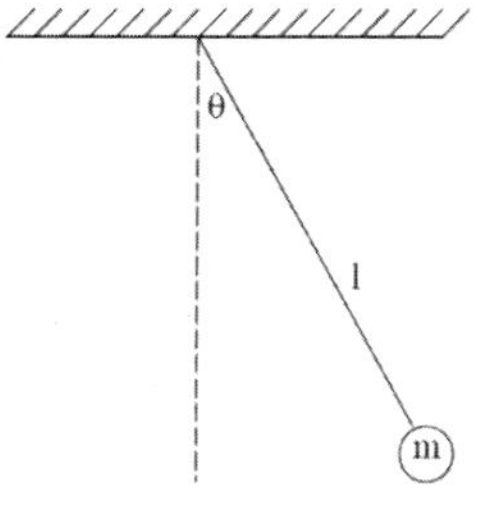

[그림11.8] 진자 그림

▶풀이

공기의 저항을 무시한 경우 진자의 동적식은 다음과 같이 주어진다.

$$\ddot{\theta} = \left(-\frac{g}{l}\right)\sin\theta$$

만약, 정지상태 $(\theta = 0)$에서 진자의 움직임이 매우 적다면 이 진자의 운동은 선형으로 단순화 할 수 있다. 움직임이 적은 경우 $\sin\theta = \theta$ 로 근사화되기 때문이다.

따라서, 위 비선형식의 선형화된 식은 다음과 같다.

$$\ddot{\theta} = \left(-\frac{g}{l}\right)\theta$$

Matlab을 이용하여 미분방정식을 풀기 위해서는 2차식을 2개의 1차식으로 변형해야 한다. 즉, 상태변수식(state-variable equation)으로 고쳐야 한다. 따리서, 2개의 상내 다음과 같이 정하면

$$\theta = y(1)$$
$$\dot{\theta} = y(2)$$

2개의 1차식은 다음과 같다.

즉, 선형화된 동적시스템은

$$\dot{y}(1) = y(2)$$
$$\dot{y}(2) = \left(-\frac{g}{l}\right)y(1)$$

원래의 비선형시스템 식을 상태변수형으로 표현하면 다음과 같다.

$$\dot{y}(1) = y(2)$$
$$\dot{y}(2) = \left(-\frac{g}{l}\right)\sin(y(1))$$

이제, 선형화된 모델과 비선형 모델에 대한 동적응답(각변위)을 Matlab의 ode45 함수를 이용하여 계산하고자 한다. 선형시스템의 경우 동적식을 아래와 같이 작성하고

```
function yp = pendulum_linear(t,y)
yp = [y(2);((-g/l) *(y(1)))];
```

pendulum_linear.m 함수로 저장한다. 마찬가지로 비선형시스템의 경우도

```
function yp = pendulum_nonlinear(t,y)
yp = [y(2);((-g/l) *sin(y(1)))];
```

와 같이 작성하고 pendulum_nonlinear.m 함수로 저장한다.

선형화된 진자와 원래의 비선형 진자시스템에 대한 주 코드는 다음과 같이 작성하였다.

```
tspan = [0 1];
y0 = [1.57;0];

[t,y] = ode45('pendulum_linear',tspan,y0)
plot(t,y(:,1))
grid on;
xlabel('Time')
ylabel('Theta')
title('Theta Vs Time')
hold on;

[t,y] = ode45('pendulum_nonlinear',tspan,y0)
plot(t,y(:,1),':')
```

아래 그림은 선형화된 경우와 비선형 진자 시스템의 각변위를 비교하였다. 그래프에서 각변위 theta는 라디안(rad)으로 표시된 값이다.

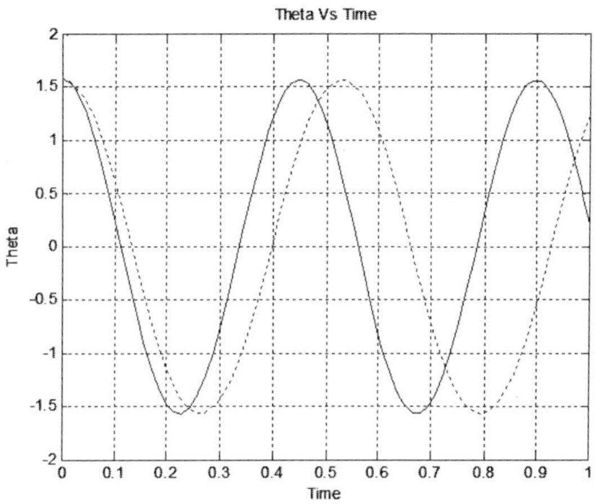

[그림11.9] 선형화된 경우와 비선형 진자 시스템의 각변위

11.2 진동학 분야

[예제11. 4] 질량-스프링-감쇠 시스템의 자유진동 분석

아래 시스템은 기계진동학에서 기초적으로 다루고 있는 1자유도 질량-스프링-감쇠이다. 질량은 m=0.1Kg, 스프링상수는 k=4000N/m, 감쇠계수는 R=10 Ns/m 이다. 초기에 0.1m (x0=0.1m) 위치까지 당겨서 정지한 다음 놓아서 자유진동을 하게 한다. Matlab 프로그램을 작성하여 거동을 그래프로 나타내어라.

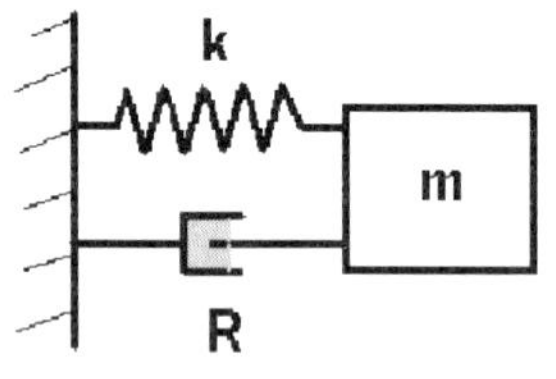

[그림11.10] 질량-스프링-감쇠 시스템

방법1

해석해를 구하여 분석

▶풀이

운동방정식은 구하면 다음과 같다.

$$m\frac{d^2x}{dt^2}+R\frac{dx}{dt}+kx=0$$

선형미분방정식이므로 해의 형태는 아래 식과 같다.

$$x=Ae^{\gamma_1 t}+Be^{\gamma_2 t}$$

특성식을 적용하면

$$m\gamma^2+R\gamma+k=0$$

특성식의 두 근 γ_1 과 γ_2 는 다음과 같다.

$$\gamma_1, \gamma_2 = \frac{-R \pm \sqrt{R^2 - 4mk}}{2m}$$

위 문제에서 초기조건을 x(0)=0.1. dx/dt(0)=0으로 주었다. 그리고 초기 속도식은 dx/dt 이므로

$$\frac{dx}{dt} = A\gamma_1 e^{\gamma_1 t} + B\gamma_2 e^{\gamma_2 t}$$

변위식과 속도식에 초기조건을 가하면

$$A + B = 0.1$$
$$A\gamma_1 + B\gamma_2 = 0$$

위 두 식에서 상수 A, B를 구하면 아래와 같다.

$$A = \frac{-0.1\gamma_2}{\gamma_1 - \gamma_2}$$

$$B = \frac{0.1\gamma_2}{\gamma_1 - \gamma_2}$$

이제 MATLAB 을 이용하여 다음과 같이 프로그램을 작성해보자

```
% Simple oscillating system
m=0.1;
k=4000;
R=10;
t=[0: 0.001: 0.5];

x0=0.1; %%% initial displacement

y1= (-R+sqrt(R*R-4*m*k)) / (2*m);
y2= (-R-sqrt(R*R-4*m*k)) / (2*m);

A=-x0*y2/(y1-y2);
B=x0*y1/(y1-y2);
```

```
x=A*exp(y1*t)+B*exp(y2*t);
plot(t,x);
title('1 DOF vibration problem');
xlabel('time');
ylabel('amplitude');
```

결과 그래프는 아래와 같다.

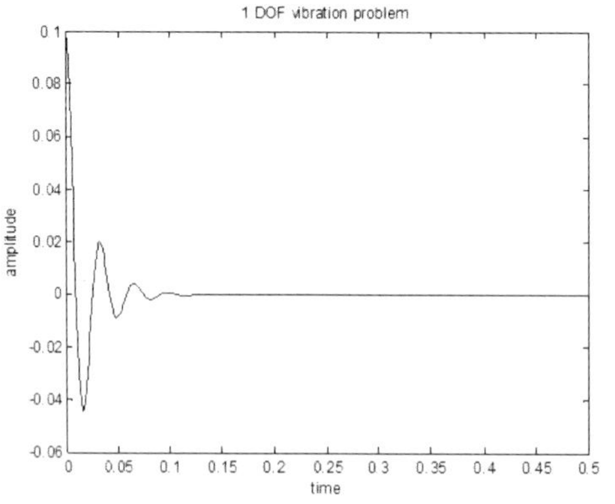

[그림11.11] 질량-스프링-감쇠 시스템의 자유진동 결과

방법2

전산해 (Runge-Kutta식 이용)를 이용한 분석

▶풀이

운동방정식은 구하면 다음과 같다.

$$m\frac{d^2x}{dt^2}+R\frac{dx}{dt}+kx=0$$

다시 표현하면

$$\frac{d^2x}{dt^2}+(R/m)\frac{dx}{dt}+(k/m)x=0$$

초기조건은

$x(0) = 0.1, \ \dot{x}(0) = 0$

위 식을 2개의 1차식 (상태방정식)으로 나타내면 다음과 같다.

$$\dot{x}_1 = x_2$$
$$\dot{x}_2 = -(R/m)x_2 - (k/m)x_1$$

위의 2개의 1차식에 4차 Runge-Kutta 방법을 적용하여 다음과 같이 MATLAB 코드를 작성한다.

```
clear;
tspan=0.5; %0.5초간 작동
h=0.001;    %%% 시간스텝은 0.001초
x(1,1)=0.1;x(1,2)=0;u=0; %%%초기조건
m=0.1;
ks=4000;
R=10;
k=0;

for time=[h:h:tspan]
    k=k+1;
 %% 두개의 일차함수에 대한 Runge-Kutta식
    k1=h*x(k,2);
    j1=h*(-(ks/m)*x(k,1)-(R/m)*x(k,2)+u);
    k2=h*(x(k,2)+j1/2);
    j2=h*(-(ks/m)*(x(k,1)+k1/2)-(R/m)*(x(k,2)+j1/2)+u);
    k3=h*(x(k,2)+j2/2);
    j3=h*(-(ks/m)*(x(k,1)+k2/2)-(R/m)*(x(k,2)+j2/1)+u);
    k4=h*(x(k,2)+j3);
    j4=h*(-(ks/m)*(x(k,1)+k3)-(R/m)*(x(k,2)+j3)+u);

    x(k+1,1)=x(k,1)+(k1+2*k2+2*k3+k4)/6;
    x(k+1,2)=x(k,2)+(j1+2*j2+2*j3+j4)/6;
```

```
end
%=============================================
t=[0:h:tspan];
plot(t,x(:,1));
```

결과 그래프는 아래와 같다.

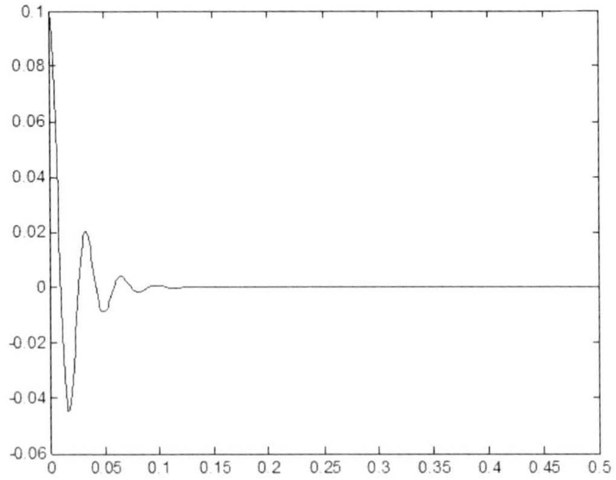

[그림11.12] 질량-스프링-감쇠 시스템의 자유진동 결과

방법3

전산해 (matlab ODE 함수 사용)를 이용한 분석

▶풀이

```
%%% mck.m
function xdot=mck(t,x)
m=0.1;
k=4000;
R=10;
xdot(1)=x(2);
xdot(2)=(-k/m)*x(1)+(-R/m)*x(2);
xdot=[xdot(1);xdot(2)];
```

이제 ode45함수를 이용하여 수치해를 구하고 변위 그래프를 그려보도록 하자. 코드이름을 test8.m 이라고 하였다.

```
%%% test_mck.m
[t,x]=ode45('mck', [0,0.5],[0.1,0]);
plot(t,x(:,1));
xlabel('Time(sec)'),ylabel('y trajectory');
```

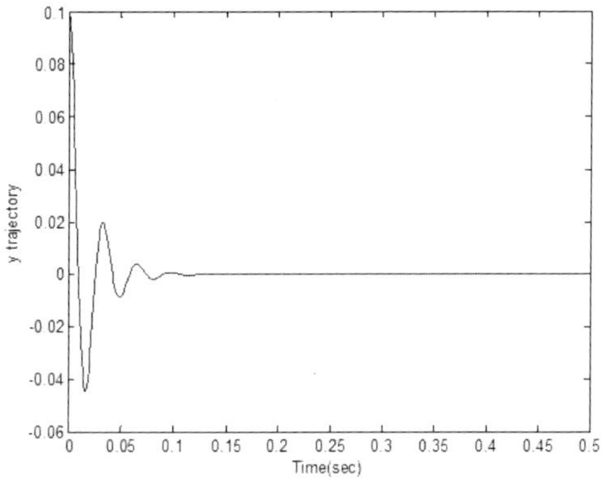

[그림11.13] 질량-스프링-감쇠 시스템의 자유진동 결과

[예제11.5] 아래와 같은 질량-스프링-뎀퍼 시스템에 외부힘 f(t)=Fsinωt 이 작용하고 있는 강제 진동시스템이다. 주어진 조건은 ξ=0.1, m=1kg, k=100N/m, F=100N; $\omega = 2\omega_n$, x(0) =0.02m, $\dot{x}(0) = 0$

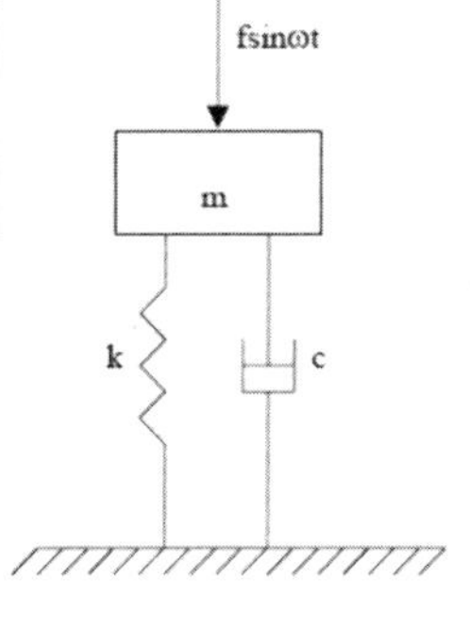

[그림11.14] 질량-스프링-감쇠 시스템의 강제진동

▶풀이

위 강제진동의 운동방정식은

$$m\ddot{x}+c\dot{x}+kx=F\sin\omega t$$

위 미분방정식을 Matlab을 이용하여 풀기위해서는 2차식을 2개의 1차식으로 변형해야 한다. 즉, 상태변수식(state-variable equation)으로 고쳐야한다. 따라서 2개의 상태변수를 다음과 같이 정하면

$$x=y(1)$$
$$\dot{x}=y(2)$$

2개의 1차식은 다음과 같다.

$$\dot{y}(1)=y(2)$$
$$\dot{y}(2)=\left(\frac{F}{m}\right)\sin\omega t+\left(-\frac{c}{m}\right)y(2)-\left(\frac{k}{m}\right)y(1)$$

C 값을 계산하기 위해서 원래 식을 다음과 같이 표준형으로 바꾸어보자.

$$\ddot{x}+2\xi\omega_n\dot{x}+\omega_n^2=F\sin\omega t$$

2개의 식을 비교하면

$$\frac{c}{m}=2\xi\omega_n$$

이므로

$$\omega_n^2=\frac{k}{m}$$

따라서, m, k, ξ의 값에 따라 c의 값을 결정할 수 있다. 이제 시뮬레이션을 수행할 시간 간격을 구하기 위해 감쇠주기 (Damped time period) Td를 계산해야 한다. 먼저 시스템의 고유진동수 ω_n은

$$\omega_n=\sqrt{\frac{k}{m}}=10\,rad/\sec$$

이고 감쇠계수는

$$\xi = 0.1$$

이므로 감쇠고유진동수는

$$\omega_{\rm d} = \omega_{\rm n}\sqrt{1-\xi^2} = 9.95\,\rm rad/sec$$

감쇠주기는

$$\rm T_d = \frac{2\pi}{\omega_d} = 0.63\,sec$$

시뮬레이션 구간은 감쇠주기의 5배정도로 하면 3.16sec 정도이므로 5초로 설정한다. 이제 Matlab 코드를 작성해보자.

운동방정식을 아래와 같이 작성하고 forced.m 파일로 저장하도록 한다.

```
function yp = forced(t,y)
F=100; m=1; k=100; zeta=0.1;
wn=sqrt(k/m); %%wn=10
c=2*zeta*wn*m;%%c=2
w=2*wn; %%w=20
yp = [y(2);(((F/m)*sin(w*t))-((c/m)*y(2))-((k/m)*y(1)))];
```

메인 코드는 다음과 같이 작성한다.

```
tspan=[0 5];
y0=[0.02;0];
[t,y]=ode45('forced',tspan,y0);
plot(t,y(:,1));
grid on
xlabel('time')
ylabel('Displacement')
title('Displacement Vs Time')
```

결과 그래프는 다음과 같다.

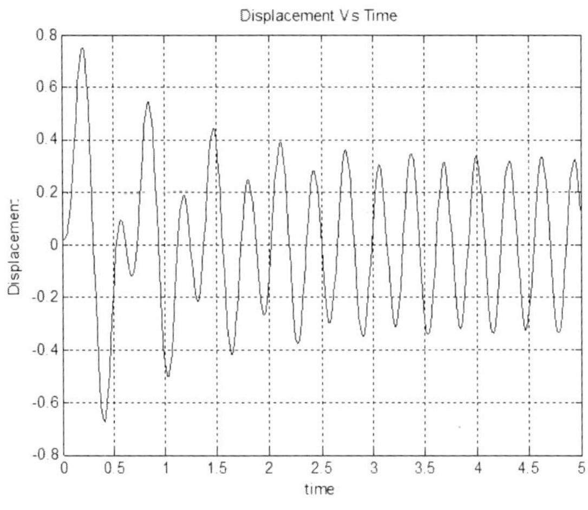

[그림11.15] 질량-스프링-감쇠 시스템의 강제진동 결과

[예제11.5-1] Simulink를 이용하여 예제 11.5를 풀어보시오.

▶풀이

Matlab의 명령창에서 simulink를 입력하거나 matlab의 상단 메뉴에서 simulink 배너를 클릭하여 아래 그림과 같이 Simulink Library Browser를 활성화시킨다.

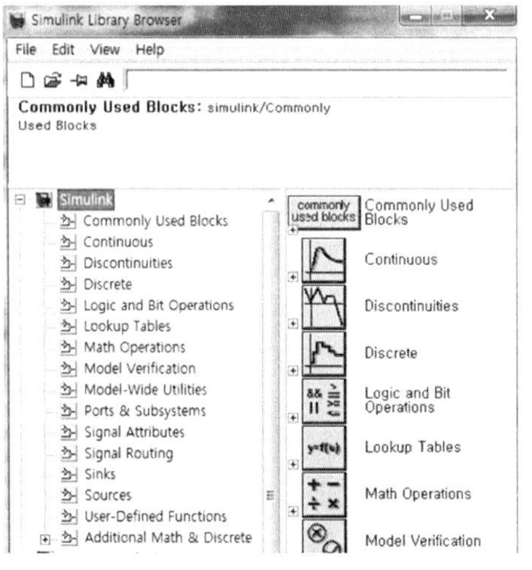

[그림11.16] Simulink Library Browser

다음과 같이 File > New > Model을 클릭하면

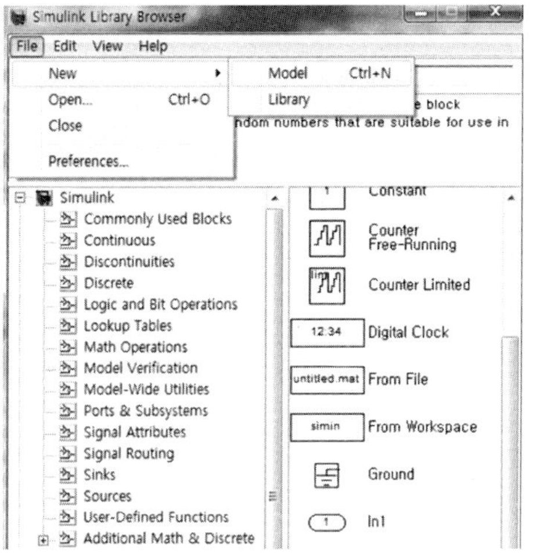

[그림11.17] File〉New〉Model 을 클릭한 화면

새로운 Simulink 모델을 생성할 수 있도록 그림창 untitle1이 아래와 같이 팝업된다.

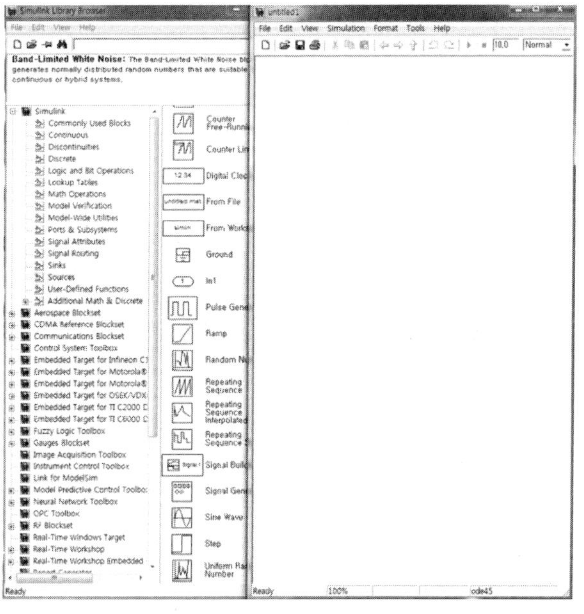

[그림11.18] 새로운 Simulink 모델을 위한 그림창

이제 해당되는 Simulink의 요소 (아래의 6개 요소)를 마우스로 드래그하여 우측의 그림창

으로 다음과 같이 옮겨준다.

Simulink>Sources>Sine Wave

Simulink>Math Operations>Sum

Simulink>Continuous>Integrator

Simulink>Continuous>Integrator

Simulink>Math Operations>Gain

Simulink>Math Operations>Gain

그러면, 아래와 같은 모습을 보게 될 것이다.

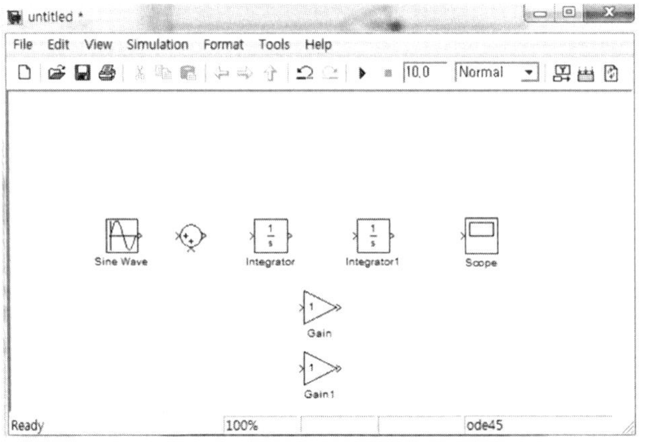

[그림11.19] Simulink의 요소를 마우스로 드래그하여 그림창으로 옮긴 상태

Gain의 방향이 왼쪽으로 향하게 해야하는데, Gain을 클릭한 다음 Format > Rotate Block을 한 번 클릭할 때마다 90도 회전하므로 2번에 걸쳐서 Rotate Block을 시키면 Gain 기호는 왼쪽을 보게 된다. 같은 방법으로 Gain1도 좌측으로 향하게 한다.

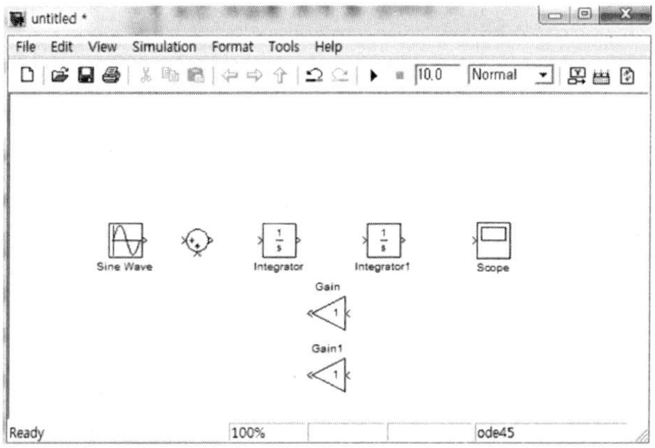

[그림11.20] Gain과 Gain1 블록을 180도 회전 시킨 그림

이번에는 Sum 기호를 더블클릭하여 Icon shape를 rectangular로 바꾸고 List of Sign을 '+--' 순서로 입력을 하면 Sum 기호는 아래 그림처럼 바뀌게 된다.

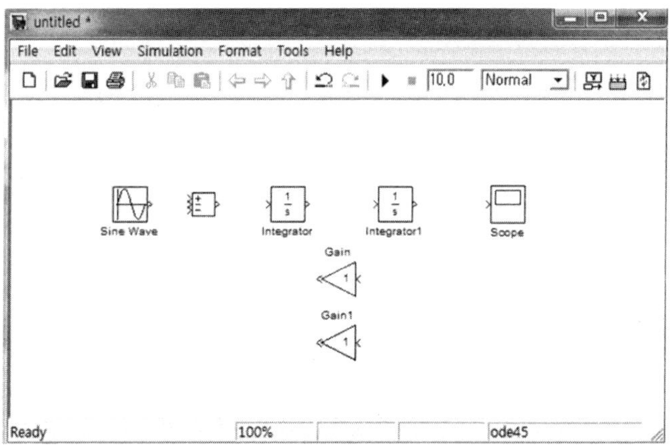

[그림11.21] Sum 기호의 Icon shape과 List of Sign을 '+--'순서로 변경한 화면

이렇게 하여 기호의 배치와 정렬은 해결되었는데, 이제는 각 요소간에 신호선을 연결할 차례이다. 아래 그림과 같이 각 요소간에 마우스를 클릭하고 드래그하여 신호선을 연결할 수 있다.

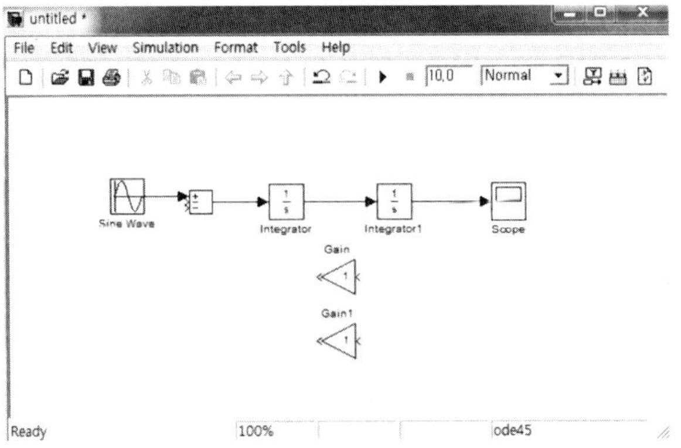

[그림11.22] 각 요소간에 신호선을 연결한 화면

이번에는 기존의 신호선에서 분기되어 피드백되는 신호선을 그려야 할 차례인데, 아래 그림과 같이 기존의 신호선 위에 마우스를 놓고 마우스의 오른쪽 버튼을 누른 채 아래로 드래그한다.

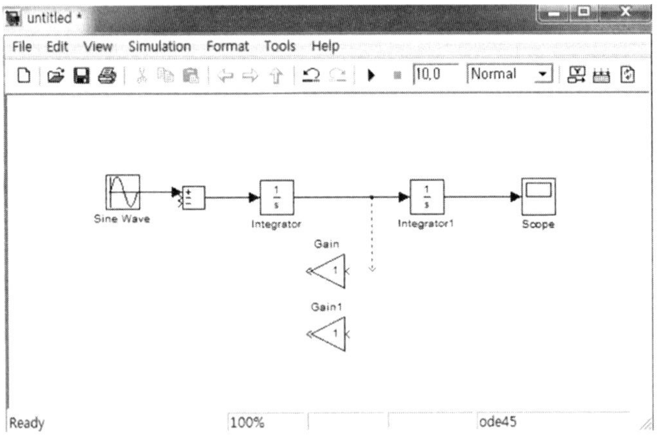

[그림11.23] 기존의 신호선에서 분기되어 피드백되는 신호선의 시작

그런 다음 마우스의 왼쪽을 누른 채 Gain 기호의 우측부분에 연결하면 아래와 같이 피드백 신호선이 연결된다.

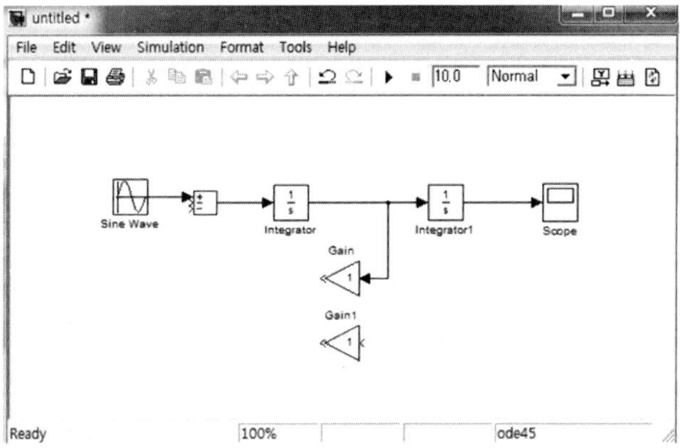

[그림11.24] 기존의 신호선에서 분기되어 피드백되는 신호선의 작성

같은 방법으로 Gain1로 들어가는 피드백신호도 연결한 다음 각 Gain의 출력을 Sum에 연결하면 아래와 같이 최종회로가 완성된다.

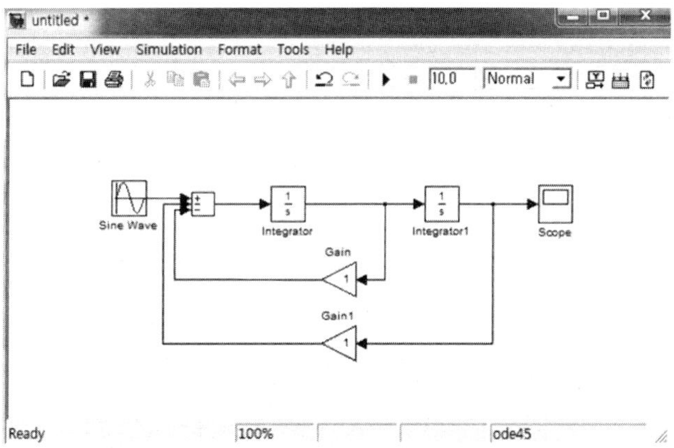

[그림11.25] 완성된 최종 회로

이제 각각의 요소에 주어진 문제에 맞는 파라메터값을 설정해야 한다. Sine Wave를 더블클릭하여 Amplitude=100, Frequency=20으로 고친다. 그리고 Gain과 gain1을 더블클릭하여 Gain=2, Gain1=100으로 고치면 다음과 같은 모습을 보게 된다. Gain1에 -K- 표시가 보이는데 걱정할 필요는 없다. gain1에 마우스를 클릭하여 드래그해서 기호를 조금 키우면 100이라는 숫자를 볼 수 있을 것이다.

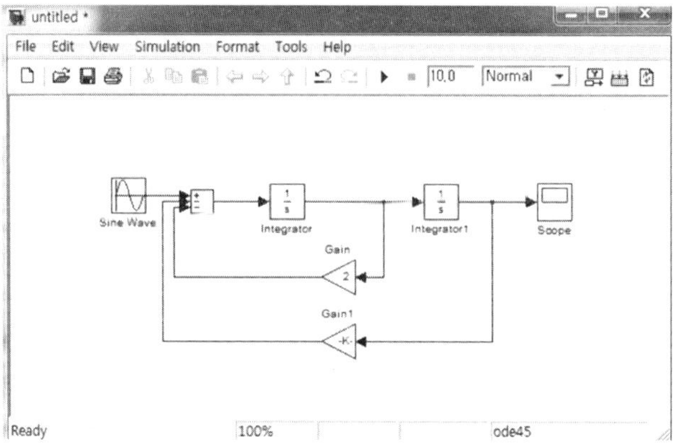

[그림11.26] 각 요소의 파라메터 값 설정

이제 마지막 부분은 주어진 미분방정식의 초기조건 x(0) =0.02m, $\dot{x}(0) = 0$을 설정하는 부분인데, 회로에서 Integrator의 출력 부분이 속도에 해당되고, Integrator1의 출력부분이 위치(변위)에 해당된다. 따라서 Integrator를 더블클릭하여 Initial condition=0, integrator1을 더블클릭하여 Initial condition=0.02를 입력한다. 모든 것이 완성되었다. Simulation > Start를 클릭한 다음 회로의 출력인 Scope를 더블클릭하면 아래의 결과그래프를 볼 수 있다.

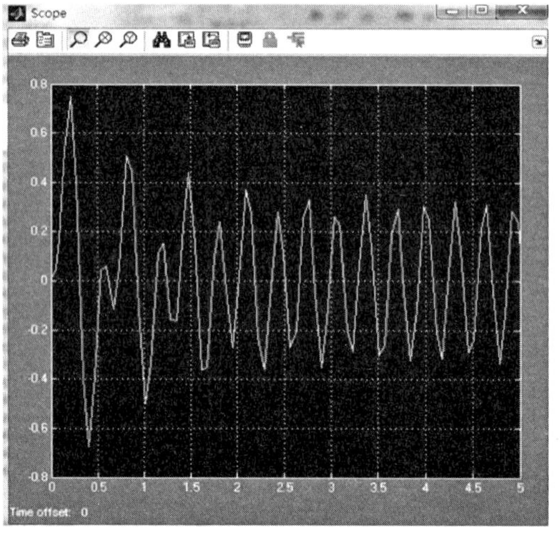

[그림11.27] 회로의 출력 결과 그래프

11.3 전기전자 분야

[예제11.6] 아래 회로에서 스위치가 오랜 시간동안 열려있다가 t=0 인 순간에 스위치가 닫히게 된다. 이 때 전압 v(t)의 변화값을 계산하시오. 단, 회로의 파라메터는 각각 $R=10\Omega$, L=1/32H, $C=50\mu F$, $I_s=2A$이다.

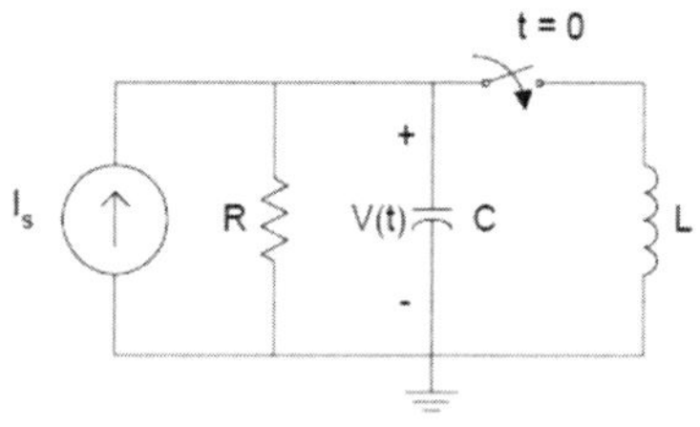

[그림11.28] 병렬 RLC회로

▶풀이

스위치가 열려있는 상태 (즉, t<0)에서 커패시터에 흐르는 전압은

$$v_c(0)=(2)(10)=20V$$

그리고, 인덕터를 흐르는 전류는

$$i_L(0)=0$$

시간이 t>0 일 때 스위치가 닫히므로 위 회로의 모든 요소가 병렬상태이므로, 키르히호프의 전류법칙(KCL)을 적용하면 다음 식을 얻는다.

$$I_s=\frac{v(t)}{R}+C\frac{dv(t)}{dt}+\frac{1}{L}\int_0^t v(\tau)d\tau+i_L(0)$$

위 식에 라플라스 변환을 적용하면

$$\frac{I_s}{s}=\frac{V(s)}{R}+C[sV(s)-V_c(0)]+\frac{V(s)}{sL}+\frac{i_L(0)}{s}$$

위 식에 수치값을 넣으면, 즉 $R = 10\Omega, L = 1/32H, C = 50\mu F, I_S = 2A$ 을 대입하면

$$V(s) = \frac{40000 + 20s}{s^2 + 2000s + 64(10^4)}$$

부분분수로 전개하면,

$$V(s) = \frac{40000 + 20s}{(s + 1600)(s + 400)} = \frac{A}{(s + 1600)} + \frac{B}{(s + 400)}$$

따라서, 계수 A와 B 값은

$$A = \lim_{s \to 1600} V(s)(s + 1600) = -6.67$$

$$B = \lim_{s \to 400} V(s)(s + 400) = 26.67$$

그러므로 라플라스 역변환을 취하면 전압의 시간함수는 다음과 같이 구해진다.

$$v(t) = -6.67e^{-1600t} + 26.67e^{-400t}$$

이번에는 전산해를 구하여 위에서 구한 해석해와 비교해보자.

위의 회로에서 $v_c(0) = 20V$, $i_L(0) = 0$ 이고

$$L\frac{di_L(t)}{dt} = v_c(t)$$

$$C\frac{dv_c(t)}{dt} + i_L(t) + \frac{v_c(t)}{R} - I_s = 0$$

위 식을 정리하면

$$\frac{di_L(t)}{dt} = \frac{v_c(t)}{L}$$

$$\frac{dv_c(t)}{dt} = \frac{I_s}{C} - \frac{i_L(t)}{C} - \frac{v_c(t)}{RC}$$

다음과 같이 변수를 두면

$$x_1(t) = i_L(t)$$
$$x_2(t) = v_c(t)$$

$$\dot{x}_1(t) = \frac{1}{L}x_2(t)$$

$$\dot{x}_2(t) = \frac{I_s}{C} - \frac{1}{C}x_1(t) - \frac{1}{RC}X_2(t)$$

이제 아래와 같이 Matlab 코드를 작성해보자. 먼저, 위의 미분식을 다음과 같이 diff2.m 파일로 작성한다.

```
function xdot = diff2(t,x)
is = 2;
c = 50e-6; L = 1/32; r = 10;
k1 = 1/c ; % 1/C
k2 = 1/L ; % 1/L
k3 = 1/(r*c); % 1/RC
xdot(1) = k2*x(2);
xdot(2) = k1*is - k1*x(1) - k3*x(2);
xdot=[xdot(1);xdot(2)];
end
```

시뮬레이션을 t=[0 0.03] 구간에서 수행하도록 한다.

```
t0 = 0;
tf = 30e-3;
x0 = [0 20]; % Initial conditions
[t,x] = ode23('diff2',t0,tf,x0);

% Second column of matrix x represent capacitor voltage
subplot(211), plot(t,x(:,2))
```

```
xlabel('Time, s'), ylabel('Capacitor voltage, V')
text(0.01, 7, 'Computerized Solutuion by ODE23')

% Transient analysis of RLC circuit from Example 5.5
t2 =0:1e-3:30e-3;
vt = -6.667*exp(-1600*t2) + 26.667*exp(-400*t2);
subplot(212), plot(t2,vt)
xlabel('Time, s'), ylabel('Capacitor voltage, V')
text(0.01, 4.5, 'Analytical Solution')
```

위 프로그램을 실행하면 다음과 같이 두 개의 그래프가 생성된다. 첫번째 그래프는 ODE23을 이용하여 전산해를 구한 결과이고, 두번째 그래프는 수학적으로 풀은 해석해이다.

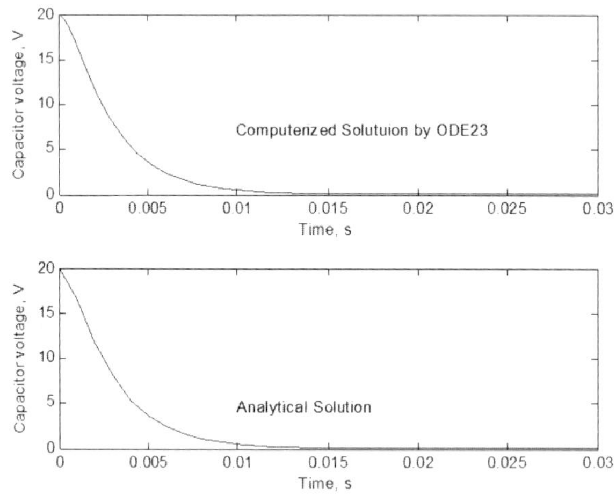

[그림11.29] ODE23을 이용한 전산해와 수학적으로 풀은 해석해의 비교

위 결과를 비교하면 ODE23을 이용한 전산해와 수학적으로 구한 해석해의 그래프가 잘 일치하는 것을 알 수 있다.

[예제11.7] 아래 회로에서 $V_s(t)=5, R_1=R_2=R_3=10K\Omega$, $C_1=C_2=5\mu F$, $L=10H$이다. 시간 영역 [0,5]에서 전압 y(t)를 구하고 그래프로 그리시오.

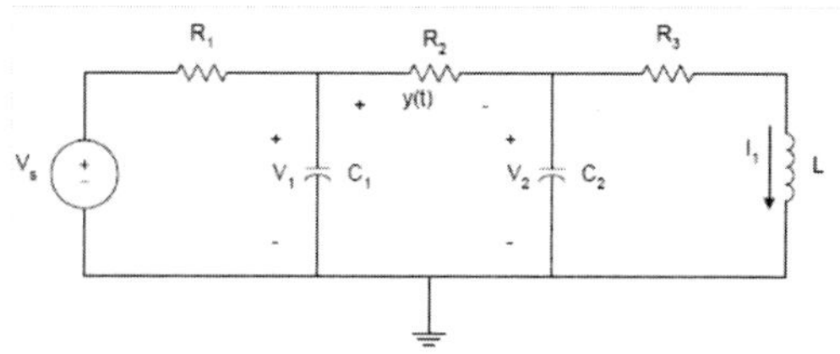

[그림11.30] RLC 조합회로

▶풀이

위 회로에서 상단에 있는 가운데 2개의 마디에 키르히호프의 전류법칙을 적용하면 다음 두 식을 얻는다.

$$C_1\frac{dv(t)}{dt}+\frac{V_1-V_s}{R_1}+\frac{V_1-V_2}{R_2}=0$$

$$C_2\frac{dv_1(t)}{dt}+\frac{V_2-V_1}{R_2}+i_1=0$$

회로의 오른 쪽 루프의 회로를 분석하면

$$V_2=i_1R_3+L\frac{di_1(t)}{dt}$$

그리고 출력 y(t)는

$$y(t)=v_1(t)-v_2(t)$$

위의 식 들을 정리하여 단순화시키면 아래와 같고

$$\frac{dv_1(t)}{dt}=-\left(\frac{1}{C_1R_1}+\frac{1}{C_1R_2}\right)V_1+\frac{V_2}{C_1R_2}+\frac{V_s}{C_1R_1}$$

$$\frac{dv_2(t)}{dt}=\frac{V_1}{C_2R_2}-\frac{V_2}{C_2R_2}-\frac{i_1}{C_2}$$

$$\frac{dv_1(t)}{dt}=\frac{V_2}{L}-\frac{R_3}{L}i_1$$

이 식 들을 행렬형태로 표현하면 다음과 같다.

$$\begin{bmatrix} \dot{V}_1 \\ \dot{V}_2 \\ \dot{i}_1 \end{bmatrix} = \begin{bmatrix} -\left(\frac{1}{C_1R_1} + \frac{1}{C_1R_1}\right) & \frac{1}{C_1R_2} & 0 \\ \frac{1}{C_2R_2} & -\frac{1}{C_2R_2} & -\frac{1}{C_2} \\ 0 & \frac{1}{L} & -\frac{R_3}{L} \end{bmatrix} \begin{bmatrix} V_1 \\ V_2 \\ i_1 \end{bmatrix} + \begin{bmatrix} \frac{1}{C_1R_1} \\ 0 \\ 0 \end{bmatrix} V_s$$

$$y = [1\ -1\ 0] \begin{bmatrix} V_2 \\ V_2 \\ i_1 \end{bmatrix}$$

따라서, 위 식들에 주어진 수치값들을 대입하면 다음과 같다.

$$\frac{dv_1(t)}{dt} = -40v_1(t) + 20v_2(t) + 20V_s$$

$$\frac{dv_2(t)}{dt} = -20v_1(t) - 20v_2(t) - i_1(t)$$

$$\frac{dv_1(t)}{dt} = -0.1v_2(t) - 1000i_1(t)$$

위 미분방정식을 Matlab 함수파일 diff3.m 로 작성후 저장하였다.

```
function vdot = diff3(t,v)
vdot(1) = -40*v(1) + 20*v(2) + 20*5;
vdot(2) = 20*v(1) - 20*v(2) - v(3);
vdot(3) = 0.1*v(2) -1000*v(3);
end
```

그리고, 각 파라메터에 대한 초기조건은 다음과 같다.

$$v_1(0) = v_2(0) = i_1(0) = 0$$

이제 Matlab의 ODE45 함수를 이용하여 미분방정식의 전산해를 구하는 코드를 작성하면 다음과 같다.

```
t0 = 0;
tf = 2;
x0 = [0 0 0]; % initial conditions
[t,x] = ode23('diff3', t0, tf, x0);
tt = length(t);
for i = 1:tt
vo(i) = x(i,1) - x(i,2);
end
plot(t, vo)
title('Transient analysis of RLC')
xlabel('Time, s'), ylabel('Output voltage')
```

출력전압 y(t) 의 값은 다음 그래프와 같이 구해졌다.

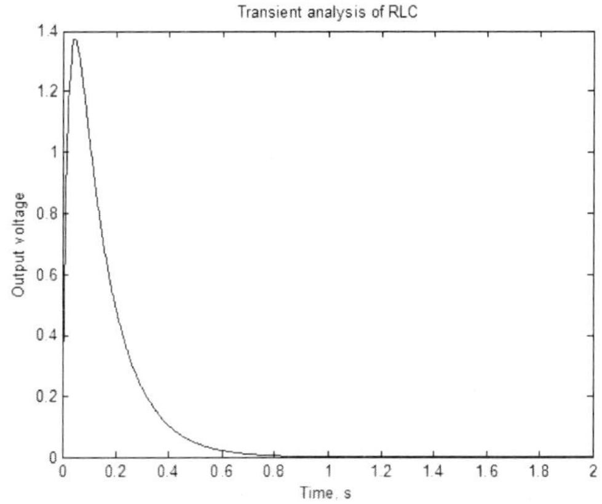

[그림11.31] 시간에 따른 출력전압 y(t)

[예제11.8] 커패시터의 충전방정식은 다음과 같다.

$$\frac{dv_c(t)}{dt} = -\frac{1}{RC}V_c(t) + \frac{1}{RC}u(t)$$

여기서 u(t)는 단위 스텝식이다.

Simulink를 이용하여 위 시스템을 모델링하고 단위입력 u(t)에 대한 값의 변화를 그래프로 나타내어라.

▶풀이

위 시스템의 운동식에 Laplace변환을 시켜서 전달함수를 구하면,

$$sV_c(s) = -\frac{1}{RC}V_c(s) + \frac{1}{RC}U(s)$$

위 식을 $V_c(s)$ 에관하여정리하면

$$V_c(s) = \frac{1}{s}\left(\frac{1}{RC}U(s) - \frac{1}{RC}V_c(s)\right)$$

이제 위 식을 이용하여 Simulink 모델을 구성하여 보자. 먼저, 아래와 같이 필요한 요소들을 배치한다.

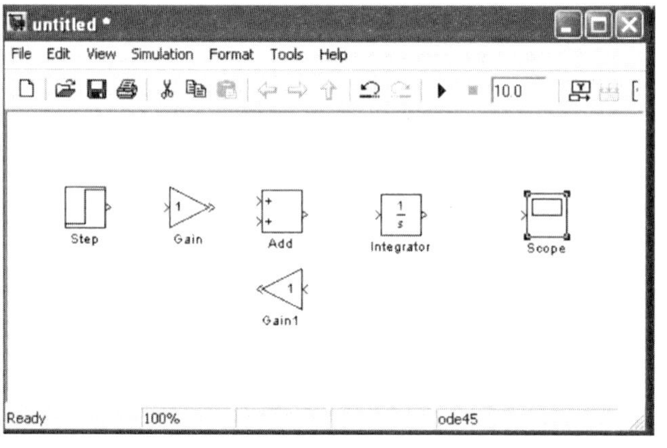

[그림11.32] Simulink모델구성을 위한 요소들의 배치

그리고, 각각의 요소를 신호선으로 연결하면 다음과 같다.

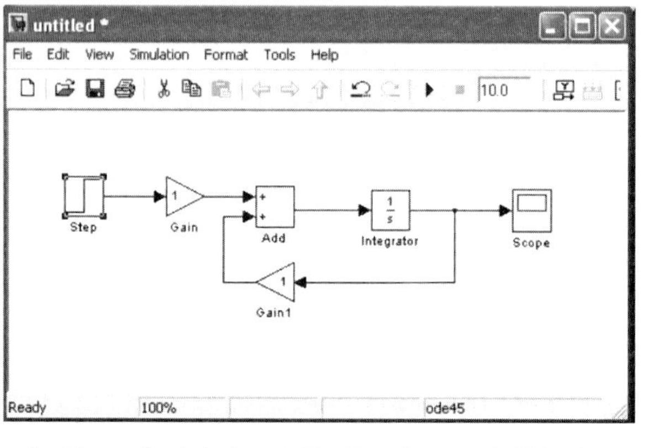

[그림11.33] 각각의 요소를 신호선으로 연결한 회로

그리고, 각각의 요소의 파라메터를 세팅해야 하는데, Step의 Step time=0으로 설정, Gain 값과 Gain1의 값은 1/(R*C)로 설정하고, Add의 부호는 +- 로 설정한다. 파라메터를 조정한 후의 모델은 아래 그림과 같다.

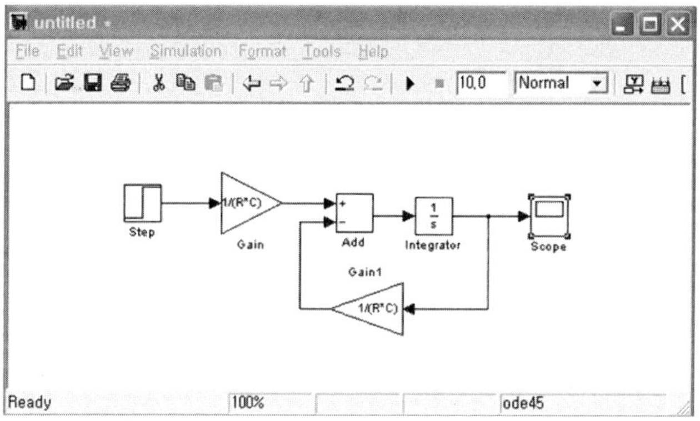

[그림11.34] 파라메터를 조정한 후의 회로모델

Simulation > Start를 클릭하여 구한 $v_c(t)$의 그래프는 다음과 같다.

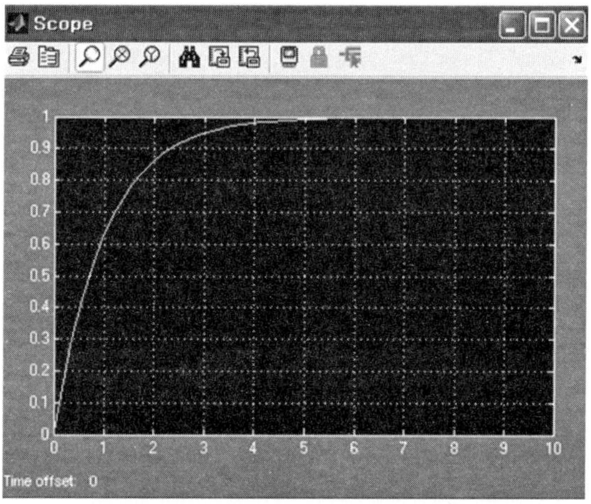

[그림11.35] 시간에 대한 $v_c(t)$의 그래프

11.4 제어공학분야

[예제11.9] 다음 스프링-질량-뎀퍼 시스템의 운동방정식을 유도하고 라플라스변환을 이용하여 전달함수를 구하라. 그리고, 시스템의 임펄스응답과 스텝응답을 보이시오. 단, m=0.1Kg, c=0.4 N.s/m, K=5N/m이다.

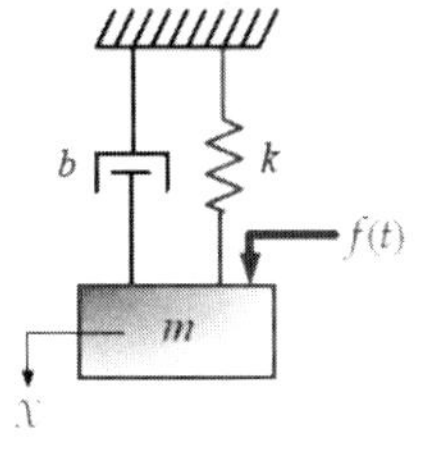

[그림11.36] 스프링-질량-뎀퍼 시스템

▶풀이

운동방정식을 풀기위하여 다음과 같이 free-body 다이어그램을 사용하여 힘의 위치와 방향을 설정한다.

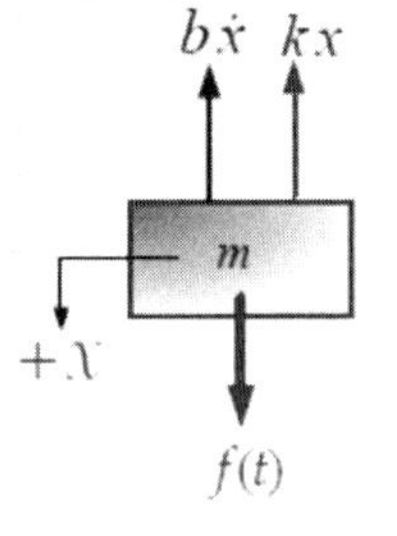

[그림11.37] 스프링-질량-뎀퍼 시스템의 free-body 다이어그램

뉴톤의 법칙 $\sum F = m\ddot{x}$을 이용하면 운동방정식은 다음과 같다.

$$m\ddot{x} + c\dot{x} + kx = f$$

주어진 시스템의 전달함수는 초기조건이 x(0)=0, $\dot{x}(0) = 0$일 때 입력과 출력의 비로 정의되므로 , 이 초기조건을 적용하여 라플라스변환을 취하면

$$(ms^2 + cs + k)X(s) = F(s)$$

따라서 전달함수는 다음과 같이 나타나진다.

$$\frac{X(s)}{F(s)} = \frac{1}{ms^2 + cs + k}$$

주어진 파라메터 m=0.1Kg, c=0.4 N.s/m, K=5N/m를 적용하면

$$\frac{X(s)}{F(s)} = \frac{10}{s^2 + 4s + 50}$$

이제, Matalb에서 주어진 시스템의 임펄스응답을 보기위해 다음과 같이 코드를 입력해보자.

```
num=10 ;
den=[1 4 50] ;
impulse(num,den)
```

결과는 다음과 같다.

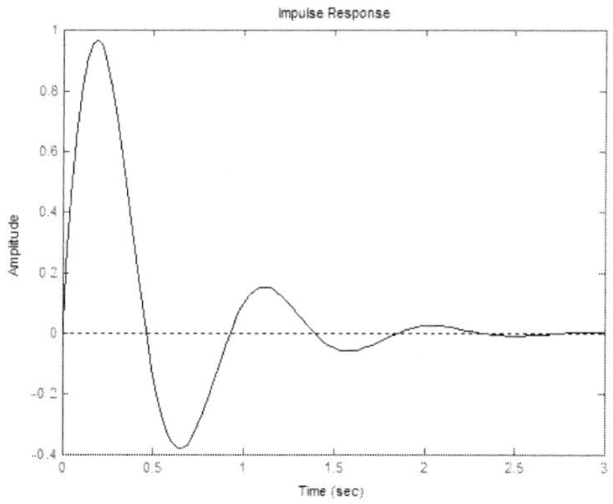

[그림11.38] 임펄스응답 그래프

그리고, Matalb에서 주어진 시스템의 스텝응답을 보기위해 다음과 같이 코드를 입력해보자.

```
num=10 ;
den=[1 4 50] ;
step(num,den)
```

결과 그래프는 다음과 같다.

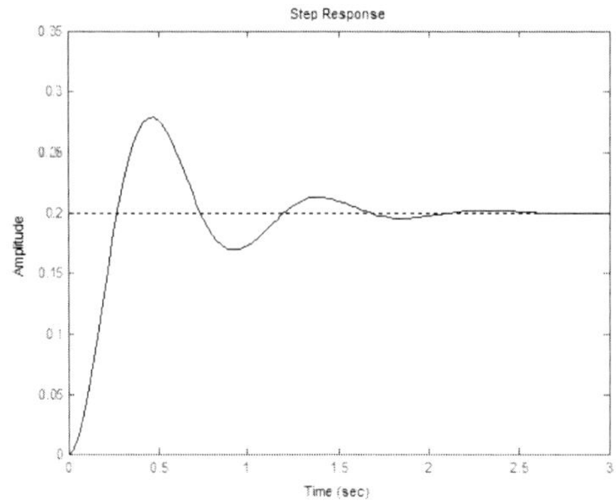

[그림11.39] 스텝응답 그래프

[예제11.10] 예제 11.9의 스프링-질량-댐퍼 시스템의 미분방정식의 상태변수형을 구하고, 시스템의 임펄스응답과 스텝응답을 보이시오. (단, m=0.1Kg, c=0.4 N.s/m, K=5N/m이다)

▶풀이

스프링-질량-댐퍼 시스템의 미분방정식은

$$m\ddot{x} + c\dot{x} + kx = f$$

이므로, 2개의 상태변수를 지정하면,

$$x_1 = x$$
$$x_2 = \dot{x}$$

위 상태변수 x_1, x_2를 한번 미분하게 되면

$$\dot{x}_1 = x_2$$

$$\dot{x}_2 = -\frac{k}{m}x_1 - \frac{c}{m}x_2 + \frac{1}{m}F$$

상태변수형의 표준형은 다음과 같다.

$$\dot{X} = AX + Bu$$

여기서,

$$X = \begin{bmatrix} x_1 \\ x_1 \end{bmatrix}$$
$$A = \begin{bmatrix} 0 & 1 \\ -\dfrac{k}{m} & -\dfrac{c}{m} \end{bmatrix}$$
$$u = F$$
$$B = \begin{bmatrix} 0 \\ \dfrac{1}{m} \end{bmatrix}$$

위 상태변수형에 대한 출력식은 다음과 같이 표현된다.

$$y = CX + Du$$

원하는 출력 를질량의움직이는위치(변위)로 설정한다면

$$C = [1 \quad 0]$$
$$D = 0$$

이제, Matalb에서 주어진 시스템의 임펄스응답을 보기위해 다음과 같이 코드를 입력해보자.

```
A=[0 1 ; -50 -4] ;
B=[0 ; 10] ;
C=[1 0] ;
D=0 ;
impulse(A,B,C,D)
```

결과 그래프는 다음과 같다.

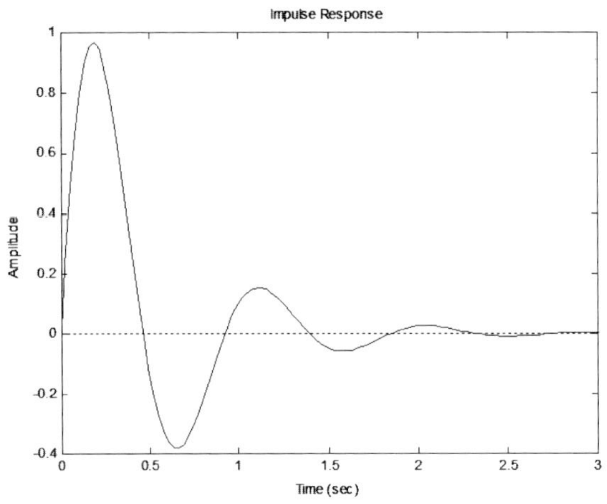

[그림11.40] 임펄스 응답

같은 방법으로 주어진 시스템의 스텝응답을 보기 위해 다음과 같이 코드를 입력해보자.

```
A=[0 1 ; -50 -4] ;
B=[0 ; 10] ;
C=[1 0] ;
D=0 ;
step(A,B,C,D)
```

결과 그래프는 다음과 같다.

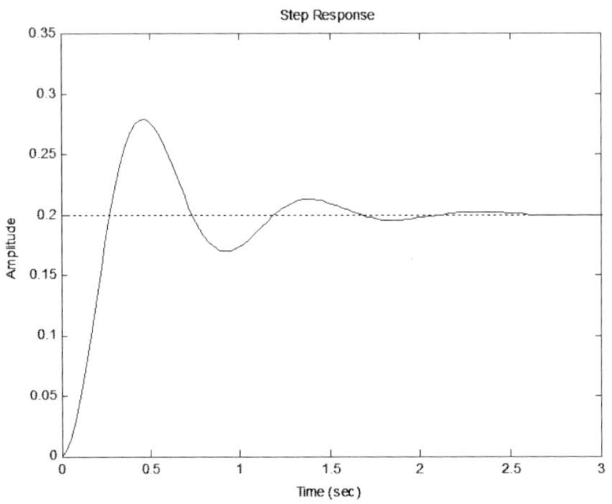

[그림11.41] 스텝 응답

[예제11.11] 아래 질량-스프링-뎀퍼시스템의 PID제어기를 구성하시오. 사용된 파라메터는 m= 1 kg, b= 10 N s/m, k= 20 N/m, F= 1 N이다.

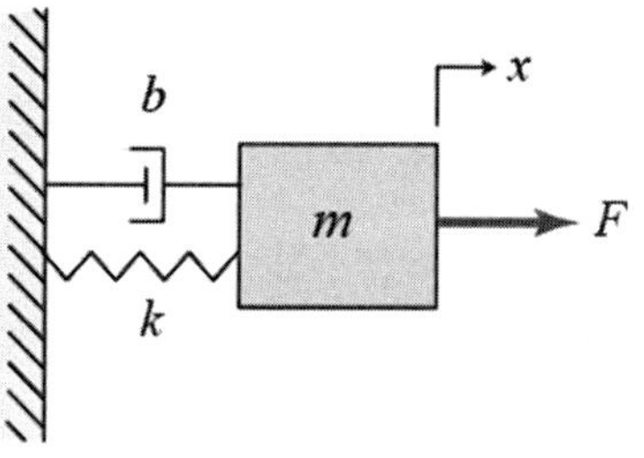

[그림11.42] 질량-스프링-뎀퍼 제어시스템

▶풀이

먼저, 다음과 같은 피드백제어 시스템을 고려해보자.

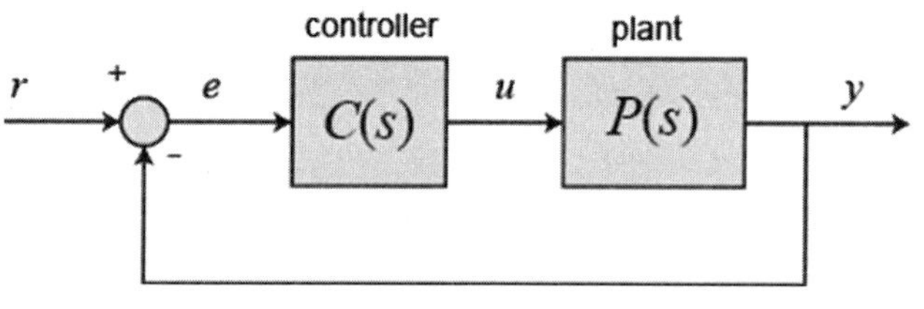

[그림11.43] 일반적인 피드백제어 시스템

위에서 플랜트(질량-스프링-뎀퍼시스템)의 운동방정식은 다음과 같이 구해진다.

$$m\ddot{y} + c\dot{y} + ky = u$$

위 미분방정식의 전달함수(transfer function)을 구하기 위해 양변에 라플라스변환(Laplace transform)을 수행하면

$$ms^2Y(s) + bsY(s) + kY(s) = U(s)$$

전달함수는 출력과 입력값의 비율이므로 다음 식과 같다.

$$\frac{Y(s)}{U(s)} = \frac{1}{ms^2 + bs + k}$$

이번에는 플랜트의 앞부분에 위치하는 제어기 C(s)를 비례적분미분제어기인 PID제어기로 구성하여보자. PID제어기는 오차에 대한 성분을 비례-적분-미분한 항목의 합으로 구성된다는 것을 알고 있다. 시간영역에서 PID제어기는 다음과 같다.

$$u(t) = k_p e(t) + K_i \int e(t)dt + Kd\frac{de}{dt}$$

위 식에서 u(t)는 제어기의 출력값 (플랜트로 입력되는 제어력)이고 K_p, K_i, K_d 는 각각 비례게인, 적분게인, 미분게인으로 정의된다. 위 시간영역의 제어기를 라플라스 변환하면 다음과 같다.

$$U(s) = K_p E(s) + K_i \frac{E(s)}{s} + K_d s E(s)$$

정리하면, 제어기자체에 대한 전달함수가 구해지며 다음 식과 같다.

$$\frac{U(s)}{E(s)} = \frac{K_d s^2 + K_p s + K_i}{s}$$

이제 주어진 파라메터를 이용하여 PID제어기의 제어성능을 살펴보도록 하자. 먼저, 제어기가 없는 경우 즉, 개루프시스템 (open-loop system)의 동작특성부터 알아보도록 하자. 다음과 같이 명령어를 입력하여 개루프시스템의 스텝응답을 알아보자.

```
s = tf('s');
P = 1/(s^2 + 10*s + 20);
step(P)
```

결과

아래 결과에서 보듯이 단위 스텝입력에 대한 전달함수의 DC 게인은 1/20 즉 0.05이다. 목표를 1이라고 한다면, 정상상태오차 (steady-state error)는 0.95에 해당한다. 그리고 응답속도도 매우 늦은 편이다. 정착시간(settling time)도 약 1.5초가 걸린다.

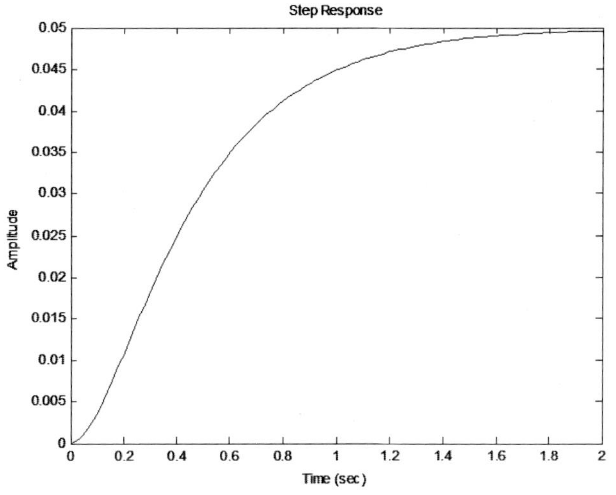

[그림11.44] 제어기가 없는 질량-스프링-뎀퍼 시스템의 스텝응답

이제, 상승시간(rise time), 정착시간, 그리고 정상상태오차 등을 줄일 수 있도록 제어기를 설계하여보자.

(1) P(proportional, 비례) 제어기의 구성

[그림11.43]의 제어기를 다음과 같이 상수로만 구성하는 경우를 P제어기(proportional controller) 라고 하며 다음과 같이 구성한다.

C(s)=Kp

이 경우 전체 전달함수는 다음과 같이 구해진다.

$$\frac{Y(s)}{R(s)} = \frac{K_p}{s^2 + 10s + (20 + K_p)}$$

일반적으로 Kp값을 크게 하면 정상상태오차는 줄어드나 진동이 많이 발생하게 되는데, P제어기의 게인을 Kp=300으로 놓도록 하자. 그리고는 다음과 같이 Matlab 코드를 작성해보자.

```
s = tf('s');
P = 1/(s^2 + 10*s + 20);
```

```
Kp = 300;
C = Kp; %% P제어기
T = feedback(C*P,1) %% 1은 단위 피드백을 의미하며, 전체전달함수를 구함.
t = 0:0.01:2;
step(T,t)
```

결과

위 코드를 실행하면 전체전달함수 즉 T=Y(s)/R(s)의 값은 아래와 같이 나타나진다.

```
Transfer function:
        300
----------------
s^2 + 10 s + 320
```

그리고 스텝응답의 결과는 아래 그림과 같다. 제어기가 없는 경우보다 응답이 많이 빨라지고 정상상태오차도 많이 줄었지만 overshoot이 많이 증가함을 알 수 있는데, 이 는 P제어기를 사용한 경우 나타나는 일반적인 특징이다.

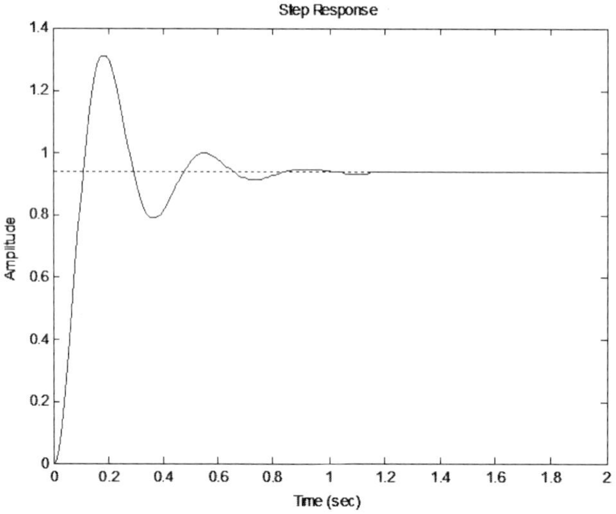

[그림11.45] P제어기를 사용한 경우 질량-스프링-뎀퍼 시스템의 스텝응답

(2) PD (proportional-derivative, 비례-미분) 제어기의 구성

[그림11.43]의 제어기를 다음과 같이 상수와 미분성분으로 구성하는 경우를 PD제어기라고 하며 다음과 같이 구성한다.

$$C(s) = K_p + sK_d$$

이 경우 전체 전달함수는 다음과 같이 구해진다.

$$\frac{Y(s)}{R(s)} = \frac{K_d s K_p}{s^2 + (10 + K_d)s + (20 + K_p)}$$

P제어기의 게인을 Kp=300, kd=10으로 놓고 다음과 같이 Matlab 코드를 작성해보자.

```
s = tf('s');
P = 1/(s^2 + 10*s + 20);
Kp = 300;
Kd = 10;
C = Kp+s*Kd;
T = feedback(C*P,1)
t = 0:0.01:2;
step(T,t)
```

결과

위 코드를 실행하면 전체전달함수 즉 T=Y(s)/R(s)의 값은 아래와 같이 나타나진다.

```
Transfer function:
   10 s + 300
----------------
s^2 + 20 s + 320
```

그리고 스텝응답의 결과는 아래 그림과 같다. PD제어기는 P제어기보다 overshoot을 많이 줄여주는 역할을 한다. Kd의 값이 크면 클수록 overshoot이 줄어들지만 반대로 응답속도는 느려지게 되는 것이 일반적인 특징이다.

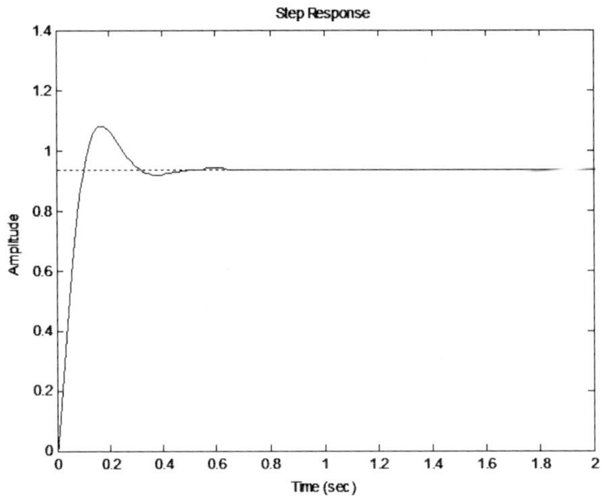

[그림11.46] PD제어기를 사용한 경우 질량-스프링-뎀퍼 시스템의 스텝응답

(3) PID (proportional-integral-derivative, 비례-적분-미분) 제어기의 구성

[그림11.43]의 제어기를 다음과 같이 상수, 적분성분 및 미분성분으로 구성하는 경우를 PID 제어기라고 하며 다음과 같이 구성한다.

$$C(s) = K_p + \frac{k_i}{s} + sK_d$$

이 경우 전체 전달함수는 다음과 같이 구해진다.

$$\frac{Y(s)}{R(s)} = \frac{K_d s^2 + k_p s + K_i}{s^3 + (10 + K_d)s^2 + (20 + K_P)s + K_i}$$

P제어기의 게인을 Kp=300, Ki=300, Kd=10으로 놓고 다음과 같이 Matlab 코드를 작성해보자.

```
s = tf('s');
P = 1/(s^2 + 10*s + 20);
Kp = 300;
Ki = 300;
Kd = 10;
C = Kp+Ki/s+Kd*s;
```

```
T = feedback(C*P,1);

t = 0:0.01:2;
step(T,t)
```

결과

위 코드를 실행하면 전체전달함수 즉 T=Y(s)/R(s)의 값은 아래와 같이 나타나 진다

```
Transfer function:
   10 s^2 + 300 s + 300
--------------------------
s^3 + 20 s^2 + 320 s + 300
```

그리고 스텝응답의 결과는 아래 그림과 같다. PID제어기는 PD제어기보다 정상상태오차를 많이 줄여주는 역할을 한다.

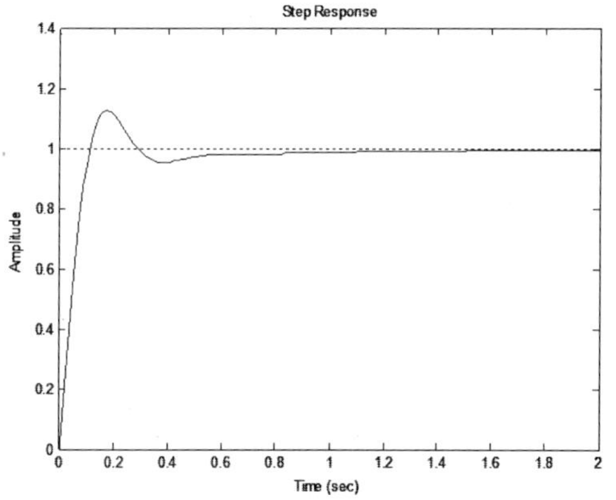

[그림11.47] PID제어기를 사용한 경우 질량-스프링-뎀퍼 시스템의 스텝응답

실제적인 경우에 PID제어기를 구성하는 절차는 다음과 같다.

1) 개루프제어 (open-loop control) 즉 피드백제어기가 없는 상태에서 시스템의 응답을 관찰하여 성능을 개선하기 위해 무엇이 필요한지 고려한다.
2) 대부분의 경우 먼저 P제어기만 사용하여 상승시간을 줄이도록 노력한다. 상승시간을 줄이다 보면 오버슛이 많이 발생하게 된다.

3) P제어기에 D제어기를 더하여, 즉 PD제어기를 적용하여 오버슛을 줄인다.

4) 마지막으로 I제어기를 추가하여 PID제어기를 완성한다. I제어기의 추가는 정상상태오차를 개선하지만, PD제어기 보다 오버슛을 오히려 키울 수도 있으므로 각각의 게인을 미세 조정하여야 한다.

[예제11.12] Simulink를 이용한 PID제어기 구성

간단한 2차시스템에 $\frac{10}{s^2+4s+10}$ 에 대하여 PID 제어기를 구성해 보고자 한다. 그리고 PID 제어기의 성능을 개루프 시스템 (제어기가 없는 open-loop 시스템)과 비교하기로 한다.

Simulink를 이용하여 아래 그림 11.48과 같이 PID제어기를 구성하였다. PID 제어기의 게인은 Kp=5, Ki=5, Kd=0.7 으로 선정하였다. PID 제어기를 사용한 경우의 출력과 제어기를 전혀 사용하지 않은 경우의 출력을 MUX를 통하여 Scope에 그래프를 출력하도록 하였다. [그림11.49]는 각각의 경우에 대한 스텝응답을 나타내고 있다. PID제어기를 사용한 경우가 overshoot도 줄어들고 정착시간도 빨라짐을 알 수 있다.

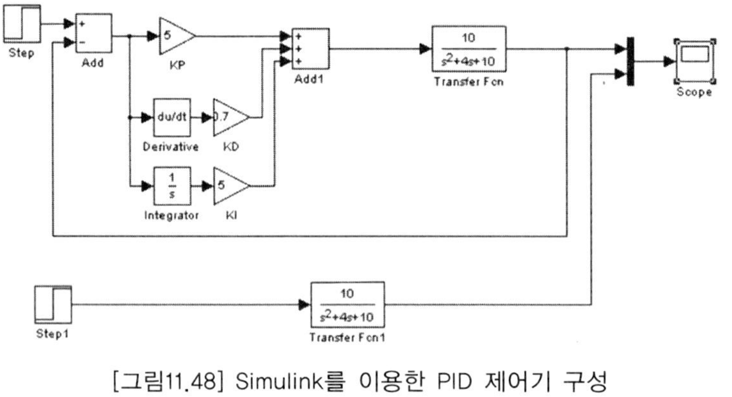

[그림11.48] Simulink를 이용한 PID 제어기 구성

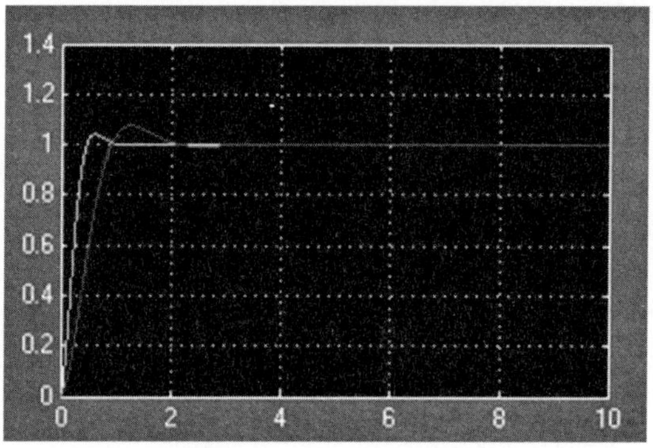

[그림11.49] 스텝응답 비교

[예제11.13] 다음과 같이 2축 로봇이 있다. 로봇의 링크1과 2의 길이는 각각 a1 , a2이고 링크의 질량은 무시한다. 그리고 각 링크의 끝에 질량 m1, m2가 붙어 있다. 로봇을 구동시키는 토크 T1은 원점에, T2는 m1 위치에 가해진다고 한다. 이 시스템의 운동방정식을 구하고 PD제어기를 이용하여 추종성능을 시뮬레이션 하시오. 단, 원하는 궤적 $q_d(T)$ 는 다음과 같다.

$$\theta_{1d} = g_1 \sin(2\pi t/T)$$
$$\theta_{2d} = g_2 \cos(2\pi t/T)$$

여기서 사용한 파라메터는 T=2s , g1=g2=0.1 rad, kp=100, kv=20, m1=1,m2=1,a1=1,a2=1 이다. 초기조건은 x=[0 0.1 0 0], 즉 초기의 $\theta_1, \theta_2, \dot{\theta}_1, \dot{\theta}_2$에 값에 해당한다.

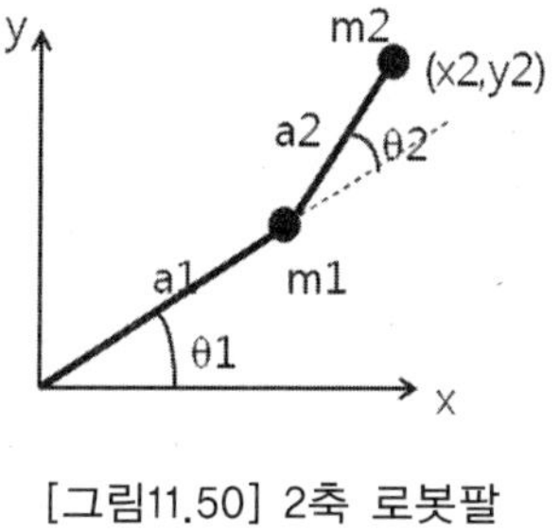

[그림11.50] 2축 로봇팔

▶풀이

보통 간단한 시스템의 경우 뉴톤의 법칙을 사용하여 운동방정식을 유도하지만, 시스템이 매우 복잡한 경우에는 라그란제 법칙(Lagrangian law)을 사용한다. 라그란제 법칙을 이용하여 운동방정식을 유도하기 위해 먼저 로봇시스템에 가해지는 운동에너지와 포텐셜에너지를 구해야 한다.

1) 운동에너지와 포텐셜에너지

링크1 부분의 운동에너지 K1과 포텐셜에너지 P1은

$$K_1 = \frac{1}{2}m(a_1\dot{\theta}_1)^2 \quad P_1 = m_1 g a_1 \cdot \sin\theta_1$$

링크2 부분의 운동에너지 K2와 포텐셜에너지 P2를 구하기 위해 다음과 같은 과정을 거친다. 먼저, 위치x1과 x2를 계산한 다음 한 번씩 미분하여 그 점의 속도성분을 구한 다음

$$x_1 = a_1 \cdot \cos\theta_2 + a_2\cos(\theta_1 + \theta_2)$$

$$\dot{x}_2 = -a_2 \cdot \dot{\theta} \cdot \sin\theta_1 - a_2(\dot{\theta}_1 + \dot{\theta}_2)\sin(\theta_1 + \theta_2)$$

$$y_2 = a_1 \cdot \sin\theta_2 + a_2\sin(\theta_1 + \theta_2)$$

$$\dot{y}_2 = a_1 \cdot \dot{\theta} \cdot \cos\theta_1 - a_2(\dot{\theta}_1 + \dot{\theta}_2)\cos(\theta_1 + \theta_2)$$

위 속도성분을 이용하여 아래와 같이 질량 m2의 속도 v2를 구한다.

$$v_2^2 = \dot{x}_2^2 + \dot{y}_2^2 = a_1^2 \cdot \dot{\theta}_1^2 + a_2^2(\dot{\theta}_1 + \dot{\theta}_2)^2 + 2a_1a_2(\dot{\theta}_1^2 + \dot{\theta}_1\dot{\theta}_2)\cos\theta_2$$

따라서, 질량 m2의 운동에너지와 포텐셜에너지는 각각 다음과 같다.

(왜냐하면 링크2의 무게는 무시하기 때문이다)

$$K_2 = \frac{1}{2}m_2v_2^2 = \frac{1}{2}m_2a_1^2 \cdot \dot{\theta}_1^2 + \frac{1}{2}m_2a_2^2(\dot{\theta}_1 + \dot{\theta}_2)^2 + m_2a_1a_2(\dot{\theta}_1^2 + \dot{\theta}_1\dot{\theta}_2)\cos\theta_2$$

$$P_2 = m_2 \cdot g \cdot y_2 = m_2 \cdot g[a_1 \cdot \sin\theta_1 + a_2 \cdot \sin(\theta_1 + \theta_2)]$$

2) 라그란제 법칙을 사용하여 비선형운동방정식을 구한다.

라그란제 방정식은 다음과 같이 정의된다.

$$\left(\frac{d}{dt}\frac{\partial L}{\partial \dot{q}} - \frac{\partial L}{\partial q} = \tau\right) \qquad q = \begin{bmatrix}\theta_1 \\ \theta_2\end{bmatrix}, \dot{q} = \begin{bmatrix}\dot{\theta}_1 \\ \dot{\theta}_2\end{bmatrix}, \tau = \begin{bmatrix}\tau_1 \\ \tau_2\end{bmatrix}$$

그리고 라그란지언 L은 운동에너지와 위치에너지의 차이값이므로

$$L = K - P(K_1 + K_2) - (P_1 + P_2)$$

$$= \frac{1}{2}(m_1+m_2)a_1^2 \cdot \dot{\theta}_1^2 + \frac{1}{2}m_2a_2^2(\dot{\theta}_1+\dot{\theta}_2)^2 + m_2a_1a_2(\dot{\theta}_1^2+\dot{\theta}_1\dot{\theta}_2)\cos\theta_2$$

$$-(m_1+m_2)ga_1 \cdot \sin\theta_1 - m_2ga_2 \cdot \sin(\theta_1+\theta_2)$$

위와 같이 구해진다. 그리고 라그란지언 L을 이용하여 다음 항 들을 계산한다.

$$\frac{\partial L}{\partial \dot{\theta}_1} = (m_1+m_2)a_1^2 \cdot \dot{\theta}_1 + m_2a_2^2(\dot{\theta}_1+\dot{\theta}_2) + m_2a_1a_2(2\dot{\theta}_1+\dot{\theta}_2)\cos\theta_2$$

$$\frac{d}{dt}\frac{\partial L}{\partial \dot{\theta}_1} = (m_1+m_2)a_1^2 \cdot \ddot{\theta}_1 + m_2a_2^2(\ddot{\theta}_1+\ddot{\theta}_2) + m_2a_1a_2(2\ddot{\theta}_1+\ddot{\theta}_2)\cos\theta_2$$

$$- m_2a_1a_2(2\dot{\theta}_1\dot{\theta}_2+\dot{\theta}_1^2)\sin\theta_2$$

$$\frac{\partial L}{\partial \theta_1} = -(m_1+m_2)ga_1 \cdot \cos\theta_1 - m_2ga_2 \cdot \cos(\theta_1+\theta_2)$$

$$\frac{\partial L}{\partial \dot{\theta}_2} = m_2a_2^2(\dot{\theta}_1+\dot{\theta}_2) + m_2a_1a_2\dot{\theta}_1 cos\theta_2$$

$$\frac{d}{dt}\frac{\partial L}{\partial \dot{\theta}_2} = m_2a_2^2(\ddot{\theta}_1+\ddot{\theta}_2) + m_2a_1a_2\ddot{\theta}_1 cos\theta_2 - m_2a_1a_2\dot{\theta}_1\dot{\theta}_2 sin\theta_2$$

$$\frac{\partial L}{\partial \theta_2} = -m_2a_1a_2(\dot{\theta}_1^2+\dot{\theta}_1\dot{\theta}_2)\sin\theta_2 - m_2ga_2 \cdot \cos(\theta_1+\theta_2)$$

위의 항들을 이용하여 토크 τ_1과 τ_2를 구하면 다음과 같다. 즉, 시스템의 입력값은 τ_1, τ_2이고 출력값은 θ_1, θ_2인 비선형방정식이 만들어졌다.

$$\tau_1 = \left[(m_1+m_2)a_1^2 + m_2a_2^2 + 2m_2a_1a_2 \cdot \cos\theta_2\right]\ddot{\theta}_1$$

$$+ \left[m_2a_2^2 + m_2a_1a_2 \cdot \cos\theta_2\right]\ddot{\theta}_2 - m_2a_1a_2(2\dot{\theta}_1\dot{\theta}_2+\dot{\theta}_1^2)\sin\theta_2$$

$$+ (m_1+m_2)ga_1 \cdot \cos\theta_1 + m_2ga_2 \cdot \cos(\theta_1+\theta_2)$$

$$\tau_2 = \left[m_2a_2^2 + m_2a_1a_2 \cdot \cos\theta_2\right]\ddot{\theta}_1 + m_2a_2^2\ddot{\theta}_2 + m_2a_1a_2\dot{\theta}_1^2 sin\theta_2$$

$$+ m_2ga_2 \cdot \cos(\theta_1+\theta_2)$$

위 식을 행렬로 나타내면 다음식과 같다.

$$\begin{bmatrix} (m_1+m_2)a_1^2+m_2a_2^2+2m_2a_1a_2 \cdot \cos\theta_2 & m_2a_2^2+m_2a_1a_2 \cdot \cos\theta_2 \\ m_2a_2^2+m_2a_1a_2 \cdot \cos\theta_2 & m_2a_2^2 \end{bmatrix} \begin{bmatrix} \ddot{\theta}_1 \\ \ddot{\theta}_2 \end{bmatrix}$$

$$+ \begin{bmatrix} -m_2a_1a_2(2\dot{\theta}_1\dot{\theta}_2+\dot{\theta}_2^2)\sin\theta_2 \\ m_2a_1a_2\dot{\theta}_1^2 sin\theta_2 \end{bmatrix} + \begin{bmatrix} (m_1+m_2)ga_1 \cdot \cos\theta_1+m_2ga_2 \cdot \cos(\theta_1+\theta_2) \\ m_2ga_2 \cdot \cos(\theta_1+\theta_2) \end{bmatrix}$$

$$= \begin{bmatrix} \tau_1 \\ \tau_2 \end{bmatrix}$$

위 식을 좀 더 간단한 형태로 나타내면 다음식과 같다.

$$M(q)\ddot{q}+N(q,\ddot{q})+\tau_d=\tau$$

위 식에서 $q=\begin{bmatrix} \theta_1 \\ \theta_2 \end{bmatrix}$ 를 나타낸다.

3) 이제 로봇의 동적식을 고려한 PD제어기를 구축해 보자. 이러한 제어기 형태는 일반적으로 계산된-토크 PD제어기 (computerd-torque PD controller) 라고 한다.
계산된-토크 PD제어기에서 PD제어기는 일반적으로 다음과 같이 구성된다.

$$u=-K_v \cdot \dot{e}-K_p \cdot e$$

위 식에서 e는 원하는 궤적과 실제궤적의 차이 즉 추종오차라고 한다.
그리고, 계속 업데이터 되는 토크값은 다음과 같이 사용한다.

$$\tau=M(\ddot{q}_d-u)+N$$

4) Matlab 코드를 다음과 같이 작성한다.

```
%FILE NAME=ct_pd.m
% 2축 로봇의 Computed torque-PD 제어시스템 시뮬레이션 프로그램

global m_inv;
global n;
global torq;
```

```
g=9.806;
g1=0.1;
g2=0.1;
fact=3.14;
kp=100;
kv=20;
m1=1;m2=1;a1=1;a2=1;
x=[0 0.1 0 0]; %theta1, dtheta1, theta2,dtheta2

temp=[0];

for i=0:500
 ts=i*0.01;
 tf=(i+1)*0.01;
 rowx_out=size(x,1);
 x_end=x(rowx_out,:);

 th_d=[g1*sin(fact*ts) g2*cos(fact*ts)];
 dth_d=[g1*fact*cos(fact*ts) -g2*fact*sin(fact*ts)];
 ddth_d=[-g1*fact^2*sin(fact*ts) -g2*fact^2*cos(fact*ts)];

 e=[th_d(1)-x_end(1)   th_d(2)-x_end(2)];
 de=[dth_d(1)-x_end(3) dth_d(2)-x_end(4)];

 m=[(m1+m2)*a1^2+m2*a2^2+2*m2*a1*a2*cos(x_end(2))
m2*a2^2+m2*a1*a2*cos(x_end(2))
     m2*a2^2+m2*a1*a2  *cos(x_end(2))       m2*a2^2];

 m_inv=inv(m);
 temp=-m2*a1*a2*(2*x_end(3)*x_end(4)+x_end(4)^2)*sin(x_end(2));

 n=[temp+(m1+m2)*g*a1*cos(x_end(1))+m2*g*a2*cos(x_end(1)+x_end(2))
     m2*a1*a2*x_end(3)^2*sin(x_end(2))+m2*g*a2*cos(x_end(1)+x_end(2))]';
```

```
s=[ddth_d(1)+kv*de(1)+kp*e(1)   ddth_d(2)+kv*de(2)+kp*e(2)];

torq=[m(1,1)*s(1)+m(1,2)*s(2)+n(1)   m(1,2)*s(1)+m(2,2)*s(2)+n(2)];

[t,x_o]=ode45('xdot',[ts tf],x_end);
rowx_o=size(x_o,1);
x(rowx_out+1,:)=x_o(rowx_o,:);

theta(i+1,:)=th_d;
ee(i+1,:)=e;
tq(i+1,:)=torq;
      subplot(3,1,1);
      plot(theta), title('position and velocity');
      subplot(3,1,2);
      plot(ee), title('position error');
      subplot(3,1,3);
      plot(tq), title('control torque');

end

%% FILE NAME=xdot.m
%% 로봇시스템의 운동방정식 부분
function x_dot=xdot(t,x)
global m_inv;
global n;
global torq;
   x_dot=[
          x(3)
             x(4)
             m_inv(1,1)*(-n(1)+torq(1))+m_inv(1,2)*(-n(2)+torq(2))
             m_inv(1,1)*(-n(1)+torq(1))+m_inv(2,2)*(-n(2)+torq(2))
            ];
```

시뮬레이션 결과 그래프는 다음과 같다. 아래의 첫번째 그래프는 로봇의 1축과 2축의 실제 궤적을 나타내고, 두 번째 그림은 1축과 2축의 위치오차 (궤적추종오차)를 나타낸다. 그리고 세 번째 그래프는 제어기의 출력값 (계산된 토크값) 을 나타낸다.

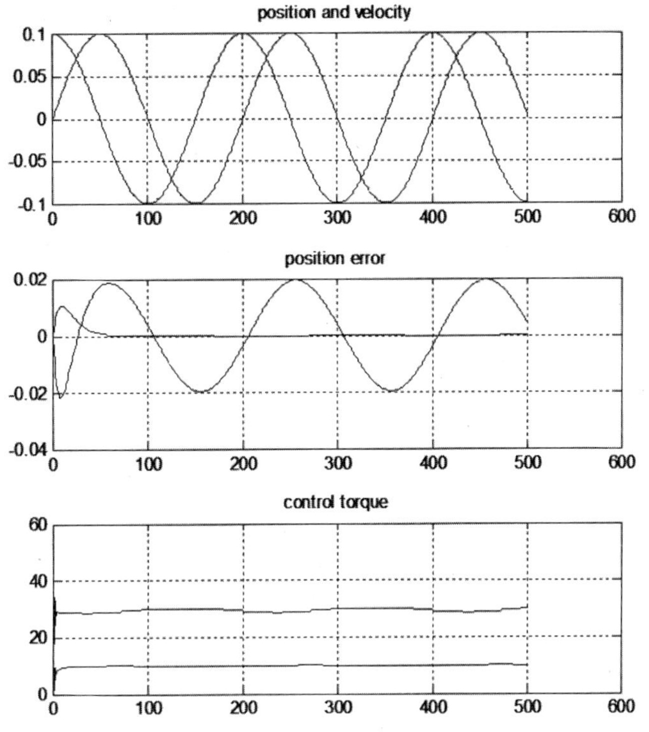

[그림11.51] 시뮬레이션 결과그래프

찾아보기